COLLECTION D'HISTORIENS CONTEMPORAINS

HISTOIRE

DE

LA GRÈCE

PARIS. — IMP. L. POUPART-DAVYL, RUE DU BAC 30.

G. GROTE

Vice-chancelier de l'Université de Londres, Associé étranger de l'Institut de France

HISTOIRE

DE

LA GRÈCE

DEPUIS LES TEMPS LES PLUS RECULÉS

JUSQU'A LA FIN DE LA GÉNÉRATION CONTEMPORAINE D'ALEXANDRE LE GRAND

TRADUIT DE L'ANGLAIS

PAR A.-L. DE SADOUS

Professeur au Lycée impérial de Versailles, Docteur ès lettres de la Faculté de Paris

TOME DIX-SEPTIÈME

SEULE ÉDITION FRANÇAISE AUTORISÉE PAR L'AUTEUR

AVEC CARTES ET PLANS

PARIS

LIBRAIRIE INTERNATIONALE

15, BOULEVARD MONTMARTRE

Au coin de la rue Vivienne

A. LACROIX, VERBOECKHOVEN ET Cie, ÉDITEURS

A Bruxelles, à Leipzig et à Livourne

1866

Ire PARTIE. — GRÈCE LÉGENDAIRE

Ἀνδρῶν ἡρώων θεῖον γένος, οἳ καλέονται
Ἡμίθεοι προτέρῃ γενεῇ.

HÉSIODE.

2e PARTIE. — GRÈCE HISTORIQUE

. . . . . . Πόλιες μερόπων ἀνθρώπων.

HOMÈRE.

HISTOIRE DE LA GRÈCE

DEUXIÈME PARTIE

GRÈCE HISTORIQUE

CHAPITRE I

GRÈCE CENTRALE : DEPUIS L'AVÉNEMENT DE PHILIPPE DE MACÉDOINE JUSQU'A LA NAISSANCE D'ALEXANDRE (359-356 AV. J.-C.).

Grèce centrale reprise. — État de la Grèce centrale en 360-359 avant J.-C. Dégradation de Sparte. — Megalopolis. — Messênê; — leur crainte de Sparte; — aucune action centrale dans le Péloponèse. — Corinthe, Sikyôn, etc. — Condition relativement bonne d'Athènes. — Puissance de Thêbes. — Anéantissement des cités libres de la Bœôtia par les Thêbains, répugnant au sentiment grec. — Thessalia; — despotes de Pheræ. — Alexandre de Pheræ; — ses cruautés; — son assassinat. — Tisiphonos, despote à Pheræ. — Diminution de puissance dans la dynastie phéræenne. — Macédoine. — Règne et mort de Perdikkas. — Philippe, jeune homme à Thêbes; — Idées qu'il y acquiert; il y prépare ses futurs talents militaires. — Condition de Philippe à la mort de Perdikkas. — Embarras et dangers contre lesquels il eut à lutter. — Gouvernement macédonien. — Conduite de Philippe à l'égard de ses nombreux amis. — Ses succès, — Thraces, — Athéniens. — Il évacue Amphipolis. Il défait les Athéniens et les partisans d'Argæos. — Manière douce avec laquelle il traite les prisonniers athéniens. — Philippe fait la paix avec Athènes. — Il renonce à ses prétentions sur Amphipolis. — Victoires de Philippe sur les Pæoniens et les Illyriens. — Amphipolis évacuée par Philippe. — Les Athéniens la négligent. — État de l'Eubœa. — Les Thêbains fomentent une révolte et attaquent l'île. — Efforts victorieux d'Athènes. — Reddition de la Chersonèse à Athènes. — Guerre sociale. — Chios, Kos, Rhodes et Byzantion se révoltent contre Athènes. — Causes de la guerre sociale. — Conduite des Athéniens; — Congrès à Athènes. — Athènes agit plus pour ses intérêts séparés, et moins pour ceux de ses alliés. — Ses armements en service; — Mercenaires mal payés; —

Leurs extorsions. — Les quatre cités se déclarent indépendantes d'Athènes; — Intervention du Karien Mausôlos. — Grandes forces des révoltés; — Armement envoyé par Athènes contre Chios; — Bataille à Chios; échec des Athéniens et mort de Chabrias. — Nouveaux armements d'Athènes. — Iphikratês, Timotheos et Charês. — Opérations malheureuses dans l'Hellespont et querelle entre les généraux. — Iphikratês et Timotheos sont accusés par Charês à Athènes. — Iphikratês est acquitté; Timotheos est condamné à une amende et se retire d'Athènes. — Arrogance et impopularité de Timotheos, attestées par son ami Isokrate. — Exil de Timotheos. — Sa mort peu de temps après. — Iphikratês n'est plus employé. — Grande perte pour Athènes que celle de ces deux généraux. — Expédition de Charês. — Athènes fait la paix avec ses alliés révoltés, en reconnaissant leur autonomie complète. — Fin de la guerre sociale; — Grande perte de puissance pour Athènes. — Philippe recommence à agir. Il assiége Amphipolis. — Les Amphipolitains envoient demander du secours à Athènes. — Manœuvres de Philippe pour engager les Athéniens à ne pas intervenir. — Les Athéniens se décident à ne pas secourir Amphipolis; — Leurs motifs. — Importance de cette résolution. — Prise d'Amphipolis par Philippe au moyen de la trahison d'un parti dans la ville. — Importance d'Amphipolis pour Philippe; — Désappointement des Athéniens quand il manque à sa promesse. — Philippe amuse les Athéniens avec de fausses assurances; — Il les engage à rejeter les avances d'Olynthos. — Echange proposé de Pydna contre Amphipolis. — Philippe agit d'une manière hostile contre Athènes. Il conquiert Pydna et Potidæa. — Il donne Potidæa aux Olynthiens; — Négligence des Athéniens. — Accroissement de la puissance de Philippe; — Il fonde Philippi, ouvre des mines d'or près du mont Pangæos, et en tire des revenus considérables. — Mariage de Philippe avec Olympias. — Naissance d'Alexandre le Grand.

Dans les derniers chapitres qui précèdent, j'ai suivi l'histoire des Grecs siciliens pendant de longues années de despotisme, de souffrances et d'appauvrissement, jusqu'à une époque de liberté renouvelée et de bonheur relatif, accomplie sous les auspices bienfaisants de Timoleôn, entre 344 et 336 avant J.-C. Il convient actuellement de reprendre le fil des événements dans la Grèce centrale, au point où je les ai laissés à la fin du troisième chapitre du quinzième volume, — c'est-à-dire à l'avénement de Philippe de Macédoine, en 360-359 avant J.-C. La mort de Philippe arriva en 336 avant J.-C., et les années qui précédèrent sa mort nous mettront sous les yeux les dernières luttes de la liberté hellénique complète, résultat qui forme un pénible contraste avec les exploits du libérateur contemporain Timoleôn en Sicile.

De pareilles luttes n'auraient pas pu paraître dans les limites du possible, même au politique doué de la plus longue vue, soit de Grèce, soit de Macédoine, — au moment où

Philippe monta sur le trône. Au milieu des espérances et des craintes de la plupart des cités grecques, la Macédoine passait alors totalement inaperçue : pour Athènes, Olynthos, Thasos, la Thessalia et quelques autres lieux, elle était un point non sans importance, mais qui toutefois n'était pas d'une grandeur de premier ordre.

Le monde hellénique était à ce moment (360-359 av. J.-C.) dans un état différent de tout ce qu'on avait vu depuis l'échec de Xerxês, en 480-479 avant J.-C. La défaite et la dégradation de Sparte avaient délivré les États de l'intérieur des terres du seul État président qu'ils avaient jamais appris à considérer. Son ascendant souverain, qu'elle avait possédé longtemps et dont elle avait fait un grave abus, avait été abattu par les succès d'Epaminondas et des Thêbains. Elle n'était plus le chef d'un corps nombreux d'alliés subordonnés, envoyant des députés à ses assemblées périodiques, — soumettant à son influence leur politique étrangère, — plaçant leurs contingents militaires sous le commandement de ses officiers (xenagi), — et même administrant leur gouvernement intérieur au moyen d'oligarchies dévouées à ses desseins, avec le renfort, partout où il était nécessaire, d'un harmoste et d'une garnison spartiates. Elle ne trouvait plus sur sa frontière septentrionale une quantité de villages arkadiens détachés, régis chacun par des chefs dévoués à ses intérêts et lui fournissant de hardis soldats, et elle n'avait plus la cité amie de Tegea, liée à elle par une oligarchie philo-laconienne et par une tradition d'ancienne date. Par suite de la grande révolution qui s'opéra dans les sentiments après la défaite des Spartiates à Leuktra, les petites communautés arkadiennes, encouragées et guidées par Epaminondas, s'étaient concentrées dans la grande cité fortifiée de Megalopolis, actuellement centre d'une confédération panarkadienne, avec une assemblée (appelée les Dix Mille) qui s'y réunissait fréquemment pour décider des questions d'intérêt et de politique communes aux diverses sections du nom arkadien. Tegea aussi avait subi une révolution politique, de sorte que les deux cités, contiguës l'une avec l'autre et formant ensemble la frontière septentrionale de Sparte, transformèrent ses voisins arkadiens, de précieux instruments qu'ils étaient, en de formidables ennemis.

Mais cette perte de forces auxiliaires étrangères et de dignité n'était pas ce que Sparte avait souffert de pire. Sur sa frontière nord-ouest (contiguë aussi avec Megalopolis) se trouvait la cité nouvellement établie de Messênê, représentant près d'une moitié du territoire et de l'avoir de Sparte, qui lui était enlevée. La moitié occidentale et la plus fertile de la Laconie avait été séparée d'elle et était répartie entre Messênê et diverses autres cités indépendantes : elle était labourée surtout par ceux qui avaient été jadis periœki et ilotes de Sparte.

Dans la phase de l'histoire grecque où nous sommes maintenant sur le point d'entrer, — alors que le monde hellénique collectif, pour la première fois depuis l'invasion de Xerxès, était près d'être forcé de se défendre contre un ennemi étranger venant de Macédoine, — ce changement opéré dans la position de Sparte était une circonstance d'une grave importance. Non-seulement les Péloponésiens étaient désunis et privés de leur chef commun, mais encore Messênê et Megalopolis, connaissant l'hostilité intense de Sparte contre elles — et sa grande supériorité de force, même réduite comme elle l'était, à tout ce qu'ils pouvaient réunir, — vivaient dans une crainte perpétuelle de son attaque. Leurs voisins les Argiens, ennemis permanents de Sparte, étaient bien disposés à les protéger; mais une pareille aide était insuffisante pour leur défense, sans alliance en dehors du Péloponèse. En conséquence, nous les verrons pencher vers l'appui soit de Thèbes, soit d'Athènes, quel que fût celui qu'elles pouvaient avoir, et finalement même bien accueillir les armes de Philippe de Macédoine, comme celles d'un protecteur contre l'hostilité acharnée de Sparte. Elis, — placée par rapport à la Triphylia dans la même position que Sparte par rapport à Messênê, — se plaignait que les Triphyliens, qu'elle regardait comme des sujets, eussent été admis en qualité de citoyens dans la fédération arkadienne. Nous verrons Sparte s'efforcer d'engager Elis dans des combinaisons politiques destinées à assurer à l'une et à l'autre le recouvrement de leur ancienne domination (1). Il sera parlé plus longuement ci-après de ces combinaisons ; à présent, je me borne à mentionner le fait général que la dégradation de Sparte, combinée avec sa menace perpétuelle d'agression contre Messênê et l'Arkadia, désorganisa le Péloponèse et lui enleva ses moyens de défense panhellénique contre le nouvel ennemi étranger qui s'élevait alors lentement.

Le système péloponésien jadis puissant fut de fait complètement brisé (360-359 av. J.-C.). Corinthe, Sikyôn, Phlionte, Trœzen et Epidauros, importantes comme États secondaires et comme alliées de Sparte, furent alors détachées de toute combinaison politique, et ne visèrent qu'à se garantir, chacune pour son compte, de toute part à une collision entre Sparte et Thêbes (2). Il paraîtrait aussi que Corinthe avait été récemment opprimée et troublée par le despotisme temporaire de Timophanês, décrit dans mon dernier chapitre, bien que la date de cet événement ne puisse être établie d'une manière précise.

Mais les forces principales et prépondérantes de la Hellas résidaient actuellement, pour la première fois dans notre histoire, en dehors du Péloponèse et non dans ses limites, à Athènes et à Thêbes. Ces deux cités étaient dans la plénitude de la vigueur et de la puissance. Athènes avait une flotte nombreuse, un commerce florissant, un corps considérable d'alliés maritimes et insulaires, qui envoyaient des députés à son congrès et contribuaient à un fonds commun pour le maintien de la sécurité commune. Elle était de beaucoup la plus grande puissance maritime en Grèce. J'ai raconté ailleurs comment son général Timotheos avait acquis pour elle l'importante île de Samos, en même temps que Pydna, Methônê et Potidæa, dans le golfe Thermaïque ; comment il échoua (comme Iphikratês avait échoué avant lui) dans plus d'une tentative sur Amphipolis ; comment il

(1) Démosthène, Orat. pro Megalopolit. p. 203, 204, s. 6-10; p. 206 s. 18, — et dans e fait tout le Discours, qui est un exposé instructif de politique.

(2) Xénoph. Hellen. VII, 4, 6, 10.

fit une conquête et établit des colons athéniens dans la Chersonèse de Thrace, territoire qui, après avoir été attaqué et mis en danger par le prince thrace Kotys, fut regagné par les efforts continus d'Athènes, dans l'année 358 avant J.-C. Athènes n'avait pas subi de pertes considérables pendant les luttes qui aboutirent à la pacification après la bataille de Mantineia, et sa condition paraît en général avoir été meilleure qu'elle ne l'avait jamais été depuis ses désastres, subis à la fin de la guerre du Péloponèse.

La puissance de Thêbes également était imposante et formidable. Elle avait, il est vrai, perdu beaucoup de ces alliés péloponésiens qui formaient le déploiement de forces écrasant d'Epaminondas, quand il envahit la Laconie pour la première fois, en profitant du nouveau mouvement antispartiate qui suivit immédiatement la bataille de Leuktra. Elle ne conservait qu'Argos, avec Tegea, Megalopolis et Messênê. Ces trois dernières cités ajoutaient peu à sa force et avaient besoin qu'elle leur prêtât un appui vigilant, prix qu'Epaminondas avait été parfaitement disposé à payer pour l'établissement d'une forte frontière contre Sparte. Mais le corps des alliés en dehors du Péloponèse groupés autour de Thêbes était encore considérable (1); c'étaient les Phokiens et les Lokriens, les Maliens, les Hêrakléotes, la plupart des Thessaliens et la plupart (sinon tous) des habitants de l'Eubœa, peut-être aussi les Akarnaniens. Les Phokiens étaient, dans le fait, des alliés hésitants, disposés à circonscrire leurs obligations dans les limites les plus étroites d'une défense mutuelle en cas d'invasion, et nous verrons bientôt les relations entre les deux États devenir positivement hostiles. Outre ces alliés, les Thêbains possé-

(1) Xénoph. Hellen. VI, 5, 23; VII, 5, 4. Diodore, XV, 62. Les Akarnaniens avaient été alliés de Thêbes à l'époque de la première expédition d'Epaminondas dans le Péloponèse ; l'étaient-ils encore au moment de sa dernière expédition, c'est ce qui n'est pas certain. Mais comme l'ascendant de Thêbes sur la Thessalia était beaucoup plus grand à la dernière de ces deux époques qu'à la première, nous pouvons être sûrs qu'elle n'avait pas perdu son empire sur les Lokriens et les Maliens, qui (aussi bien que les Phokiens) étaient entre la Bœôtia et la Thessalia.

daient l'importante position d'Orôpos, sur la frontière nord-est de l'Attique, ville qui avait été enlevée à Athènes six années auparavant, à la profonde mortification des Athéniens.

Mais, outre des alliés en dehors de la Bœôtia, Thêbes avait prodigieusement accru la puissance de sa cité dans l'intérieur de cette contrée. Elle s'était approprié les territoires de Platée et de Thespiæ sur sa frontière méridionale, et ceux de Korôneia et d'Orchomenos près de sa frontière septentrionale, par conquête et par une expulsion partielle de leurs anciens habitants. Comment et quand ces acquisitions avaient-elles été effectuées, c'est ce qui a été expliqué déjà (1); ici je me borne à rappeler le fait pour apprécier la position de Thêbes en 359 avant J.-C., — à savoir que ces quatre villes, ayant été autonomes en 372 avant J.-C., — unies à elle seulement par les obligations définies de la confédération bœôtienne, — et en partie même en hostilité réelle contre elle, — avaient actuellement perdu leur autonomie avec leurs citoyens libres, et avaient fini par être absorbées dans son domaine et sa souveraineté. Ce domaine de Thêbes s'étendait ainsi à travers la Bœôtia depuis les frontières de la Phokis (2) au nord-ouest jusqu'à celles de l'Attique au sud.

La nouvelle position acquise ainsi par Thêbes en Bœôtia, et achetée au prix de l'anéantissement de trois ou de quatre cités autonomes, est un fait d'une grande importance par rapport à la période qui nous occupe maintenant, non-seulement parce qu'elle agrandit et enfla la puissance des Thêbains eux-mêmes, mais encore parce qu'elle suscita partout contre eux dans l'esprit hellénique un sentiment fortement défavorable. Précisément dans le temps où les Spartiates avaient perdu presque une moitié de la Laconie, les Thêbains avaient annexé à leur propre cité un tiers du territoire bœôtien libre. La remise en vigueur du droit de cité

(1) V. tome XIV, ch. 4 et tome XV, ch. 1-3 de cette Histoire.

(2) Orchomenos était contiguë avec le territoire phokien (Pausan. IX, 39, 1).

messênien libre, après une existence suspendue de plus de deux siècles, avait récemment été accueillie avec une satisfaction universelle. Combien dut être choqué ce même sentiment, quand Thêbes anéantit, pour son propre agrandissement, quatre communautés autonomes, toutes de sa parenté bœôtienne,—l'une de ces communautés encore étant Orchomenos, respectée tant à cause de son antiquité que de ses légendes traditionnelles! On ne s'occupa guère de discuter les circonstances du cas, et de rechercher si Thêbes avait excédé la mesure de rigueur autorisée par le code de la guerre à l'époque. Dans les conceptions nationales et patriotiques de tout Grec, la Hellas consistait en un agrégat de communautés municipales, autonomes et fraternelles. L'anéantissement de l'une d'elles ressemblait à l'amputation d'un membre faite à un corps organisé. Une répugnance à l'égard de Thêbes, que fit naître cette conduite, affecta fortement l'opinion publique du temps, et se manifesta surtout dans le langage des orateurs athéniens, exagérée par la mortification que leur causait la perte d'Orôpos (1).

Le grand corps des Thessaliens, aussi bien que les Magnêtes et les Achæens Phthiotes, était au nombre de ceux qui obéissaient à l'ascendant de Thêbes. Même le puissant et cruel despote, Alexandre de Pheræ, était compté dans ce catalogue (2). Les cités de la fertile Thessalia, possédées par de puissantes oligarchies avec de nombreux serfs dépendants, étaient généralement en proie à des luttes intestines et à une rivalité municipale ; le désordre y régnait aussi bien que l'absence de foi (3). Les

(1) Isokrate, Or. VIII, De Pace, s. 21; Démosthène adv. Leptinem, p. 490, s. 121; pro Megalopol. p. 208, s. 29; Philippic. II, p. 69, s. 15.

(2) Xénophon, Hellen. VII, 5, 4; Plutarque, Pélopidas, c. 35. Wachsmuth affirme, à mon sens, d'une manière erronée, que Thêbes fut désappointée dans la tentative qu'elle fit pour établir son ascendant en Thessalia (Hellenisch. Alterthümer, vol. II, X, p. 338.

(3) Platon, Kritôn, p. 53 D; Xénophon, Memorab. 1, 2, 24; Démosth. Olynth. I, p. 15, s. 23; Démosth. cont. Aristokrat. p. 658, s. 133.

« Pergit ire (le consul romain Quinctius Flamininus) in Thessaliam : ubi non liberandæ modo civitates erant, sed ex omni colluvione et confusione

Aleuadæ, chefs à Larissa, — et les Skopadæ à Krannôn, — avaient été jadis les familles dominantes du pays. Mais dans les mains de Lykophrôn et de l'énergique Jasôn, Pheræ avait été élevée au premier rang. Toutes les forces de la Thessalia étaient réunies sous Jasôn comme tagos (général fédéral), avec une quantité considérable de tributaires circonvoisins, Macédoniens, Epirotes, Dolopes, etc., et en outre une armée permanente de volontaires bien organisée. Il pouvait rassembler huit mille chevaux, vingt mille hoplites et des peltastes ou infanterie légère en quantité beaucoup plus considérable (1). Une puissance militaire si grande, dans les mains d'un homme à la fois capable et ambitieux, causa une alarme universelle, et aurait sans doute été employée à quelque grand projet de conquête, soit en Grèce, soit au dehors, si Jasôn n'avait été enlevé soudainement par un assassinat en 370 avant J.-C. dans l'année qui suivit la bataille de Leuktra (2). Ses frères, Polyphrôn et Polydôros, succédèrent à sa position comme tagos, mais non à ses talents ni à son influence. Le second, tyran brutal, mit à mort le premier, et fut tué à son tour, après un court intervalle, par un successeur pire encore, son neveu Alexandre, qui vécut et conserva le pouvoir à Pheræ pendant dix années environ (368-358 av. J.-C.).

Pendant une partie de ce temps, Alexandre lutta avec succès contre les Thêbains, et maintint son ascendant en Thessalia. Mais avant la bataille de Mantineia, en 362 avant J.-C., il avait été réduit à l'état d'allié dépendant de Thêbes et avait fourni un contingent à l'armée qui alla sous Epaminondas dans le Péloponèse. Pendant l'année 362-361 avant J.-C., il tourna même ses hostilités contre Athènes, l'ennemie de Thêbes, et fit contre elle une guerre navale,

---

in aliquam tolerabilem formam redigendæ. Nec enim temporum modo vitiis, ac violentiâ et licentiâ regiâ (*i. e.* les Macédoniens) turbati erant; sed inquieto etiam ingenio gentis, nec comitia, nec conventum, nec consilium ullum, non per seditionem et tumultum, jam inde a principio ad nostram usque ætatem, traducentis » (Tite-Live, XXXIV, 51).

(1) Xénophon, Hellen. VI, 1, 19.

(2) Xénoph. Hellen. VI, 4, 32.

non sans succès partiels et dommage pour son commerce (1). Et comme l'ascendant de Thèbes à l'étranger fut probablement affaibli partout par la mort de son grand chef Epaminondas, Alexandre de Pheræ recouvra de la force, et il continua d'être le plus grand potentat de la Thessalia, aussi bien que le tyran le plus sanguinaire, jusqu'à sa mort au commencement de 359 avant J.-C. (2). Il périt alors dans la vigueur de l'âge et dans la plénitude du pouvoir. Il pouvait assurer sa sécurité contre des sujets ou des voisins opprimés, au moyen de gardes mercenaires ; mais il périt par les artifices de son épouse Thêbê et sous les coups des frères de cette dernière, — mémorable explication de ce principe posé par Xénophon, à savoir que le despote ne pouvait compter ni sur la sécurité, ni sur l'affection en aucun lieu, et que ses plus dangereux ennemis devaient se trouver dans sa maison ou dans sa parenté (3). La vie brutale d'Alexandre et la cruauté de ses actes avaient inspiré à sa femme un mélange de haine et de crainte. De plus, elle avait appris, par des mots qui étaient tombés de sa bouche dans un moment où il était ivre, qu'il avait l'intention de mettre à mort ses frères, Tisiphonos, Pytholaos et Lykophrôn, — et elle-même avec eux, en partie parce qu'elle n'avait pas d'enfant, et qu'il avait formé le projet de se remarier avec la

(1) Démosthène adv. Polyklem, p. 1207, s. 5, 6 ; Diodore, XV, 61-95. V. tome XV, ch. 3 de cette Histoire.

(2) Je suis d'accord avec M. Fynes Clinton (Fast. Hellen. ad ann. 359 av. J.-C., et Appendice, c. 15) qui pense que c'est la date probable de l'assassinat d'Alexandre de Pheræ, événement qui est mentionné par Diodore (XVI, 14) pour l'année 357-356 avant J.-C., toutefois conjointement avec une série d'événements subséquents, et d'une manière qui nous oblige à peine à croire qu'il voulût affirmer que l'assassinat même avait été commis dans cette année-là.

Aux arguments présentés par M. Clinton, on en peut ajouter un autre, emprunté de l'expression de Plutarque (Pélopidas, c. 35) ὀλίγον ὕστερον. Il dit que l'assassinat d'Alexandre arriva « peu de temps » après l'époque où les Thêbains, vengeant la mort de Pélopidas, réduisirent ce despote à la soumission. Or ce dernier événement ne peut être placé plus tard que 363 avant J.-C. Conséquemment, cet intervalle que Plutarque appelle « peu de temps » sera de trois ans, si nous plaçons l'assassinat en 359 avant J.-C., de *six* ans, si nous le plaçons en 357-356 avant J.-C. Trois ans est une interprétation plus convenable des mots que *six* ans.

(3) Xénophon, Hierôn, I, 38 ; II, 10 ; III, 8.

veuve du dernier despote Jasôn, qui résidait à Thêbes. En conséquence, Thêbê, faisant connaître à ses frères le danger qui les menaçait, concerta avec eux le moyen d'assassiner Alexandre. La chambre à coucher qu'elle partageait avec lui était à un étage supérieur, accessible seulement par un escalier en échelle qu'on pouvait enlever, et au pied duquel était chaque nuit un dogue farouche enchaîné et un soldat thrace tatoué à la mode de son pays. De plus, toute la maison était régulièrement occupée par une compagnie de gardes, et l'on dit même que l'on fouillait chaque soir la garde-robe et les cabinets de Thêbê pour voir s'il n'y avait pas d'armes cachées. Toutefois ses ruses déjouèrent ces nombreuses précautions suggérées par la défiance. Elle plaça ses frères pendant toute la journée dans une cachette adjacente et sûre. Le soir, Alexandre, arrivant ivre pour se coucher, tomba bientôt dans un profond sommeil; alors Thêbê sortit de la chambre, — ordonna qu'on écartât le chien du pied de l'escalier, sous prétexte que le despote désirait jouir d'un repos tranquille, — et appela ensuite ses frères armés. Après avoir répandu de la laine sur l'escalier, afin que leur pas ne fût pas entendu, elle remonta dans la chambre à coucher, et enleva l'épée d'Alexandre qui était toujours suspendue auprès de lui. Toutefois, nonobstant cet encouragement, les trois jeunes gens, alarmés encore de la grandeur du péril, hésitaient à monter; et ils ne purent y être déterminés que par la menace distincte qu'elle leur fit que, s'ils reculaient, elle éveillerait Alexandre et les dénoncerait. A la fin, ils montèrent et entrèrent dans la chambre à coucher, où brûlait une lampe; Thêbê, après leur avoir ouvert la porte, la referma, et se plaça de manière à tenir le verrou. Alors ses frères approchèrent du lit : l'un d'eux saisit le despote endormi par les pieds, l'autre par les cheveux, et le troisième le perça d'une épée (1).

(1) Xénophon, Hellen. VI, 4, 36, 37; Plutarque, Pélopidas, c. 35; Conon, ap. Photium, Narr. 50, Codex, 186; Cicéron, de Offic. II, 7. Les détails de l'assassinat donnés par ces auteurs diffèrent. J'ai suivi principale-

Après avoir accompli d'une manière heureuse et sûre cet acte, populaire à cause du caractère odieux du despote assassiné, Thêbê s'efforça de gagner les troupes mercenaires, et d'assurer le sceptre à elle-même et à son frère aîné Tisiphonos. Après ce changement, il paraîtrait que la puissance des nouveaux princes ne fut pas si grande que l'avait été celle d'Alexandre, de sorte que des éléments additionnels de faiblesse et de discorde furent introduits en Thessalia. Ce fait est à signaler comme l'une des circonstances qui frayèrent à Philippe de Macédoine la route pour acquérir de l'ascendant en Grèce, — comme on le verra ci-après.

Ce fut dans l'année 360-359 avant J.-C. que Perdikkas, frère aîné et prédécesseur de Philippe sur le trône de Macédoine, fut tué dans la fleur de l'âge. Il périt, suivant un récit, dans une bataille sanglante avec les Illyriens, où quatre mille Macédoniens tombèrent également; suivant une autre assertion, sous les coups d'assassins gagnés perfidement par sa mère Eurydikê (1).

Nous savons peu de chose au sujet des exploits de Perdikkas pendant les cinq années de son règne. Il avait aidé le général athénien Timotheos dans une guerre contre la confédération olynthienne, et dans la prise de Pydna, de Potidæa, de Torônê et d'autres villes voisines; tandis que, d'autre part, il s'était opposé à la tentative faite par les Athéniens contre Amphipolis, en assurant cette place importante par une garnison macédonienne, tant contre eux que pour lui-même. Il fut engagé dans de sérieux conflits avec les Illyriens (2). Il paraît aussi qu'il n'était pas sans

---

ment Xénophon, et je n'ai rien admis qui soit positivement incompatible avec ses assertions.

(1) Justin, VII, 5; Diodore, XVI, 2. L'allusion dans le discours de Philotas immédiatement avant son exécution (Quinte Curce, VI, 43, p. 591, Mützel) appuie l'affirmation de Justin — que Perdikkas fut assassiné.

(2) Antipater (général de Philippe et vice-roi de son fils Alexandre en Macédoine) laissa, dit-on, un ouvrage historique, Περδίκκου πράξεις Ἰλλυρικάς (Suidas, v. Ἀντίπατρος), qui ne peut guère se rapporter à un Perdikkas autre que celui dont nous nous occupons actuellement.

quelque goût littéraire, — que c'était un admirateur des hommes d'intelligence et qu'il correspondait avec Platon à Athènes. Des philosophes ou des sophistes distingués, tels que Platon et Isokrate, jouissaient d'un renom combiné avec une certaine mesure d'influence dans tout le cercle du monde grec. Quarante années auparavant, Archelaos, roi de Macédoine, avait témoigné de la faveur à Platon (1), alors jeune homme, aussi bien qu'à son maître Sokratês. Amyntas, père et de Perdikkas et de Philippe, avait, pendant tout son règne, cultivé l'amitié des principaux Athéniens, en particulier d'Iphikratês et de Timotheos, dont il avait même adopté le premier comme fils; Aristote, si éminent plus tard comme philosophe (fils de Nikomachos, le médecin de confiance d'Amyntas) (2), avait pendant quelque temps étudié à Athènes comme disciple de Platon; de plus, Perdikkas, pendant son règne, avait auprès de lui un ami du philosophe, — Euphræos d'Oreus. Perdikkas se prêta beaucoup aux conseils d'Euphræos, qui le dirigea dans le choix de ses compagnons, et ne permit d'être ses hôtes qu'à des personnes d'habitudes studieuses; et par là il excita beaucoup de dégoût parmi les Macédoniens belliqueux (3). C'est là une preuve remarquable de la réputation de Platon, que ses avis fussent recherchés en même temps par Denys le Jeune à Syracuse, et par Perdikkas en Macédoine.

A la suggestion de Platon, portée par Euphræos, Perdikkas fut amené à accorder à son frère Philippe une portion de territoire ou apanage en Macédoine. En 368 avant J.-C. (pendant le règne d'Alexandre, frère aîné de Perdikkas et de Philippe), Pélopidas avait réduit la Macédoine à une soumission partielle et avait pris des otages comme gage de sa fidélité; parmi ces otages était le jeune Philippe, âgé alors

(1) Athénée, XI, p. 506 E. Πλάτων, ὃν Σπεύσιππός φησι φίλτατον ὄντα Ἀρχελάῳ, etc.

(2) Diogène Laërce, V, 1, 1.

(3) Athénée, XI, p. 506 E, p. 508 E. La quatrième des lettres de Platon (à laquelle fait allusion Diogène Laërce, III, 62) est adressée à Perdikkas, en partie pour recommander et vanter Euphræos. Il n'y a rien qui prouve qu'elle soit apocryphe; mais qu'elle soit apocryphe ou authentique, le fait que Platon correspondait avec Perdikkas est suffisamment probable.

d'environ quinze ans. C'est en cette qualité que Philippe resta près de deux ou trois années à Thèbes (1). Comment et à quelle époque quitta-t-il cette cité, c'est ce que nous ne pouvons établir clairement. Il semble être retourné en Macédoine après le meurtre d'Alexandre par Ptolémée Alorités, probablement sans opposition de la part des Thêbains, vu que sa valeur comme otage était diminuée alors. Il fut confié (en même temps que son frère Perdikkas), par sa mère Eurydikê, à la protection du général athénien Iphikratês, alors sur la côte de Macédoine, — comme je l'ai raconté ailleurs. Quel fut le sort de Philippe pendant la régence de Ptolémée Aloritês en Macédoine, c'est ce que nous ignorons ; nous pourrions même soupçonner qu'il ait voulu retourner à Thêbes, comme étant une résidence plus sûre. Mais quand son frère Perdikkas, après avoir tué Ptolémée Aloritês, devint roi, Philippe résida en Macédoine et obtint même de Perdikkas (comme il a été dit), grâce aux conseils

(1) Justin, VI, 9 ; VII, 5 : « Philippus obses triennio Thebis habitus », etc. Cf. Plutarque, Pélopidas, c. 26 ; Diodore, XV, 67 ; XVI, 2, et l'abondante note de Wesseling sur le dernier passage. Les deux passages de Diodore ne s'accordent pas très-bien ; dans le second, il dit que Philippe avait été déposé à Thêbes par les Illyriens, auxquels son père Amyntas l'avait cédé comme otage. Cela est extrêmement improbable, aussi bien pour d'autres raisons (données par Wesseling), que parce que les Illyriens, si jamais ils le reçurent comme otage, ne durent pas l'envoyer à Thêbes, mais durent le garder en leur possession. La mémorable entrevue décrite par Æschine, — entre le général athénien Iphikratês et la reine macédonienne Eurydikê avec ses deux jeunes fils Perdikkas et Philippe, — doit avoir eu lieu quelque temps avant la mort de Ptolémée Aloritês, et avant l'avénement de Perdikkas. Les expressions d'Æschine ne nous forcent peut-être pas nécessairement à supposer que cette entrevue eut lieu *immédiatement* après la mort d'Alexandre (Æschine, Fals. Leg. p. 31, 32); cependant il est difficile de concilier l'assertion de l'orateur avec la reconnaissance d'une résidence continue de trois années à Thêbes. Flathe (Geschichte Makedoniens, vol. 1, p. 39-47) suppose qu'Æschine s'est permis un faux exposé oratoire, quand il dit que Philippe était présent en Macédoine à l'entrevue avec Iphikratês. C'est une manière peu satisfaisante d'échapper à la difficulté; mais les assertions chronologiques, dans leur état actuel, peuvent difficilement être toutes exactes. Il est possible que Philippe soit retourné à Thêbes, ou ait été renvoyé, après l'entrevue avec Iphikratês; nous pourrions obtenir ainsi un espace de trois ans pour son séjour, à deux reprises, dans cette cité. Nous ne devons pas supposer que sa condition à Thêbes fût un état d'emprisonnement et de mauvais traitement. V. M. Clinton, Fast. Hell. App. IV, p. 229.

de Platon, un district séparé à gouverner comme subordonné. Il y resta jusqu'à la mort de Perdikkas, en 360-359 avant J.-C., organisant des forces militaires séparées à lui (comme Derdas, en 382 av. J.-C., quand les Lacédæmoniens faisaient la guerre à Olynthos) (1), et servant probablement à leur tête dans les guerres faites par son frère.

Toutefois, le temps que Philippe passa à Thêbes, depuis l'âge de quinze ans jusqu'à dix-huit, fut un événement de beaucoup d'importance, en ce qu'il détermina son futur caractère (2). Bien que détenu à Thêbes, Philippe fut traité avec courtoisie et respect. Il résidait chez Pammenês, l'un des principaux citoyens; probablement il eut un bon enseignement de rhétorique et de littérature, puisque, comme orateur, dans sa vie ultérieure, il possédait un talent considérable (3), et il peut également avoir reçu quelque instruction en philosophie, bien que dans la suite il ne manifestât aucun goût pour elle et que l'assertion qu'il a eu des pythagoriciens pour maîtres mérite peu de créance. Mais la leçon, la plus indélébile de toutes qu'il puisa à Thêbes fut tirée de la société et de l'exemple vivant d'hommes tels qu'Epaminondas et Pélopidas. Ils étaient au nombre des premiers citoyens et montraient ces qualités qui leur assuraient l'admiration constante d'une communauté libre, — et d'une communauté thêbaine, plus adonnée à l'action qu'à la parole; de plus, ils étaient tous deux des chefs militaires distingués, — l'un d'eux était l'organisateur le plus capable et le tacticien le plus instruit de son temps. Le spectacle

(1) Athénée, XI, p. 506. Διατρέφων δ' ἐνταῦθα δύναμιν (Philippe), etc. Au sujet de Derdas, V. Xénoph. Hellen. V, 2, 38.

(2) Ce fut dans les temps postérieurs un usage fréquent dans le sénat romain, quand il imposait des conditions de paix à des rois à demi vaincus, de demander des otages comme gage de fidélité, avec un jeune prince du sang royal dans le nombre; et il arrivait ordinairement que ce dernier, après quelques années de séjour à Rome, retournait dans son pays changé en bien des points.

V. le cas de Demetrios, le plus jeune fils du dernier Philippe de Macédoine et frère cadet de Perseus (Tite-Live, XXXIII, 13; XXXIX, 53; XL, 5); celui des jeunes princes parthes, Vononês (Tacite, Annal. II, 1, 2), Phraatês (Tacit. Annal. VI, 32), Meherdatês (Tacit. Ann. XII, 10, 11).

(3) Même de l'avis de juges très-compétents : V. Æschine, Fals. Leg. c. 18, p. 253.

des forces militaires thêbaines, excellentes tant comme cavalerie que comme infanterie, exercées par un homme tel qu'Epaminondas, dut inspirer au plus haut point un jeune prince macédonien, et il devint encore plus efficace quand il s'y joignit des rapports personnels avec le vainqueur de Leuktra, — le premier homme que Philippe apprit à admirer et qu'il s'appliqua à imiter dans sa carrière militaire (1). Son esprit fut enrichi de bonne heure des idées stratégiques les plus avancées de l'époque, et jeté dans la voie de la réflexion, de la comparaison et de l'invention, sur l'art de la guerre.

Quand il passa de Thêbes (368-365 av. J.-C.) au gouvernement subordonné d'un district en Macédoine, sous son frère aîné Perdikkas, Philippe organisa des forces militaires, et en le faisant, il eut l'occasion de mettre en pratique, bien que d'abord sur une échelle restreinte, les leçons qu'il avait prises auprès des illustres Thêbains. Il était ainsi à la tête de troupes qui lui appartenaient et qu'il avait organisées lui-même, — quand la mort inattendue de Perdikkas lui ouvrit la perspective de succéder au trône. Mais c'était une perspective pleine de doute et de hasards. Perdikkas avait laissé un fils enfant; il existait en outre trois princes, Archelaos, Aridæos et Menelaos (2), fils d'Amyntas et d'une autre épouse ou maîtresse Gygæa, et par conséquent demi-frères de Perdikkas et de Philippe: il y avait aussi deux autres prétendants à la couronne — Pausanias (qui avait auparavant aspiré au trône après la mort d'Amyntas), secondé par un prince thrace, — et Argæos, qui avait l'appui

(1) Plutarque, Pélopidas, c. 26. Ζηλωτὴς γεγονέναι ἔδοξεν Ἐπαμεινώνδου, τὸ περὶ τοὺς πολέμους καὶ τὰς στρατηγίας δραστήριον ἴσως κατανοήσας, ὃ μικρὸν ἦν τῆς τοῦ ἀνδρὸς ἀρετῆς μόριον, etc.

(2) Justin, VII, 4. On affirme que Menelaos, père d'Amyntas et grand-père de Philippe, était un fils illégitime, tandis qu'Amyntas lui-même fut, dit-on, dans l'origine, serviteur ou esclave d'Æropos (Ælien, V. H. XII, 43). Nos renseignements relatifs aux relations des rois successifs et des prétendants au trône, en Macédoine, sont obscurs et peu satisfaisants. Justin (*l. c.*) est d'accord avec Ælien en appelant le père d'Amyntas Menelaos; mais Dexippe (apud Syncellum, p. 263) l'appelle Aridæos, tandis que Diodore (XIV, 92) l'appelle Tharraleos.

des Athéniens. A ces dangers il fallait ajouter une attaque des nations barbares voisines, Illyriens, Pæoniens et Thraces, — toujours prêtes à assaillir (1) et à piller la Macédoine à tout moment de faiblesse intestine. Il semblerait que Perdikkas, peu avant sa mort, avait subi une sérieuse défaite de la part des Illyriens et avait perdu quatre mille hommes ; il mourut bientôt, soit d'une blessure reçue alors, soit victime des machinations de sa mère Eurydikê. Il se peut que la blessure reçue dans la bataille et l'assassinat soient des faits réels (2).

Philippe prit d'abord le gouvernement du pays comme tuteur de son jeune neveu Amyntas, fils de Perdikkas. Mais les difficultés du moment étaient si formidables que les Macédoniens qui l'entouraient le forcèrent à prendre la couronne (3). De ses trois demi-frères, il mit à mort l'un, sort dont la fuite seule sauva les autres, qui s'exilèrent : nous les verrons ci-après à Olynthos. Ils avaient trouvé ou l'on croyait probable qu'ils trouveraient un parti en Macédoine pour appuyer leurs prétentions à la couronne (4).

La succession au trône en Macédoine, bien qu'elle s'opérât dans une famille particulière, était exposée à des disputes fréquentes et sanglantes entre les membres individuels de cette famille, et tombait ordinairement au plus hardi et au moins scrupuleux d'entre eux. Aucun dans le fait, si ce n'est un homme énergique, ne pouvait bien s'y maintenir, surtout dans les circonstances de l'avénement de Philippe. La monarchie macédonienne a été appelée une monarchie limitée, et dans un sens large du mot, cette proposition est vraie. Mais quelles étaient les limitations et comment les rendait-on efficaces, c'est ce que nous ne savons

(1) Justin, XXIX, 1.

(2) Diodore, XVI, 2 ; Justin, VII, 5 ; Quinte-Curce, VI, 48, 26.

(3) Justin, VII, 5. Amyntas vécut pendant le règne de Philippe et fut ensuite mis à mort par Alexandre, qui l'accusa de conspirer. V. Just. XII, 6 ; Quinte-Curce, VI, 34, 17, avec la note de Mützel.

(4) Justin, VIII, 3. « Post hæc Olynthios aggreditur (Philippe) : receperant enim, per misericordiam, post cædem unius, duos fratres ejus, quos Philippus, ex novercâ genitos, velut participes regni, interficere gestiebat. »

pas. Qu'il y eût quelques formes et coutumes anciennes, que le roi respectait habituellement, nous n'en pouvons douter (1), comme il y en avait probablement aussi chez les tribus illyriennes, chez les Epirotes et chez d'autres parmi les nations belliqueuses voisines. Une assemblée générale était convoquée à l'occasion ; elle avait à consentir à quelque proposition importante ou à juger quelque personnage éminent accusé. Mais, bien que ces cérémonies fussent reconnues et se présentassent quelquefois, les occasions étaient rares dans lesquelles elles opposaient un obstacle constitutionnel sérieux à l'autorité royale (2). Les faits de l'histoire macédonienne, autant que nous en pouvons juger, présentent

(1) Arrien, Exp. Alex. IV, 11. Οὐ βίᾳ, ἀλλὰ νόμῳ Μακεδόνων ἄρχοντες διετέλεσαν (Alexandre et ses ancêtres avant lui).

(2) Le procès de Philotas, qui est accusé de conspiration par Alexandre devant une assemblée des soldats macédoniens près du quartier général, est l'exemple sur lequel on insiste le plus pour prouver l'existence de la coutume d'un jugement public dans des accusations criminelles. Quinte-Curce dit (VI, 32, 25) : « De capitalibus rebus vetusto Macedonum more inquirebat exercitus : in pace erat vulgi : et nihil potestas regum valebat, nisi prius valuisset auctoritas. » Cf. Arrien, III, 26 ; Diodore, XVII, 79, 80.

Que ce fût une ancienne coutume macédonienne, par rapport à des personnages éminents accusés de trahison, c'est ce que nous pouvons croire sans peine ; nous pouvons croire aussi qu'un officier du rang élevé et de la réputation militaire de Philotas, s'il était soupçonné de trahison, ne pouvait guère être traité autrement. S'il était condamné, tous ses proches et parents, impliqués ou non, étaient enveloppés dans la même condamnation. Plusieurs des parents de Philotas ou s'enfuirent ou se tuèrent ; et Alexandre rendit alors un édit qui leur pardonnait à tous, excepté à Parménion. Ce dernier était en Médie, et un ordre secret de le faire périr à l'instant fut envoyé par Alexandre. S'il faut accepter comme exact ce qui se fit contre Philotas, tel que le décrit Quinte-Curce, c'est un appel fait aux soldats par Alexandre, afin qu'ils consentent à ce qu'il tue un ennemi dangereux, plutôt qu'une recherche de culpabilité ou d'innocence.

Olympias, pendant les luttes intestines qui suivirent la mort d'Alexandre, semble avoir mis à mort autant de Macédoniens illustres qu'elle voulut, sans forme de procès. Mais quand son ennemi Kassandre eut la haute main, quand il la réduisit et la prit, il n'osa pas la mettre à mort sans obtenir le consentement d'une assemblée macédonienne (Diodore, XIX, 11, 51 ; Justin, XIV, 6 ; Pausanias, I, 11, 2). Ces assemblées macédoniennes, autant que nous en pouvons juger d'après ce que nous en lisons, paraissent être convoquées surtout comme simples instruments destinés à sanctionner quelque dessein déterminé à l'avance du roi ou du chef militaire prédominant à l'époque. Flathe (Geschichte Makedon. p. 43-45) attache, à mon sens, trop de valeur aux droits et aux pouvoirs dont jouissait le peuple macédonien.

les rois agissant d'après leurs propres sentiments et exécutant leurs propres plans, — consultant ceux qu'ils veulent et quand il leur plaît, — soumis seulement à la nécessité de ne pas offenser trop violemment les sentiments de la population militaire qu'ils commandaient. Philippe et Alexandre, qui combinaient une position royale avec de la capacité personnelle et des succès sans exemple, furent plus puissants qu'aucun de leurs prédécesseurs. Chacun d'eux exigea des efforts extraordinaires de ses soldats, qu'il fut par conséquent obligé de maintenir dans une obéissance et un attachement volontaires, précisément comme Jasôn de Pheræ l'avait fait auparavant avec son armée permanente de mercenaires (1). Pendant le règne d'Alexandre, l'armée se montre comme le seul pouvoir à ses côtés, pouvoir auquel il est contraint de céder à l'occasion; après sa mort, ce pouvoir devient pour un temps plus dominant encore. Mais autant que l'histoire de la Macédoine nous est connue, je ne vois pas de preuve de corps politiques coordonnés, ni d'appareil fixe (soit aristocratique, soit populaire) destiné à tenir en échec la puissance royale, — telle qu'elle justifie en aucune sorte la comparaison qu'un historien moderne établit entre la constitution macédonienne et la constitution anglaise.

Le premier acte de Philippe, en s'occupant de ses nombreux ennemis, fut de corrompre les Thraces par des promesses et des présents faits à propos, de sorte que la rivalité de Pausanias au sujet du trône cessa d'être dangereuse. Il restait comme assaillants les Athéniens avec Argæos du côté de la mer et les Illyriens du côté de la terre.

Mais Philippe fit preuve d'une adresse et d'une énergie suffisantes pour faire tête à tout. Tandis qu'il se hâtait de réorganiser les forces du pays, d'étendre l'application de ces arrangements militaires perfectionnés dont il avait déjà fait l'essai dans sa province, et d'encourager ses amis et ses soldats par des harangues collectives (2), dans un style et un

(1) Xénophon, Hellen. VI, 1, 6, 16. (2) Diodore, XVI, 2, 3.

esprit tels que les Macédoniens n'en avaient jamais entendu auparavant de pareils dans une bouche royale, — il réussit à retarder l'attaque des Athéniens jusqu'à un moment plus commode.

Il savait que la possession d'Amphipolis était le grand motif pour lequel ils avaient fait la guerre à la Macédoine pendant quelques années et qui leur faisait actuellement épouser la cause d'Argæos. En conséquence, il déclara qu'il était disposé à leur céder immédiatement cette place importante, en retirant la garnison macédonienne à l'aide de laquelle Perdikkas l'avait tenue contre eux et en laissant la ville à ses propres citoyens. Les Athéniens interprétèrent probablement cet acte comme équivalent à une cession réelle ; car, même Amphipolis dût-elle encore tenir contre eux, ils ne doutaient pas qu'ils ne pussent la réduire si elle n'était pas secourue. De plus, Philippe expédia à Athènes des lettres exprimant un vif désir d'être reçu dans son alliance aux mêmes conditions d'amitié que son père Amyntas avant lui (1). Ces actes semblent avoir eu pour effet de rendre les Athéniens tièdes dans la cause d'Argæos ; car Mantias, l'amiral athénien, bien qu'il transportât ce prince par mer à Methônê, s'arrêta toutefois dans le port de mer lui-même, tandis qu'Argæos s'avança dans l'intérieur des terres, — avec quelques exilés qui revenaient, un corps de mercenaires et quelques volontaires athéniens, — jusqu'à Ægæ ou Edessa (2), espérant obtenir d'être admis dans cette ancienne capitale des Macédoniens. Mais les habitants refusèrent de le recevoir, et en revenant à Methônê, il fut attaqué et complétement défait par Philippe. Ses troupes fugitives trouvèrent un refuge sur une éminence voisine ; mais elles furent promptement obligées de se rendre. Philippe en laissa partir la plus grande partie à certaines conditions ; il demanda seulement qu'Argæos et les exilés macédoniens lui fussent livrés. Il traita les citoyens athéniens avec une cour-

(1) Démosthène cont. Aristokrat. p. 660, s. 144.

(2) Diodore, XVI, 3 ; Démosth. cont. Aristokrat. p. 660 *ut sup.* Τῶν ἡμετέρων τινας πολιτῶν, etc. Justin, VII, 6.

toisie particulière, leur conserva tout ce qu'ils possédaient, et les renvoya dans leurs foyers pénétrés de reconnaissance, avec des messages conciliants pour le peuple d'Athènes. Les exilés, et Argæos avec eux, étant devenus prisonniers, furent probablement mis à mort (1).

La clémenee prudente que montra Philippe à l'égard des prisonniers athéniens, combinée avec l'évacuation d'Amphipolis, produisit l'effet le plus favorable sur les dispositions du public athénien et le disposa à accepter ses offres pacifiques. En conséquence, une paix fut conclue. Philippe renonça à toute prétention sur Amphipolis et reconnut cette ville comme une possession qui appartenait légitimement à Athènes (2). Par cette renonciation, il n'abandonnait réellement pas de possession légitime; car Amphipolis n'avait jamais appartenu aux rois macédoniens, et jamais un soldat macédonien n'y était entré avant les trois ou quatre années précédentes, alors que les citoyens avaient demandé à Perdikkas de prendre part à la défense de la ville contre les Athéniens. Mais ces derniers parurent avoir remporté le prix principal pour lequel ils avaient si longtemps lutté. Ils se félicitèrent dans l'espérance, que leur présentèrent probablement avec confiance les orateurs qui appuyèrent la paix, que les Amphipolitains seuls ne songeraient jamais à résister aux droits reconnus d'Athènes.

C'est ainsi que Philippe fut délivré d'ennemis sur la côte et qu'il eut les mains libres pour s'occuper des Illyriens et des Pæoniens de l'intérieur. Il s'avança dans le territoire des Pæoniens (vraisemblablement le long du cours supérieur du fleuve Axios), qu'il trouva affaiblis par la mort récente de leur roi Agis. Il défit leurs troupes et les réduisit à se soumettre à la suprématie macédonienne. Ensuite il se mit en devoir d'attaquer les Illyriens, — entreprise plus sérieuse et plus formidable. Les noms *Illyriens*, *Pæoniens*, *Thraces*, etc., ne désignaient pas des masses nationales unies, mais s'appliquaient à un grand nombre de tribus

(1) Diodore, XVI, 3.

(2) Diodore, XVI, 4.

alliées par la parenté ou clans, chacune d'elles étant distincte, gouvernée séparément, et ayant son nom et ses usages particuliers. Les tribus illyriennes et pæoniennes occupaient un vaste espace de territoire au nord et au nord-ouest de la Macédoine, s'étendant sur la Bosnie moderne à peu près jusqu'aux Alpes Juliennes et à la Save. Mais pendant le milieu du quatrième siècle avant J.-C., il semble qu'il s'effectuait une vaste immigration de tribus gauloises venant de l'ouest, qui envahissaient le territoire des Illyriens et des Pæoniens les plus septentrionaux, circonscrivaient leurs possessions et leur sécurité, et les refoulaient plus loin au sud; parfois elles les forçaient à trouver de la subsistance et du butin par des invasions en Macédoine ou par des pirateries maritimes contre le commerce grec dans l'Adriatique (1). Les Illyriens étaient devenus pour la Macédoine des voisins plus dangereux qu'ils ne l'étaient à l'époque de Thucydide, et il semble qu'une récente coalition de leurs guerriers, faite dans des vues d'invasion et de pillage, était à ce moment au plus haut point de sa force. Ce fut sous un chef nommé Bardylis, qui s'était élevé au commandement de l'humble métier de charbonnier, homme renommé pour sa bravoure, mais plus encore pour sa conduite rigoureusement juste à l'égard de ses soldats, surtout dans le partage du butin (2). Bardylis et ses Illyriens s'étaient rendus maîtres d'une portion considérable de la Macédoine occidentale (à l'ouest du mont Bermios); ils occupaient la plupart des villes, des villages et des plaines (3), et restreignaient les Macédoniens indigènes aux collines défendables, mais stériles. Philippe s'avança pour les attaquer, à la tête d'une armée qu'il s'était à ce moment arrangé pour porter au nombre de dix mille fantassins et de six cents chevaux. Bardylis avait un

(1) V. les remarques de Niebuhr sur ces migrations de tribus gauloises de l'Ouest, et leur effet sur l'ancienne population établie entre le Danube et la mer Ægée (Niebuhr, Vortraege ueber alte Geschichte, vol. III, p. 225, 281, et l'ouvrage antérieur du même auteur — Kleine Schriften, Untersuchungen ueber die Geschichte der Skythen, p. 375).

(2) Théopompe, Fragm. 35. éd. Didot; Cicéron, de Officiis, II, 11; Diodore, XVI, 4.

(3) Arrien, VII, 9, 2, 3.

nombre presque égal ; cependant quand il apprit que Philippe approchait, il envoya offrir la paix, à la condition que chaque partie garderait ce qu'elle possédait actuellement. Sa proposition étant rejetée, les deux armées ne tardèrent pas à se rencontrer. Philippe avait réuni autour de lui, à l'aile droite, ses troupes macédoniennes d'élite, avec lesquelles il fit son attaque la plus vigoureuse ; en même temps, il manœuvrait avec un corps de cavalerie, de manière à attaquer l'aile gauche des Illyriens. La bataille, disputée avec le plus grand acharnement des deux côtés, fut pendant quelque temps indécise, et le roi de Macédoine ne put rompre le carré oblong en lequel ses ennemis s'étaient formés. Mais à la fin sa cavalerie put les charger d'une manière si efficace, en flanc et par derrière, que la victoire se déclara en sa faveur. Les Illyriens prirent la fuite, furent vigoureusement poursuivis, en perdant sept mille hommes, et ne se rallièrent jamais de nouveau. Bardylis demanda bientôt la paix et consentit à l'acheter en renonçant à toutes ses conquêtes en Macédoine, tandis que Philippe poussa sa victoire avec tant d'ardeur qu'il força à se soumettre toutes les tribus à l'est du lac Lychnidos (1).

Ces opérations contre les voisins de la Macédoine à l'intérieur des terres ont dû occuper une année ou deux (359-358.). Pendant cet intervalle, Philippe laissa Amphipolis à elle-même, après en avoir retiré la garnison macédonienne comme moyen de se concilier les Athéniens. Nous nous serions attendus qu'ils profiteraient sur-le-champ de l'ouverture et prendraient d'actives mesures pour regagner Amphipolis. Ils connaissaient l'importance de cette cité ; ils

(1) Diodore, XVI, 4-8. Frontin (Stratagem. II, 3, 2) mentionne une bataille gagnée par Philippe sur les Illyriens, dans laquelle, observant que leurs troupes d'élite étaient au centre, il plaça sa plus grande force à son aile droite, attaqua et battit leur aile gauche, ensuite prit leur centre en flanc et défit toute leur armée. Cette bataille-ci est-elle celle à laquelle il est fait allusion, c'est ce que nous ne pouvons dire. La tactique employée est la même que celle d'Epaminondas à Leuktra et à Mantineia : fortifier une aile particulièrement pour l'offensive et tenir le reste de l'armée sur la défensive.

la considéraient comme leur appartenant de droit; ils avaient désiré longtemps la recouvrer, et ils l'avaient même assiégée cinq années auparavant, bien que vraisemblablement avec une armée mercenaire seulement, qui fut repoussée surtout grâce au secours de Perdikkas prédécesseur de Philippe. Il n'était pas probable qu'Amphipolis se rendît à eux volontairement; mais une fois réduite à ses propres ressources, il se peut qu'elle eût été attaquée avec succès. Cependant ils restèrent à l'embouchure du Strymôn sans faire de tentative sur la contrée. Nous devons nous rappeler (comme on l'a déjà raconté) (1) que, pendant 359 avant J.-C., et la première partie de 358 avant J.-C., ils firent des opérations dans la Chersonèse de Thrace, contre Charidêmos et Kersobleptês avec peu de succès et de honteux embarras. Il se peut que ces opérations vexatoires dans la Chersonèse, — péninsule dans laquelle beaucoup d'Athéniens avaient des intérêts, comme propriétaires privés, — outre les droits publics de la cité, — aient absorbé complétement l'attention d'Athènes, au point de l'engager à ajourner l'acquisition d'Amphipolis jusqu'à ce qu'elles fussent terminées; fin qui n'arriva (comme nous le verrons bientôt) qu'immédiatement avant qu'elle en vînt à être plongée dans la dangereuse crise de la guerre Sociale. Je ne connais pas de meilleure manière d'expliquer pourquoi Athènes, bien que si désireuse, tant avant qu'après, de posséder Amphipolis, ne fit, chose singulière, aucune tentative pour l'acquérir pendant plus d'une année après son évacuation par Philippe; à moins que nous ne devions ranger cette occasion parmi les nombreuses qu'elle perdit (selon Démosthène) (2) par pure négligence, soupçonnant peu avec quelle rapidité disparaîtrait une pareille occasion.

En 358 avant J.-C., il se présenta aux Athéniens une ouverture qui leur permit de regagner leur influence en

(1) V. tome XV, ch. 3 de cette Histoire.

(2) Démosthène, Orat. de Chersoneso, p. 98, s. 34. Φέρε γὰρ, πρὸς Διὸς, εἰ λόγον ὑμᾶς ἀπαιτήσειαν οἱ Ἕλληνες ὧν νυνὶ παρείκατε καιρῶν διὰ ῥᾳθυμίαν, etc.

Eubœa; et pour cette île, si rapprochée de leurs côtes, ils frappèrent un coup plus vigoureux que pour la possession éloignée d'Amphipolis. Lorsque la confédération maritime sous Athènes reprit naissance (immédiatement après 378 av. J.-C.), la plupart des cités de l'Eubœa s'y étaient jointes volontairement; mais après la bataille de Leuktra (en 371 av. J.-C.), l'île passa sous la suprématie thêbaine. En conséquence, des Eubœens de toutes les cités servirent dans l'armée d'Epaminondas, tant lors de sa première que de sa seconde expédition dans le Péloponèse (369-362 av. J.-C.) (1). De plus, Orôpos, ville frontière de l'Attique et de la Bœôtia — située immédiatement en face de l'Eubœa, ayant été enlevée à Athènes (2) en 366 avant J.-C. par un corps d'exilés qui traversèrent le détroit en venant d'Eretria, grâce aux soins du despote érétrien Themisôn, — avait été remise à la garde des Thêbains, avec lesquels elle restait encore. Mais dans l'année 358 avant J.-C., un mécontentement commença dans les cités eubœennes (la cause nous en est inconnue) contre la suprématie de Thêbes; sur quoi une puissante armée thêbaine fut envoyée dans l'île pour les réduire : il s'ensuivit une lutte sérieuse, dans laquelle si Thêbes avait réussi, Chalkis et Eretria auraient bien pu partager le sort d'Orchomenos (3). Ces cités expédièrent de pressants messages pour demander du secours aux Athéniens, qui furent fortement agités par la crainte de voir leur voisine détéstée Thêbes renforcée par une acquisition si considérable tout près de leurs frontières. L'assemblée

(1) Xénoph. Hellen. VI, 5, 23. Εὐϐοεῖς ἀπὸ πασῶν τῶν πόλεων; et VII, 5, 4. Βοιωτοὺς ἔχων πάντας καὶ Εὐϐοέας (Epaminondas), etc.

Winiewski, dans son instructif commentaire sur les faits historiques du Discours de Démosthène de Coronâ, affirme par erreur que l'Eubœa continua d'être dans la dépendance d'Athênes sans interruption depuis 377 jusqu'à 358 avant J.-C. (Winiewski, Commentarii historici et chronologici in Demosthenis Orationem de Coronâ, p. 30).

(2) Xénophon, Hellen. VII, 4, 1; Diodore, XV, 76; Démosthène, de Coronâ, p. 259, s. 123.

(3) Démosthène, Orat. de Chersones. p. 108, s. 80. Τοὺς Εὐϐοέας σώζειν, ὅτε Θηϐαῖοι κατεδουλοῦν τ'αὐτοὺς, etc. : Cf. Démosth. de Coronâ, p. 259, s. 123. Θηϐαίων σφετεριζομένων τὴν Εὔϐοιαν, etc.; et Æschine cont. Ktesiphont. p. 397, c. 31. Ἐπειδὴ διέϐησαν εἰς Εὔϐοιαν Θηϐαῖοι, καταδουλώσασθαι τὰς πόλεις πειρώμενοι, etc.

publique, déjà disposée à sympathiser avec les suppliants, fut enflammée jusqu'à l'enthousiasme par le brusque et expressif appel de Timotheos, fils de Konôn (1). « Comment! Athéniens (dit-il), quand vous avez les Thêbains actuellement dans l'île, discutez-vous encore ici ce qui est à faire, ou comment vous agirez dans la circonstance? Ne remplirez-vous pas la mer de trirèmes? Ne vous lèverez-vous pas immédiatement pour courir au Peiræeus, et traîner les trirèmes jusqu'à l'eau? » Cette apostrophe animée, rapportée et entendue sans doute par Démosthène lui-même, trouva dans le peuple un écho sincère. Les forces d'Athènes, militaires aussi bien que navales, furent équipées avec une ardeur, et envoyées avec une promptitude, qui furent rarement égalées. L'enthousiasme général fut tel, que des citoyens se chargèrent volontairement pour la première fois de l'office dispendieux de triérarque, au lieu d'attendre le procédé plus lent de désigner les hommes riches dont c'était le tour de servir, avec la chance d'un retard plus grand encore par suite du procédé légal appelé antidosis ou échange de fortune (2), qu'employaient celles des personnes ainsi choisies qui pouvaient se croire lésées par la réquisition. Démosthène lui-même fut au nombre des triérarques volontaires; lui et un citoyen

---

(1) Démosthène, Orat. de Chersoneso, p. 108, s. 80. Εἰπέ μοι, βουλεύεσθε, ἔφη (Timotheos), Θηβαίους ἔχοντες ἐν νήσῳ, τί χρήσεσθε, καὶ τί δεῖ ποιεῖν; Οὐκ ἐμπλήσετε τὴν θάλασσαν, ὦ ἄνδρες Ἀθηναῖοι, τριηρῶν; Οὐκ ἀναστάντες ἤδη πορεύσεσθε εἰς τὸν Πειραιᾶ; Οὐ καθέλξετε τὰς ναῦς;

(2) Voir, comme explication de ces retards, Demosth. Philippic. I, p. 50, s. 42.

Tout citoyen qui croyait avoir été appelé hors de son tour légitime pour être triérarque ou remplir un autre devoir dispendieux, et qui pensait qu'un autre citoyen avait été indûment épargné, pouvait proposer à ce dernier un échange de fortune, en offrant de se charger du devoir si la fortune de l'autre lui était cédée. La personne à laquelle on faisait la proposition était obligée de faire une des trois choses suivantes : ou 1° de démontrer, par un procédé légal, que ce n'était ni son tour, ni son devoir; 2° ou de soulager le citoyen qui lui faisait la proposition de la triérarchie qu'on venait de lui imposer; 3° ou d'accepter l'échange, en recevant la fortune de l'autre, et en lui cédant la sienne en retour, cas dans lequel le citoyen qui faisait la proposition se chargeait de la triérarchie.

Cet échange obligatoire de fortune, avec le procédé légal qui y était attaché, s'appelait antidosis.

nommé Philinos étant co-triérarques du même vaisseau. On nous dit qu'en trois ou cinq jours la flotte et l'armée athénienne, sous le commandement de Timotheos (1), furent débarquées au grand complet sur le rivage de l'Eubœa, et que dans le courant de trente jours les Thêbains furent si complétement battus qu'ils furent forcés de l'évacuer en vertu d'une capitulation. Un corps de mercenaires sous Charês contribua au succès athénien. Cependant il ne paraît pas prouvé que ce succès ait été aussi aisé et aussi rapide que les orateurs aiment à l'affirmer (2). Toutefois, leur vanterie, souvent répétée dans la suite, est bien fondée en ce sens, qu'Athènes remplit complétement son but, qu'elle délivra les Eubœens de Thêbes, et reçut le témoignage de leur gratitude sous la forme d'une couronne d'or dédiée dans l'akropolis d'Athènes (3). Les cités eubœennes, tout étant reconnues comme autonomes, continuèrent en même temps d'être inscrites comme membres de la confédération athénienne, envoyant des députés à l'assemblée à Athènes, et pour les desseins généraux de cette confédération elles payaient un tribut annuel, fixé à cinq talents pour chacune des deux villes Oreus (ou Histiæa) et Eretria (4).

A la fin de cette entreprise eubœenne (358 av. J.-C.),

---

(1) Que Timotheos fût commandant, c'est ce qui n'est pas avancé distinctement par Démosthène, mais que l'on peut conclure de Plutarque, De Gloriâ Athen. p. 350 F. Ἐν ᾧ Τιμόθεος Εὔβοιαν ἠλευθέρου, ce qui, dans le cas d'un militaire tel que Timotheos, ne peut guère faire simplement allusion au discours qu'il fit dans l'assemblée. Dioklês est mentionné par Démosthène comme ayant conclu la convention avec les Thêbains; mais cela n'implique pas nécessairement qu'il fût commandant : V. Démosth. cont. Meidiam, p. 570, s. 219.

Au sujet de Philinos comme collègue de Démosthène dans la triérarchie, V. Démosth. cont. Meidiam, p. 566, s. 204.

(2) Diodore (XVI, 7) dit que la lutte en Eubœa dura pendant un temps considérable. Démosthène parle de l'expédition comme étant arrivée à sa destination en trois jours, Æschine en cinq jours; le dernier dit également qu'en trente jours les Thêbains furent vaincus et chassés (Démosth. cont. Androtion. p. 597, s. 17; Æschine cont. Ktesiph. p. 397, c. 31).

Sur Charês et les mercenaires, V. Démosth. cont. Aristokrat. p. 678, s. 206.

(3) Démosthène cont. Androtion. p. 616, s. 89, cont. Timokrat. p. 756, s. 205.

(4) Æschine cont. Ktesiph. p. 401, 403, 404, c. 32, 33; Démosth. pro Megalopolitan. p. 204, s. 16.

Charès avec ses mercenaires fut envoyé en Chersonèse, où il finit par arracher à Charidêmos et à Kersobleptês l'évacuation de cette péninsule et sa cession à Athènes, après une longue série de manœuvres dilatoires et de mauvaise foi de leur part. J'ai, dans les précédents chapitres, décrit ces événements, en faisant remarquer en même temps qu'Athènes atteignit à ce moment l'apogée de son pouvoir à l'étranger et de sa seconde confédération renouvelés, qui avaient commencé en 378 avant J.-C. (1). Mais sa période d'élévation fut très-courte. Elle ne tarda pas à être renversée par deux événements importants, — la guerre Sociale et les conquêtes de Philippe en Thrace.

La confédération athénienne, récemment renforcée par la délivrance de l'Eubœa, comptait parmi ses membres une portion considérable des îles de la mer Ægée aussi bien que les ports de mer grecs en Thrace. La liste comprenait les îles de Lesbos, de Chios, de Samos (cette dernière occupée actuellement en partie par un corps de klêruchi ou colons athéniens), de Kos et de Rhodes, avec l'importante cité de Byzantion. Ce fut peu après le récent succès en Eubœa que Chios, Kos, Rhodes et Byzantion se révoltèrent de concert en soulevant contre Athènes une guerre sérieuse, connue sous le nom de Guerre Sociale.

Relativement aux causes prochaines de cette explosion nous ne trouvons par malheur que peu de renseignements. Il y avait alors, et il y avait toujours eu depuis 378 avant J.-C., une assemblée de députés de toutes les cités confédérées se réunissant habituellement à Athènes, telle qu'il n'en avait jamais existé sous le premier empire athénien dans sa pleine maturité. Jusqu'à quel point l'assemblée fonctionnait-elle effectivement, c'est ce que nous ignorons. Du moins elle doit avoir fourni aux alliés, s'ils étaient lésés, une belle occasion de faire entendre leurs plaintes et de critiquer l'application du fonds commun auquel chacun d'eux contribuait. Mais la confédération athénienne qui avait

(1) V. tome XV, ch. 3 de cette Histoire.

commencé (378 av. J.-C.) (1) dans un esprit généreux et égal de défense maritime commune, en était venue à se pervertir graduellement, depuis l'humiliation de la grande ennemie Sparte à Leuktra, et à se tourner vers des desseins et des intérêts plus exclusivement athéniens. Athènes avait conquis l'île de Samos, — Pydna, Potidæa, et Methônê, sur la côte de la Macédoine et de la Thrace — et la Chersonèse de Thrace ; acquisitions faites toutes dans son seul intérêt, sans aucun avantage pour l'assemblée confédérée, — et faites encore en grande partie pour devenir la propriété privée de ses propres citoyens comme klêruchi, par une violation directe de sa résolution publique prise en 378 avant J.-C., de ne permettre aucune appropriation de terres par des citoyens athéniens hors de l'Attique.

A mesure qu'Athènes en vint à agir plus en vue de son agrandissement séparé, et moins pour les intérêts communs à toute la confédération, l'attachement des États confédérés les plus considérables devint de plus en plus forcé : mais ce qui contribua plus encore à les détacher d'Athènes, ce fut la conduite de ses armements de service, composés en grande partie de mercenaires, mesquinement et irrégulièrement payés, dont les exactions désordonnées et rapaces, en particulier aux dépens des confédérés d'Athènes, sont caractérisées en termes énergiques par tous les orateurs contemporains, — Démosthène, Æschine, Isokrate, etc. Le commandant, qui n'avait pas le moyen de payer les soldats, était souvent obligé d'obéir à leurs instincts de pillage et de les conduire à l'endroit le plus commode où l'on pouvait se procurer de l'argent : dans le fait quelques-uns des commandants, et en particulier Charês, n'étaient pas eux-mêmes moins disposés que leurs soldats à profiter de ces déprédations (2). Aussi arrivait-il que les armements expédiés par Athènes voyaient peu l'ennemi qu'ils étaient chargés de combattre, préférant le procédé plus aisé et plus lucratif de

(1) Démosthène, De Rhodiorum Libertate, p. 194, s. 17. Παρὸν αὐτοῖς (les Rhodiens) Ἕλλησι καὶ βελτίοσιν ἀυτῶν ὑμῖν ἐξ ἴσου συμμαχεῖν, etc.

(2) Diodore, XV, 95.

lever des contributions sur des amis, et de piller les bâtiments marchands rencontrés en mer. Et il n'était pas possible à Athènes de prévenir cette mauvaise conduite, quand ses propres citoyens refusaient de servir personnellement, et quand elle employait des étrangers, soudoyés pour l'occasion, mais payés peu régulièrement (1). Les souffrances, l'alarme et l'éloignement qui en résultèrent parmi les confédérés ne furent pas moins funestes que déshonorants pour Athènes. Nous ne pouvons douter qu'il ne s'élevât des plaintes nombreuses dans l'assemblée; mais elles doivent avoir été inutiles, puisque l'abus continua jusqu'à l'époque qui précéda de peu la bataille de Chæroneia.

Au milieu de ces dispositions apparentes de la part d'Athènes à négliger les intérêts de la confédération dans des vues personnelles, et à tolérer ou à encourager les déprédations positives exercées sans cesse par des armements non payés, — le mécontentement grandit naturellement, et se montra avec plus de force chez quelques-unes des dépendances plus considérables près de la côte asiatique (358 av. J.-C.). Les îles de Chios, de Kos et de Rhodes, en même temps que l'importante cité de Byzantion sur le Bosphore de Thrace, s'entendirent ensemble et se déclarèrent détachées d'Athènes et de sa confédération. Selon l'esprit de la convention jurée à Sparte, immédiatement avant la bataille

(1) Démosthène, Philipp. I, p. 46, s. 28. Ἐξ οὗ δ' αὐτὰ καθ' αὑτὰ τὰ ξενικὰ ὑμῖν στρατεύεται, τοὺς φίλους νικᾷ καὶ τοὺς συμμάχους, οἱ δ' ἐχθροὶ μείζους τοῦ δέοντος γεγόνασιν. Καὶ παρακύψαντα ἐπὶ τὸν τῆς πόλεως πόλεμον, πρὸς Ἀρτάβαζον ἢ πανταχοῦ μᾶλλον οἴχεται πλέοντα · ὁ δὲ στρατηγὸς ἀκολουθεῖ · εἰκότως · οὐ γὰρ ἔστιν ἄρχειν μὴ διδόντα μισθόν.

Ibid. p. 53, s. 51. Ὅποι δ' ἂν στρατηγὸν καὶ ψήφισμα κενὸν καὶ τὰς ἀπὸ τοῦ βήματος ἐλπίδας ἐκπέμψητε, οὐδὲν ὑμῖν τῶν δεόντων γίγνεται, ἀλλ' οἱ μὲν ἐχθροὶ καταγελῶσιν, οἱ δὲ σύμμαχοι τεθνᾶσιν τῷ δέει τοὺς τοιούτους ἀποστόλους.

Ibid. p. 53, s. 53. Νῦν δὲ εἰς τοῦθ' ἥκει τὰ πράγματα αἰσχύνης, ὥστε τῶν στρατηγῶν ἕκαστος δὶς καὶ τρὶς κρίνεται παρ' ὑμῖν περὶ θανάτου, πρὸς δὲ τοὺς ἐχθροὺς οὐδεὶς οὐδ' ἅπαξ αὐτῶν ἀγωνίσασθαι περὶ θανάτου τολμᾷ, ἀλλὰ τὸν τῶν ἀνδραποδιστῶν καὶ λωποδυτῶν θάνατον μᾶλλον αἱροῦνται τοῦ προσήκοντος.

Cf. Olynth. II, p. 26, s. 28; de Chersoneso, p. 95, s. 24-27; cont. Aristokrat. p. 639, s. 69; De Republ. ordinand. Περὶ Συντάξεως, p. 167, s. 7. Et Æschine, de Fals. Legat. p. 264, c. 24; Isokrate, de Pace, s. 57, 160.

de Leuktra, et de l'alliance subséquente, jurée à Athènes, quelques mois plus tard (1) — des confédérations obligatoires et indestructibles étaient en général condamnées parmi les Grecs, de sorte que ces îles étaient justifiées en se séparant simplement si elles le jugeaient bon. Mais leur séparation, à laquelle probablement Athènes aurait résisté, en toute circonstance, fut déclarée d'une manière hostile, et accompagnée de l'accusation qu'elle avait formé contre elles des projets perfides. Elle fut fomentée en outre par les intrigues aussi bien que par les armes du prince karien Mausôlos (2). Depuis la paix d'Antalkidas, toute la côte asiatique avait été sous la domination irrésistible soit de satrapes, soit de princes subordonnés dépendants de la Perse, qui guettaient les occasions d'étendre leurs conquêtes dans les îles voisines. Mausôlos paraît avoir occupé et Rhodes et Kos, en provoquant dans la première de ces îles une révolution qui la plaça sous une oligarchie, non-seulement dévouée à ses intérêts, mais de plus soutenue par la présence d'une armée considérable composée de ses troupes mercenaires (3). Le gouvernement de Chios semble avoir été toujours oligarchique, fait qui était une des raisons de l'absence de sympathie entre ses habitants et Athènes. En dernier lieu, les Byzantins avaient aussi un motif spécial de mécontentement, vu qu'ils usurpaient le privilége de retenir et de taxer les navires de blé de l'Euxin dans leur passage par le Bosphore (4) — tandis qu'Athènes, comme chef de la confédération insulaire, réclamait cc droit pour elle-même, et en tout cas protestait contre l'usage que toute

---

(1) Xénoph. Hellen. VI, 3, 18; VI, 52.

(2) Démosthène, De Rhodiorum Libertate, p. 191, s. 3. Ἠτιάσαντο γὰρ ἡμᾶς ἐπιβουλεύειν αὐτοῖς Χῖοι καὶ Βυζάντιοι καὶ Ῥόδιοι καὶ διὰ ταῦτα συνέστησαν ἐφ' ἡμᾶς τὸν τελευταῖον τουτονὶ πόλεμον · φανήσεται δ' ὁ μὲν πρυτανεύσας ταῦτα καὶ πείσας Μαύσωλος, φίλος εἶναι φάσκων Ῥοδίων, τὴν ἐλευθερίαν αὐτῶν ἀφῃρημένος.

(3) Démosth. De Rhodior. Libert. p. 195, s. 17; p. 198, s. 34. De Pace, p. 63, s. 25; Diodore, XVI, 7.

(4) Démosth. de Pace, p. 63, s. 25. (Ἐῶμεν) τὸν Κᾶρα τὰς νήσους καταλαμβάνειν, Χῖον καὶ Κῶν καὶ Ῥόδον, καὶ Βυζαντίους κατάγειν τὰ πλοῖα, etc.

Cf. Démosthène adv. Polykl. p. 1207, s. 6; p. 1211, s. 22. Adv. Leptinem. p. 475, s. 68.

autre cité faisait de ce pouvoir pour son profit séparé.

Cette révolte, commencement de ce qu'on appelle la Guerre Sociale, fut un coup formidable porté à l'ascendant d'Athènes à l'étranger (358 av. J.-C.). De tous ses confédérés, Chios était le plus puissant et le plus considérable, l'île entière étant sous un seul gouvernement. Des vieillards, comme Platon et Isokrate, pouvaient se rappeler peut-être l'effroi causé à Athènes cinquante-quatre ans auparavant (412 av. J.-C.) par la nouvelle de la première révolte de Chios (1), peu après le grand désastre essuyé devant Syracuse. Et probablement l'alarme ne fut pas beaucoup moindre, quand les Athéniens furent informés en ce moment de la quadruple défection parmi leurs alliés près de la côte asiatique. L'armement combiné de tous les quatre fut réuni à Chios, où Mausôlos aussi envoya un renfort. Les Athéniens équipèrent une flotte avec des forces de terre à bord, afin d'attaquer l'île ; et, dans cette occasion critique, nous pouvons présumer que leurs citoyens durent triompher de leur répugnance à servir en personne. Chabrias eut le commandement en personne de la flotte, Charês de l'armée de terre ; ce dernier fut débarqué dans l'île, et on concerta une attaque commune sur la ville de Chios, par mer et par terre au même moment. Lorsque Charês s'avança jusqu'aux murs, les gens de Chios et leurs alliés se crurent assez forts pour sortir et pour hasarder une bataille qui n'eut pas de résultat décisif ; tandis que Chabrias essaya en même temps avec la flotte de s'ouvrir de vive force un chemin dans le port. Mais on avait pris des précautions efficaces pour la défense, et les marins de Chios étaient résolus. Chabrias, dirigeant l'attaque avec l'impétuosité qui le caractérisait, s'embarrassa dans les navires de l'ennemi, fut attaqué de tous les côtés et tomba en combattant vaillamment. Les autres vaisseaux athéniens ou ne furent pas empressés à le suivre, ou ne purent produire aucun effet. Leur attaque échoua complétement, et la flotte

---

(1) Thucyd. VIII, 15.

fut obligée de se retirer avec peu de pertes en apparence, à l'exception de celle du vaillant amiral. Charês ayant été rembarqué avec son armée de terre, les Athéniens s'éloignèrent de Chios sur-le-champ (1).

Cet échec subi à Chios fut un malheur sérieux pour Athènes (357 av. J.-C.). La disette des hommes de guerre et le déclin de l'esprit militaire étaient tels dans cette cité, que la perte d'un citoyen guerrier, hardi comme soldat et éprouvé comme commandant, tel que Chabrias, ne fut jamais réparée plus tard. Quant aux gens de Chios et à leurs alliés d'autre part, cet événement fut pour eux extrêmement encourageant. Ils purent non-seulement se maintenir en révolte, mais même obtenir un nouvel appui, et attirer dans la même défection d'autres alliés d'Athènes, — et de ce nombre vraisemblablement Sestos et d'autres cités sur l'Hellespont. Pendant quelques mois, ils paraissent être restés maîtres de la mer, avec une flotte de cent trirèmes; ils débarquaient et dévastaient les îles athéniennes de Lemnos, d'Imbros, de Samos et autres lieux, de manière à recueillir une somme qui défrayât leurs dépenses. Ils furent même assez forts pour assiéger étroitement Samos, jusqu'à ce qu'enfin les Athéniens, non sans retard et difficulté, réunissent une flotte de cent vingt trirèmes, sous le commandement combiné de Charês, d'Iphikratês, avec son fils Menestheus, et de Timotheos. Bien que Samos fût assiégée, les amiraux athéniens jugèrent prudent de diriger leurs premiers efforts vers la réduction de Byzantion; probablement à cause de l'extrême importance qu'il y avait à maintenir ouverts les deux détroits entre le Pont-Euxin et

(1) Le récit de cet événement nous arrive d'une manière maigre et défectueuse. Diodore, XVI, 7; Cornélius Népos, Chabrias, c. 4; Plutarque, Phokiôn, c. 6.

Démosthène, dans une harangue prononcée trois ans plus tard, mentionne la mort de Chabrias et vante sa conduite à Chios parmi ses autres actions glorieuses; mais il ne donne pas de détails (Démosth. cont. Leptin. p. 481, 482).

Cornélius Népos dit que Chabrias n'était pas commandant, mais qu'il servait seulement à bord comme simple soldat. Cela me semble moins probable que l'assertion de Diodore, à savoir qu'il était collègue de Charês dans le commandement.

la mer Ægée, pour que les navires de blé venant de la première de ces mers pussent passer en sûreté (1). Afin de protéger Byzantion, les gens de Chios et leurs alliés levèrent le siége de Samos et firent voile immédiatement pour l'Hellespont, et les deux flottes se trouvèrent rassemblées dans ce détroit resserré, — comme l'avaient été les Athéniens et les Lacédæmoniens pendant les dernières années de la guerre du Péloponèse. Les trois commandants athéniens avaient concerté un plan d'engagement naval, et ils étaient sur le point de le mettre à exécution, quand survint une tempête soudaine qui, de l'avis d'Iphikratês et de Timotheos, rendait hardie et périlleuse la pensée de persister à vouloir l'exécuter. En conséquence, ils se tinrent à distance, tandis que Charês, qui jugeait différemment, somma les triérarques et les marins de le suivre, et se précipita au combat sans ses collègues. Il fut défait, ou du moins obligé de se retirer sans rien faire. Mais il fut si irrité contre ses deux collègues, qu'il écrivit à Athènes une dépêche où il les accusait de corruption et de lenteur coupable devant l'ennemi (2).

(1) Il parait qu'il y eut une disette de blé grande et générale pendant cette année 357 avant J.-C. Démosth. adv. Leptinem, p. 467, s. 38. Προπέρυσι παρὰ πᾶσιν ἀνθρώποις γενομένης, etc. Ce discours fut prononcé en 355 avant J.-C.

(2) Je suis principalement le récit que fait Diodore de ces événements, tout maigre et peu satisfaisant qu'il soit (XVI, 21). Cornélius Népos (Timotheus, c. 3) diffère de Diodore en plusieurs points. Il dit que et Samos et l'Hellespont s'étaient révoltés contre Athènes, et que l'endroit dans lequel Charês fit son attaque, contrairement à l'avis de ses deux collègues, était près de Samos — et non dans l'Hellespont. Il affirme en outre que Menestheus, fils d'Iphikratês, fut nommé comme collègue de Charês, et qu'Iphikratês et Timotheos furent désignés comme conseils de Menestheus.

Quant à la dernière assertion — que Timotheos servait seulement comme conseil de son jeune parent et non comme général formellement nommé, cela n'est pas probable en soi, et ne s'accorde vraisemblablement pas avec Isokrate (De Permutat. s. 137), qui représente Timotheos comme subissant plus tard le jugement habituel de responsabilité. Et Cornélius Népos ne peut être exact en disant que Samos s'était révoltée alors ; car nous la voyons encore au pouvoir d'Athènes après la Guerre Sociale, et nous savons qu'une nouvelle fournée de klêruchi athéniens y fut envoyée ensuite.

D'autre part, je crois que Cornélius Népos a probablement raison quand il affirme que l'Hellespont se révolta à ce moment (« descierat Hellespontus »). C'est un fait qui en lui-même n'est nullement improbable, et qui nous aide à comprendre comment il se fit que Cha-

Les trois amiraux collègues dans le commandement se trouvèrent ainsi non-seulement en opposition, mais encore en conflit acharné les uns à l'égard des autres (358 av. J.-C.). Au jugement de responsabilité, subi par eux tous peu de temps après à Athènes, Charês se mit en avant comme l'accusateur formel de ses deux collègues qui, à leur tour, l'accusèrent également. Il fut secondé dans son attaque par Aristophôn, l'un des orateurs les plus exercés du temps. Tous deux accusèrent Iphikratês et Timotheos d'avoir reçu des présents des gens de Chios et de Rhodes (1), et d'avoir violé leur engagement en abandonnant Charês au moment critique, quand il avait été décidé à l'avance qu'on livrerait bataille et qu'on aurait pu remporter un important succès.

De quel côté était la justice, c'est ce que nous ne pouvons décider. Les caractères d'Iphikratês et de Timotheos donnent bien lieu de présumer qu'ils avaient raison et que leur accusateur avait tort. Cependant il faut se rappeler que le public athénien (et probablement il en eût été de même dans tout autre public, — ancien ou moderne, — romain, anglais ou français) dut naturellement éprouver de la sympathie pour l'amiral entreprenant et hardi qui marchait en tête afin d'entrer en action, sans craindre ni la tempête ni l'ennemi, et qui invitait ses collègues à le suivre. Iphikratês et Timotheos insistèrent sans doute sur la témérité de sa conduite, et firent valoir la violence du vent. Mais cette assertion dut être niée

---

rês conquit Sestos plus tard, en 353 avant J.-C. (Diodore, XVI, 34, et que les Athéniens reprirent, dit-on, *alors* la Chersonèse sur Kersobleptês.

Une histoire de Polyen (III, 9, 29) représente la répugnance d'Iphikratês à combattre comme s'étant manifestée près d'Embata, localité qui ne s'accorde ni avec Cornélius Népos ni avec Diodore. Embata était sur le continent de l'Asie, dans le territoire d'Erythræ.

V. relativement aux relations d'Athènes avec Sestos le 3e chapitre du tome XV.

Nos preuves relativement à cette période sont si défectueuses, qu'on ne peut arriver à rien qui ressemble à la certitude.

(1) Dinarque cont. Philokl. s. 17. Ἑκατον ταλάντων τιμήσαντες (Τιμόθεον) ὅτι χρήματ' αὐτὸν Ἀριστοφῶν ἔφη παρὰ Χίων εἰληφέναι καὶ Ῥοδίων : Cf. Dinarque cont. Démosth. s. 15, où il est fait allusion à la même accusation de corruption, bien que αὐτὸς ἔφη soit mis à la place de αὐτὸν Ἀριστοφῶν ἔφη, vraisemblablement par une erreur du copiste.

encore par Charês, et resta comme un point où la preuve était contradictoire, des capitaines et des marins étant produits comme témoins des deux côtés, et la flotte étant probablement divisée en deux partis opposés. Le sentiment des dikastes athéniens pouvait naturellement être qu'Iphikratês et Timotheos n'auraient jamais dû laisser leur collègue engager l'action sans être secouru, même bien qu'ils désapprouvassent la tentative. Iphikratês se défendit en partie en accusant la conduite de Charês, en partie en répondant amèrement à son autre accusateur Aristophôn. « Trahirais-*tu* la flotte pour de l'argent (demanda-t-il)? » — « Non, » fut-il répondu. — « Eh bien! donc, *toi*, Aristophôn, tu ne trahirais pas la flotte; le ferai-je, *moi*, Iphikratês (1)? »

L'issue de cette cause importante fut qu'on acquitta Iphikratês, tandis que Timotheos fut reconnu coupable et condamné à l'amende considérable de cent talents. Sur quelles causes reposait cette différence dans la sentence, c'est ce que nous ne pouvons reconnaître qu'imparfaitement. Et il paraît qu'Iphikratês, loin de se décharger en rejetant le blâme sur Timotheos, assuma expressément la responsabilité de l'acte entier; tandis que son fils Menestheus présentait un compte exact, dans les limites de sa connaissance, de tous les fonds reçus et déboursés par l'armée (2).

La cause assignée par Isokrate, l'ami personnel de Timotheos, est l'extrême impopularité de ce dernier dans la cité. Bien que, comme général et de service à l'étranger, Timotheos se conduisît non-seulement avec une justice scrupuleuse à l'égard de chacun, mais encore avec des ménagements rares à l'égard des alliés maritimes que d'autres généraux tourmentaient et pillaient, — cependant à l'intérieur sa manière d'être était arrogante et blessante à un

(1) Aristote, Rhétorique, II, 24; III, 10. Quintilien, Inst. Or. V, 12, 10.

(2) Isokrate, Or. XV (Permutat.), s. 137. Εἰ τοσαύτας μὲν πόλεις ἑλόντα, μηδεμίαν δ' ἀπολέσαντα, περὶ προδοσίας ἔκρινε (ἡ πόλις Τιμόθεον), παὶ πάλιν εἰ διδόντος εὐθύνας αὐτοῦ, καὶ τὰς μὲν πράξεις Ἰφικράτους ἀναδεχομένου, τὸν δ' ὑπὲρ τῶν χρημάτων λόγον Μενέσθεως, τούτους μὲν ἀπέλυσε, Τιμόθεον δὲ τοσούτοις ἐζημίωσε χρήμασιν, ὅσοις οὐδένα πώποτε τῶν προγεγενημένων.

point intolérable, surtout envers les principaux orateurs qui prenaient part aux affaires publiques. Tout en étant reconnu comme un homme de talent et comme un général qui avait rendu d'importants services, il avait encouru ainsi une impopularité personnelle et s'était fait de nombreux ennemis, en particulier parmi ceux qui étaient le plus en état de lui faire du mal. Isokrate nous dit qu'il avait lui-même adressé souvent des remontrances à Timotheos (comme Platon avertissait Diôn) au sujet de ce tort sérieux, qui obscurcissait sa capacité réelle, faisait qu'on se méprenait complétement sur son compte, et amassait contre lui un fonds de mécontentement populaire qui produirait à coup sûr un triste effet à quelque occasion favorable. Timotheos (suivant Isokrate), tout en admettant la justesse du reproche, ne pouvait triompher de sa disposition naturelle (1). Si telle était la manière d'être de cet homme éminent, telle que la décrit son intime ami, nous pouvons juger combien elle devait irriter des hommes politiques hostiles, et même des personnes indifférentes qui ne le connaissaient que par ses dehors qu'ils voyaient. Iphikratês, bien que naturellement orgueilleux, était plus conciliant et plus discret dans sa conduite, et plus sensible au danger d'une haine politique (2). De plus, il semble avoir été un puissant orateur (3) en public, et sa popularité parmi les hommes de guerre à Athènes était si prononcée que, dans ce procès même, beaucoup d'entre eux manifestèrent leur sympathie en paraissant en armes près du dikasterion (4). Dans ces circonstances, nous pouvons

---

(1) Isokrate, Or. XV (Permutat.), s. 146. Ταῦτα δ' ἀκούων ὀρθῶς μὲν ἔφασκέ με λέγειν, οὐ μὴν οἷος τ' ἦν τὴν φύσιν μεταβαλεῖν, etc.

Isokrate s'étend avec quelque longueur sur ce sujet, de s. 137 à s. 147. Le discours fut composé vraisemblablement en 353 avant J.-C., environ une année après la mort de Timotheos, et quatre années après le jugement décrit ici.

(2) Démosthène cont. Meidiam, p. 534, 535; Xénophon, Hellen. VI, 2, 39.

(3) Denys d'Halikarn. Judicium de Lysiâ, p. 481; Justin, VI, 5. Aristote, dans sa Rhétorique, emprunte aux discours d'Iphikratês quelques exemples sur des points de rhétorique, mais aucun à ceux de Timotheos.

(4) Polyen, III, 9, 29. Que cette démarche ait pu être faite au su d'Iphikratês, et même à son instigation, c'est assez probable. Mais il me semble que

facilement comprendre que Charês et Aristophôn pussent trouver à propos de faire peser leur accusation plus particulièrement sur Timotheos que sur Iphikratês ; et que le dikasterion, tout en condamnant le premier, ait pu être moins convaincu de la culpabilité du second et plus content à tous égards de l'acquitter (1).

---

tout dessein évident d'intimider le dikasterion eût été de nature à lui faire plus de mal que de bien.

(1) Rehdantz (Vitæ Iphicratis, Chabriæ et Timothei, p. 224 *seqq.*), tout en réunissant et en discutant d'une manière instructive tous les faits relatifs à ces deux commandants, place la date de ce mémorable procès dans l'année 354 avant J.-C., trois ans après les événements auxquels il se rapporte et deux ans après la paix qui termina la Guerre Sociale. M. Clinton (Fast. Hellen. 354 av. J.-C.) présente la même assertion. Je diffère de leur opinion quant à la date, et je crois que le procès doit avoir été jugé très-peu de temps après la bataille avortée dans l'Hellespont, — c'est-à-dire en 357 avant J.-C. (ou 356 av. J.-C.), pendant que la Guerre Sociale durait encore.

Rehdantz et M. Clinton s'appuient sur l'assertion de Denys d'Halikarnasse (De Dinarcho Judicium, p. 667). Parlant d'un discours attribué faussement à Dinarque, Denys dit qu'il fut prononcé avant la maturité de l'orateur : — Εἴρηται γὰρ ἔτι τοῦ στρατηγοῦ Τιμοθέου ζῶντος, κατὰ τὸν χρόνον τὸν τῆς μετὰ Μενεσθέως στρατηγίας, ἐφ' ᾗ τὰς εὐθύνας ὑποσχὼν, ἑάλων Τιμόθεος δὲ τὰς εὐθύνας ὑπέσχηκεν ἐπὶ Διοτίμου, τοῦ μετὰ Καλλίστρατον, ὅτε καὶ..... Ce sont les derniers mots du MS., de sorte que la phrase est incomplète ; M. Clinton supplée ἐτελεύτησεν, ce qui est très-probable.

L'archontat de Diotimos est en 354-353 avant J.-C. ; de sorte que Denys avance ici que le procès fut jugé en 354 avant J.-C. Mais d'autre part, le même Denys, dans un autre passage, dit que le même procès eut lieu pendant que la Guerre Sociale durait encore, c'est-à-dire à quelque moment entre 358 et 355 avant J.-C. De Lysia Judicium, p. 480. Ἐν γὰρ τῷ συμμαχικῷ πολέμῳ τὴν εἰσαγγελίαν Ἰφικράτης ἠγώνισται, καὶ τὰς εὐθύνας ὑπέσχηκε τῆς στρατηγίας, ὡς ἐξ αὐτοῦ τοῦ λόγου γίγνεται καταφανές · οὗτος δὲ ὁ πόλεμος πίπτει κατὰ Ἀγαθοκλέα καὶ Ἐλπίνην ἄρχοντας. Les archontats d'Agathoklês et d'Elpinês occupent l'intervalle entre le solstice d'été de 357 avant J.-C. et celui de 355 avant J.-C.

Il est évident que ces deux passages de Denis se contredisent l'un l'autre. Rehdantz et M. Clinton signalent la contradiction ; mais, selon eux, le passage cité le premier contient la vérité, et l'autre est erroné. Je ne puis m'empêcher de croire que le passage cité en dernier lieu a droit à plus de confiance, et que la vraie date du procès fut 357-356 avant J.-C., et non 354 avant J.-C. Quand Denys affirme que le procès fut jugé pendant que la Guerre Sociale durait encore, il ajoute « comme c'est évident d'après le discours lui-même — ὡς ἐξ αὐτοῦ γίγνεται τοῦ λόγου καταφανές ». Ici donc il n'y avait pas possibilité d'être égaré par des tables erronées ; la preuve est directe et complète, tandis qu'il ne nous dit pas d'après quelle autorité il avança l'autre assertion, au sujet de l'archontat de Diotimos. Ensuite, il est certainement improbable que le combat avorté dans l'Hellespont et la violente

On dit que Timotheos fut condamné à une amende de cent talents, la plus considérable (suivant Isokrate) qui ait jamais été imposée à Athènes. Après sa condamnation, il se retira à Chalkis, où il mourut trois ans après, en 354 avant J.-C. Dans l'année qui suivit sa mort, sa mémoire était encore très-impopulaire; cependant il paraît qu'on fit grâce de l'amende à sa famille, et que son fils Konôn fut autorisé à satisfaire à la réclamation par un compromis en déboursant la somme plus petite de dix talents, destinée à réparer les murs de la cité. Il semble évident que Timotheos, par sa retraite, échappa au payement de toute l'amende; de sorte que son fils Konôn paraît, après lui, comme l'un des plus riches citoyens d'Athènes (1).

La perte d'un citoyen tel que Timothéos était un nouveau malheur pour elle. Il avait conduit ses armées avec un succès signalé, maintenu l'honneur de son nom dans les mers orientales et occidentales, et grandement étendu la liste de ses alliés étrangers. Elle avait récemment perdu Chabrias dans une bataille; un second général, Timotheos, lui était actuellement enlevé, et le troisième, Iphikratês, bien qu'acquitté dans le dernier procès, semble, autant que nous pouvons le savoir, n'avoir jamais été employé dans la suite pour un commandement militaire. Ces trois hommes furent les trois derniers citoyens d'Athènes qui se firent distinguer à la guerre; car Phokiôn, quoique brave et méritant, ne fut à comparer avec aucun d'eux. D'autre part, Charês, homme d'un grand courage personnel, mais n'ayant pas d'autre mérite, était alors en plein essor de réputation. La récente lutte judiciaire entre les trois amiraux athéniens

---

querelle entre Charês et ses collègues, accompagnée probablement d'une grande émotion dans la flotte, aient pu rester trois années sans recevoir une décision judiciaire. En dernier lieu, en admettant que le renseignement au sujet de l'archontat de Diotimos soit une erreur, nous pouvons facilement voir comment elle s'est produite. Denys a confondu l'année dans laquelle Timotheos mourut avec celle de son jugement. Il semble être mort en 354 avant J-C.; j'ajouterai que le texte de ce passage n'est pas à l'abri du soupçon.

(1) Cornélius Népos, Timoth. c. 4; Rehdantz, Vit. Iph. Chab. et Timoth. p. 235; Isokrate, Or. XV (Permutat.), s. 108, 110, 137.

avait été doublement funeste pour Athènes, d'abord en ce qu'elle avait décrédité Iphikratês et Timotheos, ensuite en ce qu'elle avait élevé Charês, auquel le commandement fut maintenant confié sans partage.

L'année suivante, 356 avant J.-C., Charês conduisit une autre puissante flotte pour attaquer les alliés révoltés. Toutefois, n'ayant pas reçu d'Athènes des fonds suffisants pour payer ses troupes, composées surtout de mercenaires étrangers, il jugea à propos, sous sa propre responsabilité, d'accepter une offre d'Artabazos (satrape de Daskylion et de la région au sud de la Propontis), alors en révolte contre le roi de Perse (1). Charês se joignit à Artabazos avec sa propre armée, renforcée par des corps additionnels de mercenaires licenciés récemment par les satrapes persans. Avec toutes ces forces, il livra bataille aux troupes du roi que commandait Tithraustês, et remporta une brillante victoire; sur quoi Artabazos le récompensa avec tant de libéralité, que toute l'armée athénienne se trouva dans une abondance temporaire. Les Athéniens de la cité furent d'abord fort mécontents de leur général, parce qu'il avait violé ses

---

(1) Diodore, XVI, 22. Démosthène (Philippic. I, p. 46, s. 28) a un passage expressif, qui fait allusion à cet acte de Charês; il le représente comme un résultat nécessaire de la négligence des Athéniens, qui ne voulaient ni servir personnellement eux-mêmes ni fournir de l'argent à leur général pour payer ses troupes étrangères, — et comme une mesure que le général ne pouvait pas éviter.

..... Ἐξ οὗ δ' αὐτὰ καθ' αὐτὰ τὰ ξενικὰ ὑμῖν στρατεύεται, τοὺς φίλους νικᾷ καὶ τοὺς συμμάχους, οἱ δ' ἐχθροὶ μείζους τοῦ δέοντος γεγόνασιν, καὶ παρακύψαντα ἐπὶ τὸν τῆς πόλεως πόλεμον, πρὸς Ἀρτάβαζον καὶ πανταχοῦ μᾶλλον οἴχεται πλέοντα · ὁ δὲ στρατηγὸς ἀκολουθεῖ · εἰκότως — οὐ γὰρ ἔστιν ἄρχειν, μὴ διδόντα μισθόν. Cf. les Scholies sur le même discours, passage qui se rencontre un peu avant, p. 44, s. 22.

Il semble évident, d'après ce passage, que les Athéniens furent d'abord mécontents de ce dérangement apporté au but régulier de la guerre, bien que le payement reçu d'Artabazos les ait apaisés en partie plus tard, ce qui est un peu différent de l'assertion de Diodore.

D'après une inscription (citée dans Rehdantz, Vitæ Iphicratis, Chabriæ, etc., p. 158), nous reconnaissons que Charês, Charidêmos et Phokiôn commandaient ensemble la flotte athénienne près de Lesbos vers cette époque, et qu'ils étaient en négociation pour des secours pécuniaires avec le Perse Orontês sur le continent. Mais l'inscription est si mutilée, qu'on ne peut établir aucun fait distinct d'une manière certaine.

instructions, et enlevé son armée à sa tâche prescrite et légitime. Toutefois la nouvelle de sa victoire et de la récompense lucrative qui l'avait suivie les calma quelque peu. Mais bientôt ils apprirent que le roi de Perse, indigné de cette agression gratuite de leur part, équipait une flotte considérable pour seconder les opérations de leurs ennemis. Intimidés par la perspective d'une attaque des Perses, ils devinrent désireux de conclure la paix avec les révoltés qui, de leur côté, ne le furent pas moins de terminer la guerre. Des ambassades étant échangées et des négociations ouvertes, l'année suivante (355 av. J.-C., la troisième de la guerre) une paix fut jurée, par laquelle les Athéniens reconnaissaient l'autonomie complète des cités révoltées de Chios, de Rhodes, de Kos et de Byzantion, et leur séparation de la confédération athénienne (1).

Telle fut la fin de la Guerre Sociale, qui affaiblit fatalement la puissance et amoindrit la dignité d'Athènes. Quelque imparfaitement que nous connaissions les événements, il semble clair que les efforts qu'elle fit pour affronter cette formidable révolte furent faibles et insuffisants, et prouvèrent un triste déclin d'énergie depuis l'année 412 avant J.-C., où elle avait lutté avec une vigueur extraordinaire contre des calamités semblables et même plus grandes, un an seulement après son désastre irréparable subi devant Syracuse. Quelque peu glorieux que fût le résultat de la Guerre Sociale, elle avait néanmoins été coûteuse et laissait Athènes pauvre. Les revenus annuels de sa confédération étaient fortement diminués par la séparation de tant de cités importantes, et son trésor public était épuisé. C'est

(1) Diodore, XVI, 22. J'ai peu de confiance dans l'argument mis en tête du discours d'Isokrate, De Pace. Autant que je puis comprendre les faits de cette obscure période, il me paraît que l'auteur de cet argument les a réunis par erreur et a mal saisi la situation.

L'assertion de Démosthène, dans le discours contre Leptinês (p. 481, s. 90), relativement à la conduite des gens de Chios à l'égard de la mémoire de Chabrias, semble plutôt impliquer que la paix avec Chios avait été conclue avant que ce discours fût prononcé. Il le fut dans l'année même de la paix, 355 avant J.-C.

précisément à cette époque que commence l'activité de Démosthène comme conseiller public. Dans un discours prononcé cette année (355 av. J.-C.), il signale la pauvreté du trésor, et il y fait allusion dans des discours postérieurs, comme à un fait qui n'est que trop notoire (1).

Mais les malheurs que la Guerre Sociale causa à Athènes ne vinrent pas seuls. Elle eut encore pour effet de la rendre moins capable de se défendre contre les premières attaques de Philippe de Macédoine.

Ce prince, pendant la première année de son avénement (359 av. J.-C.), avait cherché à se concilier Athènes par diverses mesures, mais surtout en retirant sa garnison d'Amphipolis, tandis qu'il établissait sa force militaire dans l'intérieur contre les Illyriens et les Pæoniens. Il avait employé de cette manière une période qui paraît être un peu moins de deux ans, et employé avec un succès tel, qu'il avait humilié ses ennemis dans l'intérieur et réuni des forces suffisantes pour des opérations offensives contre les cités de la côte. Pendant cet intervalle, Amphipolis resta une cité libre et indépendante ; Philippe y avait formellement renoncé, et elle ne fut pas attaquée par les Athéniens. Comment laissèrent-ils échapper cette occasion favorable d'imposer de nouveau par les armes des prétentions auxquelles ils attachaient tant de prix, — c'est ce que j'ai expliqué plus haut en partie (bien que d'une manière qui n'est pas très-satisfaisante). Philippe n'était pas homme à les laisser profiter de l'occasion, quand il pouvait l'empêcher, ni à ajourner le moment d'opérations actives, comme ils le faisaient. Vers la fin de 358 avant J.-C., se trouvant les mains libres d'empêchements dans l'intérieur, il commença sur-le-champ le siége d'Amphipolis. Les habitants, dit-on, étaient défavorablement disposés à son égard, et lui avaient fourni plus d'une cause de guerre (2). Il n'est pas facile de comprendre quelles ont pu être ces causes, si l'on songe

(1) Démosth. adv. Leptinem, p. 464, s. 26, 27, et de Coronâ, p. 305, s. 293.

(2) Diodore, XVI, 8.

que, si peu de temps auparavant, la ville avait eu une garnison macédonienne invoquée comme une protection contre Athènes, et que les habitants n'étaient nullement en état de prendre l'offensive contre Philippe.

Après avoir sommé en vain Amphipolis de se rendre, Philippe commença le siége avec vigueur, en attaquant les murs à l'aide de béliers et d'autres engins de guerre (358 av. J.-C.). Il devait bien connaître les points faibles de la fortification par ses soldats qui y avaient été récemment en garnison. Les habitants se défendirent avec énergie; mais actuellement les choses étaient tellement changées, qu'ils furent forcés de demander le secours d'Athènes, leur ancienne ennemie, contre le prince macédonien. Leurs envoyés Hierax et Stratoklês, arrivant à Athènes peu après l'heureuse fin de l'expédition athénienne en Eubœa, se présentèrent devant l'assemblée publique, et prièrent instamment les Athéniens de venir sans retard et d'occuper Amphipolis, comme seule chance de la sauver de la domination macédonienne (1). Nous ne sommes pas sûr que la Guerre Sociale eût déjà éclaté; s'il en était ainsi, Athènes devait être trop pressée par les inquiétudes que faisait naître une révolte aussi formidable, pour avoir des moyens disponibles qui lui permissent de céder même à la tentation de recouvrer Amphipolis perdue depuis si longtemps. Mais, en tout cas, Philippe avait prévu et neutralisé les prières des Amphipolitains. Il envoya aux Athéniens une lettre courtoise pour leur apprendre qu'il assiégeait la ville, tout en la reconnaissant comme leur appartenant de droit, et en promettant de la leur rendre quand il aurait réussi à s'en emparer (2).

---

(1) Démosthène, Olynth. I, p. 11, s. 8. ....Εἰ γὰρ, ὅθ' ἥκομεν Εὐβοεῦσι βεβοηθηκότες, καὶ παρῆσαν Ἀμφιπολιτῶν Ἱέραξ καί Στρατοκλῆς ἐπὶ τουτὶ τὸ βῆμα, κελεύοντες ἡμᾶς πλεῖν καὶ παραλαμβάνειν τὴν πόλιν, τὴν αὐτὴν παρειχόμεθ' ὑπὲρ ἡμῶν αὐτῶν προθυμίαν ἥνπερ ὑπὲρ τῆς Εὐβοέων σωτηρίας, εἴχετ' ἂν Ἀμφίπολιν τότε καὶ πάντων τῶν μετὰ ταῦτα ἂν ἦτε ἀπηλλαγμένοι πραγμάτων.

(2) Démosth. cont. Aristokrat. p. 659, s. 138..... Κἀκεῖνο εἰδότες, ὅτι Φίλιππος, ὅτε μὲν Ἀμφίπολιν ἐπολιόρκει, ἵν' ὑμῖν παραδῷ, πολιορκεῖν ἔφη· ἐπειδὴ δ' ἔλαβε, καὶ Ποτίδαιαν προσαφείλετο.

Et le discours De Halonneso, p. 83,

Une grande partie de l'histoire future de la Grèce dépendit de la manière dont Athènes agit avec ces deux messages contraires (358 av. J.-C.). La situation d'Amphipolis, qui commandait le passage sur le Strymôn, était non-seulement de la dernière importance, — en ce qu'elle fermait la Macédoine à l'est et qu'elle ouvrait les régions aux mines d'or autour du mont Pangæos, — mais encore elle était aisément défendable par les Athéniens par la mer, une fois acquise. S'ils eussent été clairvoyants dans l'appréciation des chances, et vigilants par rapport à une défense future, ils auraient pu en ce moment acquérir cette place importante et la conserver contre les plus grands efforts de Philippe. Mais cette fatale inaction, qui était devenue leur péché général et habituel, fut, dans la présente occasion, encouragée par quelques raisons plausibles, bien que trompeuses. La nouvelle du danger des Amphipolitains ne dut pas être mal accueillie à Athènes, — où l'on nourrissait contre eux une forte aversion, comme occupants réfractaires d'un territoire qui ne leur appartenait pas, et comme ayant causé des pertes et des humiliations répétées aux armes athéniennes. Et les Athéniens ne pouvaient pas non plus changer immédiatement leur point de vue, de manière à considérer la question sous le rapport de la politique seule et à reconnaître ces anciens ennemis comme des personnes dont les intérêts en étaient venus actuellement à s'accorder avec les leurs. D'autre part, les dispositions actuelles des Athéniens à l'égard de Philippe étaient extrêmement favorables. Non-seulement ils avaient fait la paix avec lui l'année précédente, mais encore ils sentaient qu'il les avait bien traités et en évacuant Amphipolis et en renvoyant honorablement leurs citoyens qui avaient été faits prisonniers dans l'armée de son compétiteur Argæos (1). Aussi étaient-ils prédisposés à ajouter foi à son assurance positive, que non-

s. 28. ....Τῆς δ' ἐπιστολῆς, ἣν πρὸς ὑμᾶς ἔπεμψεν (Philippe) ὅτ' Ἀμφίπολιν ἐπολιόρκει, ἐπιλέλησται, ἐν ᾗ ὡμολόγει τὴν Ἀμφίπολιν ὑμετέραν εἶναι · ἔφη γὰρ ἐκπολιορκήσας ὑμῖν ἀποδώσειν ὡς οὖσαν ὑμετέραν, ἀλλ' οὐ τῶν ἐχόντων.

(1) Démosth. cont. Aristokrat. p. 660, s. 144.

seulement il désirait prendre la ville afin de chasser une population importune qui l'avait lésé et molesté, mais encore qu'il s'empresserait de la remettre à ses légitimes propriétaires, les Athéniens. Accéder à la demande de secours faite par les Amphipolitains dut ainsi paraître, à Athènes, rechercher une nouvelle guerre et rompre avec un ami précieux, afin de protéger un odieux ennemi, et assurer une acquisition qui en tout cas leur reviendrait, même s'ils restaient tranquilles, grâce à la cession de Philippe. Il est nécessaire d'insister sur les motifs qui déterminèrent Athènes à s'abstenir d'intervenir en cette occasion, vu qu'il y eut probablement peu de ses résolutions qu'elle regrettât plus amèrement dans la suite. La lettre d'assurance de Philippe fut reçue et crue; on congédia avec un refus les envoyés d'Amphipolis.

Privés de tout espoir de secours du côté d'Athènes, les Amphipolitains tinrent bon aussi longtemps qu'ils purent. Mais un parti dans la ville entra en correspondance avec Philippe pour la lui livrer, et la défense devint graduellement plus faible. A la fin, avec l'aide de partisans dans l'intérieur, il pratiqua dans les murs une brèche suffisante pour emporter la cité d'assaut, non sans une vaillante résistance de la part de ceux qui restaient encore fidèles. Tous les citoyens qui lui étaient hostiles furent chassés ou s'enfuirent; les autres furent traités avec douceur; mais on nous dit que Philippe montra peu de faveur à ceux qui avaient trempé dans la trahison (1).

Amphipolis fut pour Philippe une acquisition d'une importance inexprimable, non moins pour la guerre défensive que pour l'offensive. C'était non-seulement la station maritime la plus commode en Thrace, mais encore elle lui ouvrait tout le pays à l'est du Strymôn et en particulier la région aux mines d'or, près du mont Pangæos. Il s'établit fortement

(1) Diodore, XVI, 8, avec le passage de Libanius cité dans une note de Wesseling. Démosth. Olynth. I, p. 10, s. 5.
Hierax et Stratoklês étaient les députés amphipolitains envoyés à Athènes pour demander du secours contre Philippe. Il reste encore une inscription, qui rappelle la sentence de bannissement perpétuel prononcée contre Philôn et Stratoklês. V. Boeckh, Corp. Inscr. n° 2008.

dans sa nouvelle position, qui continua d'être dorénavant un des boulevards de la Macédoine, jusqu'à la conquête de ce royaume par les Romains. Il ne prit aucune mesure pour remplir sa promesse de céder la place aux Athéniens, qui sans doute envoyèrent des ambassades pour la demander. Dans le fait, la guerre Sociale, qui éclata précisément à cette époque, absorbait tous leurs soins et toutes leurs forces, de sorte qu'ils ne purent, au milieu de leurs revers désastreux à Chios et ailleurs, prendre d'énergiques mesures par rapport à Philippe et à Amphipolis. Néanmoins, il ne refusa pas encore péremptoirement de la rendre; mais il continua d'amuser les Athéniens avec des promesses trompeuses, suggérées par ses partisans, payés ou non, dans l'assemblée publique.

Il était d'autant plus nécessaire pour lui d'ajourner toute rupture ouverte avec Athènes que les Olynthiens avaient conçu de sérieuses alarmes par suite de sa conquête d'Amphipolis, et qu'ils avaient envoyé négocier un traité d'amitié et d'alliance avec les Athéniens. Une pareille alliance, si elle eût été conclue, aurait empêché les plans ultérieurs de Philippe. Mais ses partisans à Athènes obtinrent le renvoi des députés olynthiens, par des assurances renouvelées que le prince macédonien était toujours l'ami d'Athènes et était encore disposé à lui céder Amphipolis comme sa légitime possession. Toutefois, ils représentèrent qu'il avait de bonnes raisons pour se plaindre qu'Athènes continuât de garder Pydna, ancien port de mer macédonien (1). En conséquence, ils proposèrent d'ouvrir des négociations avec lui pour l'échange de Pydna contre Amphipolis. Mais comme on savait que les Pydnæens étaient opposés à cet échange, le secret était indispensable pour les opérations préliminaires, de sorte qu'Antiphôn et Charidêmos, les deux députés nommés, reçurent leurs instructions du sénat et firent leur rapport au sénat seulement. L'assemblée publique, étant informée que des négociations, inévitablement secrètes, étaient en

(1) Thucyd. I, 61, 137; Diodore, XIII, 49. Pydna avait été acquise à Athènes par Timotheos.

train, en vue d'assurer l'acquisition d'Amphipolis, — fut persuadée de repousser les avances d'Olynthos et de considérer Philippe comme étant encore un ami (1).

L'alliance proposée des Olynthiens fut rejetée ainsi, comme l'avait été précédemment la demande de secours des Amphipolitains. Athènes eut bien lieu de se repentir de l'un et de l'autre refus. La négociation secrète ne la rapprocha pas de la possession d'Amphipolis. Elle n'aboutit à rien ou plutôt elle eut un résultat plus funeste, en ce qu'elle l'amusa avec de trompeuses espérances, tandis que Philippe entama un traité avec les Olynthiens, irrités naturellement de l'échec qu'ils avaient récemment éprouvé à Athènes. Jusqu'alors il avait entretenu des relations pacifiques avec les Athéniens, même tout en gardant Amphipolis contrairement à son engagement. Mais à ce moment il changea de politique et fit alliance avec les Olynthiens, dont il acheta l'amitié, non-seulement en leur cédant le district d'Anthémonte (situé entre Olynthos et Therma, et disputé par les Olynthiens aux anciens rois macédoniens), mais encore en conquérant l'importante possession athénienne de Potidæa et en la leur remettant (2). Nous n'avons pas de détails au sujet de ces actes importants. Nos chétives autorités nous apprennent seulement que, pendant les deux premières années (358-356 av. J.-C.), tandis qu'Athènes était absorbée par sa désastreuse Guerre Sociale, Philippe commença à agir contre elle en ennemi déclaré. Il conquit sur elle non-seulement Pydna et d'autres lieux pour lui-même, mais encore Potidæa pour les Olynthiens. On nous dit que Pydna fut livrée à Philippe par un parti de traîtres dans la ville (3),

(1) Démosthène fait une brève allusion à cette négociation secrète, au sujet de l'échange de Pydna contre Amphipolis, et il paraît que Théopompe l'avait mentionnée entièrement (Démosth. Olynth. II, p. 19, s. 6, avec les commentaires d'Ulpien; Théopompe, Fr. 189, éd. Didot).

(2) Démosth. Philipp. II, p. 71, s. 22.

(3) Démosth. adv. Leptin. p. 476, s. 71. ....Φέρε δὴ κἀκεῖνο ἐξετάσωμεν, οἱ προδόντες τὴν Πύδναν καὶ τἄλλα χωρία τῷ Φιλίππῳ τῷ ποτ' ἐπαρθέντες ὑμᾶς ἠδίκουν; Ἢ πᾶσι πρόδηλον τοῦτο, ὅτι ταῖς παρ' ἐκείνου δωρεαῖς, ἃς διὰ ταῦτα ἔσεσθαι σφίσιν ἡγοῦντο;

Cf. Olynth. I, p. 10, s. 5.

Ce discours fut prononcé en 355 avant J.-C., et il sert ainsi à prouver

et probablement il profita des propositions secrètes faites par Athènes relativement à l'échange de Pydna contre Amphipolis pour exaspérer les Pydnæens contre sa mauvaise foi, vu qu'ils avaient bien lieu de s'indigner du projet de les échanger sous main, contrairement à leur inclination. Pydna fut la première ville assiégée et prise. Plusieurs de ses habitants, sous prétexte qu'ils avaient naguère offensé la Macédoine (1), furent tués, dit-on, tandis que même ceux qui avaient livré la ville furent traités avec mépris. Le siége dura assez longtemps pour qu'on transmît la nouvelle à Athènes et qu'on eût pu recevoir des secours, si les Athéniens avaient agi avec la célérité convenable en envoyant des forces. Mais, soit la pression de la Guerre Sociale, — soit le peu de goût pour un service personnel aussi bien que pour un payement pécuniaire, — soit ces deux causes réunies, — firent qu'ils ne satisfirent pas à la demande. Plusieurs citoyens athéniens furent pris dans Pydna et vendus comme esclaves, et Démosthène en racheta quelques-uns de ses propres deniers; cependant nous ne pouvons établir clairement qu'aucun secours ait été envoyé d'Athènes (2). Si l'on en envoya, il arriva trop tard.

On montra la même lenteur pour le secours expédié à Potidæa (3), — bien que le siége, fait conjointement par

---

la date assignée à la reddition de Pydna et de Potidæa.

Quels étaient les « autres lieux » auxquels Démosthène fait ici allusion (outre Pydna et Potidæa), nous l'ignorons. Il paraît par Diodore (XVI, 31) que Methônê ne fut pas prise avant 354-353 avant J.-C.

(1) Les conquêtes de Philippe sont toujours énumérées par Démosthène dans l'ordre suivant : Amphipolis, Pydna, Potidæa, Methônê, etc. Olynth. I, p. 11, s. 9; p. 12, s. 13. Philippic. I, p. 41, s. 6; De Coronâ, p. 248, s. 85.

V. Ulpien ad Demosth., Olynth. I, p. 10, s. 15, et Diodore, XVI, 8; et une note de Wesseling.

(2) Dans le vote public de reconnaissance rendu bien des années après à l'égard de Démosthène par l'assemblée athénienne, ses mérites sont énumérés; et entre autres nous trouvons cette contribution pour le rachat de captifs à Pydna, à Methônê et à Olynthos (Plutarque, Vit. X. Orator. p. 851).

(3) Cf. Démosthène, Olynth. I, p. 11, s. 9; Philipp. 1, p. 50, s. 40 (où il mentionne l'armement envoyé à Potidæa comme étant arrivé trop tard, sans faire mention d'aucune expédition destinée à secourir Pydna.

Philippe et les Olynthiens, fût à la fois long et coûteux (1), — et qu'il y eût un corps de colons athéniens (klêruchi) qui y résidaient, et que la prise de la place chassa de leurs maisons et de leurs biens (2). Même pour sauver ces concitoyens, il ne paraît pas qu'aucun Athénien indigène voulût se charger du poids d'un service personnel. Les forces envoyées au secours semblent avoir consisté en un général avec des mercenaires étrangers, qui, comme on ne les payait pas, sacrifièrent l'entreprise pour laquelle on les envoyait à la tentation de piller ailleurs pour leur propre profit (3). Ce fut ainsi que Philippe, sans déclaration expresse de guerre, commença une série de mesures hostiles contre Athènes, et la priva de plusieurs possessions maritimes précieuses sur la côte de la Macédoine et de la Thrace, outre la violation de sa parole relativement à la cession d'Amphipolis (4).

---

(1) Démosth. cont. Aristokrat. p. 656, s. 128. Πρὸς ὑμᾶς πολεμῶν, χρήματα πολλὰ ἀναλώσας (Philippe, au siége de Potidæa). Dans ce discours (prononcé en 352 av. J.-C.) Démosthène considère la prise de Potidæa comme étant surtout l'œuvre de Philippe; dans la seconde Olynthienne, il parle comme si Philippe avait été un agent secondaire, un accessoire utile aux Olynthiens dans le siége, πάλιν αὖ πρὸς Ποτίδαιαν Ὀλυνθίοις ἐφάνη τι τοῦτο συναμφότερον — *i. e.* la puissance macédonienne était προσθήκη τις οὐ σμικρά..... La premièro manière d'exposer les faits, qui précéda la seconde de deux ou trois années, est sans doute la plus exacte.

(2) Démosthène, Philipp. II, p. 71, s. 22. Ποτίδαιαν δ' ἐδίδου, τοὺς Ἀθηναίων ἀποίκους ἐκβάλλων (Philippe la donna aux Olynthiens), καὶ τὴν μὲν ἔχθραν πρὸς ἡμᾶς αὐτὸς ἀνῄρητο, τὴν χώραν δ' ἐκείνοις ἐδεδώκει καρποῦσθαι. Le passage du discours de Halonneso (p. 79, s. 10) fait allusion à cette même expulsion et expropriation des klêruchi athéniens, bien que Voemel et Franke (par erreur, je pense) supposent qu'il fait allusion au traitement que Philippe fit subir à ces klêruchi quelques années plus tard, quand il prit Potidæa pour lui-même. Nous pouvons être sûrs qu'il ne fut permis à aucun klêruchos athénien de rester à Potidæa, même après la première prise.

(3) La description générale faite dans la première Philippique de Démosthène, des ἀπόστολοι d'Athènes, peut sans doute être appliquée à l'expédition destinée à secourir Potidæa. — Démosth. Philipp. I, p. 46, s. 28; p. 53, s. 52, et la teneur générale du discours.

(4) Diodore (XVI, 8), en mentionnant la prise de Potidæa, considère comme une preuve des bonnes dispositions de Philippe et de son grand respect pour la dignité d'Athènes (φιλανθρώπως προσενεγκάμενος) qu'il ait épargné les personnes de ces Athéniens dans la ville, et qu'il leur ait permis de partir. Mais ce fut une grande injustice, dans les circonstances, qu'il les chassât et les expropriât, quand il n'avait reçu aucune offense, et qu'il n'y avait pas de guerre formelle (Démosth. Or. de Halonneso, p. 79, s. 10).

Diodore dit aussi que Philippe donna

Après ses pertes causées par la Guerre Sociale et son désappointement au sujet d'Amphipolis, elle fut encore plus mortifiée en voyant Pydna passer dans les mains du prince macédonien, et Potidæa (la possession la plus importante en Thrace après Amphipolis) dans celles d'Olynthos. Ses colons appauvris retournèrent dans leur patrie sans doute, se plaignant amèrement de l'agression, mais aussi avec un juste motif de la lenteur de leurs compatriotes à envoyer du secours.

Ces deux années avaient été employées par Philippe de manière à faire faire à sa puissance et à son ascendant un pas prodigieux (358-356 av. J.-C.). Il avait enlevé à Athènes son empire sur le golfe Thermaïque, où elle semble n'avoir conservé alors que la ville de Methônê, au lieu de la série de ports autour du golfe acquise pour elle par Timotheos (1). Il s'était concilié le bon vouloir des Olynthiens en leur cédant Anthémonte et Potidæa; cette dernière place, située de manière à commander l'isthme de Pallênê, leur donnait l'empire sur cette péninsule (2) et assurait (ce qui pour Philippe était d'une grande importance) leur inimitié avec Athènes. Non-seulement il améliora les avantages maritimes d'Amphipolis, mais encore il étendit ses acquisitions dans les régions aurifères du mont Pangæos, à l'est du Strymôn. Il se rendit maître de cette contrée productive, faisant face immédiatement à l'île de Thasos, où les Thasiens et les Athéniens avaient jadis lutté pour le droit d'exploiter les mines, et d'où, à ce qu'il paraît, ils avaient tiré les uns et les autres un produit important. Dans l'intérieur de cette région, il fonda une nouvelle cité appelée Philippi, agrandie d'une ville antérieure appelée Krênides, récemment fondée par les Thasiens. De plus, il prit des mesures si efficaces pour augmenter les travaux des mines dans le voisinage qu'elles ne tardèrent pas à lui fournir un revenu considé-

---

aux Olynthiens Pydna, aussi bien que Potidæa, ce qui n'est pas exact.

(1) Démosth. Philipp. I, p. 41, s. 6..... Εἴχομέν ποτε ἡμεῖς Πύδναν, καὶ Ποτίδαιαν, καὶ Μεθώνην, καὶ πάντα τὸν τόπον τοῦτον οἰκεῖον κύκλῳ, etc.

(2) Démosth. Philipp. II, p. 70, s. 22.

rable, non inférieur, suivant Diodore, à mille talents par an (1). Il fit frapper une nouvelle monnaie d'or, portant un nom dérivé du sien. La nouvelle source de richesses ouverte ainsi fut pour lui de la plus grande importance, en ce qu'elle lui fournit le moyen de faire constamment face aux dépenses de ses forces militaires. Il eut assez d'occupation pour tenir ses soldats en haleine; car les nations de l'intérieur, — Illyriens, Pæoniens et Thraces, — humiliés, mais non soumis, — reprirent les armes et essayèrent de nouveau de réclamer ensemble leur indépendance. L'armée de Philippe, — sous son général Parmeniôn, dont nous entendons parler en ce moment pour la première fois, — les défit et les réduisit de nouveau à la soumission (2).

Ce fut dans cet intervalle aussi que Philippe épousa Olympias, fille de Neoptolemos, prince des Molosses (3) et descendant des anciens rois molosses, qui se vantaient d'une généalogie æakide héroïque (356 av. J.-C.). Philippe l'avait vue aux mystères religieux de l'île de Samothrace, auxquels ils furent initiés tous deux en même temps. Par la violence du caractère, — par les dispositions jalouses, cruelles et vindicatives, — elle fait presque pendant aux reines persanes Amestris et Parysatis. Les femmes épirotes, aussi bien que les femmes thraces, étaient fort adonnées aux rites religieux des Bacchanales, célébrés en l'honneur de Dionysos avec une extase farouche au milieu des solitudes des montagnes (4). C'est de cette espèce de transport religieux qu'Olympias était particulièrement susceptible. On dit qu'elle aimait à avoir des serpents apprivoisés, qui jouaient autour d'elle, et qu'elle se livrait à des cérémonies de magie et d'incantation (5). Son naturel et son caractère devinrent, après peu

(1) Diodore, XVI, 4-8; Harpokration, v. Δάτον. Hérodote, IX, 74.

(2) Diodore, XVI, 22; Plutarque, Alexand. c. 3.

(3) Justin, VII, 6.

(4) Plutarque, Alexand. c. 2, 3. Les Bacchæ d'Euripide contiennent une description frappante de ces cérémonies si propres à exciter.

(5) Plutarque, Alexand. c. 2. Ἡ δὲ Ὀλυμπιὰς μᾶλλον ἑτέρων ζηλώσασα τὰς κατοχὰς, καὶ τοὺς ἐνθουσιασμοὺς ἐξάγουσα βαρβαρικώτερον, ὄφεις μεγάλους χειροήθεις ἐφείλκετο τοῖς θιάσοις, etc.

Cf. Duris apud Athenæum, XIII, p. 560.

de temps, un objet de dégoût et même d'alarme pour Philippe. Mais, dans l'année 356 avant J.-C., elle lui donna un fils, célèbre plus tard sous le nom d'Alexandre le Grand. Ce fut dans l'été de cette année, peu après la prise de Potidæa, que Philippe reçut presque en même temps trois messagers avec de bonnes nouvelles : — la naissance de son fils, la défaite des Illyriens qu'avait vaincus Parmeniôn et le succès de l'un de ses chevaux de course aux jeux Olympiques (1).

---

(1) Plutarque, Alexand. c. 3; Justin, XIII, 19.

CHAPITRE II

DEPUIS LE COMMENCEMENT DE LA GUERRE SACRÉE JUSQU'A CELUI DE LA GUERRE OLYNTHIENNE

Causes de la Guerre Sacrée; l'assemblée amphiktyonique. — Plainte politique portée devant l'assemblée, d'abord par Thêbes contre Sparte, — Ensuite par Thêbes contre les Phokiens. Les Phokiens sont condamnés et une lourde amende leur est imposée. — L'assemblée amphiktyonique rend un vote qui consacrait à Apollon le territoire phokien. — Les Phokiens prennent la résolution de résister; leur chef Philomelos. — Question de droit soulevée quant à la présidence du temple; ancien droit des Phokiens contre celui des Delphiens et des Amphiktyons. — Actives mesures prises par Philomelos; il va à Sparte; il obtient des secours du roi Archidamos; il s'empare de Delphes et défait les Lokriens. — Philomelos fortifie le temple; il lève de nombreux mercenaires; il essaye de se concilier les sentiments des Grecs en promettant de respecter les biens du temple. Le monde grec divisé. — Philomelos essaye de maintenir la continuation de l'action prophétique. — Conduite de la Pythie. — Batailles de Philomelos contre les Lokriens. — Son succès. — Efforts des Thêbains pour susciter une confédération contre les Phokiens. — Danger des Phokiens; ils prennent une partie des trésors du temple, afin de payer des forces mercenaires. — Nombreux mercenaires employés par les Phokiens; violence et férocité de la guerre; défaite et mort de Philomelos. — Onomarchos général des Phokiens; il recommence la guerre. — Son pouvoir dû aux mercenaires. — Violentes mesures d'Onomarchos; il emploie les trésors du temple pour répandre des présents dans les diverses cités. — Succès d'Onomarchos; il avance jusqu'aux Thermopylæ; il envahit la Bœôtia et est repoussé par les Thêbains. — Les Thêbains envoient une armée sous Pammenês au secours d'Artabazos en Asie Mineure. — Conquête de Sestos par Charês et par les Athéniens. — Intrigues de Kersobleptês contre Athènes; il est forcé de lui céder sa portion de la Chersonèse. — Des colons athéniens y sont envoyés, aussi bien qu'à Samos. — Activité et progrès constant de Philippe; il conquiert Methônê; négligence d'Athènes. — Philippe s'avance en Thessalia contre les despotes de Pheræ. — Grande puissance d'Onomarchos et des Phokiens; plans d'Athènes et de Sparte; les Spartiates méditent des hostilités contre Amphipolis. — Première apparition de Démosthène comme conseiller public dans l'assemblée athénienne. — Naissance et première jeunesse de Démosthène; fortune de son père; malhonnêteté de ses tuteurs. — Jeunesse de Démosthène; sa constitution maladive et faible;

manque d'éducation physique et de vigueur corporelle. — Éducation oratoire de Démosthène; ses maîtres; Isée; Platon; ardeur avec laquelle il étudie Thucydide. — Infatigables efforts de Démosthène pour surmonter ses défauts naturels comme orateur. — Importance que Démosthène attache à l'action dans l'éloquence. Son esprit et ses pensées; comment il les forma. — Il se fait d'abord connaître comme logographe ou compositeur de discours pour des orateurs ou des plaideurs. — Phokiôn; opposition et rivalité entre lui et Démosthène; son caractère et sa position; sa bravoure et son intégrité. — Empire durable acquis par son intégrité sur le public athénien. Nombre de fois qu'il fut élu général. — Sa manière de parler; sa précision efficace; son mépris de l'éloquence. — Sa franchise; son mépris pour le peuple athénien; son imperturbabilité. Ses manières repoussantes.—Phokiôn et Euboulos, chefs du parti de la paix, représentant le sentiment qui prédominait fortement à Athènes. — Influence de Phokiôn funeste pendant le règne de Philippe; à cette époque, Athènes aurait pu l'emporter sur la Macédoine. — Changement dans l'esprit militaire de la Grèce depuis la guerre du Péloponèse. Déclin du service militaire accompli par les citoyens; développement plus grand des troupes mercenaires. Contraste entre le citoyen de Periklês et celui de Démosthène. — Déclin des dispositions militaires également parmi les alliés péloponésiens de Sparte. — Multiplication des soldats mercenaires; ses conséquences funestes; nécessité de pourvoir à une émigration. — La diminution des forces militaires grecques coïncide avec le grand développement des forces macédoniennes. — Rudesse et pauvreté des Macédoniens; excellente matière à faire des soldats; génie organisateur de Philippe. — Première harangue parlementaire de Démosthène, — sur les Symmories; alarme ressentie au sujet de la Perse. — Recommandations positives contenues dans ce discours; maturité de pensée et sagacité qu'elles impliquent. — Préparatifs et plan qu'il propose pour étendre la base des Symmories. — Esprit des exhortations de Démosthène; il insiste toujours sur la nécessité d'efforts et de sacrifices personnels comme conditions de succès. — Affaires du Péloponèse. Projets de Sparte contre Megalopolis; sa tentative pour obtenir la coopération d'Athènes. — Vues et recommandations de Démosthène; il conseille aux Athéniens de soutenir Messênê et Megalopolis. — Philippe en Thessalia; il attaque Lykophrôn de Pheræ, qui appelle Onomarchos et les Phokiens. Onomarchos défait Philippe. — Succès d'Onomarchos en Bœôtia; apogée de la puissance phokienne. — Philippe répare ses forces et s'avance de nouveau en Thessalia. Sa victoire complète sur les Phokiens. Onomarchos est tué. — Philippe conquiert Pheræ et Pagasæ; il devient maître de toute la Thessalia; expulsion de Lykophrôn. — Philippe envahit les Thermopylæ. Les Athéniens y envoient une armée et arrêtent sa marche. Leur alarme dans cette conjoncture et leur rapidité inaccoutumée de mouvement. — Phayllos prend le commandement des Phokiens; troisième spoliation du temple; force renouvelée des Phokiens; malversation des chefs. — Guerre dans le Péloponèse; les Spartiates attaquent Megalopolis; intervention de Thêbes. — Hostilités avec un résultat indécis; paix conclue; autonomie de Megalopolis reconnue de nouveau. — Insuccès des Phokiens en Bœôtia. Mort de Phayllos, auquel succède Phalækos. — Les Thêbains obtiennent de l'argent du roi de Perse. — Accroissement de la puissance de Philippe et son attitude formidable. Alarme qu'il commence à inspirer dans tout le monde grec. — Philippe acquiert une puissance navale considérable. Importance du golfe de Pagasæ pour lui. Ses escadres volantes molestent le commerce athénien et les côtes de l'Attique. — Philippe fait la guerre en Thrace. — Ses intrigues chez les princes thraces. — Il assiége Heræon Teichos; alarme à A ènes; un décret est rendu à l'effet d'envoyer une flotte; Philippe tombe malade : la flotte n'est pas envoyée.— Popularité du général mercenaire Charidêmos; vote en sa faveur proposé par Aristokratês; discours prononcé par Démosthène contre la proposition. — Langueur des Athéniens; les principaux chefs du parti de la paix, Euboulos, Phokiôn, etc., ne proposent aucune mesure énergique contre Philippe; Démosthène se charge de cette tâche. — Première Philippique de Démosthène, 352-351 avant J.-C. — Remarques et recommandations de la première Philippique; sévères commentaires sur l'antipathie passée du peuple. — Il insiste sur la nécessité que les citoyens servent en personne, et propose la formation d'une flotte et d'un armement actifs. — Ses propositions financières. — Malheurs causés par la négligence passée et le manque de préparatifs; mal fait par les armements mercenaires non payés, servant sans citoyens. — Caractère propre de la première Philippique; prudents conseils et avertissements prophétiques de Démosthène. — Ses conseils ne sont pas suivis; les Athéniens n'adoptent pas de mesures sérieuses. — Adversaires de Démosthène à Athènes; orateurs à la solde de Philippe; l'alarme au sujet du roi de Perse continue.

J'ai raconté dans le chapitre précédent comment Philippe, pendant la durée de la Guerre Sociale, s'agrandit en Macédoine et en Thrace aux dépens d'Athènes, par l'acquisition d'Amphipolis, de Pydna et de Potidæa, — les deux dernières réellement enlevées à son empire, la première prise seulement sous de fausses assurances qu'il lui fit pendant qu'il l'assiégeait; comment il s'était fortifié encore en inscrivant Olynthos sur la liste de ses alliés, et en faisant d'elle une ennemie des Athéniens. Il avait commencé ainsi contre Athènes la guerre, dont on parle habituellement comme de la guerre au sujet d'Amphipolis, qui dura sans paix formelle pendant douze ans. La résistance opposée par Athènes à ces premières attaques de Philippe avait été faible et inefficace, — en partie à cause d'embarras. Mais la Guerre Sociale n'était pas encore terminée quand il s'éleva ailleurs de nouveaux embarras et de nouvelles complications, d'une nature bien plus formidable, — connus sous le nom de Guerre Sacrée, qui déchirèrent les entrailles mêmes du monde hellénique, et profitèrent seulement à l'infatigable agresseur, le roi de Macédoine.

L'assemblée amphiktyonique, que nous verrons actuellement élevée jusqu'à une notoriété funeste, était une institution ancienne et vénérable, mais rarement investie d'une puissance pratique. Bien que politique par occasion, elle était religieuse dans son but principal, associée qu'elle était au culte d'Apollon à Delphes et de Dêmêtêr aux Thermopylæ. Ses assemblées se tenaient deux fois par an, — au printemps à Delphes, en automne aux Thermopylæ; tandis que tous les quatre ans elle présidait à la célébration de la grande fête Pythienne près de Delphes, à moins qu'elle ne désignât des délégués pour présider en son nom. Elle se composait de députés appelés Hieromnemonês et Pylagoræ, envoyés par les douze nations ou fractions anciennes du nom hellénique, qui en étaient reconnues comme le corps constitutif : Thessaliens, Bœôtiens, Dôriens, Ioniens, Perrhæbiens, Magnêtes, Lokriens, Œtæens ou Ænianes, Achæens, Maliens, Phokiens, Dolopes. C'étaient les douze nations, les seules qui eussent part aux rites sacrés et aux assemblées amphiktyoniques : chaque nation, petite comme grande, ayant deux voix dans la décision et pas plus; et chaque cité, petite comme grande, contribuant également à compléter les deux voix de la nation à laquelle elle appartenait. C'est ainsi que Sparte ne comptait que pour une des diverses communautés qui formaient la nation dôrienne; Athènes, de la même manière dans la nation ionienne, sans être supérieures en rang à Erythræ ni à Priênê (1).

Que, pendant le siècle précédent, l'assemblée amphiktyonique ait été rarement mêlée aux affaires politiques de la Grèce et n'y ait jamais été mêlée pour aucun dessein important, — c'est ce que prouve le fait qu'elle n'est pas mentionnée une fois dans l'Histoire de Thucydide, ni dans les Hellenica de Xénophon. Mais après l'humiliation de Sparte à Leuktra, cette grande convocation religieuse du monde hellénique, après une longue torpeur, commença à se réunir pour expédier des affaires. Par malheur ses manifestations d'activité furent pour la plupart abusives et funestes. Probablement peu de temps après la bataille de Leuktra, bien que nous ignorions l'année précise, — les Thêbains por-

(1) Æschine, de Fals. Legat. p. 280, c. 36. Pour des détails relativement à l'assemblée amphiktyonique, V. le traité de Tittman, Ueber den Amphiktyonischen Bund, p. 37, 45, *seqq*

tèrent devant les amphiktyons une accusation contre Sparte, pour s'être emparée traîtreusement de la Kadmeia (la citadelle de Thêbes) dans une période de paix profonde. Une sentence de condamnation fut prononcée contre elle (1), en même temps qu'une amende de cinq cents talents, doublée après un certain intervalle de non-payement. L'acte qui faisait ici la matière d'une accusation était incontestablement une grave injustice politique, et l'on pouvait trouver dans la teneur de l'ancien serment prononcé par chaque cité comprise un prétexte, bien que très-léger, pour soumettre une injustice politique au jugement des amphiktyons (2). Cependant tout le monde savait que, dans les générations passées, l'assemblée n'avait pas réellement jugé d'injustice politique; de sorte que par le jugement et la sentence elle s'écarta d'une manière manifeste de la coutume grecque entendue, — et que par là étaient prouvées seulement l'humiliation de Sparte et l'insolence de Thêbes. Les Spartiates, naturellement, ne consentirent pas à payer, et il n'y avait aucun moyen de les y contraindre. Conséquemment, il ne s'ensuivit aucun effet pratique, si ce n'est (probablement) l'exclusion de Sparte de l'assemblée amphiktyonique, — aussi bien que du temple de Delphes et des jeux Pythiens. Toutefois, indirectement l'exemple fut très-pernicieux, en ce qu'il montra que l'on pouvait abuser de l'autorité d'une convocation panhellénique, vénérable par son antiquité religieuse, pour satisfaire les antipathies politiques d'un seul État dominant.

Dans l'année 357 avant J.-C., Thêbes fit une seconde tentative pour employer l'autorité de l'assemblée amphiktyonique comme moyen d'écraser ses voisins les Phokiens. Ces derniers avaient été, depuis les temps anciens, des ennemis de frontière des Thêbains, des Lokriens et des Thessaliens. Jusqu'à la bataille de Leuktra, ils avaient combattu comme alliés de Sparte contre Thêbes, mais ils s'étaient soumis à

(1) Diodore, XVI, 23-29; Justin, VIII, 1.

(2) Æschine, de Fals. Legat. p. 279, c. 35.

Thêbes après cette bataille et avaient continué d'être ses alliés, bien que de moins en moins sincères, jusqu'à la bataille de Mantineia et à la mort d'Epaminondas (1). Depuis ce moment, la vieille antipathie paraît s'être rallumée, en particulier de la part de Thêbes. Irritée contre les Phokiens probablement comme ayant rompu une alliance jurée, elle se décida à porter contre eux une accusation devant l'assemblée amphiktyonique. Quant au motif réel de l'accusation, nous avons des assertions différentes. Suivant un témoin, ils étaient accusés d'avoir cultivé quelque portion de la plaine kirrhæenne, consacrée à Apollon depuis les anciens temps ; suivant un autre, ils l'étaient d'avoir attaqué et envahi la Bœôtia ; tandis que, selon un troisième, la guerre résulta de l'enlèvement de Théano, femme thêbaine mariée, acte dont ils se seraient rendus coupables. Pausanias avoue qu'il ne peut reconnaître distinctement ce qu'on alléguait contre eux (2). Aidée par l'antipathie des Thessaliens et des Lokriens, non moins violente que la sienne, Thêbes n'eut pas de difficulté à obtenir une sentence de condamnation contre les Phokiens. Ils furent condamnés à une amende ; quel en était le chiffre, on ne nous le dit pas ; mais elle était si forte qu'ils n'étaient pas en état de la payer.

Ce fut ainsi que les Thêbains, qui n'avaient jamais pu s'attacher une puissante confédération comme celle qui tenait naguère ses réunions à Sparte, y suppléèrent en abusant de leur ascendant au sein de l'assemblée amphiktyonique pour obtenir vengeance d'ennemis politiques (357 av. J.-C.).

---

(1) Cf. Xénophon, Hellen. VI, 5, 23, et VII, 5, 4. Au sujet de la querelle des Thessaliens et des Phokiens, V. Hérodote, VII, 176, VIII, 27 ; Æschine, de Fals. Legat. p. 289, c. 43, — des Lokriens et des Phokiens, Xénoph. Hellen. III, 5, 3 ; Pausanias, III, 9, 4.

(2) Diodore, XVI, 23 ; Justin, VIII, 1 ; Pausanias, X, 2, 1 ; Duris apud Athenæum, XIII, p. 560. Justin dit : « Causa et origo hujus mali, Thebani fuere, qui cum rerum potirentur, secundam fortunam imbecillo animo ferentes, victos armis Lacedæmonios et Phocenses, quasi parva supplicia cædibus et rapinis luissent, apud commune Græciæ concilium superbe accusaverunt. Lacedæmoniis crimini datum est, quod arcem Thebanam induciarum tempore occupassent ; Phocensibus, quod Bœotiam depopulati essent ; prorsus quasi post arma et bellum locum legibus reliquissent. »

On accorda un certain temps pour acquitter l'amende, ce que les Phokiens n'avaient ni le moyen ni l'inclination de faire. Alors une plainte fut portée à ce sujet à la réunion suivante des amphiktyons : une résolution décisive fut adoptée et gravée avec les autres sur une colonne dans le temple de Delphes, à l'effet d'exproprier les Phokiens désobéissants, et de consacrer tout leur territoire à Apollon, — comme Kirrha avec sa fertile plaine avait été traitée deux siècles auparavant. Il devint nécessaire, en même temps, pour le maintien d'une conduite conséquente et équitable, de faire revivre la mention de l'amende antérieure que les Lacédæmoniens n'avaient pas encore payée; et en conséquence on proposa de rendre contre eux un vote d'excommunication en quelque sorte.

Ces dangers menaçants, qui devaient vraisemblablement bientôt se réaliser à l'instigation de Thêbes, excitèrent un esprit décidé de résistance parmi les Phokiens. Un citoyen riche et important de la ville phokienne de Ledon, nommé Philomelos, fils de Theotimos, se mit en avant comme le représentant de ce sentiment, et il s'appliqua avec énergie à organiser le moyen de conserver à la Phokis et sa liberté et son territoire. Au milieu de ses compatriotes assemblés, il protesta contre la grande injustice de la sentence récente, qui les condamnait à payer une amende énorme dépassant leurs moyens, quand la bande de terre, où l'on prétendait qu'ils avaient empiété sur la propriété du dieu, était tout au plus étroite et insignifiante. Il ne restait actuellement pour détourner d'eux une ruine entière, qu'un front hardi et une résistance opiniâtre, que lui (Philomelos) s'engageait à diriger avec succès, s'ils voulaient lui confier de pleins pouvoirs. Les Phokiens (prétendait-il) étaient les primitifs et légitimes administrateurs du temple de Delphes, — privilége dont ils avaient été injustement dépossédés par l'assemblée Amphiktyonique et par les Delphiens. « Répondons à nos ennemis (disait-il) en revendiquant nos droits perdus et en saisissant le temple : nous obtiendrons l'appui et le soutien de beaucoup d'États grecs, qui sont intéressés comme nous à résister aux injustes décrets des amphiktyons (1). Nos ennemis les Thêbains (ajouta-t-il) complotent de s'emparer du temple pour eux-mêmes, grâce à la connivence d'une majorité amphiktyonique qu'ils ont gagnée : prévenons et empêchons leur injustice (2). »

Ici s'éleva une nouvelle question, relative au droit de présidence sur le sanctuaire le plus vénéré en Grèce, question qui menaçait de ruiner la paix du monde hellénique. Le droit des Phokiens n'était pas une pure fiction, mais il reposait sur une ancienne réalité, et sans doute, eux-mêmes le croyaient fondé. Delphes et ses habitants étaient dans l'origine une portion du nom phokien. Dans le catalogue homérique, que Philomelos cita expressément, cette ville est énumérée parmi les Phokiens que commandaient Schedios et Epistrophos, sous le nom de la « rocheuse Pythô, » — nom que lui applique encore Hérodote (3). Les Delphiens avaient acquis assez de force pour se séparer de leurs frères phokiens, — pour exister comme communauté séparée, — et pour assumer le privilége lucratif d'administrer le temple

(1) Diodore, XVI, 23, 24; Pausanias, X, 2, 1.

(2) Que ce dessein, imputé aux Thêbains, fût une partie du cas établi par les Phokiens pour leur défense, c'est ce dont nous pouvons être assurés par le passage de Démosthène, Fals. Leg. p. 347, s. 22. Démosthène accuse Æschine d'avoir fait à l'assemblée athénienne de fausses promesses et de fausses assertions au retour de son ambassade, en 346 avant J.-C. Æschine dit aux Athéniens (suivant l'affirmation de Démosthène) qu'il avait persuadé Philippe d'agir complétement dans l'intérêt et selon la politique d'Athènes; que les Athéniens ne tarderaient pas à voir Thêbes assiégée par Philippe et les villes bœôtiennes rétablies; et encore, τῷ θεῷ δὲ τὰ χρήματα εἰσπραττόμενα, οὐ παρὰ Φωκέων, ἀλλὰ παρὰ Θηβαίων τῶν βουλευσάντων τὴν κατάληψιν τοῦ ἱεροῦ· διδάσκειν γὰρ αὐτὸς ἔφη τὸν Φίλιππον ὅτι οὐδὲν ἧττον ἠσεβήκασιν οἱ βεβουλευκότες τῶν ταῖς χερσὶ πραξάντων, καὶ διὰ ταῦτα χρήμαθ' ἑαυτῷ τοὺς Θηβαίους ἐπικεκηρυχέναι.

Jusqu'à quel point Æschine promit-il réellement aux Athéniens ce que Démosthène prétend ici qu'il promit, — c'est un point qui sera à rechercher quand nous en arriverons aux affaires de l'année 346 avant J.-C. Mais il me semble évident que l'imputation (vraie ou fausse) contre les Thêbains, d'avoir comploté eux-mêmes de s'emparer du temple a dû émaner d'abord des Phokiens, comme partie de la justification de leur propre conduite. Si les Thêbains conçurent jamais une pareille idée, cela doit avoir été *avant* l'occupation réelle du temple par les Phokiens ; s'ils furent faussement accusés de l'avoir conçue, la fausse accusation dut également être portée au moment. Il est difficile que Démosthène l'ait inventée douze ans après l'occupation phokienne.

(3) Hérodote, 1, 54.

comme leur propriété particulière. Leur séparation avait d'abord été effectuée, et leurs prétentions comme administrateurs épousées par Sparte (1), dont l'intérêt puissant formait leur principal appui. Mais les Phokiens n'avaient jamais cessé d'insister sur leur droit, et la dispute était si loin d'être décidée contre eux, même en 450 avant J.-C., qu'ils avaient alors entre leurs mains l'administration réelle. Les Spartiates envoyèrent une armée dans le dessein exprès de la leur enlever et de la transférer aux Delphiens; mais très-peu de temps après, quand les forces spartiates se furent retirées, les Athéniens s'y rendirent, dépossédèrent les Delphiens (2), et rendirent le temple aux Phokiens. Cette lutte prit le nom de Guerre Sacrée. A cette époque les Athéniens étaient maîtres de la plus grande partie de la Bœôtia, aussi bien que de Megara et de Pegæ : et s'ils avaient continué de l'être, les Phokiens auraient probablement été maintenus dans leur administration du saint lieu, les droits des Delphiens d'un côté, contre ceux des Phokiens de l'autre, dépendant alors évidemment de la force comparative d'Athènes et de Sparte. Mais bientôt des jours malheureux survinrent à Athènes, de sorte qu'elle perdit toutes ses possessions de l'intérieur au nord de l'Attique, et qu'elle ne fut plus en état de soutenir ses alliés de Phokis. Les Phokiens passèrent alors de fait au nombre des alliés de Sparte, et furent forcés d'abandonner aux Delphiens l'administration du temple qu'ils exerçaient; ces derniers furent confirmés dans ce privilége par un article formel de la paix de Nikias en 421 avant J.-C. (3), et ils le conservèrent sans contestation, sous la suprématie hellénique reconnue de Sparte, jusqu'à la bataille de Leuktra. Mais alors encore, il dura sans être troublé, vu que Thêbes n'était nullement disposée à favoriser les prétentions de ses ennemis les Phokiens, mais qu'au contraire elle était heureuse d'être aidée à les écraser par leurs rivaux les Delphiens, qui, comme administrateurs

(1) Strabon, IX, p. 423.
(2) Thucyd. I, 12.
(3) Thucyd. V, 18.

du temple, pouvaient contribuer essentiellement à une sentence rigoureuse de l'assemblée amphiktyonique.

Nous voyons ainsi que la réclamation faite à ce moment par Philomelos n'était pas fictive, mais bien fondée, et que lui-même aussi bien que les autres Phokiens la considérait comme moyen de recouvrer un ancien privilége que leur avait enlevé seulement une force supérieure (1). Ses compatriotes adoptant sincèrement ses idées, il fut nommé général avec de pleins pouvoirs. Sa première mesure fut d'aller à Sparte, sur l'aide de laquelle il comptait, à cause de la lourde amende dont elle était encore chargée en vertu de la sentence amphiktyonique. Il expliqua ses idées en secret au roi Archidamos, s'engageant, si les Phokiens devenaient maîtres du temple, à faire disparaître la sentence et l'amende de la colonne où elles étaient consignées. Archidamos n'osa pas lui promettre la faveur ou l'appui du public ; d'autant plus que Sparte avait toujours été le principal appui de la présidence des Delphiens (en tant que contre les Phokiens) sur le temple. Mais en secret il encouragea le projet avec chaleur, et il fournit une somme de quinze talents, outre quelques soldats mercenaires, pour concourir à son exécution. Philomelos retourna en Phokis avec ce secours, donna une somme égale de quinze talents de ses propres deniers, et rassembla un corps de peltastes, Phokiens aussi bien qu'étrangers. Ensuite il exécuta son dessein contre Delphes, en attaquant soudainement et la ville et le temple, et en s'en emparant sans rencontrer, à ce qu'il semblerait, beaucoup d'opposition. Il promit aux Delphiens en général la sécurité et un bon traitement ; mais il mit à mort les membres de la gens (ou clan) appelée Thrakidæ, et saisit leurs biens ; ces hommes constituaient une des gentes saintes, qui dirigeaient principalement l'action politique et religieuse du lieu (2). Il

(1) Justin (VIII, 1) ne fait pas attention à cette première position des Phokiens par rapport au temple de Delphes. Il parle d'eux comme s'ils avaient été spoliateurs du temple même dès le principe : « velut deo irascentes. »

(2) Diodore, XVI, 24. Hesychius (v. Λαφρίαδαι) mentionne une autre phratrie ou gens à Delphes, appelée Laphriadæ. V. Wilhelm Goette, Das

est probable que, quand ils furent attaqués ainsi soudainement, ils avaient envoyé solliciter du secours chez leurs voisins les Lokriens d'Amphissa; car à peine Philomelos fut-il en possession de Delphes, que ces derniers arrivèrent pour les secourir. Toutefois il les défit en leur faisant éprouver des pertes sérieuses, et les força de retourner chez eux.

Complétement heureux ainsi dans sa première tentative, Philomelos ne perdit pas de temps pour annoncer solennellement et formellement son dessein réel. Il déclara qu'il était venu uniquement en vue de reprendre pour les Phokiens leurs anciens droits comme administrateurs; que les trésors du temple seraient en sûreté et respectés comme auparavant; qu'une impiété ou une illégalité d'aucune sorte ne serait tolérée; et que le temple et son oracle seraient ouverts, comme ils l'avaient été jusqu'alors, à ceux qui viendraient le visiter, offrir des sacrifices et consulter le dieu. En même temps, sachant bien que ses ennemis lokriens à Amphissa étaient à une très-petite distance, il éleva un mur pour protéger la ville et le temple, qui semblent avoir été jusque-là sans défense, — surtout du côté occidental. En outre il augmenta ses levées de troupes. Tandis que les Phokiens, remplis d'ardeur par ce premier avantage, se rendaient à son appel en nombre considérable, il attira aussi de nouveaux mercenaires du dehors par l'offre d'une solde plus élevée. Il fut bientôt à la tête de 5,000 hommes, assez forts pour tenir un poste difficile comme Delphes contre toute attaque immédiate. Mais, désirant encore apaiser le sentiment grec et détourner l'hostilité, il envoya des ambassadeurs à tous les

---

Delphische Orakel, p. 83. Leipzig, 1839.

Pausanias dit que les Phokiens étaient disposés à traiter Delphes et ses habitants avec la plus grande dureté; selon lui, ils avaient l'intention de tuer tous les hommes en état de servir, de vendre le reste de la population comme esclaves et de raser toute la ville jusqu'au sol. Archidamos, roi de Sparte (suivant Pausanias), engagea les Phokiens à abandonner cette résolution (Pausanias, III, 10, 4).

A quel moment les Phokiens décidèrent-ils cette mesure — ou, dans le fait, s'y sont-ils jamais décidés, — nous ne pouvons sur ce point avoir aucune certitude. Nous ne pouvons pas non plus dire avec confiance si Pausanias emprunta cette assertion à Théopompe, qu'il cite un peu avant.

principaux États, — non-seulement à Sparte et à Athènes, mais encore à Thêbes son ennemie. Ses ambassadeurs avaient pour instructions d'assurer solennellement que les Phokiens avaient pris Delphes simplement pour réclamer leur droit héréditaire de présidence, contre une ancienne et injuste usurpation; qu'ils étaient prêts à donner toute garantie exigée par le corps hellénique, pour la conservation rigoureuse des richesses du temple, et à montrer ainsi qu'à vérifier tous les objets, en les pesant et en les comptant, devant des inspecteurs; qu'ayant conscience de la droiture de leur dessein, ils n'hésitaient pas à solliciter un appui positif contre leurs ennemis, ou en tout cas, la neutralité (1).

Les réponses envoyées à Philomelos n'eurent pas toutes le même caractère. Sur ce mémorable événement, les sentiments du monde grec se trouvèrent divisés d'une manière

---

(1) Diodore, XVI, 27. Ὁμοίως δὲ καὶ πρὸς τὰς ἄλλας τὰς ἐπισημοτάτας τῶν κατὰ τὴν Ἑλλάδα πόλεων ἀπέστειλεν, ἀπολογούμενος, ὅτι κατείληπται τοὺς Δελφούς, οὐ τοῖς ἱεροῖς χρήμασιν ἐπιβουλεύων, ἀλλὰ τῆς τοῦ ἱεροῦ προστασίας ἀμφισβητῶν· εἶναι γὰρ Φωκέων αὐτὴν ἰδίαν ἐν τοῖς παλαιοῖς χρόνοις ἀποδεδειγμένην. Τῶν δὲ χρημάτων τὸν λόγον ἔφη πᾶσι τοῖς Ἕλλησι ἀποδώσειν, καὶ τόν τε σταθμὸν καὶ τὸν ἀριθμὸν τῶν ἀναθημάτων ἕτοιμος εἶναι παραδιδόναι τοῖς βουλομένοις ἐξετάζειν. Ἠξίου δὲ, ἄν τις δι' ἔχθραν ἢ φθόνον πολέμῃ Φωκεῦσι, μάλιστα μὲν ξυμμαχεῖν, εἰ δὲ μή γε, τὴν ἡσυχίαν ἄγειν.

Par rapport à l'engagement que prit Philomelos de montrer et de vérifier, devant tout inspecteur hellénique en général, toutes les richesses du temple de Delphes, en pesant et en comptant les articles, — le lecteur trouvera un objet intéressant de comparaison dans les Inscriptions attiques, n° 137-142, vol. I du Corp. Inscript. Græc. de Boeckh, — avec un commentaire important de ce savant. Ce sont les registres des nombreux dons en or et en argent, conservés dans le Parthénon, transmis par les trésoriers de la déesse annuellement nommés, à la fin de l'année, d'une fête Panathénaïque à l'autre. Le poids de chaque article est formellement consigné, et les nouveaux articles reçus chaque année (ἐπέτεια) sont spécifiés. Quand un article est transmis sans être pesé (ἄσταθμον), le fait est signalé. — Que les précieuses offrandes du temple de Delphes aussi fussent soigneusement pesées, c'est ce que nous pouvons reconnaître par l'assertion d'Hérodote, qui dit que le lion d'or dédié par Crésus avait perdu une fraction de son poids dans l'incendie de l'édifice (Hérod. I, 50).

Pausanias (X, 2, 1) ne fait pas remarquer la différence entre la première partie et la seconde des opérations de Philomelos; d'abord, la prise du temple, sans aucune spoliation du trésor, mais simplement sur la raison que les Phokiens avaient le meilleur droit d'administrer ses affaires; ensuite la prise du trésor et des offrandes du temple, — à laquelle il en arriva plus tard, quand il la jugea nécessaire pour se défendre.

pénible. Tandis qu'Athènes, Sparte, les Achæens péloponésiens et quelques autres États du Péloponèse reconnaissaient la possession des Phokiens et consentaient à les aider à la conserver, — les Thêbains et les Thessaliens se déclarèrent énergiquement contre eux, appuyés par tous les États au nord de la Bœôtia, c'est-à-dire par les Lokriens, les Dôriens, les Ænianes, les Achæens-Phthiotes, les Magnêtes, les Perrhæbiens, les Athamanes et les Dolopes. Plusieurs de ces derniers dépendaient des Thessaliens, et ils suivirent leur exemple; en outre, beaucoup d'entre eux, appartenant au corps amphiktyonique, ont dû prendre part aux votes de condamnation que venaient d'annuler les Phokiens.

Nous pouvons voir clairement que ce ne fut pas d'abord l'intention de Philomelos ni des Phokiens qui l'accompagnaient de s'emparer des richesses du temple de Delphes : et Philomelos, tout en s'appliquant à se mettre en règle aux yeux de la Grèce, essaya de maintenir l'action prophétique du temple dans son jeu ordinaire, de manière à répondre, comme auparavant, aux exigences de ceux qui venaient sacrifier et consulter le dieu. Il pria la prêtresse pythienne de monter sur le trépied, de se soumettre à l'inspiration prophétique et de prononcer le mot placé ainsi sur ses lèvres, comme à l'ordinaire. Mais la prêtresse, — choisie par les Delphiens, et appartenant probablement elle-même à l'une des gentes delphiennes sacrées, — refusa obstinément de lui obéir; surtout à la première question qu'il adressa au sujet de sa propre usurpation, et de ses chances de succès contre ses ennemis. Aux injonctions qu'il lui fit de prophétiser selon les rites traditionnels, — elle répondit que ces rites étaient précisément ce qu'il venait de renverser; alors il la saisit, et essaya de la placer de force sur le trépied. Vaincue et alarmée pour sa sûreté personnelle, la prêtresse s'écria involontairement qu'il pouvait faire tout ce qu'il voulait. Philomelos prit volontiers ce mot comme une réponse favorable à son dessein. Il le fit mettre en écrit et proclamer, comme un oracle du dieu, sanctionnant et autorisant ses projets. Il convoqua une assemblée spéciale de ses partisans et des Delphiens en général où il fit appel à cette réponse encourageante, comme garantissant toute confiance par rapport à la guerre qui menaçait d'éclater. C'est ainsi qu'elle fut expliquée par tous les assistants, et l'on tira une preuve confirmative d'autres signes et présages qui se présentèrent à ce moment (1). Toutefois il est probable que Philomelos prit soin de nommer pour l'avenir une nouvelle prêtresse, plus favorable à ses intérêts, et disposée à rendre des réponses inspirées par l'oracle sous les nouveaux administrateurs de la même manière que sous les anciens.

Bien qu'une partie si considérable du nom grec eût ainsi déclaré la guerre aux Phokiens, cependant personne ne paraît d'abord avoir fait de mouvements hostiles, à l'exception des Lokriens, avec lesquels Philomelos était parfaitement en état de lutter. Il se jugea assez fort pour faire une incursion sur leur territoire et pour le piller, en s'engageant dans quelques escarmouches indécises. D'abord les Lokriens ne voulurent même pas lui rendre les corps de ses soldats tués pour qu'il les enterrât, alléguant que des hommes sacriléges étaient condamnés par la coutume générale de la Grèce à être jetés dehors sans sépulture. Et ils persistèrent dans leur refus jusqu'à ce qu'il les menaçât de représaille à l'égard des cadavres des hommes qu'ils avaient perdus eux-mêmes (2). Tant était acharnée l'exaspération que suscitait cette guerre déplorable dans tout le monde hellénique! Toutefois, même contre les Lokriens seuls, Philomelos se trouva bientôt manquer d'argent, pour payer ses soldats, — Phokiens indigènes aussi bien qu'étrangers mercenaires. Conséquemment, tout en étant fidèle à son engagement de respecter les richesses du temple, il ne crut pas qu'il lui était interdit de lever une contribution forcée sur les biens de ses ennemis, les opulents Delphiens; et ses armes furent bientôt couronnées d'un brillant succès remporté sur les Lokriens, dans une bataille livrée près des rochers appelés

(1) Diodore, XVI, 25, 26, 27. (2) Diodore, XVI, 25.

Phædriades ; localité rocailleuse et difficile si voisine de Delphes, que les Lokriens doivent évidemment avoir été les agresseurs, en s'avançant afin de délivrer la ville. Ils furent défaits et éprouvèrent des pertes considérables, tant en hommes tués qu'en prisonniers ; plusieurs d'entre eux pour éviter la lance de l'ennemi trouvèrent une mort certaine en se précipitant du haut des falaises escarpées (1).

Si cette victoire donna du courage aux Phokiens, elle fut le signal de nouveaux efforts parmi leurs nombreux ennemis (356-355 av. J.-C.). Les plaintes bruyantes des Lokriens vaincus provoquèrent une sympathie universelle ; et les Thèbains, actuellement poussés par la crainte des Phokiens, aussi bien qu'animés par la haine qu'ils avaient contre eux, se mirent à la tête du mouvement. Envoyant des députés aux Thessaliens et aux autres États amphiktyoniques, ils sollicitèrent de l'aide et insistèrent sur la nécessité de rassembler une armée commune, — « pour assister le dieu » — pour venger la dignité judiciaire de l'assemblée amphiktyonique, — et pour abattre les sacriléges Phokiens (2). Il paraît qu'une réunion spéciale de l'assemblée elle-même fut convoquée, probablement aux Thermopylæ, puisque Delphes était en la possession de l'ennemi. On y prit la ferme résolution de former une armée amphiktyonique chargée d'exécuter les décisions du conseil ; et l'on y prononça en même temps de sévères sentences d'amende et d'autres punitions, contre les chefs phokiens nommément, — Philomelos et Onomarkos, frères peut-être, du moins collègues dans le commandement, avec d'autres (3).

Alors le péril des Phokiens devint imminent (355-354 av. J.-C.). Leur force seule sans secours n'était nullement

---

(1) Diodore, XVI, 28.

(2) Diodore, XVI, 28. Ψηφισαμένων δὲ τῶν Ἀμφικτυόνων τὸν πρὸς Φωκεῖς πόλεμον, πολλὴ ταραχὴ καὶ διάστασις ἦν καθ' ὅλην τὴν Ἑλλάδα. Οἱ μὲν γὰρ ἔκριναν βοηθεῖν τῷ θεῷ, καὶ τοὺς Φωκεῖς, ὡς ἱεροσύλους, κολάζειν · οἱ δὲ πρὸς τὴν τῶν Φωκέων βοήθειαν ἀπέκλιναν.

(3) Diodore, XVI, 32, au sujet d'Onomarchos : — Πολλαῖς γὰρ καὶ μεγάλαις δίκαις ὑπὸ τῶν Ἀμφικτυόνων ἦν καταδεδικασμένος ὁμοίως τοῖς ἄλλοις, etc.

Onomarchos est désigné comme collègue de Philomelos, c. 31, et comme son frère, c. 61.

suffisante pour résister à la confédération qui était sur le point de s'armer pour la défense de l'assemblée amphiktyonique (1); et il ne paraît pas qu'Athènes ou Sparte leur eût jusqu'alors donné autre chose que des promesses ou de l'encouragement. Leur seule chance d'une résistance efficace consistait dans la levée d'une armée mercenaire considérable; dans ce dessein, ni leurs propres fonds, ni le secours qu'aurait fourni une confiscation privée n'auraient pu être suffisants. Il ne leur restait pour toute ressource que d'employer les trésors et les objets précieux du temple de Delphes; et en conséquence Philomelos s'en saisit alors. Toutefois, il le fit, comme le prouvait sa conduite antérieure, avec une répugnance sincère, probablement en déclarant d'abord à diverses reprises qu'il n'empruntait qu'une somme donnée, destinée à faire face à l'éventualité actuelle, et qu'il avait l'intention de la rendre aussitôt que le danger serait éloigné (2). Mais quelles qu'aient pu être ses inten-

(1) Même en 374 avant J.-C., trois ans avant la bataille de Leuktra, les Phokiens avaient été hors d'état de se défendre contre Thêbes sans l'aide de Sparte (Xénoph. Hellen. V, I, 1).

(2) Diodore, XVI, 30. Ἠναγκάζετο (Philomelos) τοῖς ἱεροῖς ἀναθήμασιν ἐπιβαλεῖν τὰς χεῖρας καὶ συλᾷν τὸ μαντεῖον. Une proposition semblable avait été émise par les employés corinthiens dans le congrès à Sparte, peu de temps avant la guerre du Péloponèse; ils suggérèrent comme l'un de leurs moyens et l'une de leurs ressources un emprunt aux trésors de Delphes et d'Olympia, qui serait rendu plus tard (Thucyd. I, 121). Periklês fit la même proposition dans l'assemblée athénienne; « dans des vues de sécurité », on pouvait employer les richesses des temples pour défrayer les dépenses de la guerre, sous condition de rendre le tout après (χρησαμένους τε ἐπὶ σωτηρίᾳ ἔφη χρῆναι μὴ ἐλάσσω ἀντικαταστῆσαι πάλιν, Thucyd. II, 13). Après le désastre subi devant Syracuse, et pendant les années de lutte qui s'écoulèrent depuis cet événement jusqu'à la fin de la guerre, les Athéniens furent forcés par des embarras financiers de s'approprier pour des desseins publics beaucoup des riches offrandes renfermées dans le Parthénon, objets qu'ils ne furent jamais plus tard en état de remettre. On en trouve une preuve dans les Inscriptions publiées par Boeckh, Corp. Inscript. n° 137-142, qui contiennent les notes officielles des Conseils successifs des trésoriers d'Athênê. Il est dit dans une récente et instructive dissertation de J. L. Ussing (De Parthenone ejusque partibus Disputatio, p. 3, Copenhagen, 1849) : « Multæ in arce Athenarum inventæ sunt tabulæ Quæstorum Minervæ, in quibus quotannis inscribebant, quænam vasa aurea aliæque res pretiosæ in æde Minervæ dedicata extarent. Harum longe maxima pars ante Euclidem archontem scripta est..... Nec tamen una tabula templi dona continebat universa, sed separatim quæ in

tions au début, toutes ces réserves ou limites, ou ces obligations de rendre, furent bientôt oubliées en pratique. Quand le sentiment qui protégeait le fonds sacré eut disparu, il fut aussi facile de prendre beaucoup que peu, et les postulants devinrent plus nombreux et plus importuns; en outre, les exigences de la guerre ne cessèrent jamais, et l'implacable répugnance que fit naître la spoliation dans une moitié du monde grec ne laissa aux Phokiens aucune sécurité, si ce n'est sous la protection d'une armée mercenaire permanente (1). Et Philomelos et ses successeurs ne furent satisfaits que quand ils eurent aussi enrichi leurs amis et orné leurs épouses ou leurs favorites.

Profitant des ressources considérables du temple, Philomelos porta la solde de ses troupes à une somme à moitié aussi élevée encore qu'auparavant, et publia des proclamations pour appeler de nouveaux soldats au même taux (355-354 av. J.-C.). Grâce à ces offres tentantes, il ne tarda pas à être en état de rassembler une armée, cavalerie et infanterie réunies, montant, dit-on, à 10,000 hommes; qui étaient en général, comme on l'affirme, d'un caractère particulièrement pervers et dépourvu de tout scrupule, vu qu'aucun Grec pieux ne voulait s'enrôler dans un pareil service. Avec ces hommes il attaqua les Lokriens, qui cependant furent aidés à ce moment par les Thêbains d'un côté, et par les Thessaliens avec leurs alliés circonvoisins de l'autre. Philomelos remporta des avantages successifs sur les uns et sur

---

Pronao, quæ in Hekatompedo, quæ in Parthenone (partie du temple appelée spécialement ainsi), servabantur, separatim suis quisque lapidibus consignata erant. Singulari quâdam fortunâ contigit, ut inde ab anno 434 a. C. ad 407 a. C., tam multa fragmenta tabularum servata sint, ut trinos donorum catalogos aliquot annis restituere possimus. In quo etiam ad historiam illius temporis pertinet, quod florentibus Athenarum rebus opes Deæ semper augeri, fractis autem Bello Siculo, indè ab anno A. C., eas paulatim deminui videmus..... Urgente pecuniæ inopiâ Athenienses ad Deam confugiebant, et jam ante annum 406 A. C., pleraque Pronai dona ablata esse videmus. Proximis annis sine dubio nec Hakatompedo nec Parthenoni pepercerunt; nec mirum est, post bellum Peloponnesiacum ex antiquis illis donis fere nulla comparere. »

(1) Théopompe, Fragm. 182, éd. Didot; Athénée, XIII, p. 605; VI, p. 232. Ephore, Fragm. 155, éd. Didot; Diodore, XVI, 64.

les autres, et conçut de plus grandes espérances par l'arrivée d'un renfort de 1,500 Achæens qui lui vinrent du Péloponèse. La guerre prit un caractère particulièrement féroce; car les Thêbains (1), confiants dans la supériorité de leurs forces et de leurs chances de succès, bien que le trésor de Delphes fût employé contre eux, commencèrent par mettre à mort tous leurs prisonniers, comme des hommes sacriléges que l'assemblée amphiktyonique avait condamnés. Cette conduite exaspéra tellement les troupes de Philomelos, qu'elles le contraignirent à exercer des représailles sur les prisonniers bœôtiens. Pendant quelque temps ces châtiments rigoureux se continuèrent des deux côtés jusqu'à ce qu'enfin les Thêbains se crussent forcés de s'arrêter, et Philomelos suivit leur exemple. La guerre dura un certain temps avec un résultat indécis, les Thêbains et leurs alliés étant de beaucoup supérieurs en nombre. Mais bientôt Philomelos s'exposa imprudemment à une attaque dans une position défavorable, près la ville de Neon, au milieu de bois et de rochers embarrassants. Il y fut défait avec des pertes sérieuses, et son armée fut dispersée; lui-même reçut plusieurs blessures, en combattant avec une bravoure désespérée, jusqu'à ce que toute résistance devînt impossible. Alors il essaya de s'enfuir, mais il se trouva poussé sur le bord d'un précipice, où il ne put échapper aux tortures de la captivité qu'en se précipitant dans l'abîme où il périt. Les restes de son armée vaincue furent ralliés à quelque distance par Onomarchos (2).

Les Thêbains et leurs alliés, au lieu de poursuivre l'importante victoire remportée récemment sur Philomelos, semblent avoir supposé que les Phokiens se disperseraient actuellement ou se soumettraient spontanément, et en con-

---

(1) Isokrate, Orat. V (ad Philippum), s. 60. Τελευτῶντες δὲ πρὸς Φωκέας πόλεμον ἐξήνεγκαν (les Thêbains), ὡς τῶν τε πόλεων ἐν ὀλίγῳ χρόνῳ κρατήσοντες, τόν τε τόπον ἅπαντα τὸν περιέχοντα κατασχήσοντες, τῶν τε χρημάτων τῶν ἐν Δελφοῖς περιγενησόμενοι ταῖς ἐκ τῶν ἰδίων δαπάναις.

(2) Diodore, XVI, 31; Pausan. X, 2, 1. Les dates et la durée de ces événements ne nous sont connus que d'une manière vague et superficielle par le récit de Diodore.

séquence ils retournèrent dans leurs foyers (354-353 av. J.-C.). Leur négligence donna à Onomarchos le temps de réorganiser ses compatriotes découragés. Convoquant à Delphes une assemblée générale de Phokiens et d'alliés, il les exhorta avec chaleur à persévérer dans les projets de leur dernier général et à venger sa mort. Il rencontra toutefois une opposition assez considérable ; car beaucoup de Phokiens, — qui n'étaient nullement prêts pour la lutte dans laquelle ils se trouvaient actuellement embarqués, et rougissant eux-mêmes de la spoliation du temple, désiraient par quelque arrangement rentrer dans le giron du sentiment religieux hellénique. Onomarchos répondit sans doute, et avec trop de raison, que l'on ne pourrait arriver à la paix qu'à la condition d'une ruine absolue ; et qu'il ne leur restait qu'à maintenir leur position telle qu'elle était, par de nouveaux efforts énergiques. Mais quand même les nécessités du cas eussent été moins impératives, il aurait été en état de triompher de toute opposition faite par ses compatriotes au moyen des nombreux mercenaires étrangers, actuellement en Phokis et présents à l'assemblée sous le nom d'alliés (1). En effet, son ascendant était si irrésistible grâce à cette force considérable à sa solde et sous ses ordres, que Démosthène et Æschine (2) l'appellent (aussi bien que son prédécesseur et son successeur) non pas général, mais despote, des Phokiens. Les soldats n'étaient pas moins désireux qu'Onomarchos de poursuivre la guerre, et d'employer les richesses non encore épuisées du temple de toute manière qui pourrait amener un succès définitif. C'est dans ce sens que décréta l'assemblée, en nommant Onomarchos général avec de pleins pouvoirs pour faire exécuter le décret.

Ses mesures énergiques relevèrent bientôt la cause phokienne. Employant les fonds du temple avec plus de pro-

(1) Diodore, XVI, 32. Οἱ δὲ Φωκεῖς — ἐπανῆλθον εἰς Δελφοὺς καὶ συνελθόντες μετὰ τῶν συμμάχων εἰς κοινὴν ἐκκλησίαν, ἐβουλεύοντο περὶ τοῦ πολέμου.

(2) Æschine, Fals. Leg. p. 286, c. 41. Τῶν ἐν Φωκεῦσι τυράννων, etc. Démosth. cont. Aristokrat. p. 661, s. 147. Φαῦλλος ὁ Φωκεὺς ἤ τις ἄλλος δυναστής, etc.

fusion encore que Philomelos, il appela de nouveaux soldats de tous les côtés, et se trouva après quelque temps à la tête d'une armée plus considérable qu'auparavant. Le temple présentait une foule de dons, non-seulement d'or et d'argent, mais encore d'airain et de fer. Tandis qu'Onomarchos faisait fondre les métaux précieux pour les transformer en monnaie, il transformait en même temps l'airain et le fer en armes(1); de sorte qu'il put équiper à la fois ses propres soldats désarmés dans la récente défaite, et une classe de volontaires plus pauvres que les mercenaires ordinaires qui s'armaient eux-mêmes. Non-seulement il payait des soldats, mais il répandait partout des présents ou dons pour gagner des partisans influents dans les cités favorables à sa cause; probablement dans Athènes et dans Sparte avant toutes les autres. On nous dit que le roi spartiate Archidamos, avec son épouse Deïnicha, était au nombre de ceux qui en reçurent; dans le fait la même participation à la corruption fut imputée, suivant l'assertion des Messêniens animés de sentiments hostiles (2), aux éphores et au sénat spartiates. Même parmi ses ennemis, Onomarchos employa son or avec effet, et parvint ainsi à gagner ou à neutraliser une portion des Thessaliens; entre autres les puissants despotes de Pheræ, que nous voyons plus tard ses alliés. C'est ainsi que le grand trésor de Delphes fut mis à profit de toute manière; et le despote phokien, peu scrupuleux, augmenta encore sa force, en saisissant ceux de ses compatriotes qui s'étaient fait remarquer en faisant de l'opposition à ses vues, en les mettant à mort et en confisquant leurs biens (3).

Grâce à cette combinaison de séduction, de corruption et

---

(1) Diodore, XVI, 33. Les nombreuses broches de fer dédiées par la courtisane Rhodôpis à Delphes peuvent probablement avoir été appliquées à ce dessein militaire. Hérodote (II, 135) les vit à Delphes; du temps de Plutarque, le guide du temple montrait seulement la place où elles se trouvaient autrefois (Plutarque, de Pythiæ oraculis, p. 400.)

(2) Théopompe, Frag. 255, éd. Didot; Pausanias, III, 10, 2; IV, 5, 1. Comme on dit qu'Archidamos fournit en secret quinze talents à Philomelos (Diodore, XVI, 24), il se peut qu'il ait été remboursé sur les trésors du temple.

(3) Diodore, XVI, 33.

de violence poussées à l'excès, le courant de la fortune commença à tourner de nouveau en faveur des Phokiens (354-353 av. J.-C.). Onomarchos se trouva peu après à la tête d'une armée formidable, avec laquelle il partit de Delphes et soumit successivement les Lokriens d'Amphissa, les Lokriens Epiknémidiens et le territoire de la Dôris situé dans le voisinage. Il poussa ses conquêtes même jusqu'à peu de distance des Thermopylæ; il prit Thronion, l'une des villes qui commandaient cet important défilé, et réduisit ses habitants à la servitude. Il est probable qu'il s'empara également de Nikæa et d'Alpônos, — deux autres positions importantes près des Thermopylæ, que nous savons avoir été au pouvoir des Phokiens jusqu'au moment qui précéda immédiatement leur ruine, puisque nous le trouvons dorénavant maître des Thermopylæ et ouvrant promptement ses communications avec la Thessalia (1). Outre cette extension de domination au nord et à l'est de la Phokis, Onomarchos envahit aussi la Bœôtia. Les Thêbains, privés actuellement de leurs alliés septentrionaux, ne l'affrontèrent pas d'abord en rase campagne, de sorte qu'il put s'emparer d'Orchomenos. Mais quand il s'avança pour attaquer Chæroneia, ils firent un puissant effort pour secourir la ville. Ils firent sortir leurs forces et le battirent dans une action assez peu décisive, suffisante toutefois pour le contraindre à retourner en Phokis.

---

(1) Diodore, XVI, 33. Son récit des opérations d'Onomarchos est, comme à l'ordinaire, très-maigre : — Εἰς δὲ τὴν πολεμίαν ἐμβαλὼν, Θρόνιον μὲν ἐκπολιορκήσας ἐξηνδραποδίσατο, Ἀμφισσεῖς δὲ καταπληξάμενος, τὰς δ' ἐν Δωριεῦσι πόλεις πορθήσας, τὴν χώραν αὐτῶν ἐδήωσεν.

Nous savons par Æschine, Fals. Leg. p. 286, c. 41, que Thronion, avec Alpônos et Nikæa, étaient les trois villes qui commandaient le défilé des Thermopylæ, — et qu'elles étaient toutes trois au pouvoir des Phokiens immédiatement avant qu'ils fussent vaincus par Philippe de Macédoine, en 346 avant. J.-C.

..... Πρέσβεις πρὸς ὑμᾶς (les Athéniens) ἦλθον ἐκ Φωκέων, βοηθεῖν αὐτοῖς κελεύοντες, καὶ ἐπαγγελλόμενοι παραδώσειν Ἀλπωνὸν καὶ Θρόνιον καὶ Νίκαιαν, τὰ τῶν παρόδων τῶν εἰς Πύλας χώρια κύρια.

Afin de conquérir Thronion, Onomarchos a dû traverser le pays des Lokriens Épiknémidiens et les réduire; et bien que Diodore ne spécifie pas d'autre ville que Thronion, il semble évident qu'Onomarchos n'a pas pu conquérir Thronion seul.

Il est probable que les Thêbains étaient à ce moment très-pressés par le besoin d'argent et empêchés ainsi d'agir d'une manière efficace contre les Phokiens. Nous savons du moins qu'au milieu de la guerre phokienne, ils louèrent une armée de cinq mille hoplites, commandés par Pammenès, à Artabazos, le satrape phrygien révolté. Là, Pammenês avec ses soldats acquit quelque renom, en remportant sur les Perses deux victoires importantes (1). Les Thêbains, à ce qu'il semblerait, n'ayant ni flotte ni dépendances maritimes, craignaient moins d'offenser le Grand Roi que ne l'avait craint Athènes, quand elle interdit à Charês de prêter assistance à Artabazos et qu'elle acquiesça à la pacification défavorable qui termina la Guerre Sociale. Combien de temps Pammenês et les Thêbains restèrent-ils en Asie, c'est ce qu'on ne nous apprend pas. Mais, malgré les victoires qu'ils remportèrent, Artabazos ne put pas longtemps se maintenir contre les armes persanes. Trois ans plus tard, nous entendons parler de lui et de son frère Memnon, comme chassés d'Asie et comme exilés résidant chez Philippe de Macédoine (2).

Tandis que Pammenês servait sous Artabazos, le général athénien Charês reprenait Sestos dans l'Hellespont, qui paraît s'être révoltée contre Athènes pendant la Guerre Sociale (353 av. J.-C.). Il traita avec rigueur les Sestiens captifs; il mit à mort les hommes en état de servir et vendit les autres comme esclaves (3). Ce fut pour Athènes une importante acquisition, comme condition de sécurité dans la Chersonèse, aussi bien que de prépondérance dans l'Hellespont.

Alarmé des succès de Charês dans l'Hellespont, le prince thrace Kersobleptês noua alors une intrigue avec Pammenês en Asie et avec Philippe de Macédoine (qui était sur la côte de Thrace, attaquant Abdêra et Maroneia), dans le dessein d'arrêter le progrès des armes athéniennes. Philippe

(1) Diodore, XVI, 34.
(2) Diodore, XVI, 52.
(3) Diodore, XVI, 34.

paraît avoir fait un mouvement en avant et avoir menacé les possessions d'Athènes dans la Chersonèse; mais l'accès lui en fut interdit par Amadokos, autre prince de Thrace, maître du territoire intermédiaire, aussi bien que par la présence de Charês avec sa flotte à la hauteur de la côte de Thrace (1). Apollonidês de Kardia fut l'agent de Kersobleptês, qui toutefois, voyant ses plans avorter et intimidé par la présence de Charês, entra en arrangement avec Athènes et lui livra la partie de la Chersonèse qui lui restait encore, à l'exception de Kardia. Les Athéniens envoyèrent en Chersonèse un nouveau détachement de klêruchi ou citoyens domiciliés au dehors, pour lesquels une place considérable a dû être faite aussi bien par la dépopulation de Sestos que par la récente cession de Kersobleptês (2). Ce fut l'année

---

(1) Polyen, IV, 2, 22, semble se rapporter à cette circonstance.

(2) Nous tirons ce qui est avancé ici de la comparaison de deux passages, réunis aussi bien que le comporte l'incertitude de leur sens, Diodore, XVI, 34, avec Démosth. cont. Aristokrat. p. 681, s. 219 (s. 183, dans l'édition de Weber, dont la note doit être consultée). Démosthène dit : Φιλίππου γὰρ εἰς Μαρώνειαν ἐλθόντος ἔπεμψε (Kersobleptês) πρὸς αὐτὸν Ἀπολλωνίδην, πίστεις δοὺς ἐκείνῳ καὶ Παμμένει · καὶ εἰ μὴ κρατῶν τῆς χώρας Ἀμάδοκος ἀπεῖπε Φιλίππῳ μὴ ἐπιβαίνειν, οὐδὲν ἂν ἦν ἐν μέσῳ πολέμειν ἡμᾶς πρὸς Καρδιανοὺς ἤδη καὶ Κερσοβλέπτην. Καὶ ὅτι ταῦτ' ἀληθῆ λέγω, λαβὲ τὴν Χάρητος ἐπιστολήν.

La mention de Pammenês, comme étant à portée de communiquer avec Kersobleptês ; — celle de Charês, comme étant en Chersonèse et envoyant des dépêches à Athènes, — et celle de Philippe, comme étant à Maroneia, — conspirent toutes à rattacher ce passage à l'année 353-352 avant J.-C., et aux faits rapportés à cette année par Diodore, XVI, 34. Il y a un intervalle de cinq ans entre la présence de Charês, à laquelle il est fait allusion ici, et la présence de Charês mentionnée dans le même discours, p. 678, s. 206, immédiatement après l'expédition heureuse en Eubœa de 358 avant J.-C. Pendant ces cinq années, Kersobleptês avait agi d'une manière hostile à l'égard d'Athènes dans le voisinage de la Chersonèse (p. 680, s. 214), et aussi à l'égard des deux princes thraces rivaux, amis d'Athènes. En même temps Sestos s'était révoltée de nouveau, les forces d'Athènes étant engagées dans la Guerre Sociale, de 358 à 355 avant J.-C. En 353 avant J.-C., Charês est dans l'Hellespont; il reprend Sestos et déjoue de nouveau les intrigues de Kersobleptês, qui fait cession à Athènes d'une portion du territoire qu'il occupait encore dans la Chersonèse. Diodore attribue cette cession de Kersobleptês au motif de l'aversion à l'égard de Philippe et de la bonne volonté à l'égard des Athéniens. Il se peut que tels aient été les motifs mis en avant par Kersobleptês, auquel un certain parti à Athènes faisait honneur de dispositions plus favorables que ne lui en reconnaît le discours de Démosthène contre Aristo-

suivante (352 av. J.-C.) que les Athéniens expédièrent aussi une nouvelle fournée de deux mille citoyens comme colons à Samos, ajoutés à ceux qui y avaient été envoyés treize années auparavant (1).

La mention de Philippe comme attaquant Maroneia et menaçant la Chersonèse de Thrace prouve l'activité infatigable de ce prince et l'agrandissement constant de sa puissance (353-352 av. J.-C.). En 358 avant J.-C., il avait pris Amphipolis; avant 355 avant J.-C., il s'était emparé de Pydna et de Potidæa, avait fondé la ville nouvelle de Philippi et ouvert pour lui-même la ressource de la région aurifère adjacente; il avait établi des relations avec la Thessalia, en secourant la grande famille des Aleuadæ, à Larissa, dans ses luttes contre Lykophrôn et Peitholaos, despotes de Pheræ (2); il avait en outre châtié de nouveau les tribus intérieures limitrophes de la Macédoine, Thraces, Pæoniens et Illyriens, qui n'étaient jamais longtemps tranquilles et qui s'étaient coalisées pour reconquérir leur indépendance (3). Il paraît que ce fut en 354-353 avant J.-C. qu'il attaqua Methônê, la dernière possession qui restât à Athènes sur la côte macédonienne. Située sur le golfe Thermaïque, Methônê était sans doute une station commode, qui pouvait servir à des pirates athéniens pour intercepter les bâtiments de commerce, non-seulement ceux qui entraient dans les ports macédoniens et qui en sortaient, mais encore ceux qui venaient d'Olynthos et de Potidæa, de sorte que les Olynthiens, en ce moment alliés de Philippe contre Athènes,

---

kratês, — comme nous pouvons le voir par le discours lui-même. — Mais je crois plutôt que Diodore, en représentant Kersobleptês comme hostile à Philippe, et comme bien disposé pour Athènes, a appliqué à l'année 353 avant J.-C. un état de relations qui n'est devenu vrai qu'à une date postérieure, plus rapprochée du temps où la paix fut faite entre Philippe et les Athéniens en 346 avant J.-C.

(1) Denys d'Halikarn. Judic. de Dinarcho, p. 664; Strabon, XIV, p. 638.

(2) Diodore, XVI, 14. Ce passage se rapporte à l'année 357-356 avant J.-C., et il se peut que Philippe ait commencé à se mêler des disputes de parti en Thessalia, même dès cette année-là; mais son intervention réelle commence deux ou trois ans plus tard. V. l'ordre général des agressions de Philippe indiqué par Démosthène, Olynth. I, p. 12, s. 13.

(3) Diodore, XVI, 22.

durent la voir avec plaisir passer en son pouvoir, et il se peut qu'ils lui aient prêté leur aide. Il poussa le siége de la place avec sa vigueur habituelle, employant tous les engins et tous les moyens d'assaut alors connus, tandis que les assiégés, de leur côté, n'étaient pas moins opiniâtres à se défendre. Ils repoussèrent ses attaques pendant si longtemps que la nouvelle du danger de la place parvint à Athènes, et il y eût eu tout le temps nécessaire pour envoyer des secours, si les Athéniens eussent été prêts et énergiques dans leurs mouvements. Mais par malheur ils n'avaient pas même gagné d'expérience à la perte de Pydna et de Potidæa. Les vents étésiens habituels en été ou les tempêtes de l'hiver, deux circonstances dont Philippe profita pour fixer l'époque de ses entreprises (1), — ou bien (ce qui est plus probable) l'aversion de citoyens respectables athéniens pour un service personnel à bord et leur répugnance même pour un payement pécuniaire, — causèrent tant de retard dans les préparatifs, que l'expédition envoyée arriva trop tard à Methônê (2). Les Méthonæens, après avoir vaillamment résisté, jusqu'à ce que tous leurs moyens fussent épuisés, furent à la fin forcés de se rendre. Diodore nous dit que Philippe leur accorda des conditions assez douces pour leur permettre de partir avec leurs vêtements sur leurs dos (3). Mais cela ne

---

(1) V. un passage frappant dans Démosth. Philipp. I, p. 48, s. 35. Il y avait une autre ville appelée Methônê, — la Methônê de Thrace, — située dans la péninsule Chalkidique ou de Thrace, près d'Olynthos et d'Apollonia, — dont nous entendrons parler bientôt.

(2) Démosth. Philipp. I, p. 50, s. 40; Olynth. I, p. 11, s. 9.

(3) Diodore (XVI, 31-34) mentionne la prise de Methônê par Philippe deux fois, dans deux années successives; d'abord en 354-353 avant J.-C., et, avec plus de détails, en 353-352 avant J.-C. Selon moi, la première de ces deux dates est la plus probable. En 353-352 avant J.-C., Philippe faisait sa guerre en Thrace, près d'Abdêra et de Maroneia, — et aussi sa guerre contre Onomarchos, en Thessalia : affaires qui semblent suffisantes pour remplir ce temps. D'après ce que dit Démosthène (Olynth. I, p. 12, s. 13), nous voyons que Philippe n'attaqua la Thessalia qu'après la prise de Methônê. Diodore aussi bien que Strabon (VII, p. 330) et Justin (VII, 6) disent que Philippe fut blessé et perdit un œil à ce siége. Mais cela semble être arrivé plus tard, près de Methônê, en Thrace.

Cf. Justin, VII, 6; Polyen, IV, 2, 15. A la date de l'année 354-353 avant J.-C., Diodore mentionne non-seulement la prise de Methônê par Philippe, mais encore celle de *Pagæ*. Παγὰς δὲ

peut guère être exact, puisque nous savons qu'il y avait parmi eux des Athéniens qui furent vendus comme esclaves, et que Démosthène racheta de ses propres deniers (1).

Étant actuellement maître du dernier port que possédait Athènes dans le golfe Thermaïque, — acquisition d'une grande importance, — port qui n'avait jamais été possédé auparavant par les rois macédoniens (2), — Philippe put étendre ses opérations militaires jusqu'au voisinage de la Chersonèse de Thrace d'un côté, et à celui des Thermopylæ de l'autre (353-352 av. J.-C.). Nous avons déjà dit comment il traita la Chersonèse; et sa campagne en Thessalia fut plus importante encore. Ce pays était, comme d'ordinaire, déchiré par des disputes intestines. Lykophrôn, le despote de Pheræ, possédait le plus grand empire; tandis que les Aleuadæ de Larissa, trop faibles pour lutter contre lui avec toutes leurs forces, demandèrent de l'aide à Philippe, qui entra en Thessalia avec une puissante armée. Un pareil renfort changea si complétement la balance de la puissance thessalienne, que Lykophrôn à son tour fut forcé de solliciter l'appui d'Onomarchos et des Phokiens.

Les Phokiens étaient si forts à ce moment, qu'ils pouvaient tenir avantageusement tête aux Thêbains avec leurs autres voisins hostiles, et qu'ils avaient des moyens en réserve pour combattre Philippe en Thessalia. Comme leurs forces consistaient en un corps considérable de mercenaires, qu'ils étaient forcés pour leur sécurité de garder à leur solde, — les tenir

---

χειρωσάμενος, ἠνάγκασεν ὑποταγῆναι. *Pagæ* est inconnue, en quelque endroit que ce soit près de la Macédoine et de la Thessalia. Wesseling et M. Clinton supposent qu'il est question de *Pagasæ* en Thessalia. Mais il me semble impossible que Philippe, qui n'avait pas une puissance considérable sur mer, ait pu prendre Pagasæ avant ses guerres en Thessalia, et avant qu'il fût devenu maître de Pheræ, événements qui n'arrivèrent qu'une année ou deux plus tard. Pagasæ est le port de Pheræ, et Lykophrôn, le despote de Pheræ, était encore puissant et non vaincu. Si donc le mot que voulait mettre Diodore est Παγασὰς au lieu de Παγὰς, je pense que le fait affirmé ne peut être exact.

(1) Ce fait est mentionné dans le vote public de reconnaissance rendu par les Athéniens en faveur de Démosthène (Plutarque, Vitæ X. Orator. p. 851).

(2) Thucyd. VI, 7. Μεθώνην τὴν ὅμορον Μακεδονίᾳ, etc.

occupés au delà de la frontière était un point assez désirable. Aussi s'engagèrent-ils avec empressement dans la campagne thessalienne. A ce moment ils comptaient, dans le recensement comparatif des forces helléniques, comme un article d'une grandeur de premier ordre. Ils étaient salués tant par les Athéniens que par les Spartiates comme l'ennemi et le contre-poids naturel de Thêbes, également odieuse aux uns et aux autres. Tandis que les Phokiens conservaient leur puissance actuelle, Athènes pouvait s'occuper de sa politique étrangère au dehors, et Sparte de ses desseins dans le Péloponèse, avec moins de crainte d'être contrecarrées par Thêbes. Athènes et Sparte avaient d'abord soutenu toutes deux les Phokiens contre une injuste persécution de Thêbes et un abus de la juridiction amphiktyonique, avant que la spoliation du temple de Delphes eût été consommée ou même prévue. Et bien que, quand cette spoliation arriva réellement, elle fût sans doute vue avec réprobation parmi les Athéniens, accoutumés à une liberté illimitée de discussion publique, — aussi bien qu'à Sparte, autant qu'elle vint à être connue au milieu du mystère habituel des affaires publiques, — néanmoins les intérêts politiques l'emportèrent au point que les Phokiens (peut-être en partie grâce à la corruption) furent encore soutenus, bien que peu aidés, comme d'utiles rivaux de Thêbes (1). Réprimer « l'insolence Leuktrique des Thêbains (2) » et voir les villes bœôtiennes d'Orchomenos, de Thespiæ, de Platée, rendues à leur première autonomie, c'était là un objet de désir suprême pour chacun des deux anciens chefs de la Grèce. C'était jusque-là qu'Athènes et Sparte sentaient à l'unisson. Mais Sparte nourrissait un

---

(1) C'est ainsi que le sentiment athénien, tel qu'il était alors, fut décrit par Démosthène vingt-quatre ans plus tard dans le discours De Coronâ, p. 230, s. 21.

Τοῦ γὰρ Φωκικοῦ συστάντος πολέμου, πρῶτον μὲν ὑμεῖς οὕτω διέκεισθε, ὥστε Φωκέας μὲν βούλεσθαι σωθῆναι, καίπερ οὐ δίκαια ποιοῦντας ὁρῶντες, Θηβαίοις δ' ὁτιοῦν ἂν ἐφησθῆναι παθοῦσιν, οὐκ ἀλόγως οὐδ' ἀδίκως αὐτοῖς ὀργιζόμενοι, etc.

(2) Diodore, XVI, 58. Βουλόμενος τὰ Λευκτρικὰ φρονήματα συστεῖλαι τῶν Βοιωτῶν, etc., expression employée par rapport à Philippe quelques années plus tard, mais plus animée et plus expressive que nous n'en trouvons habituellement dans Diodore, qui, peut-être, l'emprunta à Théopompe.

autre espoir, — auquel Athènes ne s'associait en aucune sorte; — elle songeait à profiter des embarras de Thêbes pour renverser Megalopolis et Messênê et recouvrer sa domination d'autrefois dans le Péloponèse. Ces deux nouvelles cités péloponésiennes, élevées par Epaminondas sur la frontière de la Laconie, avaient été jusque-là soutenues contre Sparte par la certitude d'une intervention thêbaine, si elles étaient menacées. Mais Thêbes semblait si peu en état d'intervenir, pendant qu'Onomarchos et les Phokiens étaient triomphants en 353-352 avant J.-C., que les Mégalopolitains dépêchèrent à Athènes des ambassadeurs chargés de solliciter protection et alliance, tandis que les Spartiates, de leur côté, envoyèrent s'opposer à la demande.

C'est à l'occasion des débats politiques à Athènes pendant les années 354 et 353 avant J.-C. que nous voyons paraître pour la première fois l'Athénien Démosthène, comme conseiller de ses compatriotes dans l'assemblée publique. Son premier discours de conseil public fut prononcé en 354-353 avant J.-C., à propos de la crainte d'une guerre prochaine avec la Perse; son second, en 353-352, fut destiné à signaler la politique qu'il était convenable qu'Athènes suivît par rapport aux ambassadeurs spartiates et mégalopolitains.

Quelques mots doivent être dits ici au sujet de cet homme éminent, qui forme le principal ornement du monde hellénique sur son déclin. Il avait plus de vingt-sept ans, étant né, suivant ce qui semble le plus probable parmi des rapports contradictoires, en 382-381 avant J.-C. (1). Son père,

(1) L'année de la naissance de Démosthène est une question de controverse notoire. Aucune des assertions à ce sujet ne repose sur une preuve complétement convaincante.

La question a été examinée avec beaucoup de talent et de soin tant par M. Clinton (Fasti Hellenici, Append. XX) que par le Dr Thirlwall (Hist. Gr. vol. V, App. I, p. 485 *seq.*); par Boehnecke (Forschungen, p. 1-94) avec plus d'abondance que de circonspection, mais encore avec beaucoup de savoir; et par K.-F. Hermann (De Anno natali Demosthenis) ainsi que par beaucoup d'autres critiques.

En adoptant l'année olymp. 99, 3 (l'archontat d'Evandros, 382-381 av. J.-C.), je suis d'accord avec la conclusion de M. Clinton et de K.-F. Hermann; en différant du docteur Thirlwall, qui préfère l'année précédente (Olymp. 99, 2) — et de Boehnecke, qui défend l'année affirmée par Denys (Olymp. 99, 4).

M. Clinton fixe le *premier mois* de

nommé aussi Démosthène, était un citoyen jouissant de biens considérables et d'une réputation si inattaquable que même Æschine ne dit rien contre lui; sa mère Kleoboulê était une des deux filles et co-héritières d'un citoyen nommé Gylôn (1) exilé athénien, qui, après s'être enrichi comme

---

l'Olymp. 99, 3, comme celui dans lequel était né Démosthène. Cela me paraît une précision plus grande que ne l'autorisent ses preuves.

(1) Plutarque, Démosth. c. 4; Æschine adv. Ktesiph. p. 78, c. 57; Démosth. cont. Aphob. B. p. 835. Suivant Æschine, Gylôn fut mis en jugement pour avoir livré Nymphæon à l'ennemi; mais comme il ne se présenta pas, il fut condamné à mort par défaut et resta en exil. Il gagna alors le Bosphore (Pantikapæon), obtint la faveur du roi (probablement Satyros, — V. l'Appendice de M. Clinton sur les Rois du Bosphore — Fasti Hellenic. Append. XIII, p. 282), avec le don d'un district appelé Kepi, et il y épousa la fille d'un homme riche, de laquelle il eut deux filles. Dans la suite, il envoya ces deux filles à Athènes, où l'une d'elles, Kleoboulê, fut épousée par le premier Démosthène. Æschine a probablement exagéré la gravité de la sentence contre Gylôn, qui semble avoir été condamné seulement à une amende. Les tuteurs de Démosthène n'en affirment pas davantage, et ils disent qu'il mourut sans que l'amende eût été payée, tandis que Démosthène assure qu'elle le *fut*.

Au sujet des faits avancés ici par Æschine, quelques remarques explicatives ne seront pas inutiles. Démosthène étant né en 382-381 avant J.-C., cela ferait probablement remonter la naissance de sa mère Kleoboulê à quelque époque voisine de la fin de la guerre du Péloponèse, 405-404 avant J.-C. Nous voyons par conséquent que l'établissement de Gylôn dans le royaume du Bosphore et la relation nuptiale qu'il y forma ont dû se faire pendant les dernières années de la guerre du Péloponèse, entre 412 avant J.-C. (l'année qui suit la catastrophe athénienne à Syracuse) et 405 avant J.-C.

Ce furent des années de grands malheurs pour Athènes. Après le désastre essuyé à Syracuse, elle ne put plus maintenir son ascendant sur un tributaire éloigné comme Nymphæon dans la Chersonèse Taurique, ni lui accorder protection. Il était donc naturel que les citoyens athéniens qui y étaient établis, engagés probablement dans le commerce d'exportation du blé pour Athènes, cherchassent une garantie en s'arrangeant de leur mieux avec les rois voisins du Bosphore. Dans cette affaire, Gylôn semble avoir tenu une place éminente et avoir gagné pour lui-même et faveur et profit. Et quand, après la fin de la guerre, le commerce de blé redevint comparativement libre, il était en situation de le faire sur une échelle large et lucrative. Un autre exemple de Grecs qui obtinrent de la faveur, occupèrent des charges et firent fortune sous Satyros, dans le Bosphore, est donné dans le Discours (XVII) Trapézitique d'Isokrate, s. 3, 14. Cf. aussi le cas de Mantitheus l'Athénien (Lysias, pro Mantitheo, Or. XVI, s. 4), que son père envoya résider auprès de Satyros pendant quelque temps, avant la fin de la guerre du Péloponèse; ce qui montre que Satyros était à cette époque, à laquelle il avait probablement Nymphæon sous sa protection, en relations amicales avec Athènes.

L'on peut supposer, je crois, que la

propriétaire foncier et comme faisant le commerce d'exportation de blé dans le Bosphore, envoya ses deux filles à Athènes, où, possédant de belles dots, elles épousèrent deux citoyens athéniens, — Democharês et le premier Dèmosthène. Ce dernier était un homme qui avait une fortune considérable, et dirigeait deux manufactures distinctes : l'une d'épées ou de couteaux, employant trente-deux esclaves, — l'autre, de couches ou de lits, en employant vingt. Dans la nouvelle liste de citoyens et de propriétés imposables, introduite pendant l'archontat de Nausinikos (378 av. J.-C.), le premier Démosthène était inscrit parmi la classe la plus riche, les chefs des Symmories. Mais il mourut vers 375 avant J.-C., laissant son fils Démosthène âgé de sept ans, avec une fille plus jeune âgée de cinq ans environ. Le fils et son patrimoine considérable furent confiés aux soins de trois tuteurs nommés dans le testament de son père. Bien que le père, pour s'assurer la fidélité de ces tuteurs, leur eût laissé des legs importants, au détriment de son propre fils, et que tous trois fussent des hommes riches aussi bien qu'alliés par la parenté et amis, — cependant ils administrèrent les biens avec tant de négligence et de malhonnêteté, qu'il ne resta qu'une somme comparativement petite, quand ils eurent à rendre leurs comptes de tutelle. À seize ans révolus, Démosthène atteignit sa majorité civile, et fut autorisé par la loi athénienne à administrer ses biens. Pendant sa minorité, ses tuteurs avaient continué à l'inscrire dans la classe la plus riche (comme son père l'avait été auparavant), et à payer le taux accru de taxation directe imposé sur cette classe ; mais la somme réelle qui lui fut remise par ses tuteurs était trop faible pour justifier cette position. Bien que son père en mourant possédât quatorze talents, — qui durent être diminués par les sommes laissées comme legs, mais qui auraient dû augmenter dans une plus grande proportion par l'intérêt des biens pendant les dix années de

femme qu'épousa Gylôn, bien qu'Æschine l'appelle une femme scythe, était probablement fille de quelque Grec (non pas un Athénien) demeurant dans le Bosphore.

minorité, s'ils avaient été convenablement administrés, — la somme payée au jeune Démosthène à sa majorité fut au-dessous de deux talents, tandis que les tuteurs non-seulement rendirent des comptes malhonnêtes, mais encore déclarèrent ne pas pouvoir produire de testament du père. Après des plaintes et des remontrances répétées, il intenta un procès à l'un d'eux, — Aphobos, et obtint un verdict qui portait les dommages et intérêts à la somme de dix talents. Toutefois le débiteur esquiva encore le payement. Il reste cinq discours prononcés par Démosthène, trois contre Aphobos, deux contre Onêtor, beau-frère d'Aphobos. A la date du dernier discours, Démosthène n'avait encore rien reçu, et nous ne savons pas combien il finit par réaliser, bien qu'il semble que les difficultés semées sur ses pas furent telles qu'elles le forcèrent à renoncer à la plus grande partie de sa réclamation. Et il n'est pas certain qu'il ait intenté jamais les actions, dont il parle comme destinées à l'être, contre les deux autres tuteurs Demophôn et Therippidès (1).

Démosthène reçut pendant sa jeunesse les leçons de grammaire et de rhétorique que recevait ordinairement un Athénien riche. Même comme enfant, il manifesta, dit-on, un goût et un intérêt extraordinaires pour les exercices de rhétorique. Par d'instantes prières, il décida ses tuteurs à le mener entendre Kallistratos, l'un des plus habiles orateurs d'Athènes, qui prononçait une harangue dans le dikasterion sur la question d'Orôpos (2). Cette harangue, en produisant

---

(1) Démosth. cont. Onetor. II, p. 880. Κεκομισμένον μηδ' ὁτιοῦν, καὶ ταῦτ' ἐθέλοντα ποιεῖν ὑμῖν αὐτοῖς, εἴ τι τῶν δεόντων ἐβούλεσθε πράττειν.

Qu'il ait fini par avoir beaucoup moins que ce à quoi il avait droit, c'est ce que prouve sa propre assertion dans le discours contre Meidias, p. 540.

V. Westermann, De Litibus quas Demosthenes oravit ipse, c. I, p. 15, 16.

Plutarque (Vit. X. Orat. p. 844) dit qu'il s'abstint volontairement de faire exécuter le jugement obtenu. Je ne comprends pas clairement ce que veut dire Æschine (cont. Ktesiph. p. 78), quand il désigne Démosthène comme τὰ πατρῷα καταγελάστως προέμενος.

(2) Plutarque, Démosth. c. 5; Vit. X. Orator. p. 844; Hermippus ap. Aul. Gell. III, 13. On ne peut rien établir de positif au sujet de ce fameux procès, ni la date, ni le point exact en question, ni la manière dont Kallistratos y était intéressé, — ni quels étaient ses adversaires. On a proposé bien des

une profonde impression sur Démosthène, stimula son amour pour l'étude de la rhétorique. Sa passion fut encore plus excitée lorsque, en atteignant sa majorité, il se trouva dépouillé de la plus grande partie de son patrimoine, et forcé de réclamer ses droits au moyen d'un procès intenté à ses tuteurs. Etant obligé, suivant la coutume athénienne, de plaider lui-même sa cause, il fut à même de sentir vivement la condition désespérée d'un orateur incapable, et la nécessité d'acquérir le talent oratoire, non pas simplement comme un instrument d'ambition, mais même comme un moyen de défense et de sûreté individuelles (1). Il paraît aussi qu'il eut, dès son enfance, un tempérament maladif et une faible constitution musculaire; de sorte que, en partie par son propre éloignement, en partie par la sollicitude de sa mère, il prit peu de part, soit comme enfant soit comme jeune homme, aux exercices de la palestre. Ses vêtements délicats, et ses habitudes quelque peu efféminées lui valurent, étant enfant, le sobriquet de Batalos, qu'il conserva pendant la plus grande partie de sa vie, et que ses ennemis s'efforçaient de rattacher à des imputations dégradantes (2). Cette inca-

---

conjectures, qui diffèrent essentiellement entre elles, et sont toutes incertaines.

Ces conjectures sont réunies et examinées dans Rehdantz, Vitæ Iphicratis, Chabriæ et Timothei, p. 111-114.

Au mois de novembre 361 avant J.-C., Kallistratos était en exil à Methônê dans le golfe Thermaïque. Il avait été condamné deux fois à mort par les Athéniens (Demosth. cont. Polykl. p. 1221). Mais quand ces condamnations furent-elles prononcées, c'est ce que nous ignorons.

(1) Plutarque, Démosth. c. 4. Cette idée de la nécessité de posséder le talent de parler en public est émise par Kalliklês dans le Gorgias de Platon, p. 486, 511, c. 90, 142. Τὴν ῥητορικὴν τὴν ἐν τοῖς δικαστηρίοις διασώζουσαν, etc. Cf. Aristote, Rhétorique, I, 1. 3. Ἄτοπον, εἰ τῷ σώματι μὲν αἰσχρὸν μὴ δύνασθαι βοηθεῖν ἑαυτῷ, λόγῳ δὲ, οὐκ αἰσχρόν · ὃ μᾶλλον ἴδιόν ἐστιν ἀνθρώπου τῆς τοῦ σώματος χρείας.

La comparaison d'Aristote est instructive quant au point de vue d'un Grec libre. « S'il est honteux de ne pouvoir se protéger par sa force corporelle, il l'est également de ne pouvoir le faire par le talent de parler, qui est plus particulièrement le privilége de l'homme. » V. aussi Tacite, Dialog. de Orator. c. 5.

(2) Plutarque, Démosth. c. 4; Æschine cont. Timarch. p. 17, 18, c. 27, avec les Scholies; De Fals. Leg. p. 41, c. 31. Εἰ γάρ τις σοῦ τὰ κομψὰ ταῦτα χλανίσκια περικλώμενος καὶ τοὺς μαλακοὺς χιτωνίσκους, ἐν οἷς τοὺς κατὰ τῶν φίλων λόγους γράφεις, περιενέγκας, δοίη εἰς τὰς χεῖρας τῶν δικαστῶν, οἶμαι ἂν αὐτοὺς, εἴ τις μὴ προειπὼν ταῦτα ποιήσειεν, ἀπορήσειν εἴτε γυναικὸς εἴτε ἀν-

pacité physique relative contribua probablement à augmenter sa soif d'acquérir les talents de l'esprit et les ressources de la rhétorique, comme la seule voie conduisant à la célébrité qui lui fût ouverte. Mais en même temps elle le mit hors d'état de s'approprier tout le cercle d'une éducation grecque compréhensive, telle que la concevaient Platon, Isokrate et Aristote; éducation s'appliquant également à la pensée, à la parole et à l'action, — combinant la force corporelle, la patience et l'intrépidité, avec une vaste capacité intellectuelle et le talent de la faire sentir par la parole. La disproportion entre l'énergie physique et la force d'esprit dans Démosthène, commençant dès son enfance, est rappelée et déplorée dans l'inscription placée sur sa statue après sa mort (1).

Comme jeune homme à l'âge de dix-huit ans, Démosthène se trouvait dans une position de famille connue et considérée à Athènes, étant rangé dans la classe des citoyens les plus riches et soumis à l'obligation de remplir les liturgies et la triérarchie comme son père l'avait été avant lui (2); toutefois avec une fortune réelle très-insuffisante pour la dépense qu'on attendait de lui, — engagé dans un procès judiciaire contre des tuteurs riches et peu scrupuleux, — et exposé à l'aversion et aux persécutions d'autres hommes riches, tels que Meidias et son frère Thrasylochos (3), amis de ces tu-

---

ῥρὸς εἰλήφασιν ἐσθῆτα. Cf. Æsch. Fals. Leg. p. 45.

Le fondement du sobriquet de *Batalos* n'est pas clair, et était compris différemment par différentes personnes; cf. aussi Libanius, Vita Demosth. p. 294, ap. Westermann, Scriptores Biographici. Mais ce ne peut guère avoir été un fondement très-déshonorant, puisque Démosthène se donne lui-même ce nom, De Coronâ, p. 289.

(1) Plutarque, Démosth. c. 30.

Εἴπερ ἴσην ῥώμην γνώμῃ, Δημόσθενες, εἶχες,
Οὔποτ' ἂν Ἑλλήνων ἦρξεν Ἄρης Μακεδών.

(2) Position de Démosthène, πατὴρ τριηραρχικὸς — χρυσέα κρηπὶς, κατὰ Πίνδαρον, etc. (Lucien, Encomium Demosth. vol. III, p. 499, éd. Reitz.).

(3) V. le récit fait par Démosthène (cont. Meidiam, p. 539, 540), de la manière dont Meidias et Thrasylochos commencèrent d'abord à le persécuter, tandis que le procès contre ses tuteurs était en train. Ceux-ci essayèrent de se débarrasser du procès en engageant Thrasylochos à lui imposer un échange de fortune (antidosis) offerte par Thrasylochos, qui venait d'être proposé pour une triérarchie. Si l'échange avait été effectué, Thrasylochos aurait donné

teurs. Sa position de famille lui fournit une bonne introduction aux affaires publiques, pour lesquelles il se mit à s'exercer soigneusement; d'abord, en écrivant des discours pour d'autres, ensuite en en prononçant en son propre nom. Platon et Isokrate étaient tous deux à ce moment en pleine célébrité; des disciples venaient à eux de toutes les parties de la Grèce; Isée également, qui avait étudié sous Isokrate, jouissait d'une grande réputation comme composant des harangues judiciaires pour des demandeurs ou des défendeurs dans des causes civiles. Démosthène se fit l'élève d'Isée (qui l'aida, dit-on, dans la composition des discours contre ses tuteurs), et il profita aussi largement des entretiens de Platon, d'Isokrate, et d'autres. En qualité d'aspirant plein d'ardeur il cherchait l'instruction à la plupart des meilleures sources, théoriques aussi bien que pratiques, — écrivains aussi bien que professeurs (1). Mais, outre les maîtres vivants, il y en eut un de la dernière génération qui contribua dans une large mesure à son perfectionnement. Il étudia Thucydide avec un soin et une attention infatigables; suivant un récit, il copia toute son Histoire huit fois en entier de sa propre main; suivant un autre, il l'apprit entière par cœur, de manière à pouvoir la récrire de mémoire si le manuscrit était détruit accidentellement. Sans faire une critique minutieuse de ces détails, nous reconnaissons du moins que Thucydide fut l'objet de son étude et de son imitation particulières. Combien la lecture de Thucydide contribua à façonner la composition de Démosthène, — qui reproduit la phraséologie hardie, majestueuse et frappante, tout en évitant l'excès de concision et les inversions de ce grand historien, et qui s'applique à y joindre une clarté et une grâce non inférieures à Lysias, — c'est ce qu'on peut voir expliqué dans la critique élaborée du rhéteur Denys (2).

---

décharge aux tuteurs. Démosthène ne put l'éviter qu'en consentant à se charger des frais de la triérarchie, — vingt mines.

(1) Non-seulement Démosthène étudia attentivement les dialogues de Platon, mais encore il entendit ses discours (Cicéron, Brutus, 31, 121; Orator. 4, 15; Plutarque, Vit. X. Orator. p. 844). Tacite, Dialog. de Orator. c. 32.

(2) Denys d'Halikarn. De Thucy-

Tandis qu'il se formait ainsi un style hardi et original, Démosthène eut à surmonter des difficultés encore plus grandes par rapport aux qualités extérieures exigées dans un orateur. Il n'avait pas reçu de la nature, comme Æschine, le don d'une voix magnifique, ni, comme Démade, celui d'une improvisation véhémente coulant à flots. Il avait besoin de réunir ses pensées par une préparation soigneuse; il avait une voix mauvaise et même il bégayait, — sa respiration était courte, — son geste disgracieux; en outre, il était effrayé et embarrassé par les manifestations de la multitude. Ces obstacles naturels ainsi accumulés égalaient au moins ceux dont se plaint Isokrate, comme l'ayant empêché toute sa vie de parler à l'assemblée publique, et restreint à un auditoire choisi d'amis ou de disciples. L'énergie et le succès avec lesquels Démosthène triompha de ses défauts, de manière à satisfaire une assemblée de bons juges comme l'assemblée athénienne, est une des circonstances les plus mémorables dans l'histoire générale de l'éducation personnelle. Des humiliations et des échecs répétés ne firent que le stimuler à faire de nouveaux efforts solitaires pour se perfectionner. Il corrigea son élocution défectueuse en parlant avec des cailloux dans la bouche; il se prépara à surmonter le bruit de l'assemblée en déclamant pendant un temps orageux sur le rivage de la mer à Phalêron; il ouvrit ses poumons en courant, et augmenta sa faculté de retenir sa respiration en prononçant des phrases tout en gravissant une colline; il passa, à plusieurs reprises, deux ou trois mois sans interruption dans une chambre souterraine, s'exerçant nuit et jour à composer ou à déclamer, et se rasant une moitié de la tête afin de se mettre dans l'impossibilité de sortir. Après plusieurs tentatives faites sans succès devant l'assemblée, son courage était sur le point de céder, quand Eunomos et d'autres citoyens âgés le rassurèrent en comparant ses discours, pour le fond, à ceux de Periklês, et en l'exhortant à persévérer un peu plus longtemps dans

---

dide Judicium, p. 944; De Admirabile Vi dicendi Demosthenis, p. 982, 983.

ses efforts pour corriger ses défauts extérieurs. Dans une autre occasion, il exprimait son désappointement à Satyros l'acteur, qui entreprit de lui en expliquer la cause, et le pria de répéter à sa manière un discours tiré de Sophokle, que lui (Satyros) se mit à répéter après lui, avec l'accent et le débit convenables. Démosthène, profondément frappé de la différence, recommença la tâche de se perfectionner, probablement en prenant de constantes leçons auprès de bons modèles. Dans cette incessante pratique privée, il se consacra surtout à acquérir une action gracieuse, en veillant sur tous ses mouvements pendant qu'il déclamait devant un grand miroir (1). Après des efforts opiniâtres pendant plusieurs années, il fut enfin récompensé par un succès complet. Son débit devint plein de décision et de véhémence, extrêmement populaire auprès de la masse générale de l'assemblée, bien que quelques critiques blâmassent sa déclamation comme artificielle, peu naturelle et d'un effet théâtral de mauvais aloi, tandis que d'autres, dans le même esprit, condamnaient ses discours comme travaillés à l'excès et sentant l'huile (2).

---

(1) Ces détails et d'autres sont donnés dans la Vie de Démosthène de Plutarque, c. 4, 9. Ils reposent sur un bon témoignage, car il cite Démétrius de Phalère, qui les apprit de Démosthène lui-même dans les dernières années de sa vie. On montrait à Athènes même, du temps de Plutarque, la chambre souterraine où Démosthène s'exerçait.

Cicéron (qui s'en réfère également à Démétrius de Phalère), De Divinat. II, 46, 96, Libanius, Zosime et Photius donnent en général les mêmes renseignements, avec quelques changements.

(2) Plutarque, Démosth. c. 9. Ἐπεὶ τόλμαν γε καὶ θάρσος οἱ λεχθέντες ὑπ' αὐτοῦ λόγοι τῶν γραφέντων μᾶλλον εἶχον· εἴ τι δεῖ πιστεύειν Ἐρατοσθένει καὶ Δημητρίῳ τῷ Φαληρεῖ καὶ τοῖς κωμικοῖς. Ὧν Ἐρατοσθένης μέν φησιν αὐτὸν ἐν τοῖς λόγοις πολλαχοῦ γεγονέναι παράβακχον, ὁ δὲ Φαληρεὺς τὸν ἔμμετρον ἐκεῖνον ὅρκον ὀμόσαι ποτε πρὸς τὸν δῆμον ὥσπερ ἐνθουσιῶντα. Et c. 11. Τοῖς μὲν οὖν πολλοῖς ὑποκρινόμενος ἤρεσκε θαυμαστῶς, οἱ δὲ χαρίεντες ταπεινὸν ἡγοῦντο καὶ ἀγεννὲς αὐτοῦ τὸ πλάσμα καὶ μαλακὸν, ὧν καὶ Δημήτριος ὁ Φαληρεύς ἐστιν.

Cette phrase est expliquée par un passage de Quintilien, I, 8, 2. « Sit autem in primis lectio virilis, et cum suavitate quadam gravis : et non quidem prosæ similis — quia carmen est, et se poetæ canere testantur — non tamen in canticum dissoluta, nec *plasmate* (ut nunc a plerisque fit) effemina. »

Le sens de *plasma*, dans le langage technique des rhéteurs contemporains de Quintilien, semble différent de celui qu'il a dans Denys, p. 1060-1061

L'importance que Démosthène lui-même attribuait à ces moyens extérieurs d'effet était si grande qu'il déclara, dit-on, que « l'Action » était la première, la seconde et la troisième qualité nécessaire à un orateur. Si nous admettons que cette appréciation soit exacte, par rapport à des auditeurs véritables, — nous devons nous rappeler que ses discours sont (non moins vraiment que l'histoire de Thucydide) « une possession perpétuelle plutôt qu'une parade pour un effet momentané. » Même parmi ses contemporains, l'effet de ces discours, lus séparément de l'orateur, était très-puissant. Il y en avait quelques-uns qui pensaient que toute leur excellence ne pouvait être appréciée que de cette manière (1), tandis que pour les siècles postérieurs, qui ne les connaissent que par la lecture, ils ont été et ils sont encore l'objet d'une admiration qui atteint son plus haut point dans l'enthousiasme du fastidieux rhéteur Denys (2). L'action de Démosthène, — quelque parfaite qu'elle fût sans doute, et quelque prix qu'il ait pu y attacher lui-même comme à une qualité si laborieusement acquise, — ne produisait d'effet que conjointement avec le fond même de Démosthène, avec ses pensées, ses sentiments, ses expressions, et sutout avec sa sagacité à apprécier la situation actuelle et à donner les conseils appropriés. Sa sagesse politique et son « *idéal* » patriotique élevé sont, en vérité, tout aussi remarquables que son éloquence. Par quels exercices

---

Mais que Plutarque nous ait exactement reproduit ce que Démétrius de Phalère disait de Démosthène, — que Démétrius ait parlé de la déclamation de Démosthène comme étant *basse* et *vulgaire*, — c'est ce dont je ne puis m'empêcher de douter. Eschine lui adresse des reproches très-différents, — un travail et une affectation exagérés, mais combinés avec de l'amertume et de la malignité (adv. Ktesiph. p. 77-86). Il dénonce le caractère de Démosthène comme *bas* et *vulgaire*, — mais non son débit oratoire. L'expression ὥσπερ ἐνθουσιῶν, que Plutarque cite de Démétrius de Phalère, ne s'accorde guère bien avec ταπεινὸν καὶ ἀγεννές.

(1) Plutarque, Démosth. c. 11. Αἰσίωνα δέ φησιν Ἕρμιππος, ἐρωτηθέντα περὶ τῶν πάλαι ῥητόρων καὶ τῶν καθ' αὑτὸν, εἰπεῖν, ὡς ἀκούων μὲν ἄν τις ἐθαύμασεν ἐκείνους εὐκόσμως καὶ μεγαλοπρεπῶς τῷ δήμῳ διελεγομένους, ἀναγινωσκόμενοι δὲ οἱ Δημοσθένους λόγοι πολὺ τῇ κατασκευῇ καὶ δυνάμει διαφέρουσιν.

(2) Denys d'Halikarnasse, De Admir. Vi dicendi Demosth. p. 1022, passage très-remarquable.

parvint-il à acquérir l'une ou l'autre de ces qualités, c'est malheureusement ce qu'il ne nous est pas donné de connaître. Ceux de qui nous tirons nos renseignements s'intéressent peu à lui si ce n'est comme orateur; ils ne nous disent ni ce qu'il apprit, ni de qui, ni au moyen de quels compagnons ou membres d'un même parti il forma son point de vue politique. Mais nous ne courons guère risque de nous tromper, en supposant que la méditation attentive qu'il consacra à l'étude de Thucydide lui fournit non-seulement la force et la majesté de l'expression, mais encore cette conception d'Athènes dans son passé, qu'il s'appliqua perpétuellement à faire pénétrer dans l'esprit de ses compatriotes, — d'Athènes au commencement de la guerre du Péloponèse, dans des jours d'énergie exubérante, et conseillée par l'homme d'État le plus illustre qu'elle ait eu.

A d'autres égards, on nous laisse dans l'ignorance quant à l'histoire intellectuelle de Démosthène. Avant qu'il acquît de la réputation comme conseiller public, il était déjà connu comme logographe ou compositeur de discours que devaient prononcer soit des orateurs dans l'assemblée publique, soit des plaideurs dans le dikasterion, compositions pour lesquelles il était payé, suivant la coutume habituelle à Athènes. Il avait aussi plaidé en personne devant le dikasterion, pour appuyer une accusation portée par d'autres contre une loi que proposait Leptinês, et destinée à abroger des votes d'immunité rendus par la cité en faveur d'individus, et à restreindre ces dons à l'avenir. Rien n'est plus remarquable, dans ce discours contre Leptinês, que la force avec laquelle le jeune orateur démontre au peuple la nécessité d'une fidélité rigoureuse et inviolable à des engagements, malgré les grands inconvénients que cette fidélité peut entraîner à l'occasion. Il paraîtrait qu'il fréquentait habituellement quelques jeunes gens riches, — entre autres Apollodôros, fils de l'opulent banquier Pasiôn, — qu'il entreprit d'instruire dans l'art de parler. C'est ce que nous apprennent les dénonciations de son rival Æschine (1), qui

(1) Æschine, cont. Timarch. p. 16, 24.

l'accuse d'avoir pénétré ainsi dans diverses familles riches, — surtout là où il y avait un jeune orphelin et une mère veuve, — en usant d'artifices indignes pour les tromper et les ruiner. Que peut-il y avoir de vrai dans ces imputations, c'est ce que nous ne pouvons dire. Mais Æschine était assez autorisé à appliquer à son rival les appellations désagréables de logographe et de sophiste, appellations d'autant plus déshonorantes que Démosthène appartenait à une famille triérarchique, de la classe la plus élevée sous le rapport de la fortune (1).

Il sera à propos de mentionner ici un autre conseiller contemporain, qui est en opposition et en rivalité marquées avec Démosthène. Phokiôn était un citoyen de peu de fortune, fils d'un fabricant de pilons. Né vers 402 avant J.-C., il avait environ vingt ans de plus que Démosthène. A quel moment précis son importance politique commença-t-elle, nous l'ignorons; mais il vécut jusqu'au grand âge de quatre-vingt-quatre ans, et il fut un homme remarquable pendant les cinquante dernières années de sa vie. Il se fait connaître pour la première fois comme officier militaire, ayant servi dans un commandement subordonné sous Chabrias, auquel il était fort attaché, à la bataille de Naxos, en 376 avant J.-C. C'était un homme d'une bravoure personnelle consommée et de talents considérables pour commander, d'un tempérament robuste et propre à endurer le mal, insensible au froid ou à la fatigue, rigoureusement simple dans ses habitudes, et surtout supérieur à toute espèce de corruption personnelle. Le soin qu'il mit à s'abstenir de pillage et de péculat, quand il était chargé d'expéditions navales, forma un honorable contraste avec d'autres amiraux athéniens, et lui mérita une grande estime de la part des alliés

(1) Æschine cont. Timarch. p. 13, 17, 25; cont. Ktesiph. p. 78. Περὶ δὲ τὴν καθ' ἡμέραν δίαιταν τίς ἐστιν; Ἐκ τριηράρχου λογόγραφος ἀνεφάνη, τὰ πατρῷα καταγελάστως προέμενος, etc.

V. aussi Démosthène, De Fals. Legat. p. 417-420.

Cf. la honte qu'éprouve le jeune et riche Hippokratês dans le dialogue platonique, appelé Protagoras, quand on émet l'idée qu'il est sur le point de visiter Protagoras dans le dessein de devenir lui-même sophiste (Platon, Protagor. p. 154 F, 163 A, c. 8-19).

maritimes. De là probablement son surnom de Phokiôn le Bon (1).

J'ai déjà fait remarquer combien était profond et fort l'empire acquis sur le peuple athénien par tout homme public qui se faisait une fois un caractère au-dessus du soupçon, sous le rapport de la corruption personnelle. Parmi les hommes politiques d'Athènes, il n'y en avait que trop qui ne fussent pas innocents sur ce point : de plus, quand un homme était réellement innocent, il y avait souvent dans sa vie des circonstances qui l'exposaient plus ou moins au doute. Ainsi Démosthène, — connu non-seulement comme une personne d'habitudes quelque peu dispendieuses, mais aussi comme fréquentant d'opulentes maisons, et recevant de l'argent pour composer des discours et communiquer les principes de la rhétorique, — devait être, à coup sûr, accusé, à tort ou à raison, par ses ennemis, d'avoir trompé des clients riches, et il ne dut jamais obtenir un crédit incontesté pour une haute indépendance pécuniaire, même sous le rapport des affaires publiques, bien que certainement il ne fût pas corrompu, et qu'en général on ne crût pas qu'il le fût, — du moins jusqu'à la mort de Philippe (2). Mais Phokiôn ne recevait ni argent ni présents de personne, — sa pauvreté était notoire et évidente ; — il marchait nu-pieds et sans un vêtement de dessus, même dans un temps très-froid; — il n'avait qu'une seule femme pour servir son épouse, tandis qu'il avait été chargé de commandements qui auraient suffi pour l'enrichir s'il l'avait voulu. Son incorruptibilité personnelle se présentait ainsi d'une manière saillante aux yeux du public. Combinée comme elle l'était avec de la bravoure et de la probité dans ses fonctions de général, elle lui valut des témoignages de con-

(1) Ælien, V. H. III, 47; Plutarque, Phokiôn, c. 10; Cornélius Népos, Phocion, c. I.

(2) Je fais ici cette réserve quant au temps, non que j'aie l'intention d'affirmer le contraire pour la période qui suivit la mort de Philippe; mais c'est que je désire ajourner pour le moment l'examen des dernières charges portées contre Démosthène, — l'argent reçu de la Perse et la soustraction des trésors d'Harpalos. J'examinerai ces points en temps convenable.

fiance plus grands que ceux qu'on accorde même à Periklês. Il ne fut pas élu moins de quarante-cinq fois à la charge annuelle de stratêgos ou général de la cité, — c'est-à-dire l'un du Conseil des Dix, ainsi nommé, la plus grande fonction exécutive d'Athènes, — et choisi encore, sans avoir jamais en aucune occasion sollicité la charge, sans même avoir assisté à l'élection (1). Dans toute l'histoire athénienne, nous ne trouvons pas un autre exemple de tant de nominations et d'honneurs distincts accordés au même individu.

Suivant le tableau d'Athènes et de sa démocratie, tel que le présentent habituellement les historiens, nous apprenons à croire que la seule route ouverte aux honneurs ou à l'influence politique était une adresse séductrice et une cour faite au peuple au moyen de beaux discours, d'une flatterie indigne ou de promesses illimitées. Ceux qui ont cette idée du caractère athénien auront de la peine à expliquer la carrière de Phokiôn. Il n'était pas orateur, — plutôt par dédain que par incapacité (2). Non-seulement il avait reçu une bonne éducation, mais encore il avait profité du commerce de Platon, aussi bien que de Xenokratês, à l'Académie (3), et nous ne sommes pas surpris qu'à leur école il ait contracté du mépris pour l'éloquence populaire et de l'amour pour une réplique brève, concentrée et piquante. Un jour qu'il était sur le point de parler en public, on le vit particulièrement absorbé dans sa pensée. « Tu parais pensif, Phokiôn, » lui dit un ami. « Oui, par Zeus, » répondit-il,

(1) Plutarque, Phokiôn, c. 8. Ὁμολογεῖται γὰρ ὅτι πέντε καὶ τεσσαράκοντα στρατηγίας ἔλαβεν οὐδ' ἅπαξ ἀρχαιρεσίοις παρατυχών, ἀλλ' ἀπόντα μεταπεμπομένων αὐτὸν ἀεὶ καὶ χειροτονούντων, ὥστε θαυμάζειν τοὺς οὐκ εὖ φρονοῦντας τὸν δῆμον, ὅτι πλεῖστα τοῦ Φωκίωνος ἀντικρούοντος αὐτῷ καὶ μηδὲν εἰπόντος πώποτε μηδὲ πράξαντος πρὸς χάριν, ὥσπερ ἀξιοῦσι τοὺς βασιλεῖς τοῖς κόλαξι χρῆσθαι μετὰ τὸ κατὰ χειρὸς ὕδωρ, ἔχρητο οὗτος τοῖς μὲν κομψοτέροις καὶ ἱλαροῖς ἐν παιδιᾶς μέρει δημαγωγοῖς, ἐπὶ δὲ τὰς ἀρχὰς ἀεὶ νήφων καὶ σπουδάζων τὸν αὐστηρότατον καὶ φρονιμώτατον ἐκάλει τῶν πολιτῶν καὶ μόνον ἢ μᾶλλον ταῖς βουλήσεσιν αὐτοῦ καὶ ὁρμαῖς ἀντιτασσόμενον.

(2) Tacite, Dial. de Clar. Orator. c. 2. « Aper, communi eruditione imbutus, contemnebat potius litteras quam nesciebat. »

(3) Plutarque, Phokiôn, c. 4, 14.

— je me demande si je ne puis pas abréger de quelque manière le discours que je suis sur le point d'adresser aux Athéniens. » Toutefois, il savait si bien sur quels points frapper, que sa précision expressive, fortifiée par le poids de son caractère et de sa position, sapait la belle éloquence de Démosthène d'une manière plus efficace que toute réponse éloquente d'hommes tels qu'Æschine. Démosthène lui-même craignait beaucoup Phokiôn comme adversaire, et on l'entendit faire remarquer, en le voyant se lever pour parler : « Voici venir le fendeur de mes harangues (1). » Polyeuktos, — orateur lui-même et ami de Démosthène, — fit une distinction extrêmement flatteuse pour Phokiôn, en disant que « Démosthène était le plus bel orateur, mais que Phokiôn était le plus formidable dans ses discours (2). » Sous le rapport de la politique publique, des moyens d'effet politique et du caractère personnel, — Phokiôn était directement le contraire de Démosthène, chez lequel il méprisait sans doute également une éloquence belliqueuse, une humeur peu guerrière, l'habitude de composer des discours payés et des mœurs délicates.

Si Phokiôn dans sa nature avait peu de l'orateur de profession, il avait encore moins du flatteur. Il affectait et soutenait le rôle d'un soldat grossier, qui parle à cœur ouvert sans rien retrancher ni rien orner, et sans s'inquiéter si ses paroles seront agréables ou non à ses auditeurs (3). Sa manière d'apprécier ses compatriotes était absolument et visiblement méprisante. C'est ce que montre toute sa conduite, et surtout la remarque mémorable qu'on lui attribue, dans une occasion où quelque chose qu'il avait dit au sein de l'assemblée publique fut accueilli avec des applaudissements particuliers. Se tournant vers un ami, il

(1) Plutarque, Phokiôn, c. 5. Ἡ τῶν ἐμῶν λόγων κοπὶς πάρεστιν.

(2) Plutarque, Phokiôn, c. 5. Εἰπεῖν — ὅτι ῥήτωρ μὲν ἄριστος εἴη Δημοσθένης, εἰπεῖν δὲ δεινότατος ὁ Φωκιῶν.

(3) De même Tacite, après avoir rapporté la réponse exacte du tribun Subrius Flavius, quand on l'interrogea comme complice de la conspiration contre Néron. — « Ipsa retuli verba : quia non, ut Senecæ vulgata erant; nec minus nosci decebat sensus militaris viri incomptos sed validos. »

lui demanda : « Ai-je sans le savoir dit quelque chose de mal? » Toutefois, son air était chagrin et repoussant, bien que son humeur fût, dit-on, bienveillante. Il avait appris dans l'Académie à réprimer tout en lui et à mener une vie dure en quelque sorte à la manière spartiate (1). Jamais on ne le vit ni rire, ni pleurer, ni se baigner dans les bains publics.

Si donc Phokiôn obtint l'honneur sans pareil d'être élu quarante-cinq fois général, nous pouvons être sûrs qu'il y avait pour y parvenir d'autres moyens que les artifices de l'éloquence et de la démagogie. Nous pouvons en effet demander avec surprise comment il lui fut possible d'y arriver, en présence de tant de circonstances contraires, par la seule force de la bravoure et de l'honnêteté ; surtout puisqu'il ne rendit jamais de services extraordinaires (2), bien qu'en diverses occasions il se conduisît avec honneur et talent. On peut trouver la réponse à cette question dans le fait que Phokiôn, bien qu'il ne fût pas un flatteur du peuple, suivit décidément la faiblesse capitale du peuple. Tout en dédaignant son jugement, il ne montra pas une prévoyance plus grande que lui, quant à la sécurité et aux intérêts publics d'Athènes. Le peuple athénien eut sans doute beaucoup de faiblesses et commit bien des fautes ; mais l'erreur la plus grave de toutes, pendant l'intervalle qui s'écoula entre 360 et 336 avant J.-C., fut son invincible répugnance à s'imposer des efforts, personnels et pécuniaires, nécessaires pour faire à Philippe la guerre avec vigueur. Cette aversion pour une politique étrangère énergique trouva dans Phokiôn un champion (3), adressant, suivant son humeur, des railleries sarcastiques, à ceux qui demandaient qu'on agît contre Philippe, comme s'ils étaient seulement des braillards et des lâches, et comme s'ils guettaient les occasions de s'enrichir aux dépens du public. Euboulos l'orateur était au nombre

(1) Plutarque, Phokiôn, c. 4, 5.

(2) Cornélius Népos (Phocion, c. I) ne trouva dans ses autorités aucun exposé des exploits militaires de Phokiôn, mais beaucoup de choses au sujet de son intégrité personnelle.

(3) Plutarque, Phokiôn, c. 8. Οὕτω δὲ συντάξας ἑαυτὸν ἐπολιτεύετο μὲν ἀεὶ πρὸς εἰρήνην καὶ ἡσυχίαν, etc.

des principaux hommes d'État qui formaient ce qu'on peut appeler le parti de la paix à Athènes, et qui résistaient continuellement à des efforts guerriers énergiques ou les décourageaient, en s'efforçant d'écarter l'idée de Philippe comme ennemi dangereux. Il y avait sans doute quelques membres de ce parti de la paix qui étaient gagnés, et à la solde directe de Philippe. Mais beaucoup d'autres, non souillés par une corruption personnelle, épousaient la même politique uniquement parce qu'ils trouvaient plus facile pour le moment d'administrer la cité en paix qu'en guerre, — parce que la guerre était onéreuse et désagréable, à eux-mêmes aussi bien qu'à leurs concitoyens, — et parce qu'ils ne voyaient pas à l'avance, ou ne voulaient pas voir les conséquences de l'inaction. Or ce fut un grand avantage pour ce parti de la paix, qui avait besoin d'un chef militaire comme associé de ses chefs civils et de ses orateurs, de se renforcer d'un collègue tel que Phokiôn; homme non-seulement d'une probité à l'abri du soupçon, mais particulièrement désintéressé en conseillant la paix, puisque son importance aurait grandi dans la guerre (1). De plus, la plupart des chefs éminents de l'armée en étaient venus alors à n'aimer que la licence de la guerre, et à dédaigner les détails des bureaux militaires à l'intérieur; tandis que Phokiôn (2), et lui presque seul parmi eux, se contentait de résider à Athènes, et d'entretenir cette combinaison de l'action civile et militaire, qui avait été habituelle naguère. C'est pourquoi il fut maintenu, par le parti de la paix et par l'aversion pour un effort guerrier qui dominait parmi le public, dans une sorte de perpétuité de fonctions stratégiques, sans sollicitation ni recherche de sa part, en vue d'une popularité personnelle.

L'influence de Phokiôn comme conseiller public, jusqu'à la bataille de Chæroneia, fut éminemment funeste à Athènes; et surtout funeste, en partie (comme celle de Nikias) à cause de

---

(1) Plut. Phokiôn, c. 16. V. la première repartie, qui y est attribuée à Phokiôn.

(2) Plutarque, Phokiôn, c. 7.

la considération qu'inspiraient ses qualités personnelles, — en partie parce qu'il épousa et sanctionna la faiblesse la plus dangereuse de l'esprit athénien. Ses biographes égarent notre jugement en attirant notre attention particulièrement sur les vingt dernières années de sa longue vie, après la bataille de Chæroneia. A cette époque, où les forces militaires victorieuses de la Macédoine avaient été complétement organisées et celles de la Grèce comparativement abattues, on pouvait soutenir avec plausibilité (je ne dis pas d'une manière décisive, même alors) que la soumission à la Macédoine était devenue une nécessité fatale, et que des tentatives qu'on ferait pour lui résister ne pourraient aboutir qu'à empirer l'état des choses. Mais la politique de la paix défendue par Phokiôn, — qu'on pouvait appeler de la prudence, après l'avénement d'Alexandre, était fatalement imprudente aussi bien que déshonorante pendant le règne de Philippe. Les chances étaient toutes contre Philippe dans ses premières années ; elles tournèrent et lui devinrent de plus en plus favorables, seulement parce que son jeu fut bien joué, et que celui de ses adversaires le fut mal. La supériorité de force fut d'abord tellement du côté d'Athènes, que si elle avait voulu l'employer, elle aurait pu retenir assurément Philippe au moins dans les limites de la Macédoine. Tout dépendait de sa volonté, de la question de savoir si ses citoyens avaient l'esprit préparé à subir la dépense et la fatigue d'une politique étrangère vigoureuse, — s'ils voudraient saisir leurs piques, ouvrir leurs bourses et renoncer au bien-être du foyer, pour défendre la liberté grecque et athénienne contre un destructeur qui grandissait, mais auquel on pouvait encore résister. Les Athéniens ne purent se résoudre à se soumettre à un pareil sacrifice; et par suite de cette répugnance, ils finirent par être réduits à un sacrifice beaucoup plus grave et plus irréparable, — la perte de la liberté, de la dignité et de la sécurité. Or, ce fut précisément à ce moment, et quand une pareille question était pendante, que l'influence de Phokiôn l'ami de la paix fut surtout ruineuse. Son désir que ses concitoyens fussent ensevelis dans leur patrie et dans leurs propres tombeaux,

— son désespoir, mêlé de mépris, au sujet de ses compatriotes et de leurs habitudes raffinées, — sa haine contre les orateurs qui pouvaient profiter d'une augmentation dans les dépenses de la guerre (1), — tout contribua à le pousser à décourager tout effort public et à attendre passivement la prépondérance des armes macédoniennes ; il jouait ainsi le jeu de Philippe, et se plaçait, bien qu'il fût lui-même incorruptible, à côté des orateurs à la solde de ce prince.

L'amour de la paix, soit dans une communauté, soit dans un individu, commande habituellement la sympathie sans autre examen, bien qu'il y ait des époques où les dangers extérieurs augmentent, et où le conseiller de la paix est le guide le plus mauvais que l'on puisse suivre. Depuis la guerre du Péloponèse, il s'était silencieusement opéré en Grèce une révolution, par laquelle les devoirs du service militaire avaient passé à un haut degré de la milice citoyenne dans les mains de mercenaires payés. Les citoyens habitant la ville avaient pris en général de l'éloignement pour le fardeau du service militaire ; tandis que d'autre part, l'agrégat mêlé de Grecs disposés à porter les armes partout et ne songeant qu'à une solde, avait grandement augmenté. Il en avait été jadis tout différemment. Le citoyen athénien de 432 avant J.-C., — d'après le témoignage réuni de Periklês son panégyriste et des Corinthiens ses ennemis, — était toujours prêt à braver le danger, la fatigue et les privations, dans les expéditions étrangères, pour la gloire d'Athènes. « Accomplir une tâche à son service était pour lui un jour de fête (c'est un ennemi qui parle) (2) ; pour elle

---

(1) V. les réponses de Phokiôn dans Plutarque, Phokiôn, c. 23.

(2) Je m'en suis plus d'une fois référé au mémorable tableau du caractère athénien, en contraste avec le caractère spartiate, tracé par l'envoyé corinthien à Sparte en 432 avant J.-C. (Thucyd. I, 70, 71). Parmi les nombreux attributs indiquant une énergie et une activité exubérantes, je choisis ceux qui étaient les plus nécessaires, et qui se trouvaient manquer le plus, comme moyens de tenir Philippe à distance.

1. Παρὰ δύναμιν τολμηταὶ, καὶ παρὰ γνώμην κινδυνευταὶ, καὶ ἐπὶ τοῖς δεινοῖς εὐέλπιδες.

2. Ἄοκνοι πρὸς ὑμᾶς μελλητὰς, καὶ ἀποδημηταὶ πρὸς ἐνδημοτάτους (en opposition à vous, Spartiates).

3. Τοῖς μὲν σώμασιν ἀλλοτριωτάτοις ὑπὲρ τῆς πόλεως

il épuisait son corps comme s'il lui eût été étranger. » Embrassant avec passion l'idée d'une Athènes souveraine, il savait qu'elle ne pouvait être soutenue que par les efforts énergiques de ses citoyens individuellement, et que la parole dans ses assemblées publiques, quoique utile comme préliminaire à l'action, était funeste si on la laissait remplacer l'action (1). Tel était l'Athénien de Periklês en 431 avant J.-C. Mais cette énergie avait été détruite dans les désastres qui terminèrent la guerre du Péloponèse, et n'avait jamais reparu. L'Athénien de Démosthène en 360 avant J.-C. avait pour ainsi dire vieilli. La disposition à combattre, à se constituer champion panhellénique, et l'amour des entreprises étaient morts en lui. C'était un citoyen paisible, casanier, raffiné, attaché à la constitution démocratique, et exécutant avec un joyeux orgueil les devoirs municipaux ordinaires sous son empire; mais plongé dans des affaires d'industrie ou de métier, dans le bien-être domestique, dans les manifestations frappantes de la religion publique, dans l'atmosphère de la discussion et de la pensée, intellectuelle aussi bien que publique. Renoncer à tout cela pour un service militaire continu à l'étranger lui semblait un mal à ne pas supporter, si ce n'est sous la pression d'un danger rapproché et immédiat. Des exigences de précaution contre des périls éloignés, quoique réels, ne pouvaient parvenir à toucher ses sentiments; même payer d'autres hommes pour

---

χρῶνται, τῇ γνώμῃ δὲ οἰκειοτάτῃ ἐς τὸ πράσσειν τι ὑπὲρ αὐτῆς, etc.

4. Καὶ ταῦτα μετὰ πόνων πάντα καὶ κινδύνων δι' ὅλου τοῦ αἰῶνος μοχθοῦσι, καὶ ἀπολαύουσιν ἐλάχιστα τῶν ὑπαρχόντων, διὰ τὸ ἀεὶ κτᾶσθαι καὶ μήτε ἑορτὴν ἄλλο τι ἡγεῖσθαι ἢ τὸ τὰ δέοντα πρᾶξαι, ξυμφοράν τε οὐχ ἧσσον ἡσυχίαν ἀπράγμονα ἢ ἀσχολίαν ἐπίπονον, etc.

C'est dans le même dessein que Periklês s'exprime dans son oraison funèbre de l'année suivante, où il vante la vigueur et le courage de ses compatriotes, comme également ardents et infatigables, — combinés toutefois avec l'amour de la discussion publique et le goût pour tous les raffinements d'une vie pacifique et intellectuelle (Thucyd. II, 40, 41).

(1) Thucyd. II, 40, 41, 43. Τῆς πόλεως δύναμιν καθ' ἡμέραν ἔργῳ θεωμένους καὶ ἐραστὰς γιγνομένους αὐτῆς, καὶ ὅταν ὑμῖν μεγάλη δόξῃ εἶναι, ἐνθυμουμένους ὅτι τολμῶντες καὶ γιγνώσκοντες τὰ δέοντα καὶ ἐν τοῖς ἔργοις αἰσχυνόμενοι ἄνδρες αὐτὰ ἐκτήσατο, etc.

Cf. II, 63, — le dernier discours de Periklês.

servir à sa place, c'était un devoir qu'il pouvait difficilement être amené à remplir.

Ce n'était pas seulement à Athènes, c'était encore parmi les alliés péloponésiens de Sparte que les citoyens domiciliés avaient contracté le même éloignement pour le service militaire. Dans l'année 431 avant J.-C., ces Péloponésiens (ici encore nous avons le témoignage réuni de Periklês et d'Archidamos) (1) avaient été empressés à servir de leur personne ; ils n'avaient reculé que quand on leur avait demandé de l'argent. En 383 avant J.-C., Sparte les trouva si peu disposés à se ranger sous sa bannière, en particulier pour des opérations d'outre-mer, qu'elle fut forcée d'admettre dans sa confédération le principe de l'échange pécuniaire (2), précisément comme Athènes avait fait (vers 460-450 av. J.-C.) pour les insulaires peu belliqueux inscrits dans sa confédération de Dêlos (3).

Au milieu de cette aversion croissante des citoyens pour le service militaire, les bandes flottantes, mélangées, qui faisaient du métier de soldat un moyen d'existence sous quiconque voulait les payer, augmentèrent en nombre d'année en année. En 402-401 avant J-C., quand on leva l'armée de Cyrus (les Dix Mille Grecs), on avait eu de la peine à en réunir un si grand nombre ; on donna des récompenses considérables aux chefs ou agents d'enrôlement ; les recrues se composèrent, en grande partie, d'hommes établis, tentés par de lucratives promesses et amenés ainsi à quitter leurs foyers (4). Mais des hommes actifs prêts pour un service étranger payé se multiplièrent perpétuellement, par suite

(1) Thucyd. I, 80, 81, 141.

(2) Xénoph. Hellen. V, 2, 21. Les cités alliées fournirent de l'argent au lieu d'hommes dans l'expédition de Mnasippos dirigée sur Korkyra (Xénoph. Hellen. VI, 2, 16).

(3) Thucyd. I, 99.

(4) Isokrate, Orat. V (Philipp.), s. 112. ....Ἐν ἐκείνοις δὲ τοῖς χρόνοις οὐκ ἦν ξενικὸν οὐδὲν, ὥστ' ἀναγκαζόμενοι ξενολογεῖν ἐκ τῶν πόλεων, πλέον ἀνήλισκον εἰς τὰς διδομένας τοῖς συλλέγουσι δωρεὰς, ἢ τὴν εἰς τοὺς στρατιώτας μισθοφοράν.

Au sujet des récompenses libérales accordées par Cyrus aux généraux Klearchos, Proxenos et autres, pour réunir l'armée, ainsi qu'aux soldats eux-mêmes, V. Xénoph. Anab. I, 1, 9; 1, 3, 4; III, 1, 4; VI, 8, 48.

de la pauvreté, de l'exil ou de l'amour des aventures (1); ils furent exercés constamment et fort améliorés par Iphikratès et par d'autres, comme peltastes ou infanterie légère destinée à servir conjointement avec les hoplites citoyens. Jasôn de Pheræ réunit une armée mercenaire plus nombreuse et mieux exercée qu'on n'en avait jamais vu depuis les soldats de Cyrus, lors de leur marche vers la haute Asie (2); les Phokiens, également pendant la Guerre Sacrée, maîtres des trésors de Delphes, s'entourèrent de redoutables forces mercenaires. Il s'éleva (comme au quatorzième et au quinzième siècle dans l'Europe moderne) des condottieri tels que Charidêmos et autres, — généraux ayant des bandes mercenaires sous leurs ordres, et se louant à tout prince ou potentat qui voulait les employer et les payer. Ces rôdeurs armés, — pauvres, braves, redoutables et que ne retenait aucun lien civique, — provoquent des plaintes répétées de la part d'Isokrate (3), qui les regarde comme l'un des malheurs les plus sérieux de la Grèce. Ces vagabonds, il est vrai, formaient habi-

---

(1) V. la mention des Grecs mercenaires au service de Mania chargée d'une satrapie en Æolis, — des satrapes Tissaphernês et Pharnabazos, et du Spartiate Agésilas, — d'Iphikratês et d'autres, Xénoph. Hellen. III, 1, 13; III, 3, 15; IV, 2, 5; IV, 3, 15; IV, 4, 14; IV, 8, 35; VII, 5, 10.

Cf. Harpokration, — Ξενικὸν ἐν Κορίνθῳ, — et Démosth. Philipp. I, p. 46.

(2) Xénoph. Hellen. VI, 1, 5.

(3) Isokrate articule cette plainte dans plus d'un endroit : dans le discours quatrième ou Panégyrique (380 av. J.-C.); dans le huitième ou discours De Pace (356 av. J.-C.); dans le cinquième ou discours Ad Philippum (346 av. J.-C.). Le dernier de ces discours est exprimé dans le langage le plus fort. V. Orat. Panegyr. s. 195. Τοὺς δ' ἐπὶ ξένης μετὰ παιδῶν καὶ γυναικῶν ἀλᾶσθαι, πολλοὺς δὲ δι' ἔνδειαν τῶν καθ' ἡμέραν ἐπικουρεῖν (*i. e.* devenir un επικοῦρος, ou soldat payé en service étranger) ἀναγκαζομένους ὑπὲρ τῶν ἐχθρῶν τοῖς φίλοις μαχομένους ἀποθνήσκειν. V. aussi Orat. de Pace (VIII), s. 53, 56, 58; Orat. ad Philipp. (V) s. 112. Οὕτω γὰρ ἔχει τὰ τῆς Ἑλλάδος, ὥστε ῥᾷον εἶναι συστῆσαι στρατόπεδον μεῖζον καὶ κρεῖττον ἐκ τῶν πλανωμένων ἢ τῶν πολιτευομένων, etc..... et s. 142, 149; Orat. de Permutat. (XV) s. 122. Ἐν τοῖς στρατοπέδοις τοῖς πλανωμένοις κατατετριμμένος, etc. Un triste tableau des mêmes maux est présenté également dans la neuvième Epître d'Isokrate à Archidamos, s. 9, 12. Cf. Démosth. cont. Aristokrat. p. 665, s. 162.

Pour un exemple d'un amant désappointé qui cherche de la distraction en s'engageant dans un service militaire étranger, V. Théokrite, XIV, 58.

tuellement les émigrants naturels dans de nouvelles entreprises coloniales. Mais il arriva qu'il y eut peu de colonies helléniques établies pendant l'intervalle qui s'écoula entre 400 et 350 avant J.-C.; dans le fait, l'espace ouvert à la colonisation hellénique devint plus circonscrit par la paix d'Antalkidas, — par le despotisme de Denys, — et par l'accroissement des Lucaniens, des Brutiens et des puissances de l'intérieur en général. Isokrate, tout en vantant le grand service que naguère Athènes avait rendu au monde hellénique, en mettant en train l'émigration ionienne et en fournissant ainsi de nouvelles demeures à tant de Grecs non établis, — insiste sur l'absolue nécessité de moyens semblables d'émigration à son époque. Il presse Philippe de se mettre à la tête d'une conquête hellénique de l'Asie Mineure et d'acquérir ainsi un territoire qui pourrait fournir un établissement à un grand nombre d'exilés sans demeure, rôdant çà et là, qui vivaient par l'épée et troublaient la paix de la Grèce (1).

Ce déclin de la milice citoyenne, et l'aversion croissante pour le service personnel ou pour les exercices militaires, — en même temps que l'augmentation contemporaine des soldats de profession insensibles aux obligations civiques, — sont au nombre des faits capitaux de l'époque de Démosthène. Bien que ce fait ne soit pas particulier à Athènes, il nous frappe plus fortement dans cette ville, où l'esprit de l'effort individuel qu'on s'impose à soi-même avait jadis été poussé si loin, — mais où aussi le charme et le stimulant (2) d'une existence pacifique étaient le plus diversifiés et où l'activité des occupations industrielles était le plus continue. Ce fut un

(1) Isokrate ad Philipp. (V) s. 142-144. Πρὸς δὲ τούτοις κτίσαι πόλεις ἐπὶ τούτῳ τῷ τόπῳ, καὶ κατοικίσαι τοὺς νῦν μὲν πλανωμένους δι' ἔνδειαν τῶν καθ' ἡμέραν καὶ λυμαινομένους οἷς ἂν ἐντύχωσιν. Οὓς εἰ μὴ παύσομεν ἀθροιζομένους, βίον αὐτοῖς ἱκανὸν πορίσαντες, λήσουσιν ἡμᾶς τοσοῦτοι γενόμενοι τὸ πλῆθος, ὥστε μηδὲν ἧττον αὐτοὺς εἶναι φοβεροὺς τοῖς Ἕλλησιν ἢ τοῖς βαρβάροις, etc.

(2) Thuc. II, 41 (l'oraison funèbre de Periklês). — Ξυνελών τε λέγω τήν τε πόλιν πᾶσαν τῆς Ἑλλάδος παίδευσιν εἶναι, καὶ καθ' ἕκαστον δοκεῖν ἄν μοι τὸν αὐτὸν ἄνδρα παρ' ἡμῶν ἐπὶ πλεῖστ' ἂν εἴδη καὶ μετὰ χαρίτων μάλιστ' ἂν εὐτραπέλως τὸ σῶμα αὔταρκες παρέχεσθαι.

fatal divorce de la force active de la société d'avec la liberté et l'intelligence politiques, divorce mettant fin à cette combinaison à mille faces, de la pensée cultivée avec l'action énergique, qui formait l'« *idéal* » hellénique, — et remettant la défense de la Grèce à des hommes armés qui ne voyaient que leur général ou leur trésorier. Mais ce qui rendit ce divorce irréparablement fatal, ce fut que précisément à ce moment le monde grec fut forcé de se défendre contre la Macédoine, que dirigeait un jeune prince doué d'un esprit infatigable d'entreprises, qui avait puisé et était même capable de perfectionner les meilleures idées d'organisation militaire (1) mises au jour par Epaminondas et par Iphikratês. Philippe (tel que le représente son ennemi Démosthène) possédait tout entier cet amour ardent et invincible d'action que les Athéniens avaient manifesté en 431 avant J.-C., comme nous le savons par des ennemis aussi bien que par des amis, tandis que la population macédonienne conservait également, au milieu de sa rudesse et de sa pauvreté, cette aptitude et ce zèle militaires qui avaient dépéri dans les murs des cités grecques.

Bien qu'elle ne fût encore ni disciplinée ni formidable, c'était une excellente matière brute à faire des soldats dans les mains d'un génie organisateur tel que Philippe. Les Macédoniens étaient encore (comme l'avaient été leurs prédécesseurs à l'époque du premier Perdikkas (2), où l'épouse du roi faisait cuire des gâteaux sur l'âtre de ses propres mains) des bergers de montagnes mal vêtus et mal logés, — mangeant et buvant dans des plats et des coupes

(1) La remarquable organisation de l'armée macédonienne, avec sa combinaison systématique d'armes et d'espèces de troupes différentes, — fut l'œuvre de Philippe. Alexandre la trouva toute prête à servir, dans les premiers mois mêmes de son règne. Elle a dû sans doute être formée graduellement, et améliorée d'année en année par Philippe; et nous serions content de pouvoir suivre les phases de ses progrès. Mais, par malheur, on nous laisse sans information au sujet des mesures militaires de Philippe, au delà des faits et des résultats nus. En conséquence, je suis obligé d'ajourner ce qu'il y a à dire au sujet de l'organisation militaire macédonienne jusqu'au règne d'Alexandre, sur les opérations duquel nous avons de précieux détails.

(2) Hérodote, VIII, 137

de bois, — dépourvus à un haut degré, non-seulement de cités, mais même de résidences fixes (1). Les hommes aisés étaient armés de cuirasses et faisaient de bons cavaliers, mais l'infanterie était une foule tumultueuse, sans ordre (2), armée de boucliers d'osier et d'épées rouillées, et s'efforçant avec désavantage, bien que constamment tenus en alerte, de repousser les incursions de leurs voisins, Illyriens ou Thraces. Dans quelques tribus macédoniennes, l'homme qui n'avait jamais tué un ennemi était marqué d'un signe dégradant (3). Tels étaient les hommes que Philippe, en devenant roi, trouva dans son empire; ce n'étaient pas de bons soldats, mais c'étaient des recrues excellentes pour être transformées en soldats. La pauvreté, la patience, des corps endurcis à la fatigue étaient les attributs naturels, bien appréciés par les politiques de l'antiquité, d'une population militaire destinée à faire des conquêtes. Tels avaient été les Perses indigènes quand ils s'élancèrent pour la première fois hors de chez eux, sous Cyrus le Grand; tels étaient même les Grecs lors de l'invasion de Xerxès, quand le roi spartiate Demaratos comptait la pauvreté

(1) Cet état de pauvreté de la population macédonienne à l'avénement de Philippe est présenté dans le discours frappant adressé trente-six ans plus tard par Alexandre le Grand (en 323 av. J.-C., peu de mois avant sa mort) à ses soldats, rassasiés de conquêtes et de pillage, mais mécontents des progrès de son insolence et de son goût pour l'Orient. Arrien, Exp. Alex. VII, 9. Φίλιππος γὰρ παραλαβὼν ὑμᾶς πλανήτας καὶ ἀπόρους, ἐν διφθέραις τοὺς πολλοὺς νέμοντας ἀνὰ τὰ ὄρη πρόβατα κατὰ ὀλίγα, καὶ περὶ τούτων κακῶς μαχομένους Ἰλλυρίοις καὶ Τριβαλλοῖς καὶ τοῖς ὁμόροις Θρᾳξὶ, χλαμύδας μὲν ὑμῖν ἀντὶ τῶν διφθερῶν φορεῖν ἔδωκε, κατήγαγε δὲ ἐκ τῶν ὀρῶν ἐς τὰ πέδια, etc.

D'autres points sont ajoutés dans la version que donne Quinte-Curce du même discours (X, 10) : — « En tandem! Illyriorum paulo ante et Persarum tributariis, Asia et tot gentium spolia fastidio sunt. Modo sub Philippo seminudis, amicula ex purpura sordent : aurum et argentum oculi ferre non possunt : lignea enim vasa desiderant, et ex cratibus scuta et rubiginem gladiorum. »

(2) Thucydide (II, 100) reconnaît la bonté de la cavalerie macédonienne; de même aussi Xénophon, dans l'expédition spartiate contre Olynthos (Hellen. V, 2, 40).

Que l'infanterie eût peu d'efficacité militaire, c'est ce que nous apprend le jugement de Brasidas, — Thucyd. IV, 126 : cf. aussi II, 100.

V. un court opuscule de O. Müller sur les Macédoniens, annexé à son histoire des Doriens, s. 33.

(3) Aristote, Polit. VII, 2, 6.

comme une habitante de la Grèce et comme une garantie du courage grec (1).

Or c'était contre ces grossiers Macédoniens, auxquels la vie des camps présentait des chances de pillage, sans aucun sacrifice, que l'industrieux et raffiné citoyen athénien avait à s'avancer et à combattre, en renonçant à son commerce, à sa famille et à ses fêtes, tâche d'autant plus dure, que les agressions perpétuelles et la guerre systématisée de ses nouveaux ennemis ne pouvaient être contre-balancées que par une continuité égale d'efforts de sa part. Pour un pareil dévouement personnel, combiné avec les inquiétudes d'une vigilance préventive, les Athéniens du temps de Periklês auraient été prêts, mais ceux de l'époque de Démosthène ne l'étaient pas, bien que leur liberté et leur sécurité entières finissent par se trouver en jeu.

Sans cette brève esquisse du grand changement militaire survenu en Grèce depuis la guerre du Péloponèse, — le déclin de la milice citoyenne et l'accroissement des mercenaires, — le lecteur comprendrait difficilement soit la conduite d'Athènes à l'égard de Philippe, soit la carrière de Démosthène, dont nous sommes actuellement sur le point de nous occuper.

Après avoir, par un travail assidu, acquis ces talents élevés et de la parole et de la composition, Démosthène se présenta, en 354 avant J.-C., pour les consacrer au service du public. Son premier discours à l'assemblée n'est pas moins intéressant, au point de vue objectif, comme exposé du monde politique grec actuel pendant cette année, — qu'au point de vue subjectif, comme preuve de sa manière d'en apprécier les exigences (2). A ce moment, l'appréhen-

---

(1) Hérodote, VII, 102. Τῇ Ἑλλάδι πενίη μὲν αἰεί κοτε σύντροφός ἐστι, etc.

Au sujet des Perses, Hérodote, I, 71; Arrien, V, 4, 13.

(2) Le discours De Symmoriis est placé par Denys d'Halikarnasse dans l'archontat de Diotimos, 354-353 av. J.-C. (Dion. Hal. ad Ammæum, p. 724). Et il est évidemment composé avant l'expédition envoyée par les Thêbains sous Pammenês pour assister le rebelle Artabazos contre le Grand Roi, expédition qui est placée par Diodore (XVI, 34) dans l'année suivante 353-352 av. J.-C. Quiconque examinera la

sion prédominante à Athènes avait sa source dans des rapports relatifs au Grand Roi, qui, disait-on, méditait des mesures d'hostilité contre la Grèce, et contre Athènes en particulier, par suite de l'aide que le général athénien Charês avait récemment prêtée au satrape persan rebelle Artabazos. Cette crainte, — qui avait déjà en partie déterminé les Athéniens (une année auparavant) à faire la paix avec leurs alliés insulaires révoltés et à terminer la Guerre Sociale, — continuait encore à agiter l'esprit public. On parlait comme probables d'un armement persan de trois cents voiles, avec une armée considérable de Grecs mercenaires, — et d'une invasion de la Grèce (1). Il paraît que Mausôlos, prince ou satrape de Karia, qui avait été le principal instigateur de la Guerre Sociale, poursuivait encore des hostilités contre les îles, même après la paix, annonçant qu'il agissait en exécution des desseins du roi; de sorte que les Athéniens envoyèrent des ambassadeurs lui faire des remontrances (2). Les Perses semblent aussi avoir été occupés à réunir, à l'intérieur, des forces qui furent employées quelques années plus tard à reconquérir l'Égypte, mais dont la destination n'était pas encore déclarée à ce moment. De là les craintes qui dominaient alors à Athènes. Il est essentiel de signaler — comme marque dans le cours des événements, — que peu de personnes nourrissaient encore des craintes au sujet de Philippe de Macédoine, bien que ce prince augmentât constamment ses forces militaires, aussi bien que ses conquêtes. Bien plus, Philippe affirmait plus tard que, pendant cette appréhension d'une invasion persane, il fut lui-même une des personnes invitées à prendre part à la défense de la Grèce (3).

Bien que la puissance macédonienne ne fût pas encore

---

manière dont Démosthène raisonne, dans le discours De Symmoriis (p. 187, s. 40-42), quant aux relations des Thêbains avec la Perse, — verra qu'il n'a pu rien savoir du secours donné par les Thêbains à Artabazos contre la Perse.

(1) Diodore, XVI, 21.

(2) Démosthène cont. Timokratem, s. 15 : V. aussi le second argument mis en tête de ce discours.

(3) V. Epistola Philipp. ap. Demosth. p. 160, s. 6.

devenue évidemment formidable, nous retrouvons dans le discours actuel de Démosthène ce même patriotisme panhellénique qui, plus tard, le rendit si ardent à emboucher la trompette contre Philippe. Il insiste, avec une force et une dignité qui ne le cèdent pas à Periklês, sur l'obligation imposée à tous les Grecs, mais à Athènes en particulier, à cause de ses traditions et de sa position, de soutenir à tout prix la liberté hellénique contre l'étranger (1). Mais si Démosthène inspire ainsi à ses compatriotes des desseins nobles et panhelléniques, il ne se contente pas d'une déclamation éloquente, ni d'une critique négative quant au passé. Ses recommandations quant aux moyens sont positives et explicites; elles impliquent un examen attentif et une sagace appréciation des circonstances environnantes. Tout en présentant constamment à ses compatriotes une idée favorable de leur position, jamais il ne leur promet le succès, si ce n'est à la condition d'efforts individuels sérieux et persévérants, tant en s'armant qu'en contribuant de leur argent. Il épuise toutes ses ressources d'invention dans la tâche impopulaire de leur faire honte, par des reproches directs aussi bien que par des insinuations détournées, de cette aversion pour un service militaire personnel qui, par malheur pour Athènes, était devenue une habitude établie. Ce caractère positif et pratique quant aux moyens, qui a toujours en vue toutes les exigences d'une situation donnée, — combiné avec le soin constant de présenter Athènes comme le champion obligé de la liberté grecque, et avec des appels au passé athénien, non comme à un patrimoine auquel on doive se tenir, mais comme un exemple à imiter, — ce caractère, dis-je, fait le charme impérissable de ces harangues de Démosthène, non moins mémorable que leur excellence comme compositions de rhétorique. Sous le rap-

(1) Démosthène, De Symmoriis, p. 179, s. 7. Οὐδὲ γὰρ οὐδ' ἀπ' ἴσης ὁρῶ τοῖς τ' ἄλλοις Ἕλλησι καὶ ὑμῖν περὶ τῶν πρὸς τὸν βασιλέα τὴν βουλὴν οὖσαν — ἀλλ' ἐκείνων μὲν πολλοῖς ἐνδέχεσθαί μοι δοκεῖ τῶν ἰδίᾳ τι συμφερόντων διοικουμένοις τῶν ἄλλων Ἑλλήνων ἀμελῆσαι, ὑμῖν δ' οὐδ' ἀδικουμένοις παρὰ τῶν ἀδικούντων καλόν ἐστι λαβεῖν ταύτην τὴν δίκην, ἐᾶσαί τινας αὐτῶν ὑπὸ τῷ βαρβάρῳ γενέσθαι.

port du dernier mérite, à dire vrai, son rival Æschine lui est moins inférieur que sous le rapport du premier.

Dans aucune des harangues de Démosthène, l'esprit d'une sagesse pratique n'est plus prédominant que dans ce premier discours que l'on connaisse de lui, adressé à l'assemblée publique, — sur les Symmories, — prononcé par un jeune homme de vingt-sept ans, qui n'avait pu guère avoir d'autre enseignement que celui des classes décriées des sophistes, des rhéteurs et des acteurs. Tout en proclamant le roi de Perse l'ennemi commun et dangereux du nom grec, il soutient qu'aucune preuve d'une attaque persane imminente n'avait encore transpiré, assez évidente et manifeste pour autoriser Athènes à envoyer partout invoquer une ligue générale des Grecs (1), comme l'avaient conseillé des orateurs qui avaient parlé avant lui. Il conjure d'un côté toute mesure calculée pour provoquer le roi de Perse ou amener une guerre, — et d'un autre côté, tout appel prématuré adressé aux Grecs en vue d'une coalition, avant qu'ils fussent pénétrés eux-mêmes d'un sentiment du danger commun. Rien qu'une pareille terreur commune pouvait amener l'union entre les diverses cités helléniques; rien autre chose ne pouvait faire taire ces jalousies et ces antipathies constantes qui rendaient la guerre intestine si fréquente et qui permettaient probablement au roi de Perse d'acheter plusieurs Grecs comme alliés contre les autres.

« Ne redoutons pas le Grand Roi outre mesure, et d'autre part, ne soyons pas les premiers à commencer la guerre et à lui faire injure, — aussi bien dans notre intérêt qu'à cause des mauvais sentiments et de la défiance qui règnent parmi les Grecs autour de nous. Si à vrai dire nous pouvions, avec les forces entières et unanimes de la Grèce, l'attaquer seul, j'aurais soutenu que même un tort, commis à son égard, n'en serait pas un. Mais, puisque cela est impossible, je prétends que nous devons prendre soin de ne pas donner au roi un prétexte pour insister sur des réclamations de droits

(1) Démosthène, De Symmoriis, p. 181, s. 14.

relatifs aux autres Grecs. Tant que nous restons tranquilles, il ne peut rien faire de pareil sans exciter la méfiance ; mais quand nous aurons été les premiers à commencer la guerre, il feindra naturellement d'avoir une amitié sincère pour les autres, à cause de leur aversion pour nous. Ne vous exposez donc pas à allumer les tristes passions du monde hellénique, en réunissant ses membres quand vous ne les persuaderez pas, et en allant à la guerre quand vous n'aurez pas de forces suffisantes ; mais maintenez la paix, en ayant confiance en vous-mêmes et en faisant de complets préparatifs (1). »

C'est cette nécessité de faire des préparatifs qui constitue le principal but de Démosthène dans sa harangue. Il produit un plan élaboré, mûri par une réflexion attentive (2) et destiné à perfectionner et à étendre la classification des Symmories ; il propose une distribution plus convenable et plus systématique des principaux citoyens, aussi bien que des moyens financiers et nautiques en totalité, de manière à assurer à la fois l'équipement facile des forces armées toutes les fois qu'il serait nécessaire, et une répartition équitable d'efforts et de dépenses parmi les citoyens. Je n'entre pas ici dans les détails de ce plan de réforme économique, qui sont appliqués avec la précision d'un administrateur, et non avec le vague d'un rhéteur ; d'autant moins que nous ne savons pas s'il fut réellement adopté. Mais l'esprit dans lequel il fut proposé mérite toute attention, en ce qu'il an-

(1) Démosth. De Symmor. p. 188, s. 42-46. ...Ὥστ' οὔτε φοβεῖσθαί φημι δεῖν πέρα τοῦ μετρίου, οὔθ' ὑπαχθῆναι προτέρους ἐκφέρειν τὸν πόλεμον...

... Τοῦτον ἡμεῖς φοβώμεθα; μηδαμῶς · ἀλλὰ μηδ' ἀδικῶμεν, αὐτῶν ἡμῶν ἕνεκα καὶ τῆς τῶν ἄλλων Ἑλλήνων ταραχῆς καὶ ἀπιστίας · ἐπεὶ εἴ γ' ὁμοθυμαδὸν ἦν μετὰ πάντων ἐπιθέσθαι μόνῳ, οὐδ' ἀδικεῖν ἡμᾶς ἐκεῖνον ἀδίκημ' ἂν ἔθηκα. Ἐπειδὴ δὲ τοῦθ' οὕτως ἔχει, φυλάττεσθαί φημι δεῖν μὴ πρόφασιν δῶμεν βασιλεῖ τοῦ τὰ δίκαια ὑπὲρ τῶν ἄλλων Ἑλλήνων ζητεῖν · ἡσυχίαν μὲν γὰρ ἐχόντων ὑμῶν, ὕποπτος ἂν εἴη τοιοῦτό τι πράττων — πόλεμον δὲ ποιησαμένων προτέρων εἰκότως ἂν δοκοίη διὰ τὴν πρὸς ὑμᾶς ἔχθρὰν τοῖς ἄλλοις φίλος εἶναι βούλεσθαι. Μὴ οὖν ἐξελέγξητε ὡς κακῶς ἔχει τὰ Ἑλληνικά, συγκαλοῦντες ὅτ' οὐ πείσετε, καὶ πολεμοῦντες ὅτ' οὐ δυνήσεσθε · ἀλλ' ἔχετε ἡσυχίαν θαρροῦντες καὶ παρασκευαζόμενοι.

(2) Démosth. De Symmoriis, p. 181, s. 17. Τὴν μὲν παρασκευὴν, ὅπως ὡς ἄριστα καὶ τάχιστα γενήσεται, πάνυ πολλὰ πράγματα ἔσχον σκοπῶν.

nonce, même dès ce premier jour, la grande vérité qui est familière à l'orateur et qu'il répète dans un si grand nombre de ses harangues subséquentes. « Dans les préparatifs que je vous propose, Athéniens (dit-il), le premier point et le plus important est que vous disposiez vos esprits de manière que chaque homme individuellement soit porté et tout prêt à faire son devoir. Car vous voyez clairement que de toutes les choses que vous avez décidées collectivement, et dont l'exécution a été regardée par chaque homme individuellement comme un devoir obligatoire pour lui-même, — aucune n'a manqué ; tandis que, au contraire, toutes les fois qu'une détermination a été prise, et que vous vous êtes regardés les uns les autres, personne n'ayant l'intention de rien faire lui-même, mais chacun rejetant sur son voisin le fardeau de l'action, — rien n'a jamais réussi. En admettant donc que vous soyez ainsi disposés et montés au point convenable, je recommande, etc. (1).

Telle est la vraie veine d'exhortation habituelle à Démosthène, que l'on retrouve entière et non affaiblie dans les Philippiques et les Olynthiennes, et qui s'efforce de faire revivre cette union, — dont Periklês s'était vanté comme d'un fait établi dans le caractère athénien (2), — l'action individuelle énergique venant après un débat public approfondi et une résolution collective. Combien de fois ici, et ailleurs, l'orateur dénonce-t-il l'inutilité des votes dans l'assemblée publique, même après que ces votes ont été rendus, — si les citoyens individuellement se tiennent en arrière et reculent devant la fatigue ou les charges pécuniaires indispensables pour l'exécution ! Dêmos dans la

(1) Démosth. De Symmor. p. 182, s. 18. Ἔστι τοίνυν πρῶτον τῆς παρασκευῆς, ὦ ἄνδρες Ἀθηναῖοι, καὶ μέγιστον, οὕτω διακεῖσθαι τὰς γνώμας ὑμᾶς, ὡς ἕκαστον ἑκόντα προθύμως ὅ, τι ἂν δέῃ ποιήσοντα. Ὁρᾶτε γὰρ, ὦ ἄνδρες Ἀθηναῖοι, ὅτι, ὅσα μὲν πώποθ' ἅπαντες ὑμεῖς ἠβουλήθητε, καὶ μετὰ ταῦτα τὸ πράττειν αὐτὸς ἕκαστος ἑαυτῷ προσήκειν ἡγήσατο, οὐδὲν πώποθ' ὑμᾶς ἐξέφυγεν · ὅσα δ' ἠβουλήθητε μὲν, μετὰ ταῦτα δ' ἀπεβλέψατε πρὸς ἀλλήλους ὡς αὐτὸς μὲν ἕκαστος οὐ ποιήσων, τὸν δὲ πλήσιον πράξοντα, οὐδὲν πώποθ' ὑμῖν ἐγένετο. Ἐχόντων δ' ὑμῶν οὕτω καὶ παρωξυμμένων, etc.

(2) Thucyd. II, 39, 40.

Pnyx (pour employer, en en changeant le sens, une comparaison aristophanesque) (1), gardait encore des sentiments panhelléniques et patriotiques, quand Dêmos au logis en était venu à croire que la cité marcherait sûrement toute seule sans aucun sacrifice de sa part, et qu'il était libre de s'absorber dans ses biens, sa famille, sa religion et ses divertissements. Et Athènes aurait en réalité pu marcher ainsi, en jouissant de la liberté, de la fortune, des raffinements et de la sécurité individuelle, — si le monde grec avait pu être garanti contre le formidable ennemi macédonien du dehors.

Ce fut l'année suivante, quand l'alarme relativement à la Perse se fut dissipée, que les Athéniens eurent à discuter les demandes opposées de Sparte et de Megalopolis (354-353 av. J.-C.). Le succès des Phokiens paraissait être de nature à empêcher Thêbes, surtout pendant que ses troupes, sous Pammenês, étaient en Asie, d'intervenir dans le Péloponèse pour protéger Megalopolis. Il y avait même à Athènes des politiques qui prédisaient avec confiance l'humiliation prochaine de Thêbes (2), en même temps que l'affranchissement et le rétablissement de celles des villes bœôtiennes qu'elle tenait actuellement sous sa dépendance — Orchomenos, Thespiæ et Platée ; prédictions accueillies avec bonheur par le sentiment hostile aux Thêbains à Athènes. Les Spartiates jugèrent le moment favorable pour détruire Megalopolis et recouvrer Messênê ; plan auquel ils espéraient intéresser non-seulement Athènes, mais encore Elis, Phlionte et quelques autres États péloponésiens. A Athènes ils offrirent leur aide pour recouvrer Orôpos, actuellement dans les mains des Thêbains qui l'avaient depuis douze ans environ ; à Elis et à Phlionte ils offrirent également du se-

(1) Aristoph. Equites, 750.

(2) Démosthène, Orat. pro Megalopolitanis, p. 203, s. 5, p. 210, s. 36. Ἔστι τοίνυν ἔν τινι τοιούτῳ καιρῷ τὰ πράγματα νῦν, εἴ τι δεῖ τοῖς εἰρημένοις πολλάκις παρ' ὑμῖν λόγοις τεκμήρασθαι, ὥστε Θηβαίους μὲν Ὀρχομένου καὶ Θεσπιῶν καὶ Πλαταιῶν οἰκισθεισῶν ἀσθενεῖς γενέσθαι, etc. Ἂν μὲν τοίνυν καταπολεμηθῶσιν οἱ Θηβαῖοι, ὥσπερ αὐτοὺς δεῖ, etc.

Cf. Démosth. cont. Aristokrat. p. 654, s. 120.

cours pour regagner respectivement la Triphylia et le Trikaranon, sur les Arkadiens et les Argiens (1). Cette combinaison politique fut épousée avec chaleur par un parti considérable à Athènes; elle était recommandée non moins par l'aversion pour Thêbes que par le vif désir de ravoir la ville frontière d'Orôpos. Mais elle fut combattue par d'autres, et de ce nombre était Démosthène, qu'aucune amorce ne put amener à acquiescer au rétablissement de la puissance lacédæmonienne telle qu'elle avait existé avant la bataille de Leuktra. Dans l'assemblée athénienne, la discussion fut animée et même pleine de colère; les envoyés de Megalopolis, aussi bien que ceux de Sparte, trouvant de zélés partisans (2).

Démosthène suit une marche qu'il déclare tenir le milieu des deux, mais qui réellement est en faveur de la défense de Megalopolis contre une nouvelle conquête spartiate. Nous remarquons dans ce discours (comme dans la harangue De Symmoriis, une année auparavant), qu'il n'y a aucune allusion à Philippe; fait à signaler comme preuve des changements graduels dans le point de vue de Démosthène. Tous les arguments qu'il emploie roulent sur des intérêts helléniques et athéniens, sans aucune allusion à l'existence d'hostilités du dehors. Dans le fait, Démosthène pose comme principe que personne ne peut contester que, dans l'intérêt d'Athènes, Sparte et Thêbes devraient être toutes deux faibles, sans être en état ni l'une ni l'autre de troubler la sécurité de sa patrie (3), — principe qui, par malheur, ne fut que trop bien reconnu parmi tous les principaux États grecs dans leurs rapports réciproques, et qui rendit l'agrégat hellénique comparativement sans défense contre Philippe ou tout autre agresseur habile du dehors. Cependant, tout en affirmant une maxime générale, contestable et périlleuse

(1) Démosth. pro Megalopolit. p. 206, s. 18 : cf. Xénophon, Hellen. VII, 2, 1-5.

(2) Démosth. pro Megalopolit. p. 202, s. 1.

(3) Démosth. pro Megalopolit. p. 203, s. 5, 6. Cf. un sentiment semblable, Démosthène cont. Aristokrat. p. 654, s. 120.

en elle-même, Démosthène n'en tire que de judicieuses conséquences. Par rapport à Sparte, il ne demande qu'une chose : c'est qu'on la laisse dans le *statu quo*, et qu'on maintienne intacte contre elle l'indépendance de Megalopolis et de Messênê. On ne le décidera pas à lui livrer ces deux cités, même par la séduisante perspective d'une assistance pour Athènes en vue de recouvrer Orôpos et de faire revivre l'autonomie des cités bœôtiennes. A ce moment la disposition régnante parmi les Athéniens était une antipathie contre Thêbes, combinée avec une certaine sympathie en faveur de Sparte, qu'ils avaient aidée à la bataille de Mantineia contre les Mégalopolitains (1). Bien qu'il partage lui-même ce sentiment (2), Démosthène ne souffrira pas qu'il égare ses compatriotes. Il recommande à Athènes de reprendre elle-même la politique thêbaine par rapport à Megalopolis et à Messênê, de manière à protéger ces deux cités contre Sparte, d'autant plus que par une pareille conduite les Thêbains seront exclus du Péloponèse, et leur influence générale diminuée. Il va même jusqu'à dire que, si Sparte réussissait à reconquérir Megalopolis et Messênê, Athènes devrait redevenir l'alliée de Thêbes pour arrêter son agrandissement ultérieur (3).

Autant que nous pouvons en juger d'après des renseignements imparfaits, il semble que les vues de Démosthène ne prévalurent pas, et que les Athéniens refusèrent de se charger de protéger Megalopolis contre Sparte, puisque nous voyons bientôt les Thêbains continuer à fournir cette protection, comme ils l'avaient fait auparavant. On paraît avoir donné les premières indications sur les projets agressifs de Sparte au moment où les Phokiens, sous Onomarchos, avaient sur Thêbes une supériorité assez prononcée pour causer quelque embarras à cette cité. Mais la supériorité des Phokiens fut bientôt diminuée par leur collision

(1) Démosth. pro Megalop. p. 203, s. 7, 9, p. 207, s. 22.

(2) Démosth. cont. Leptinem, p. 489, s. 172 (prononcé en 355 av. J.-C.); et Olynth. I, p. 16, s. 27.

(3) Dém. pro Megalop. p. 207, s. 24.

avec un ennemi plus formidable, — Philippe de Macédoine.

Ce prince était déjà intervenu partiellement dans les affaires thessaliennes (1), à l'instigation d'Eudikos et de Simos, chefs des Aleuadæ de Larissa, contre Lykophrôn, le despote de Pheræ (353-352 av. J.-C.). Mais sa récente acquisition de Methônê le laissait plus libre d'étendre ses conquêtes au sud, et d'intervenir avec des forces plus considérables dans les dissensions de la Thessalia. Dans ce pays, les grandes cités se disputaient (2), comme d'ordinaire, la suprématie, et elles tenaient sous leur domination les plus petites au moyen de garnisons ; tandis que Lykophrôn à Pheræ faisait des efforts pour regagner cet ascendant sur le tout, qu'avaient jadis possédé Jasôn et Alexandre. Philippe s'avança alors dans le pays et l'attaqua avec tant de vigueur qu'il le força à invoquer l'aide des Phokiens. Onomarchos, à ce moment vainqueur des Thêbains et maître jusqu'aux Thermopylæ, était intéressé à arrêter les progrès ultérieurs de Philippe au sud et à étendre son propre ascendant. Il envoya en Thessalia une armée de sept mille hommes sous son frère Phayllos, pour appuyer Lykophrôn. Mais Phayllos échoua complétement ; il fut défait et chassé de la Thessalia par Philippe, de sorte que Lykophrôn de Pheræ se trouva dans un plus grand danger que jamais. Sur ce, Onomarchos y vint lui-même avec toutes les forces des Phokiens et des mercenaires étrangers. Alors commença une lutte opiniâtre et vraisemblablement prolongée, dans le courant de laquelle il fut d'abord décidément victorieux. Il vainquit Philippe dans deux batailles et lui fit subir des pertes si sérieuses que l'armée macédonienne fut retirée de Thessalia, tandis que Lykophrôn, avec ses alliés phokiens, resta maître du pays (3).

Ce grand succès des armes phokiennes fut suivi par une autre victoire en Bœôtia. Onomarchos envahit de nouveau ce territoire, défit les Thêbains dans une bataille, et s'em-

---

(1) Diodore, XVI, 14 ; Démosth. De Coronâ, p. 241, s. 60. Harpokration, v. Σίμος.

(2) Isokrate, Or. VIII (De Pace), s. 143, 144.

(3) Diodore, XVI, 35.

para de Korôneia, outre Orchomenos qu'il occupait auparavant (1). Il semblerait que les Thêbains étaient privés à ce moment d'une grande partie de leurs forces, qui servaient en Asie sous Artabazos, et que, peut-être à cause de ces revers mêmes, ils ne tardèrent pas à rappeler. Les Phokiens, d'autre part, étaient à l'apogée de leur puissance. C'est probablement dans cette conjoncture que tombe la combinaison agressive des Spartiates contre Megalopolis, et le débat, mentionné auparavant, dans l'assemblée athénienne.

Philippe fut pendant quelque temps dans l'embarras, par suite de ses défaites en Thessalia (353-352 av. J.-C.). Ses soldats, découragés et même mutins, consentaient difficilement à rester sous son drapeau. A grand'peine, et avec des exhortations animées, il finit par réussir à leur rendre le courage. Après un certain intervalle consacré à se refaire et à se renforcer, il s'avança en Thessalia avec une nouvelle armée, et reprit ses opérations contre Lykophrôn, qui fut obligé de solliciter de nouveau l'aide d'Onomarchos, et de promettre que toute la Thessalia serait dorénavant tenue sous sa dépendance. En conséquence, Onomarchos le rejoignit en Thessalia avec une armée considérable, qui consistait, dit-on, en vingt mille fantassins et cinq cents chevaux. Mais il trouva en cette occasion dans le pays une résistance plus opiniâtre qu'auparavant; car la cruelle dynastie de Pheræ avait probablement abusé de sa précédente victoire par une aggravation de violence et de rapacité, au point de jeter dans les bras de son ennemi une multitude d'exilés. Quand Philippe arriva en Thessalia avec une nouvelle armée, les Thessaliens embrassèrent sa cause avec tant de chaleur, qu'il se trouva bientôt à la tête d'une armée de vingt mille hommes et de trois mille chevaux. Onomarchos le rencontra en rase campagne, quelque part près de la côte méridionale de la Thessalia; il ne doutait pas du succès, aussi bien à cause de ses récentes victoires que du voisinage d'une flotte athénienne sous

(1) Diodore, XVI, 35.

Charês, qui coopérait avec lui. Là s'engagea une bataille où combattirent avec acharnement les deux armées, presque égales sous le rapport de l'infanterie. Philippe excita le courage de ses soldats en les décorant de couronnes de laurier (1), comme croisés au service du dieu contre les spoliateurs du temple de Delphes; tandis que les Thessaliens aussi, qui formaient la meilleure cavalerie de la Grèce et qui combattirent avec une ardente valeur, donnèrent à sa cause un avantage décisif. La défaite des forces d'Onomarchos et de Lykophrôn fut complète. Six mille hommes, dit-on, furent tués, et trois mille faits prisonniers; les autres échappèrent soit par la fuite, soit en jetant leurs armes et en nageant jusqu'aux vaisseaux athéniens. Onomarchos lui-même périt. Suivant un récit, ses propres mercenaires le tuèrent, provoqués par sa lâcheté. Suivant un autre récit, il se noya, — emporté dans la mer par un cheval indomptable, et essayant de gagner les vaisseaux. Philippe fit mettre en croix son cadavre et noyer tous les prisonniers comme coupables de sacrilége (2).

Cette victoire valut au prince macédonien une grande renommée comme vengeur du dieu de Delphes, — et fut un pas important dans sa carrière d'agrandissement (353-352 av. J.-C.). Non-seulement elle mit fin à la puissance des Phokiens au nord des Thermopylæ, mais elle écrasa définitivement la puissante dynastie de Pheræ en Thessalia. Philippe assiéga cette cité; Lykophrôn et Peitholaos, entourés d'une population hostile et hors d'état de faire une longue défense, capitulèrent et la lui livrèrent, en se retirant en Phokis avec leurs mercenaires au nombre de deux mille (3).

---

(1) Ce fait est mentionné par Justin (VIII, 2), et il semble qu'il est vrai à cause de la rigueur avec laquelle Philippe, après sa victoire, traita les prisonniers phokiens. Mais il ne semble pas en être ainsi de ce que dit encore Justin : — à savoir que les Phokiens, en apercevant les insignes du dieu, jetèrent leurs armes et s'enfuirent sans faire de résistance.

(2) Diodore, XVI, 55; Pausanias, X, 2, 3; Philon le Juif ap. Euseb. Præp. Evang. VIII, p. 392. Diodore dit que Charês, avec la flotte athénienne, passait *accidentellement*. Mais ce semble extrêmement improbable. On ne peut s'empêcher de supposer qu'il était destiné à coopérer avec les Phokiens.

(3) Diodore, XVI, 37.

Après avoir été mis en possession de Pheræ et l'avoir déclarée cité libre, Philippe se mit en devoir d'assiéger la ville voisine de Pagasæ, la plus importante position maritime de la Thessalia. Combien de temps résista Pagasæ, nous l'ignorons; mais ce fut assez longtemps pour qu'avis fût donné à Athènes, avec demande de secours. Les Athéniens, alarmés des conquêtes successives de Philippe, étaient bien disposés à empêcher qu'il ne s'emparât de ce poste important, ce que leur puissance navale les mettait parfaitement en état de faire. Mais ici encore (comme dans les exemples précédents de Pydna, de Potidæa et de Methônê), l'aversion pour un service personnel parmi les citoyens individuellement, — et les obstacles quant à la répartition des devoirs et des dépenses, toutes les fois qu'il fallait réellement payer de sa personne ou de sa bourse, — amenèrent ce fâcheux résultat que, bien qu'un armement fût voté et expédié, il n'arriva pas à temps (1). Pagasæ se rendit et tomba au pouvoir de Philippe, qui la fortifia pour lui-même et y mit une garnison, devenant ainsi maître du golfe Pagasæen, la grande porte maritime de la Thessalia.

Philippe fut probablement occupé pendant quelque temps à établir sa domination sur ce pays (353-352 av. J.-C.).

---

(1) Démosth. Philipp. I, p. 50, s. 40. Καίτοι, τί δήποτε νομίζετε... τοὺς ἀποστόλους πάντας ὑμῖν ὑστερίζειν τῶν καιρῶν, τὸν εἰς Μεθώνην, τὸν εἰς Παγασὰς, τὸν εἰς Ποτίδαιαν, etc.

Démosth. Olynth. I, p. 11, s. 9. Καὶ πάλιν ἥνικα Πύδνα, Ποτίδαια, Μεθώνη, Παγασαὶ, — πολιορκούμενα ἀπηγγέλλετο, εἰ τότε τούτων ἑνὶ τῷ πρώτῳ προθύμως καὶ ὡς προσῆκεν ἐβοηθήσαμεν αὐτοὶ, etc.

La première Philippique fut prononcée en 352-351 avant J.-C.; ce qui prouve que la prise de Pagasæ par Philippe ne peut avoir été postérieure à cette année-là. Elle ne peut pas non plus avoir précédé la prise de Pheræ par ce prince, — comme je l'ai fait remarquer plus haut par rapport au passage de Diodore (XVI, 31), où elle semble placée en 354-353 avant J.-C., si l'on doit prendre Παγὰς pour Παγασάς.

Je crois que la première campagne de Philippe en Thessalia contre les Phokiens, où il fut battu et chassé par Onomarchos, peut être placée dans l'été de 353 avant J.-C. La seconde entrée en Thessalia, avec la défaite et la mort d'Onomarchos, appartient au commencement du printemps de 352 avant J.-C. La prise de Pheræ et de Pagasæ vient immédiatement après; ensuite l'expédition de Philippe aux Thermopylæ, où ses progrès furent arrêtés par les Athéniens, tombe vers le solstice d'été de 352 av. J.-C.

Mais aussitôt que des précautions suffisantes eurent été prises dans ce dessein, il chercha à pousser cet avantage remporté sur les Phokiens en les envahissant dans leur propre territoire. Il s'avança jusqu'aux Thermopylæ, déclarant encore que son dessein était de délivrer le temple de Delphes et de punir ses sacriléges spoliateurs, et en même temps il se concilia la faveur des Thessaliens en promettant de leur rendre les Pylæa, ou fête amphiktyonique semi-annuelle célébrée aux Thermopylæ, que les Phokiens avaient discontinuée (1).

Les Phokiens, bien que maîtres de ce défilé presque inexpugnable, semblèrent avoir été tellement découragés par leur récente défaite et par la mort d'Onomarchos, qu'ils se sentirent incapables de le conserver plus longtemps. La nouvelle d'un pareil danger, transmise à Athènes, excita une agitation extraordinaire. L'importance de défendre les Thermopylæ, — et d'empêcher le roi de Macédoine, victorieux, de venir coopérer avec les Thêbains sur son côté méridional (2), non-seulement contre les Phokiens, mais probablement aussi contre l'Attique, — fut sentie si fortement qu'elle triompha des hésitations et du délai habituels des Athéniens par rapport à une expédition militaire. Surtout pour ce motif, — mais en partie aussi, pouvons-nous supposer, à cause du désappointement fâcheux éprouvé récemment dans la tentative faite pour délivrer Pagasæ, — un armement athénien sous Nausiklês (montant à cinq mille fantassins et à quatre cents chevaux, suivant Diodore) (3), fut équipé avec autant de vigueur et de célérité qu'on en avait déployé contre les Thêbains en Eubœa, sept années auparavant. Les citoyens athéniens secouèrent leur léthargie, et s'engagèrent comme volontaires avec empressement. Ils arrivèrent aux Thermopylæ à temps, et mirent le défilé

(1) Démosthène, De Pace, p. 62, s. 23; Philipp. II, p. 71, s. 24; De Fals. Legat. p. 443, s. 365.

(2) Démosth. De Fals. Leg. p. 367, s. 94, p. 446, s. 375. Τίς γὰρ οὐκ οἶδεν ὑμῶν ὅτι τῷ Φωκέων πολέμῳ καὶ τῷ κυρίους εἶναι Πυλῶν Φωκέας, ἥ τε ἀπὸ Θηβαίων ἄδεια ὑπῆρχεν ἡμῖν, καὶ τὸ μηδέποτε ἐλθεῖν ἂν εἰς Πελοπόννησον μηδ' εἰς Εὔβοιαν Φίλιππον μηδὲ Θηβαίους;

(3) Diodore, XVI, 37, 38.

en un état de défense tel que Philippe ne l'attaqua pas du tout. Souvent, dans la suite, Démosthène (1), en combattant la négligence générale de ses compatriotes quand il se présentait des exigences militaires, leur rappelle cet acte inaccoutumé de mouvement énergique, couronné d'un plein effet. Avec peu ou point de pertes, les Athéniens réussirent à protéger eux et leurs alliés contre une éventualité très-menaçante, simplement par la promptitude de leur action. Les frais de l'armement ne dépassèrent pas en tout deux cents talents; et, d'après la manière dont Démosthène insiste sur la portion de la dépense qui fut défrayée par les soldats en particulier et individuellement (2), nous pouvons conjecturer que ces soldats (comme lors de l'expédition sicilienne sous Nikias) (3) étaient dans une proportion considérable des citoyens opulents. Toutefois, dans une partie du public grec, les Athéniens encoururent un blâme comme complices du sacrilége des Phokiens, et ennemis du dieu de Delphes (4).

Mais bien que Philippe fût tenu ainsi éloigné de la Grèce méridionale, et que les Phokiens fussent hors d'état de se réorganiser contre Thêbes, cependant en Thessalia et au delà du défilé des Thermopylæ, l'ascendant des Macédoniens fut dorénavant un fait incontesté. Toutefois, avant que nous suivions sa conduite subséquente, il est à propos de nous occuper des événements qui se passèrent tant en Phokis que dans le Péloponèse.

Dans l'état d'affaiblissement des Phokiens, après la défaite d'Onomarchos, ils obtinrent des renforts non-seulement d'Athènes, mais encore de Sparte (mille hommes) et des Achæens péloponésiens (deux mille hommes) (5).

(1) Démosth. Philipp. I, p. 44, s. 20; De Coronâ, p. 236, s. 40; De Fals. Leg. p. 444, s. 366.

(2) Démosth. De Fals. Leg. p. 367, s. 95.

(3) Thucyd. VI, 31.

(4) Justin, VII, 2. Ses exagérations de rhéteur ne doivent pas nous faire rejeter l'expression de cette opinion contre Athènes, comme un fait réel.

(5) Démosth. (Fals. Leg. p. 443) affirme qu'aucun autre État qu'Athènes n'assista ni ne délivra les Phokiens dans cette circonstance critique. Mais Diodore (XVI, 37) mentionne des secours envoyés également par les autres

Phayllos, le successeur (appelé par quelques-uns le frère) d'Onomarchos, se mit de nouveau en état de défense (352 av. J.-C.). Il eut recours une troisième fois à ce fonds non encore épuisé, — les trésors et les objets précieux de Delphes. Il dépouilla le temple dans une plus grande mesure que Philomelos et non moins qu'Onomarchos, et il encourut un blâme aggravé à cause de ce fait, qu'il ne put actuellement se pourvoir sans mettre les mains sur des offrandes d'une magnificence et d'une antiquité remarquables, que ces deux prédécesseurs avaient épargnées. Ce fut ainsi que les magnifiques dons en or du roi lydien Crésus furent alors fondus et transformés en espèces; cent dix-sept briques ou lingots d'or, pesant pour la plupart deux talents chacun; trois cent soixante gobelets d'or, avec une statue de femme haute de trois coudées, et un lion de même métal, — qui pesaient, dit-on, en tout trente talents (1). La soustraction de pareils ornements, frappants et vénérables aux yeux des nombreux visiteurs du temple, fut sans doute profondément sentie dans le public grec. Et l'indignation fut augmentée quand on vit que de beaux jeunes gens ou de belles femmes, favoris d'Onomarchos ou de Phayllos, reçurent quelques-unes des offrandes les plus précieuses, et portèrent les ornements les plus célèbres qui avaient décoré le temple, — même les colliers d'Hélène et d'Eriphylê. Une femme, joueuse de flûte nommée Bromias, non-seulement reçut de Phayllos une coupe d'argent et une couronne d'or (la première dédiée dans le temple par les Phokæens, la seconde par les

---

alliés; et il ne semble pas qu'il y ait de raison pour ne pas le croire. Toutefois, la vanterie de Démosthène, qui affirme que les Athéniens seuls sauvèrent les Phokiens, n'est pas inexacte quant au fait principal, bien qu'elle soit exagérée dans l'expression. Car les Athéniens, commandant des forces navales, et en cette rare occasion rapides dans leurs mouvements, atteignirent les Thermopylæ à temps pour arrêter la marche de Philippe et avant que les troupes péloponésiennes pussent arriver. L'expédition athénienne aux Thermopylæ semble avoir été faite vers mai 352 avant J.-C., — autant que nous pouvons établir la chronologie de l'époque.

(1) On peut lire l'exposé de ces offrandes faites par Crésus dans Hérodote (I, 50, 51), qui les vit à Delphes. Quant au poids et au nombre exacts, il y a quelque différence entre lui et Diodore; de plus, le texte d'Hérodote lui-même n'est pas exempt d'obscurité.

Péparéthiens), mais encore fut présentée par lui en qualité de surveillant de la fête Pythienne, pour disputer le prix en jouant l'hymne sacré. Comme les compétiteurs pour ce prix avaient toujours été des hommes, la foule assemblée ressentit si vivement l'innovation qu'elle força par ses cris Bromias à se retirer (1). En outre, d'extravagantes largesses et une malversation flagrante devinrent plus notoires que jamais (2). Les chefs phokiens déployèrent avec ostentation leurs richesses nouvellement acquises, et ou bien ils importèrent pour la première fois des esclaves achetés, ou du moins ils en multiplièrent beaucoup le nombre qui existait déjà. Ç'avait été auparavant l'usage en Phokis, nous dit-on, que les hommes riches fussent servis par les jeunes gens pauvres de condition libre du pays, et cette dernière classe se plaignit que son pain quotidien lui fût enlevé ainsi (3).

Nonobstant l'indignation que ces actes excitèrent non-seulement dans toute la Grèce, mais même dans la Phokis, — Phayllos réussit à lever une nouvelle armée de mercenaires, et à acheter de nouvelles alliances parmi les cités

---

(1) Théopompe, Fragm. 182, 183; Phylarque, Fragm. 60, éd. Didot; Anaximène et Ephore ap. Athenæum, VI, p. 231, 232. Les jeux Pythiens auxquels il est fait allusion ici doivent avoir été ceux qui furent célébrés en août ou en septembre 350 av. J.-C. Il semblerait donc que Phayllos aurait survécu à cette période.

(2) Diodore, XVI, 56, 67. L'histoire ajoutée au sujet d'Iphikratês et des vaisseaux de Denys de Syracuse, — histoire qui, en tout cas, arrive tout à fait en dehors de sa place chronologique, — ne me paraît pas digne de foi, de la manière dont Diodore la donne ici. L'escadre de Denys, qu'Iphikratês captura sur la côte de Korkyra, venait au secours et à la requête des Lacédæmoniens, alors en guerre avec Athènes (Xénoph. Hellen. VI, 2, 33). C'était donc une prise légitime pour un général athénien, avec tout ce qui était à bord. Si, au milieu de la cargaison, il y avait par hasard des présents destinés à Olympia et à Delphes, ces présents, comme étant sur des vaisseaux de guerre, devaient suivre le sort des autres personnes et objets qui s'y trouvaient. Ils ne devaient pas être considérés comme la propriété du dieu avant d'avoir été réellement placés dans son temple. Et la personne qui les envoyait n'était pas autorisée à invoquer le privilége d'une cargaison consacrée, à moins de les avoir séparés de tout accompagnement hostile. La lettre de plaintes adressée aux Athéniens, que Diodore donne comme ayant été envoyée par Denys, ne me paraît ni authentique, ni même plausible.

(3) Timée, Fragm. 67, éd. Didot; ap. Athenæum, VI, p. 264-272.

plus petites (352-351 av. J.-C.). Athènes et Sparte profitèrent toutes deux plus ou moins de la distribution, bien que les frais de l'expédition athénienne aux Thermopylæ, qui sauva les Phokiens de la destruction, paraissent évidemment avoir été payés par les Athéniens seuls (1). Phayllos fit pendant quelque temps la guerre aux Bœôtiens et aux Lokriens. Selon Diodore, il perdit plusieurs batailles. Mais il est certain que le résultat général ne lui fut pas défavorable ; qu'il occupa Orchomenos en Bœôtia, et que sa puissance resta sans diminution sensible (2).

Le fort de la guerre, pour le moment, semble avoir été transféré dans le Péloponèse, où une portion des troupes phokiennes et thèbaines allèrent pour coopérer (352-351 av. J.-C.). Les Lacédæmoniens avaient fini par ouvrir contre Megalopolis leur campagne qui, comme je l'ai déjà dit, avait été débattue devant l'assemblée publique athénienne. Leur plan semble avoir été formé quelques mois auparavant, quand Onomarchos était à l'apogée de sa puissance, et que Thêbes était supposée en danger ; mais il ne fut exécuté qu'après sa défaite et sa mort, lorsque les Phokiens, abattus pour le moment, furent sauvés seulement par la prompte intervention d'Athènes, et lorsque les Thêbains eurent les mains comparativement libres. De plus, on peut présumer que la division thêbaine qui avait été envoyée en Asie sous Pammenês un an ou deux auparavant, pour assister Artabazos, était actuellement de retour, d'autant plus que nous savons que, peu de temps après, Artabazos paraît comme complétement défait par les troupes persanes, chassé d'Asie, et forcé de se réfugier, avec son beau-frère Memnon, sous la protection de Philippe (3). Les Mégalopolitains avaient envoyé des ambassadeurs demander du secours à Athènes, dans la crainte que Thêbes ne fût pas en état de les aider. On peut douter qu'Athènes ait voulu accéder à leur prière, malgré le conseil de Démosthène ; mais les Thê-

(1) Diodore, XVI, 57 : cf. Démosth. Fals. Legat. p. 367.

(2) Diodore, XVI, 37, 38.

(3) Diodore, XVI, 52.

bains étaient à ce moment devenus assez forts pour soutenir de leurs propres forces leurs alliés naturels du Péloponèse.

En conséquence, lorsque l'armée lacédæmonienne, sous le roi Archidamos, envahit le territoire mégalopolitain (352-351 av. J.-C.), on réunit bientôt une armée capable de lui résister, fournie en partie par les Argiens, qui avaient été engagés l'année précédente dans une guerre de frontière avec Sparte et qui avaient essuyé une défaite partielle à Orneæ (1), en partie par les Sikyoniens et par les Messêniens, qui vinrent au grand complet. En outre, les forces des deux côtés de Bœôtia et de Phokis furent transportées dans le Péloponèse. Les Thêbains envoyèrent quatre mille fantassins et cinq cents chevaux, sous Kephisiôn, au secours de Megalopolis ; tandis que les Spartiates non-seulement rappelèrent leurs propres troupes de Phokis, mais encore se procurèrent trois mille des mercenaires au service de Phayllos, et cent cinquante cavaliers thessaliens de Lykophrôn, le despote de Pheræ, qui en avait été chassé. Archidamos reçut ses renforts et réunit ses forces collectives plus tôt que l'ennemi. Il entra d'abord en Arkadia, où il se posta près de Mantineia, coupant ainsi les Argiens de Megalopolis ; ensuite il envahit le territoire d'Argos, attaqua Orneæ, et défit les Argiens dans un engagement partiel. Bientôt les Thêbains arrivèrent et opérèrent une jonction avec leurs alliés argiens et arkadiens. L'armée combinée était de beaucoup supérieure en nombre aux Lacédæmoniens ; mais cette supériorité était contre-balancée par la mauvaise discipline des Thêbains, qui avaient tristement décliné sous ce rapport pendant l'intervalle de dix ans qui s'était écoulé depuis la mort d'Epaminondas. Il s'ensuivit une bataille, avantageuse en partie aux Lacédæmoniens, tandis que les Argiens et les Arkadiens préférèrent rentrer chez eux dans leurs cités voisines. Les Lacédæmoniens aussi, après avoir ravagé une partie de l'Arkadia et pris d'assaut la ville arkadienne d'Helissos, repassèrent bientôt leur propre frontière et retournèrent à

(1) Diodore, XVI, 34.

Sparte. Toutefois ils laissèrent en Arkadia une division sous Anaxandros, qui, dans un engagement avec les Thêbains près de Telphusa, fut vaincu en essuyant de grandes pertes et fait prisonnier. Dans deux autres batailles encore, les Thêbains furent successivement victorieux; dans une troisième, ils furent défaits par les Lacédæmoniens. La guerre se continua avec ces succès balancés et indécis, jusqu'à ce qu'enfin les Lacédæmoniens proposassent la paix à Megalopolis et la fissent avec elle. Soit formellement, soit implicitement, ils furent forcés de reconnaître l'autonomie de cette cité ; abandonnant ainsi, du moins pour le moment, leurs desseins agressifs, que Démosthène avait combattus et cherché à déjouer devant l'assemblée athénienne. Les Thêbains, de leur côté, retournèrent dans leurs foyers, après avoir rempli leur but, qui était de protéger Megalopolis et Messênê ; et nous pouvons présumer que les alliés phokiens de Sparte furent renvoyés chez eux également (1).

La guerre entre les Bœôtiens et les Phokiens s'était sans doute ralentie pendant cet épisode dans le Péloponèse ; mais elle continuait encore, dans une série d'engagements partiels, sur le fleuve Kephissos, à Korôneia, à Abæ en Phokis, et près de la ville lokrienne de Naryx (351-350 av. J.-C.). Dans la plupart des cas, les Phokiens furent, dit-on, défaits ; et leur commandant Phayllos mourut bientôt d'une pénible maladie, — châtiment approprié (au point de vue d'un historien grec) (2) pour ses actions sacriléges. Il laissa pour successeur Phalækos, jeune homme, fils d'Onomarchos, sous la tutelle d'un ami éprouvé, Mnaseas, qui devait être en même temps son conseiller. Mais Mnaseas fut bientôt surpris de nuit, défait et tué par les Thêbains ; tandis que Phalækos, laissé à ses propres ressources, fut vaincu dans deux batailles près de Chæroneia, et mis hors d'état d'empêcher ses ennemis de ravager une partie considérable du territoire phokien (3).

---

(1) Diodore, XVI, 39.
(2) Diodore, XVI, 38.
(3) Diodore, XVI, 38, 39.

Nous ne connaissons les incidents successifs de cette Guerre Sacrée de dix ans que par les maigres annales de Diodore, dont la sympathie chaleureuse en faveur du côté religieux de la question semble l'entraîner à exagérer les victoires des Thêbains, ou du moins à omettre en partie les revers qui les contre-balançaient. Car, malgré ces victoires successives, les Phokiens ne furent nullement abattus, mais ils restèrent en possession de la ville bœôtienne d'Orchomenos ; de plus, les Thêbains finirent par être si fatigués et si appauvris par la guerre, qu'ils se bornèrent bientôt à des incursions et à des escarmouches irrégulières (1) (350-349 av. J.-C.). Leurs pertes tombaient entièrement sur leurs propres citoyens et sur leurs propres fonds ; tandis que les Phokiens faisaient la guerre avec des mercenaires étrangers et avec les trésors du temple (2). La pauvreté croissante des Thêbains les engagea même à envoyer demander un secours pécuniaire au roi de Perse par une ambassade, qui tira de lui un présent de 300 talents. Comme il était en train à ce moment d'organiser une nouvelle expédition sur la plus vaste échelle pour reconquérir la Phénicie et l'Egypte, après plus d'un échec antérieur, — il avait besoin de soldats grecs autant que les Grecs avaient besoin de son argent. Aussi verrons-nous bientôt que les Thêbains purent lui envoyer un équivalent.

Dans la guerre sur la frontière laconienne et arkadienne qui vient d'être racontée, les Athéniens n'avaient pris aucune part. Leur lutte avec Philippe était devenue de mois en mois plus sérieuse et plus embarrassante (352-351 av. J.-C.). En occupant à temps le défilé défendable des Thermopylæ, ils l'avaient, il est vrai, empêché et d'écraser les Phokiens et de se mêler des États méridionaux de la

(1) Diodore, XVI, 40. Ἐπὶ δὲ τούτων, Θηβαῖοι κάμνοντες τῷ πρὸς Φωκεῖς πολέμῳ, καὶ χρημάτων ἀπορούμενοι, πρέσβεις ἐξέπεμψαν πρὸς τὸν τῶν Περσῶν βασιλέα... Τοῖς δὲ Βοιωτοῖς καὶ τοῖς Φωκεῦσιν ἀκροβολισμοὶ μὲν καὶ χώρας καταδρομαὶ συνέστησαν, πράξεις δὲ κατὰ τοῦτον τὸν ἐνιαυτὸν (351-350 avant J.-C., — suivant la chronologie de Diodore), οὐ συνετελέσθησαν.

(2) Isokrate, Orat. V (ad Philipp.), s. 61.

Grèce. Mais la bataille finale, dans laquelle il avait défait Onomarchos, avait considérablement augmenté sa puissance et sa réputation militaire. Le nombre des combattants des deux côtés était très-grand ; le résultat fut décisif et ruineux pour le vaincu ; de plus, nous ne pouvons douter que la phalange macédonienne, avec les autres perfectionnements et manœuvres militaires que Philippe avait organisés par degrés depuis son avénement, ne se montrât alors avec une efficacité formidable. Le roi de Macédoine était devenu le soldat et le potentat influent ; il menaçait les extrémités du monde grec en excitant des craintes ou des espérances, ou toutes les deux à la fois, dans toute cité d'un bout à l'autre du pays. Dans la première Philippique de Démosthène, et dans son discours contre Aristokratês (prononcés entre le solstice d'été de 352 et celui de 351 av. J.-C.), nous discernons des marques évidentes des terreurs que Philippe avait fini par inspirer, dans l'espace d'une année après son échec aux Thermopylæ, à des politiques grecs réfléchis. « Il est impossible à Athènes (dit l'orateur) (1) de fournir une armée de terre capable de lutter en rase campagne contre celle de Philippe. »

La réputation de son talent comme général et de son infatigable activité était déjà reconnue partout, aussi bien que celle des officiers et des soldats, en partie Macédoniens indigènes, en partie Grecs d'élite, qu'il avait réunis autour de lui (2), — surtout des lochagi ou hommes du premier rang de la phalange et des hypaspistæ. De plus, l'excellente cavalerie de la Thessalia fut dorénavant incorporée comme élément dans l'armée macédonienne, puisque Philippe avait acquis un ascendant sans bornes dans ce pays, pour avoir chassé les despotes de Pheræ et leurs auxiliaires les Phokiens. Le parti philo-macédonien dans les cités thessaliennes

(1) Démosthène, Philipp. I, p. 46, s. 26 (352-351 av. J.-C.). Cf. Philippique III, p. 124, s. 63.

(2) Démosthène, Olynth. II, p. 23, s. 17 (prononcée en 350 av. J.-C.). ...Οἱ δὲ δὴ περὶ αὐτὸν ὄντες ξένοι καὶ πεζέταιροι δόξαν μὲν ἔχουσιν ὡς εἰσὶ θαυμαστοὶ καὶ συγκεκροτημένοι τὰ τοῦ πολέμου, etc.

l'avait fait chef fédéral (ou tagos en quelque sorte) du pays, non-seulement en enrôlant sa cavalerie dans ses armées, mais encore en mettant à sa disposition les douanes et les droits de marché, qui formaient un fonds commun permanent destiné à pourvoir à l'administration thessalienne collective (1). Les moyens financiers de Philippe, pour payer ses troupes étrangères et poursuivre ses entreprises militaires, furent ainsi considérablement augmentés.

Mais, outre son irrésistible armée de terre, Philippe était également devenu maître alors d'une puissance navale assez considérable (351 av. J.-C.). Pendant les premières années de la guerre, bien qu'il eût pris non-seulement Amphipolis, mais encore toutes les possessions athéniennes sur la côte macédonienne, cependant les exportations de son territoire avaient été interrompues par les forces navales d'Athènes, au point de diminuer sérieusement le produit de ses droits d'exportation (2). Mais il s'était arrangé actuellement pour réunir un nombre suffisant de vaisseaux armés et de pirates, sinon pour détourner ce dommage de lui-même, du moins pour s'en venger sur Athènes. Dans le fait, la marine de cette dernière était encore incomparablement supérieure, mais la langueur et la négligence de ses citoyens refusaient de l'employer avec efficacité ; tandis que Philippe s'était ouvert une nouvelle route pour arriver à la puissance maritime en acquérant Pheræ et Pagasæ, et en établissant son ascendant sur les Magnêtes et sur leur territoire, autour du bord oriental du golfe Pagasæen. Ce golfe (connu aujourd'hui sous le nom de Volo), est encore la grande voie d'entrée et de sortie pour le commerce thessalien ; la côte orientale de la Thessalia, le long de la ligne du mont Peliôn,

(1) Démosthène cont. Aristokrat. p. 657, s. 133 (352-351 avant J.-C.) ; et Démosth. Olynth. I, p. 15, s. 23 (349 av. J.-C.). Ἤκουον δ' ἔγωγέ τινων ὡς οὐδὲ τοὺς λίμενας καὶ τὰς ἀγορὰς ἔτι δώσοιεν αὐτῷ καρποῦσθαι · τὰ γὰρ κοινὰ τὰ Θετταλῶν ἀπὸ τούτων δέοι διοικεῖν, οὐ Φίλιππον λαμβάνειν · εἰ δὲ τούτων ἀποστερηθήσεται τῶν χρημάτων, εἰς στενὸν κομιδῇ τὰ τῆς τροφῆς τοῖς ξένοις αὐτῳ καταστήσεται.

(2) Démosthène cont. Aristokrat. p. 657, s. 131-133 (352-351 av. J.-C.) : cf. Isokrate, Orat. V (ad Philipp.), s. 5.

étant rocailleuse et dépourvue de ports (1). Les forces navales appartenant à Pheræ et à son port de mer Pagasæ étaient très-considérables, et l'avaient été même dès les temps des despotes Jasôn et Alexandre (2); Athènes même à un moment en avait fait la pénible expérience. Tous ces vaisseaux passèrent alors au service de Philippe, avec les droits d'exportation et d'importation levés autour du golfe Pagasæen, dont il s'assura en outre l'empire en élevant des fortifications appropriées sur le rivage magnésien, et en mettant une garnison dans Pagasæ (3). Ces moyens navals additionnels, combinés avec ce qu'il possédait déjà à Amphipolis et ailleurs, le rendirent promptement importun, sinon formidable, à Athènes, même sur mer. Ses trirèmes se mon-

(1) Xénophon, Hellen. V, 4, 56, Hermippus ap. Athenæ. I, p. 27. Au sujèt du commerce lucratif dans le golfe par rapport à Demetrias et à Thebæ Phthiotidês, V. Tite-Live, XXXIX, 25.

(2) Démosthène cont. Polykl. p. 1207; De Coronâ Trierarchicâ, p. 1230; Diodore, XV, 95; Xénoph. Hellen. VI, s. 11.

(3) Démosth. Olynth. I, p. 15, s. 23. Καὶ γὰρ Παγασὰς ἀπαιτεῖν αὐτόν εἰσιν ἐψηφισμένοι (les Thessaliens redemandent la place à Philippe), καὶ Μαγνησίαν κεκωλύκασι τειχίζειν. Dans Olynth. II, p. 21, s. 11, il y a : — Καὶ γὰρ νῦν εἰσὶν ἐψηφισμένοι Παγασὰς ἀπαιτεῖν, καὶ περὶ Μαγνησίας λόγους ποιεῖσθαι. Je crois que la dernière expression présente le fait avec une précision plus rigoureuse; les Thessaliens rendirent un vote à l'effet de *faire des remontrances* à Philippe; il n'est pas probable *qu'ils l'empêchassent réellement*. Et si plus tard « il leur donna la Magnesia, » comme il nous est dit dans un discours postérieur prononcé en 344 avant J.-C. (Philippique II, p. 71, s. 24), il la donna probablement en se réservant les postes fortifiés; — puisque nous savons que son ascendant sur la Thessalia non-seulement ne s'était pas relâché, mais était devenu plus violent et exerçait une plus grande compression.

L'importance que les rois macédoniens continuèrent d'attacher, à partir de ce moment, à la Magnesia et à l'enfoncement du golfe Pagasæen, est démontrée par la fondation de la cité de Demetrias dans cette importante position par Demetrios Poliorkêtês, environ soixante ans après. Demetrias, Chalkis et Corinthe en vinrent à être considérées comme les positions les plus dominantes en Grèce.

Cette belle baie, avec le fertile territoire situé sur ses rivages au pied du mont Peliôn, est bien décrite par le colonel Leake, Travels in Northern Greece, vol. IV, ch. 41, p. 373 *seq.* Je doute qu'Ulpien (ad Demosth. Olynth. I, p. 24) ou le colonel Leake (p. 381) soit autorisé à supposer qu'il y avait une *ville* appelée *Magnesia* sur les rivages du golfe. Strabon ni Skylax n'en mentionnent aucune, et je crois que les passages de Démosthène cités plus haut veulent dire *Magnesia la région* habitée par les Magnêtes, comme dans Démosthène cont. Neæram, p. 1382, s. 141.

traient partout, probablement en petites escadres se mouvant rapidement. Il levait des contributions considérables sur les alliés insulaires d'Athènes, et subvenait grandement aux frais de la guerre en capturant des bâtiments marchands dans la mer Ægée. Ses escadres firent des incursions dans les îles athéniennes de Lemnos et d'Imbros, et enlevèrent plusieurs citoyens athéniens comme prisonniers. Elles allèrent même au sud aussi loin que Geræstos, le promontoire méridional de l'Eubœa, et non-seulement elles y rencontrèrent et capturèrent une escadre lucrative de navires de blé, mais encore elles insultèrent la côte de l'Attique elle-même dans la baie opposée de Marathôn, et remorquèrent comme prise une des trirèmes sacrées (1). Tel fut le dommage que causèrent successivement les escadres volantes de Philippe, bien qu'Athènes eût probablement un nombre considérable de croiseurs en mer et certainement un nombre bien supérieur de vaisseaux dans Peiræeus. Son commerce et même ses côtes furent troublés et mis en danger; ses alliés insulaires souffrirent plus encore. L'Eubœa en particulier, le plus rapproché et le plus important de tous ses alliés, séparée du golfe Pagasæen et de la côte méridionale de Phthiotis seulement par un détroit resserré, fut actuellement à la portée immédiate non-seulement des bâtiments maraudeurs de Philippe, mais encore de ses intrigues politiques.

Ce fut ainsi que la guerre contre Philippe tourna de plus en plus à la honte et au désavantage des Athéniens (351

(1) Démosthène, Philippique I, p. 46, s. 25. Δεῖ γὰρ, ἔχοντος ἐκείνου ναυτικὸν, καὶ ταχειῶν τριηρῶν ἡμῖν, ὅπως ἀσφαλῶς ἡ δύναμις πλέῃ. — P. 49, s. 38. Πρῶτον μὲν τὸν μέγιστον τῶν ἐκείνου πόρων ἀφαιρήσεσθε · ἐστὶ δ' οὗτος τίς; ἀπὸ τῶν ὑμετέρων ὑμῖν πολεμεῖ συμμάχων, ἄγων καὶ φέρων τοὺς πλέοντας τὴν θάλασσαν. Ἔπειτα, τί πρὸς τοῦτο; τοῦ πάσχειν αὐτοὶ κακῶς ἔξω γενήσεσθε, οὐχ ὥσπερ τὸν παρελθόντα χρόνον εἰς Λῆμνον καὶ Ἴμβρον ἐμβαλὼν αἰχμαλώτους πολίτας ὑμετέρους ᾤχετ' ἄγων, πρὸς τῷ Γεραιστῷ τὰ πλοῖα συλλαβὼν ἀμύθητα χρήματ' ἐξέλεξε, τὰ τελευταῖα εἰς Μαραθῶνα ἀπέβη, καὶ τὴν ἱερὰν ἀπὸ τῆς χώρας ᾤχετ' ἔχων τριήρη, etc.

Il nous est difficile de savoir d'une manière certaine si la Trirème Sacrée prise ainsi était la Paralos ou la Salaminia : il se peut qu'il y ait eu d'autres trirèmes sacrées outre ces deux-là.

av. J.-C.). Bien qu'ils l'eussent commencée dans l'espoir de le punir de sa duplicité en s'appropriant Amphipolis, c'étaient eux qui avaient perdu par la prise de Pydna, de Potidæa, de Methônê, etc., et ils étaient actuellement réduits à la défensive, sans sécurité pour leurs alliés maritimes, leur commerce, leurs côtes (1). La nouvelle de ces pertes et des insultes diverses endurées sur mer, en dépit d'une supériorité maritime incontestable, provoqua à Athènes des plaintes acrimonieuses contre les généraux de l'État et des explosions exagérées de haine contre Philippe (2). Ce prince, après avoir passé quelques mois en Thessalia après son échec aux Thermopylæ, et avoir si bien établi son ascendant sur ce pays qu'il put confier à ses officiers l'achèvement de cette tâche, pénétra en Thrace avec son activité caractéristique. Il prit part aux disputes qui divisaient divers princes indigènes, il en chassa quelques-uns, en confirma ou installa d'autres, et étendit sa propre domination aux dépens de tous (3). Au nombre de ces princes étaient probablement Kersobleptês et Amadokos, car Philippe porta ses agressions jusqu'au voisinage immédiat de la Chersonèse de Thrace.

En novembre 352 avant J.-C. parvint à Athènes la nouvelle qu'il était en Thrace occupé à assiéger Heræon Teichos, place si voisine de la Chersonèse (4), que les posses-

(1) Démosthène, Philippique I, p. 52, s. 49. Ὁρῶν τὴν μὲν ἀρχὴν τοῦ πολέμου γεγενημένην ὑπὲρ τοῦ τιμωρήσασθαι Φίλιππον, τὴν δὲ τελευτὴν οὖσαν ἤδη ὑπὲρ τοῦ μὴ παθεῖν κακῶς ὑπὸ Φιλίππου. (Entre le solstice d'été de 352 et celui de 351 av. J.-C.)

(2) Démosth. cont. Aristokrat. p. 660, s. 144, p. 656, s. 130. Ἀλλ' ὁ μάλιστα δοκῶν νῦν ὑμῖν ἐχθρὸς εἶναι Φίλιππος οὑτοσί, etc. (Cette harangue se place aussi entre le solstice d'été de 352 et celui de 351 av. J.-C.)

(3) Démosthène, Olynth. I, p. 13, s. 13.

(4) Démosth. Olynth. III, p. 29, s. 5 (prononcée dans la seconde moitié de 350 avant J.-C.).

... Ἀπηγγέλθη Φίλιππος ὑμῖν ἐν Θράκῃ, τρίτον ἢ τέταρτον ἔτος τουτί, Ἡραῖον Τεῖχος πολιορκῶν, τότε τοίνυν μὴν μὲν ἦν Μαιμακτηριών, etc.

Cette expédition de Philippe en Thrace (à laquelle il est fait également allusion dans Démosthène, Olynth. I, p. 13, s. 13) est fixée à la date de novembre 352 avant J.-C, sur des motifs raisonnablement bons.

Que la ville ou forteresse appelée Ἡραῖον Τεῖχος fût voisine de la Chersonèse, c'est ce dont on ne peut douter. Les commentateurs l'identifient avec

sions et les colons d'Athènes dans cette péninsule furent menacés d'un danger considérable. Cette nouvelle causa tant d'alarme et d'émotion, que l'assemblée publique rendit sur-le-champ un vote à l'effet d'équiper une flotte de quarante trirèmes, — de la garnir de citoyens athéniens, toutes les personnes jusqu'à l'âge de quarante-cinq ans étant assujetties à servir dans l'expédition, — et de lever soixante talents par une taxe foncière directe. D'abord on prit d'actives mesures pour accélérer l'armement. Mais avant que les difficultés de détail pussent être surmontées, — avant qu'on pût déterminer, au milieu de l'aversion générale pour un service personnel, quels citoyens partiraient, et comment le fardeau de la triérarchie serait distribué, — il arriva de Chersonèse d'autres messagers annonçant d'abord que Philippe était tombé malade, ensuite qu'il était réellement mort (1). Le rapport mentionné en dernier lieu se trouva faux; mais la maladie de Philippe était un fait réel, et semble avoir été assez sérieuse pour causer une suspension temporaire de ses opérations militaires. Bien que l'occasion n'en devînt ainsi que d'autant plus favorable pour attaquer Philippe, cependant les Athéniens, n'étant plus stimulés par la crainte d'un nouveau danger immédiat, retombèrent dans leur première langueur, et renoncèrent à leur armement projeté ou l'ajournèrent. Après avoir passé

Ἡραῖον, mentionné par Hérodote (IV, 90) comme étant près de Perinthos. Mais cette hypothèse est très-douteuse. Ἡραῖον Τεῖχος n'est pas la même place que Ἡραῖον; et cette dernière ville n'était pas non plus très-près de la Chersonèse; et Philippe n'était pas encore en état de provoquer ou de menacer une ville aussi puissante que Perinthos, — bien qu'il le fît dix ans plus tard (Diodore, XVI, 74).

Je ne puis croire que nous sachions où était située la ville d'Ἡραῖον Τεῖχος, si ce n'est qu'elle était en Thrace, et près de la Chersonèse.

(1) Démosth. Olynth. III, p. 29, 30. Ὡς γὰρ ἠγγέλθη Φίλιππος ἀσθενῶν ἢ τεθνεὼς (ἦλθε γὰρ ἀμφότερα), etc. Il est fait allusion dans la première Philippique, p. 43, s. 14, à ces rapports de la maladie et de la mort de Philippe en Thrace. Il est également fait allusion dans la première Philippique, p. 44, s. 20, p. 51, s. 46, à l'expédition de Philippe menaçant la Chersonèse, et au vote rendu par les Athéniens aussitôt qu'ils apprirent cette expédition. Καὶ ὑμεῖς, ἂν ἐν Χεῤῥονήσῳ πύθησθε Φίλιππον, ἐκεῖσε βοηθεῖν ψηφίσεσθε, etc. Quand Philippe assiégeait Ἡραῖον τεῖχος, on disait qu'il était ἐν Χεῤῥονήσῳ.

tout l'été suivant dans l'inaction, ils purent seulement être déterminés, dans le mois de septembre 351, à envoyer en Thrace une faible armée sous le chef mercenaire Charidêmos; dix trirèmes sans soldats à bord et avec une somme ne dépassant pas dix talents en espèces (1).

A ce moment, Charidêmos était à l'apogée de sa popularité. On supposait qu'il pouvait lever et entretenir une bande de mercenaires par son savoir-faire et par sa valeur. Ses amis affirmaient avec confiance devant l'assemblée athénienne qu'il était le seul homme capable de renverser Philippe et de conquérir Amphipolis (2). Un de ces partisans, Aristokratês, alla même jusqu'à proposer qu'on rendît un vote qui assurerait l'inviolabilité de sa personne, et porterait que quiconque le tuerait serait arrêté partout où il serait trouvé dans le territoire d'Athènes ou de ses alliés. Cette proposition fut attaquée judiciairement par un accusateur nommé Eutyklês, qui emprunta un mémorable discours à la plume de Démosthène.

Ce fut ainsi que la maladie réelle et la prétendue mort de Philippe, qui auraient dû agir comme stimulant sur les Athéniens en exposant à leurs coups leur ennemi dans un moment de faiblesse particulière, furent plutôt un narcotique qui exagéra leur léthargie chronique et les abusa au point de leur faire croire que de nouveaux efforts étaient inutiles. Cette opinion paraît avoir été proclamée par les orateurs principaux, très-connus et âgés, qui donnaient le ton à l'assemblée publique, et sur lesquels on comptait particulièrement pour avoir des avis. Ces hommes, — ayant probablement à leur tête Euboulos et Phokiôn, si constamment nommé général, — ou ne sentirent pas ou bien ne purent se déterminer à proclamer la pénible nécessité d'un service militaire personnel et d'une augmentation des

---

(1) Démosth. Olynth. III, p. 30, s. 6.

(2) Démosthène cont. Aristokrat. p. 625, s. 14, p. 682, 683. Ce discours prononcé entre le solstice d'été de 352 et celui de 351 avant J.-C. semble avoir précédé novembre 352 avant J.-C., époque à laquelle on apprit à Athènes que Philippe assiégeait Ἡραῖον Τεῖχος.

taxes. Bien qu'il y eût des débats répétés sur les insultes faites à Athènes dans sa dignité maritime, et sur les souffrances de ces alliés auxquels elle devait protection, — combinés avec des accusations contre les généraux et avec des plaintes au sujet de l'impuissance de ces étrangers mercenaires qu'Athènes prenait à son service, mais ne payait jamais, — les conseillers publics reconnus reculaient encore devant un appel au patriotisme endormi ou à la patience personnelle des citoyens. Le devoir sérieux, mais indispensable, qu'ils négligèrent alors, fut rempli pour eux par un compétiteur plus jeune, bien inférieur à eux en position et en influence établies, — Démosthène, âgé alors de trente ans environ, — dans une harangue connue sous le nom de Première Philippique.

Nous avons déjà eu sous les yeux cet homme ambitieux comme conseiller public de l'assemblée. Dans sa première harangue parlementaire prononcée deux années auparavant (1),

---

(1) J'adopte la date acceptée par la plupart des critiques, sur l'autorité de Denys d'Halikarnasse, pour la première Philippique : l'archontat d'Aristodêmos, 352-351 avant J.-C. Elle appartient, je crois, à la seconde moitié de cette année.

Les assertions de Denys se rapportant à ce discours ont été fortement révoquées en doute ; à bon droit, dans une certaine mesure, pour ce qu'il avance au sujet de la *sixième Philippique* (ad Ammæum, p. 736). Ce qu'il appelle la *sixième* est en réalité la *cinquième* dans sa propre énumération, venant immédiatement après la première Philippique et les trois Olynthiennes. Quant à la harangue De Pace, qui est à proprement parler la sixième dans son énumération, il ne lui assigne aucun nombre qui en indique l'ordre. Ce qui est encore plus embarrassant, — il donne comme les mots du début de ce qu'il appelle la *sixième* Philippique, certains mots qui se rencontrent dans le milieu de la première Philippique, immédiatement après le plan financier lu au peuple par Démosthène, — les mots — Ἃ μὲν ἡμεῖς, ὦ ἄνδρες Ἀθηναῖοι, δεδυνήμεθα εὑρεῖν, ταῦτ' ἐστίν (Philipp. I, p. 48). Si cela était exact, nous aurions à partager la première Philippique en deux parties, et à reconnaître la dernière partie (après les mots ἃ μὲν ἡμεῖς) comme un discours séparé et postérieur. Quelques critiques, entre autres le docteur Thirlwall, s'accordent avec Denys jusqu'à séparer la dernière partie de la première, et à la considérer comme une partie de harangue postérieure. Je suis l'opinion la plus commune, qui accepte le discours comme ne faisant qu'un. Il y a, soit dans le texte, soit dans les affirmations de Denys, une confusion qui n'a jamais été éclaircie d'une manière satisfaisante et qui peut-être ne saurait l'être.

Boehnecke (dans ses Forschungen auf dem Gebiete der Attischen Redner, p. 222 *seq.*) est entré dans un

il avait commencé à inculquer à ses compatriotes la leçon générale de l'énergie et de la confiance en soi-même, et à leur rappeler ce que le bien-être, l'activité et les raffinements pacifiques de la vie athénienne avaient une tendance constante à éloigner de leurs yeux : — à savoir que la cité, comme ensemble, ne pouvait défendre sa sécurité et sa dignité contre des ennemis, à moins que chaque citoyen individuellement, outre ses devoirs à l'intérieur, ne fût prêt à prendre sa part équitable, avec empressement et sans détour, aux maux et aux dépenses d'un service personnel au dehors (1). Mais il n'avait été appelé alors à s'occuper (dans son discours De Symmoriis) que de l'éventualité d'hostilités persanes, — possibles, il est vrai, cependant ni prochaines, ni déclarées; il renouvelle actuellement la même exhortation dans des exigences plus pressantes (printemps de 351 avant J.-C.). Il a à protéger des intérêts déjà souffrants et à repousser des insultes déshonorantes, devenant de mois en mois plus fréquentes, de la part d'un infatigable ennemi. Des assemblées successives ont été occupées des plaintes des victimes, au milieu d'un sentiment de chagrin et d'impuissance inaccoutumé parmi le public, — sans toutefois aucun soulagement réel donné par les orateurs principaux et jouissant d'un crédit établi, qui se contentent de se déchaîner contre la négligence des mercenaires, — qu'Athènes prend à son service et ne paye jamais, — et de menacer d'accuser les généraux. L'assemblée,

---

examen complet et élaboré de la première Philippique et de toute la controverse à son sujet. Il rejette complétement l'assertion de Denys. Il pense que le discours, tel qu'il est actuellement, est un seul tout, mais prononcé trois ans plus tard que Denys ne l'affirme, non en 351 avant J.-C., mais dans le printemps de 348 avant J.-C., après les trois Olynthiennes, et un peu avant la chute d'Olynthos. Il signale divers points chronologiques (dont, à mon avis, aucun ne prouve ce qu'il avance) tendant à montrer que la harangue n'a pas pu être prononcée si tôt que 351 avant J.-C. Mais supposer que le discours fut prononcé à une époque aussi avancée de la guerre olynthienne, et cependant que rien n'y soit dit au sujet de cette guerre et presque rien au sujet d'Olynthos elle-même, — c'est, selon moi, une difficulté plus grande qu'aucune de celles que Boehnecke essaye d'établir contre la date la plus reculée.

(1) Démosthène, De Symmoriis, p. 182, s. 18.

fatiguée de la répétition d'arguments qui ne promettent pas d'amélioration pour l'avenir, est convoquée, probablement pour entendre quelque nouvel exemple de dommage commis par les croiseurs macédoniens, quand Démosthène, passant par-dessus les formalités ordinaires de priorité, se lève le premier pour lui parler.

Jadis il avait été d'usage à Athènes que le héraut demandât en forme, quand s'ouvrait une assemblée publique : « — Quel est celui des citoyens au-dessus de cinquante ans qui désire parler? et, après eux, quel autre citoyen à son tour (1)? » Bien que cette ancienne proclamation fût tombée en désuétude, l'habitude subsistait encore, que des orateurs d'un âge avancé et d'expérience se levassent les premiers après que les débats avaient été ouverts par les magistrats qui présidaient. Mais les relations d'Athènes avec Philippe avaient été si souvent discutées, que tous ces hommes avaient déjà exprimé leurs sentiments et épuisé leurs recommandations. « Si leurs recommandations avaient été bonnes, vous n'auriez pas besoin maintenant de débattre de nouveau le même sujet (2), » dit Démosthène, afin de s'excuser de s'avancer avant son tour pour exposer ses propres vues.

En effet, ses vues étaient si neuves, si indépendantes de sympathies ou d'antipathies de parti ; elles présentaient avec tant de franchise des commentaires sur le passé et des demandes pour l'avenir, — qu'elles auraient difficilement été proposées par un autre que par un orateur animé de l'idéal de l'ancien temps de Periklês, que son étude de Thucydide lui avait rendu familier. Dans un langage explicite, Démosthène jette le blâme des malheurs publics non-seulement sur les anciens conseillers et généraux du peuple,

---

(1) Æschine cont. Ktesiphont. p. 366.

(2) Démosthène, Philipp. 1, init... Εἰ μὲν περὶ καινοῦ τινὸς πράγματος προὐτίθετο λέγειν, ἐπισχὼν ἂν ἕως οἱ πλεῖστοι τῶν εἰωθότων γνώμην ἀπεφήναντο... ἐπειδὴ δὲ περὶ ὧν πολλάκις εἰρήκασιν οὗτοι πρότερον συμβαίνει καὶ νυνὶ σκοπεῖν, ἡγοῦμαι καὶ πρῶτος ἀναστὰς εἰκότως ἂν συγγνώμης τυγχάνειν · εἰ γὰρ ἐκ τοῦ παρεληλυθότος χρόνου τὰ δέοντα οὗτοι συνεβούλευσαν, οὐδὲν ἂν ὑμᾶς νῦν ἔδει βουλεύεσθαι.

mais encore sur le peuple lui-même (1). C'est de ce fait proclamé qu'il part, comme étant son principal motif d'espoir pour une amélioration future. Athènes a lutté jadis avec honneur contre les Lacédæmoniens, et aujourd'hui encore elle échangera la honte contre la victoire dans sa guerre contre Philippe, si ses citoyens individuellement veulent secouer leur inertie et leur négligence passées, chacun d'eux devenant désormais prêt à se charger de toute sa part de devoir personnel dans la cause commune. Athènes avait subi assez et trop d'humiliations qui lui donnaient cette leçon. Elle pouvait la recevoir encore de l'exemple de son ennemi, de Philippe lui-même, qui s'était élevé de faibles commencements, et accumulait sur elle les pertes aussi bien que la honte, grâce surtout à son énergie, à sa persévérance et à son habileté personnelles; tandis que les citoyens athéniens avaient été jusque-là si lents comme individus, et si peu préparés comme public, que même si un heureux retour de fortune venait à leur rendre Amphipolis, ils ne seraient pas en état de la saisir (2). S'il était vrai, comme le bruit en court, que ce Philippe fût mort, ils se feraient bientôt un autre Philippe non moins incommode.

Après avoir ainsi commenté sévèrement l'apathie passée des citoyens, et insisté sur un changement de dispositions comme indispensable, Démosthène en arrive à spécifier les actes particuliers par lesquels un pareil changement devrait se manifester. Il les supplie de ne pas être effrayés de la nouveauté de son plan, mais de l'écouter patiemment jusqu'à la fin. C'est le résultat de ses propres méditations : d'autres

---

(1) Démosthène, Philippique, I, p. 40, 41. Ὅτι οὐδὲν τῶν δεόντων ποιούντων ὑμῶν κακῶς τὰ πράγματα ἔχει · ἐπεί τοι, εἰ πάνθ' ἃ προσῆκε πραττόντων οὕτως εἶχεν, οὐδ' ἂν ἐλπὶς ἦν αὐτὰ βελτίω γενέσθαι, etc. Et, p. 12. Ἂν τοίνυν καὶ ὑμεῖς ἐπὶ τῆς τοιαύτης ἐθελήσητε γενέσθαι γνώμης νῦν, ἐπειδήπερ οὐ πρότερον... καὶ παύσησθε αὐτὸς μὲν οὐδὲν ἕκαστος ποιήσειν ἐλπίζων, τὸν δὲ πλήσιον πάνθ' ὑπὲρ αὐτοῦ πράξειν, etc.

Cf. la harangue précédente, De Symmoriis, p. 182, s. 18.

(2) Démosthène, Philipp. I, p. 43, s. 15. Ὡς δὲ νῦν ἔχετε, οὐδὲ, διδόντων τῶν καιρῶν Ἀμφίπολιν, δέξασθαι δυναισθ' ἄν, ἀπηρτημένοι καὶ ταῖς παρασκευαῖς καὶ ταῖς γνώμαις.

citoyens peuvent en avoir un meilleur à proposer; dans ce cas, on ne le verra pas se mettre sur leur chemin. On ne peut remédier à ce qui est passé, et un discours improvisé n'est pas le meilleur moyen de fournir des remèdes pour un avenir difficile (1).

Son premier conseil est qu'une flotte de cinquante trirèmes soit immédiatement mise en état; que les citoyens prennent la ferme résolution de servir en personne à bord, toutes les fois que l'occasion pourra l'exiger, et que des trirèmes et d'autres navires soient spécialement équipés pour une moitié des cavaliers de la cité, qui serviront aussi personnellement. Ces forces doivent être tenues prêtes à partir en un instant, et à rencontrer Philippe dans une de ses marches soudaines au dehors, — vers la Chersonèse, vers les Thermopylæ, vers Olynthos, etc. (2).

Son second conseil est qu'une autre armée permanente soit mise sur pied immédiatement pour prendre l'agressive et faire à Philippe une guerre active et continue, en le harcelant sur divers points de son propre pays. Deux mille fantassins et deux cents chevaux suffiront; mais il est essentiel qu'un quart, — cinq cents des premiers et cinquante des derniers, — soit composé de citoyens d'Athènes. Le reste doit être formé de mercenaires étrangers; on doit aussi avoir dix trirèmes de guerre fines voilières pour protéger les transports contre les forces navales de Philippe. Les citoyens devront servir par relais, se relevant l'un l'autre, chacun pour un temps fixé à l'avance, aucun toutefois pendant longtemps (3). L'orateur arrive ensuite à calculer les frais de cette armée permanente pour une année. Il assigne à chaque

---

(1) Démosth. Philipp. I, p. 44. ...Ἐπειδὰν ἅπαντα ἀκούσητε, κρίνατε — μὴ πρότερον προλαμβάνετε · μηδ' ἂν ἐξ ἀρχῆς δοκῶ τινὶ καινὴν παρασκευὴν λέγειν, ἀναβάλλειν μετὰ πράγματα ἡγεῖσθω · οὐ γὰρ οἱ ταχὺ καὶ τήμερον εἴποντες μάλιστα εἰς δέον λέγουσιν, etc.

...Οἶμαι τοίνυν ἐγὼ ταῦτα λέγειν ἔχειν, μὴ κωλύων εἴ τις ἄλλος ἐπαγγέλλεταί τι.

Il est à propos de faire remarquer ce ton de prière et la difficulté que, suivant l'orateur, il aura à se faire écouter.

(2) Démosth. Philipp. I, p. 44, 45.

(3) Démosth. Philipp. I, p. 45, 46.

marin et à chaque fantassin dix drachmes par mois, ou deux oboles par jour ; à chaque cavalier, trente drachmes par mois, ou une drachme (six oboles) par jour. Il n'y a pas de différence faite entre le citoyen athénien et l'étranger. La somme assignée ici n'est pas la solde complète, mais simplement les frais de subsistance de chaque homme. En même temps, Démosthène garantit que, si c'est là ce que l'État doit fournir, le reste d'une solde entière (ou une fois autant) sera complété par ce que les soldats acquerront eux-mêmes dans la guerre ; et cela encore, sans dommage causé aux Grecs alliés ou neutres. La dépense annuelle totale faite ainsi sera de quatre-vingt-douze talents (= environ cinq cent cinquante mille francs). Il ne donne aucune estimation des frais probables de son autre armement de cinquante trirèmes, qui doivent être équipées et tenues prêtes en un instant pour des éventualités, mais non pas envoyées en service permanent.

Sa tâche est ensuite de pourvoir aux moyens de faire face à cette dépense additionnelle de quatre-vingt-douze talents. Ici il produit et lit à l'assemblée un plan financier spécial, couché par écrit. Ne faisant réellement pas partie du discours, ce plan, par malheur, a été perdu, et son contenu nous aiderait considérablement à apprécier les vues de Démosthène (1). Il doit avoir été plus ou moins compliqué dans ses détails, et non une simple proposition d'une eisphora ou taxe foncière qui aurait été annoncée dans une phrase du discours de l'orateur.

Admettant qu'on ait pourvu à l'argent, aux vaisseaux et à l'armement pour un service permanent, Démosthène propose qu'on porte une loi formelle, qui rende ce service permanent de rigueur, le général chargé du commandement étant regardé comme responsable de l'emploi réel des forces (2). Les îles, les alliés maritimes et le commerce de la mer Ægée acquerraient ainsi de la sécurité ; tandis que les

---

(1) Démosthène, Philipp. I, p. 48, 49. Ἃ δ' ὑπάρξαι δεῖ παρ' ὑμῶν, ταῦτ' ἐστὶν ἁγὼ γέγραφα.

(2) Démosth. Philipp. I, p. 49, s. 37.

profits que procurent à Philippe ses captures sur mer seraient arrêtés (1). Les quartiers de cet armement pourraient être établis, pendant l'hiver ou le mauvais temps, à Skiathos, à Thasos, à Lemnos ou dans d'autres îles contiguës, d'où il pourrait agir en tout temps contre Philippe sur sa propre côte; tandis qu'il était difficile de s'y rendre d'Athènes soit pendant la durée des vents étésiens, soit pendant l'hiver, — saisons habituellement choisies par Philippe pour ses agressions (2).

Les ressources collectives d'Athènes (disait Démosthène) en hommes, en argent, en vaisseaux, en hoplites; en cavaliers, étaient plus grandes que celles qu'on pouvait trouver partout ailleurs. Mais jusque-là elles n'avaient pas été employées convenablement. Les Athéniens, en maladroits pugilistes, attendaient que Philippe frappât, et alors ils élevaient les mains pour suivre son coup. Jamais ils ne cherchaient à le regarder en face, — ni à être prêts à l'avance avec un bon système défensif, — ni à le prévenir dans des opérations offensives (3). Tandis que leurs fêtes religieuses, Panathénaïques, Dionysiaques et autres, étaient non-seulement célébrées avec une splendeur dispendieuse, mais encore arrangées à l'avance avec les soins les plus attentifs, de manière qu'il ne manquât jamais rien dans le détail au moment de l'exécution, — leurs forces militaires restaient sans organisation ni système prédéterminé. Toutes les fois qu'on annonçait un nouvel empiétement de Philippe, rien ne se trouvait prêt pour y faire face; il fallait voter, modifier et mettre à exécution de nou-

---

(1) Démosth. Philipp. I, p. 49, s. 38-39.

(2) Démosthène, Philipp. I, p. 48, 49 : « L'opiniâtreté et la violence des vents étésiens, en juillet et en août, sont bien connues de ceux qui ont eu à lutter avec eux dans la mer Ægée pendant cette saison. » (Colonel Leake, Travels in Northern Greece, vol. IV, ch. 42, p. 426.)

Les vents étésiens soufflant du nord, il était difficile de se rendre d'Athènes en Macédoine.

Cf. Démosthène, De Rebus Chersonesi, p. 93, s. 14.

(3) Démosthène, Philipp. I, p. 51, s. 46. ... Ὑμεῖς δὲ, πλείστην δύναμιν ἁπάντων ἔχοντες, τριηρεῖς, ὁπλίτας, ἱππέας, χρημάτων πρόσοδον, τούτων μὲν μέχρι τῆς τήμερον ἡμέρας οὐδενὶ πώποτε εἰς δέον τι κέχρησθε.

veaux décrets pour chaque occasion spéciale; on perdait en préparatifs le temps propre pour l'action, et, avant qu'on pût embarquer une armée, le moment de l'exécution était passé (1). Cette habitude d'attendre que Philippe prît l'offensive, et d'envoyer alors du secours au point attaqué, était ruineuse; la guerre devait être faite par une armée permanente mise à l'avance en mouvement (2).

Préparer et payer une pareille armée permanente, c'est un des points importants du projet de Démosthène; l'absolue nécessité qu'elle se compose de citoyens, du moins dans une proportion considérable, en est un autre. Il revient sans cesse sur ce dernier point, en répétant que les mercenaires étrangers, — envoyés au dehors pour trouver leur solde où et comme ils pourraient, et non accompagnés de citoyens athéniens, — étaient tout au plus inutiles et indignes de confiance. Ils faisaient plus de mal aux amis et aux alliés, qui étaient terrifiés à la nouvelle même de leur approche, — qu'à l'ennemi (3). Le général, manquant de fonds pour les payer, était forcé de les suivre partout où ils voulaient aller, sans tenir compte des ordres qu'il avait reçus de la cité. Le mettre ensuite en jugement, pour ce qu'il ne pouvait empêcher, était une honte sans profit. Mais si les troupes étaient régulièrement payées; si, en outre, elles se composaient dans une grande proportion de citoyens

---

(1) Démosthène, Philipp. I, p. 50. Ἐν δὲ τοῖς περὶ τοῦ πολέμου ἄτακτα, ἀδιόρθωτα, ἀόριστα, ἅπαντα. Τοιγαροῦν ἅμα ἀκηκόαμέν τι καὶ τριηράρχους καθίσταμεν, καὶ τούτοις ἀντιδόσεις ποιούμεθα καὶ περὶ χρημάτων πόρου σκοποῦμεν, etc.

(2) Démosthène, Philipp. I, p. 48, 49. Δεῖ — μὴ βοηθείαις πολεμεῖν (ὑστεριοῦμεν γὰρ ἁπάντων), ἀλλὰ παρασκευῇ συνεχεῖ καὶ δυνάμει.

Cf. son discours, De Rebus Chersonesi, p. 92, s. 11.

(3) Démosthène, Philipp. I, p. 46, s. 28. Ἐξ οὗ δ' αὐτὰ καθ' αὑτὰ τὰ ξενικὰ ὑμῖν στρατεύεται, τοὺς φίλους νικᾷ καὶ τοὺς συμμάχους, οἱ δ' ἐχθροὶ μείζους τοῦ δέοντος γεγόνασι· καὶ παρακύψαντα ἐπὶ τὸν τῆς πόλεως πόλεμον πρὸς Ἀρτάβαζον καὶ πανταχοῖ μᾶλλον οἴχεται πλέοντα, ὁ δὲ στρατηγὸς ἀκολουθεῖ· εἰκότως· οὐ γὰρ ἔστιν ἄρχειν μὴ διδόντα μισθόν. Τί οὖν κελεύω; τὰς προφάσεις ἀφελεῖν καὶ τοῦ στρατηγοῦ καὶ τῶν στρατιωτῶν, μισθὸν πορίσαντας καὶ στρατιώτας οἰκείους ὥσπερ ἐπόπτας τῶν στρατηγουμένων παρακαταστήσαντας, etc.

... P. 53, s. 51. Καὶ οἱ μὲν ἐχθροὶ καταγελῶσιν, οἱ δὲ σύμμαχοι τεθνᾶσι τῷ δέει τοὺς τοιούτους ἀποστόλους, etc.

athéniens, intéressés eux-mêmes au succès, et inspectant tout ce qui se faisait, alors on trouverait le général disposé et apte à attaquer l'ennemi avec vigueur, — et on pourrait le soumettre à rendre un compte rigoureux de sa conduite, s'il ne le faisait pas. Tel était le seul moyen par lequel les Athéniens pourraient combattre heureusement la force formidable et toujours grandissante de leur ennemi Philippe. Dans l'état actuel, l'impuissance des opérations athéniennes était si ridicule, que l'on pouvait être tenté de se demander si Athènes agissait sérieusement. Ses principaux officiers militaires, — ses dix généraux, ses dix taxiarques, ses dix phylarques et ses deux hipparques, choisis annuellement, — n'étaient occupés que des affaires de la cité et des brillantes processions religieuses. Ils laissaient l'occupation réelle de la guerre à un général étranger nommé Menelaos (1). Un pareil système était honteux. L'honneur d'Athènes devait être défendu par ses propres citoyens, tant comme généraux que comme soldats.

Tels sont les principaux traits du discours appelé la Première Philippique ; la première harangue publique adressée par Démosthène à l'assemblée athénienne, par rapport à la guerre avec Philippe. Ce n'est pas seulement un magnifique morceau d'éloquence, plein d'expression et de force dans son appel aux émotions; amenant l'auditoire par bien des voies différentes à la conviction principale que l'orateur cherche à produire; animé profondément d'un véritable patriotisme panhellénique, et de la dignité de ce monde grec actuellement menacé par un monarque du dehors. Il a encore d'autres mérites, non moins importants en eux-mêmes, et qui rentrent plus immédiatement dans le domaine de l'historien. Nous voyons Démosthène, — bien qu'âgé de trente ans seulement, — jeune dans la vie politique, — et treize ans avant la bataille de Chæroneia, — mesurer exactement les relations politiques entre Athènes et Philippe ;

(1) Démosthène, Philipp. I, p. 47. Ἐπεὶ νῦν γε γέλως ἐσθ' ὡς χρώμεθα τοῖς πράγμασι.

examiner ces relations dans le passé, en signalant comment elles étaient devenues chaque année plus défavorables, et en prédisant les éventualités dangereuses de l'avenir, si l'on ne prend de meilleures précautions ; exposer avec une courageuse franchise non-seulement la mauvaise administration passée des hommes publics, mais encore les dispositions défectueuses du peuple lui-même, où cette administration avait sa racine ; en dernier lieu, après avoir découvert le vice, oser sous sa propre responsabilité proposer les moyens propres à y remédier, et conseiller instamment à ses concitoyens, malgré leur répugnance, la pénible obligation des peines personnelles aussi bien que d'une taxation. Nous le verrons insister sur la même obligation, fastidieuse également pour les principaux hommes politiques et pour le peuple (1), d'un bout à l'autre des Olynthiennes et des Philippiques. Nous remarquons ses avertissements, donnés de si bonne heure, alors qu'un avis opportun suggéré pour prévenir le mal eût été aisément praticable ; et sa supériorité sur des politiques plus âgés tels qu'Euboulos et Phokiôn, sous le rapport de l'appréciation prudente, de la prévoyance et du courage à exprimer des vérités désagréables. Plus de vingt ans après cette époque, quand Athènes avait perdu la partie et était dans sa phase d'humiliation, Démosthène (en repoussant les accusations de ceux qui imputaient à son mauvais conseil les malheurs de la république) mesure jusqu'à quel point réel un homme d'État est à proprement parler responsable. De tous ses devoirs, le premier est « de voir les événements à leur naissance, — de discerner les tendances à l'avance, et de les déclarer à l'avance aux autres, — de diminuer autant que possible les difficultés, les obstacles, les jalousies, et les mouvements lents, inséparables de la marche

(1) Démosthène, Philipp. I, p. 54, s. 58. Ἐγὼ μὲν οὖν οὔτ' ἄλλοτε πώποτε πρὸς χάριν εἱλόμην λέγειν, ὅ, τι ἂν μὴ καὶ συνοίσειν ὑμῖν πεπεισμένος ὦ, νῦν τε ἃ γιγνώσκω πάνθ' ἁπλῶς, οὐδὲν ὑποστειλάμενος, πεπαῤῥησίασμαι. Ἐβουλόμην δ' ἄν, ὥσπερ ὅτι ὑμῖν συμφέρει τὰ βέλτιστα ἀκούειν οἶδα, οὕτως εἰδέναι συνοῖσον καὶ τῷ τὰ βέλτιστα εἰπόντι · πολλῷ γὰρ ἂν ἥδιον εἶπον. Νῦν δ' ἐπ' ἀδήλοις οὖσι τοῖς ἀπὸ τούτων ἐμαυτῷ γενησομένοις, ὅμως ἐπὶ τῷ συνοίσειν ὑμῖν, ἂν πράξητε, ταῦτα πεπεῖσθαι λέγειν αἱροῦμαι.

d'une cité libre, et d'inspirer aux citoyens des sentiments d'amitié et d'harmonie, et du zèle pour l'accomplissement de leurs devoirs (1). » La première Philippique seule suffit pour prouver combien Démosthène a droit de réclamer le mérite d'avoir « vu les événements à leur naissance » et donné à temps des avertissements à ses compatriotes. Elle servira aussi à montrer, avec d'autres preuves que l'on verra ci-après, qu'il n'était pas moins honnête que judicieux dans ses tentatives pour remplir le reste des devoirs de l'homme d'État, qui consiste à inspirer à ses compatriotes un dessein unanime et résolu ; au degré nécessaire non-seulement pour parler et voter, mais pour agir contre l'ennemi public, et pour souffrir en lui résistant.

Nous ne connaissons ni la marche réelle, ni le vote final de ce débat, dans lequel Démosthène prit une part si saillante et d'une manière si inattendue. Mais nous savons que ni l'une ni l'autre des deux mesures positives qu'il recommande ne fut suivie d'effet (351 av. J.-C.). On n'envoya pas l'armement actif, et l'on ne prépara jamais l'armée à l'intérieur, destinée à être tenue en réserve pour un mouvement instantané en cas de besoin. Ce ne fut pas avant le mois suivant de septembre (le discours étant prononcé à quelque moment dans la première moitié de 351 av. J.-C.), que des forces furent réellement envoyées contre Philippe; et même alors on ne fit rien de plus que d'expédier le chef mercenaire Charidêmos en Chersonèse, avec dix trirèmes et cinq talents en espèces, mais sans soldats (2). Et il n'est pas probable que Démosthène ait même obtenu un vote favorable de l'assemblée; bien que des votes énergiques contre Phi-

(1) Démosthène, De Coronâ, p. 308, s. 306. Ἀλλὰ μὴν ὧν γ' ἂν ὁ ῥήτωρ ὑπεύθυνος εἴη, πᾶσαν ἐξέτασιν λάμβανε· οὐ παραιτοῦμαι. Τίνα οὖν ἐστὶ ταῦτα; Ἰδεῖν τὰ πράγματα ἀρχόμενα, καὶ προαισθέσθαι καὶ προειπεῖν τοῖς ἄλλοις. Ταῦτα πέπρακταί μοι. Καὶ ἔτι τὰς ἑκασταχοῦ βραδυτῆτας, ὄκνους, ἀγνοίας, φιλονεικίας, ἃ πολιτικὰ ταῖς πόλεσι πρόσεστιν ἁπάσαις καὶ ἀναγκαῖα ἁμαρτήματα, ταῦθ' ὡς εἰς ἐλάχιστα συστεῖλαι, καὶ τοὐναντίον εἰς ὁμόνοιαν καὶ φιλίαν καὶ τοῦ τὰ δέοντα ποιεῖν ὁρμὴν προτρέψαι.

(2) Démosth. Olynth. III, p. 29, s. 5.

lippe fussent souvent rendus sans jamais être mis à exécution dans la suite (1).

Démosthène trouva sans doute de l'opposition de la part de ces hommes d'État plus âgés dont le devoir eût été de s'avancer eux-mêmes avec les mêmes propositions, en soutenant que la nécessité était incontestable. Mais sur quel motif se fonda-t-on pour s'opposer à lui, c'est ce que nous ignorons. Il existait à cette époque à Athènes un certain parti ou section qui n'estimait pas Philippe à sa valeur et ne le regardait pas comme un ennemi formidable, — beaucoup moins formidable que le roi de Perse (2). Les rapports au sujet des forces et des préparatifs des Perses, qui dominaient deux ans auparavant, alors que Démosthène prononça son discours sur les Symmories, semblent avoir continué encore, et peuvent expliquer en partie l'inaction contre Philippe. Ces rapports durent être grossis ou fabriqués par un autre parti athénien beaucoup plus dangereux, en communication avec Philippe lui-même, et probablement à sa solde. C'est à ce parti que Démosthène fait sa première allusion dans la première Philippique (3), et il y revient plus tard en maintes occasions. Nous pouvons bien être sûrs qu'il y avait des citoyens athéniens qui servaient comme agents secrets de Philippe, bien que nous ne puissions assigner leurs noms. Il n'était pas moins dans son intérêt d'acheter de pareils auxiliaires, que d'employer des espions payés dans ses opérations de guerre (4); tandis que les antipathies po-

(1) Démosthène, Philipp. I, p. 48, s. 34; Olynth. II, p. 21, s. 12; Olynth. III, p. 29, s. 5, p. 32, s. 16; De Rhodiorum Libertate, p. 190, s. 1. Et non-seulement des votes contre Philippe, mais contre d'autres aussi, restèrent ou sans exécution ou imparfaitement exécutés (Démosthène, De Republicâ ordinandâ, p. 175, 176).

(2) Démosthène, De Rhodior. Libert. p. 197, s. 31. Ὁρῶ δ' ὑμῶν ἐνίους Φιλίππου μὲν ὡς ἄρ' οὐδενὸς ἀξίου πολλάκις ὀλιγωροῦντας, βασιλέα δ' ὡς ἰσχυρὸν ἐχθρὸν οἷς ἂν προέληται φοβουμένους. Εἰ δὲ τὸν μὲν ὡς φαῦλον οὐκ ἀμυνούμεθα, τῷ δὲ ὡς φοβερῷ πάνθ' ὑπείξομεν, πρὸς τίνας παραταξόμεθα;

Ce discours fut prononcé en 351-350 avant J.-C., peu de mois après la première Philippique.

(3) Démosth. Philipp. I, p. 45, s. 21; Olynth. II, p. 19, s. 4.

(4) Cf. l'avis des Thêbains à Mardonios en 479 avant J.-C., — pendant l'invasion persane en Grèce (Hérodote, IX, 2).

litiques qui régnaient à Athènes, jointes au relâchement de la moralité publique dans les individus, durent lui rendre entièrement praticable l'acquisition d'instruments appropriés. Que non-seulement à Athènes, mais encore à Amphipolis, à Potidæa, à Olynthos et ailleurs, Philippe obtînt ses succès, en partie en achetant des partisans gagnés parmi les chefs de ses ennemis, — c'est une assertion si probable intrinsèquement, que nous pouvons la croire sans peine, bien qu'elle soit avancée surtout par des témoins hostiles. Une pareille corruption seule, il est vrai, n'aurait pas suffi ; mais elle fut éminemment utile, combinée avec des forces bien employées et avec son génie militaire.

CHAPITRE III

GUERRE EUBŒENNE ET GUERRE OLYNTHIENNE

Changement de sentiments à Olynthos; les Olynthiens redoutent Philippe, ils font la paix avec Athènes. — Sentiments hostiles de Philippe envers Olynthos; ils grandissent et aboutissent à une guerre en 350 avant J.-C. — Les demi-frères fugitifs de Philippe obtiennent un asile à Olynthos. — Intrigues de Philippe dans cette ville; ses moyens pour corrompre et pour fomenter les discordes intestines. — Conquête et destruction des villes olynthiennes confédérées par Philippe, entre 350 et 347 avant J.-C. ; terribles phénomènes. — Philippe attaque les Olynthiens et les Chalkidiens; commencement de la guerre Olynthienne, — 350 avant J.-C. — Les Olynthiens concluent une alliance avec Athènes. — Les Athéniens contractent alliance avec Olynthos; première Olynthienne de Démosthène. — La Seconde Olynthienne est la première; ton et teneur de cette harangue. — Tendance à grossir l'effet pratique des discours de Démosthène; place qu'il occupe réellement; c'est un orateur d'opposition. — Philippe continue à serrer de près la confédération olynthienne; danger croissant d'Olynthos; nouvelles demandes faites à Athènes. — Démosthène prononce une autre harangue Olynthienne, — celle qui se trouve la première dans l'ordre imprimé. Sa teneur. — Juste appréciation de la situation par Démosthène. Il aborde la question du fonds théôrique. — Secours envoyés à Olynthos par Athènes; succès partiel remporté sur Philippe. — Confiance partielle et exagérée à Athènes. Les Athéniens perdent de vue le danger d'Olynthos. Troisième Olynthienne de Démosthène. — Teneur et substance de la troisième Olynthienne. — Courage de Démosthène en combattant le sentiment dominant. — Révolte de l'Eubœa contre Athènes. — Intrigues de Philippe en Eubœa. — Plutarque d'Eretria demande l'aide d'Athènes, qui y envoie des secours sous Phokiôn, bien que Démosthène le déconseille. — Perfidie de Plutarque; danger de Phokiôn et des Athéniens en Eubœa; victoire de Phokiôn à Tamynæ. — Fête Dionysiaque à Athènes en mars 349 avant J.-C. — Insulte faite à Démosthène par Meidias. — Reproches adressés à Démosthène pour n'avoir pas assisté à la bataille de Tamynæ; il va servir en Eubœa comme hoplite ; il est nommé sénateur pour 349-348 avant J.-C. — Hostilités en Eubœa pendant l'année 349-348 avant J.-C. — Grands efforts d'Athènes en 349 avant J.-C., pour appuyer Olynthos et conserver l'Eubœa en même temps. — Embarras financiers d'Athènes; motion d'Apollodôros au sujet du fonds théôrique. L'assemblée approprie le surplus du revenu à des desseins militaires; Apollodôros est accusé et condamné à une amende. — Le divertissement du fonds théôrique prouve la grande anxiété du moment à Athènes. — Trois expéditions envoyées par Athènes en Chalkidikê en 349-348 avant J.-C., — suivant Philochore. — Succès définitif de Philippe; prise des villes chalkidiques et d'Olynthos. — Vente des prisonniers olynthiens; ruine des cités grecques dans la Chalkidikê. — Dépense faite par Athènes dans la guerre Olynthienne. — Fonds théôrique; il ne fut appliqué à des desseins de guerre que peu de temps avant la bataille de Chæroneia. — Idées émises relativement au fonds théôrique. — C'était le fonds général d'Athènes pour les fêtes et le culte religieux; distributions d'une partie de ce fonds; caractère des anciennes fêtes religieuses. — Aucune autre branche de l'état de paix athénien n'était appauvrie ni sacrifiée en faveur du fonds théôrique. — Le surplus annuel aurait pu être accumulé comme fonds de guerre; combien Athènes est blâmable de ne pas l'avoir fait. — Tentative faite par les classes propriétaires à Athènes pour se débarrasser de la taxe directe en prenant sur le fonds théôrique. — Conflit de ces deux sentiments à Athènes; Démosthène essaye de se poser en médiateur entre eux; il demande à tous des sacrifices, en particulier, le service militaire personnel.

Si même à Athènes, à la date de la première Philippique de Démosthène, l'inquiétude inspirée par Philippe était considérable, elle était devenue beaucoup plus sérieuse parmi ses voisins les Olynthiens (351 av. J.-C.). Il les avait gagnés, quatre ans auparavant, en leur cédant le territoire d'Anthémonte, et la ville plus importante encore de Potidæa, prise sur Athènes par ses propres armes. Reconnaissants des cessions dont nous venons de parler, ils étaient devenus ses alliés dans sa guerre contre Athènes, qu'ils haïssaient pour mille raisons; mais un changement considérable s'était opéré depuis. Dès le moment de la perte de Methônê, Athènes, chassée de la côte de la Thrace et de la Macédoine, avait cessé d'être une voisine hostile, et d'inspirer de l'alarme aux Olynthiens; tandis que l'immense accroissement de la puissance de Philippe, combiné avec son talent et son ambition également manifestes, avait étouffé leur gratitude pour le passé par un sentiment de crainte pour l'avenir. Il n'était que trop clair qu'un prince qui étendait ses bras envahisseurs dans toutes les directions, — jusqu'aux Thermopylæ, à l'Illyrie et à la Thrace, — ne permettrait pas longtemps que la péninsule fertile, placée entre le golfe Thermaïque et le golfe Strymonique, restât occupée par des communautés grecques libres. En conséquence, il paraît qu'après la grande victoire de Philippe en Thessalia sur les

Phokiens (dans la première moitié de 352 av. J.-C.), les Olynthiens manifestèrent leur inquiétude en se séparant de l'alliance formée avec lui contre Athènes. Ils conclurent la paix avec cette cité, et témoignèrent de tels sentiments d'amitié qu'une alliance commença à être jugée possible. Cette paix semble avoir été conclue avant novembre 352 avant J.-C. (1).

C'était un changement important de politique de la part des Olynthiens. Bien que probablement ils le projetassent, non comme une mesure d'hostilité contre Philippe, mais simplement comme une précaution pour s'assurer un secours ailleurs dans le cas où ils seraient exposés à son attaque, il n'était pas probable qu'il établirait ou reconnaîtrait une distinction pareille. Il pensait probablement que par la cession de Potidæa il avait acheté leur coopération contre Athènes, et il dut regarder leur séparation comme mettant au moins fin à toute relation amicale.

Quelques mois plus tard (à la date de la première Philippique) (2), nous voyons que lui, ou ses soldats, avaient attaqué leur territoire, contigu au sien, et y avaient fait des incursions soudaines.

C'est dans cet état d'hostilité partielle, toutefois sans guerre déclarée ni poussée avec vigueur, que les choses semblent être restées pendant toute l'année 351 avant J.-C. Philippe fut occupé pendant cette année à son expédition en Thrace, où il tomba malade, de sorte que les entreprises offensives furent suspendues pour le moment. Cependant les

---

(1) Démosthène cont. Aristokrat. p. 656, p. 129. Ἐκεῖνοι (les Olynthiens) ἕως μὲν ἑώρων αὐτὸν (Philippe) τηλικοῦτον ἡλίκος ὢν πιστὸς ὑπῆρχε, σύμμαχοί τε ἦσαν, καὶ δι' ἐκεῖνον ἡμῖν ἐπολέμουν · ἐπειδὴ δὲ εἶδον μείζω τῆς πρὸς αὐτοὺς πίστεως γιγνόμενον... ὑμᾶς, οὓς ἴσασιν ἁπάντων ἀνθρώπων ἥδιστ' ἂν καὶ τοὺς ἐκείνου φίλους καὶ αὐτὸν τὸν Φίλιππον ἀποκτείναντας, φίλους πέποιηνται, φασὶ δὲ καὶ συμμάχους ποιήσεσθαι.

Nous savons par Denys que ce discours fut prononcé entre le solstice d'été de 352 avant J.-C. et celui de 351 avant J.-C. J'ai déjà fait remarquer que, selon moi, il a dû l'être avant le mois Mæmakterion (novembre), 352 avant J.-C.

(2) Démosthène, Philipp. I, p. 44, s. 20. ... Ἐπὶ τὰς ἐξαίφνης ταύτας ἀπὸ τῆς οἰκείας χώρας αὐτοῦ στρατείας, εἰς Πύλας καὶ Χεῤῥόνησον καὶ Ὄλυνθον καὶ ὅποι βούλεται.

Athéniens semblent avoir proposé à Olynthos un plan d'alliance décidée contre Philippe (1). Mais les Olynthiens avaient trop à redouter de lui pour devenir eux-mêmes les agresseurs. Ils espéraient probablement encore qu'il pourrait trouver assez d'ennemis et d'occupation ailleurs, chez les Thraces, les Illyriens, les Pæoniens, Arymbas et les Epirotes, et chez les Athéniens (2) ; en tout cas, ils ne voulaient pas être les premiers à provoquer une lutte. Cet état de méfiance réciproque (3) dura pendant plusieurs mois, jusqu'à ce qu'enfin Philippe commençât des opérations sérieuses contre eux ; peu de temps après qu'il fut rétabli de sa maladie en Thrace, et vraisemblablement vers le milieu de 350 avant J.-C. (4), un peu avant le commencement de l'Olympiade 107, 3.

Ce fut probablement pendant la durée de ces relations semi-hostiles que deux demi-frères de Philippe, fils de son père Amyntas et d'une autre mère, cherchèrent et obtinrent un asile à Olynthos. Ils vinrent comme ses ennemis; car il avait mis à mort déjà un de leurs frères, et ils n'échap-

---

(1) Démosthène, Olynth. I, p. II, s. 7. ... Νυνὶ γὰρ, ὃ πάντες ἐθρύλλουν τέως, Ὀλυνθίους ἐκπολεμῆσαι δεῖν Φιλίππῳ, γέγονεν αὐτόματον, καὶ ταῦθ' ὡς ἂν ὑμῖν μάλιστα σύμφεροι. Εἰ μὲν γὰρ ὑφ' ὑμῶν πεισθέντες ἀνείλοντο τὸν πόλεμον, σφαλεροὶ σύμμαχοι καὶ μέχρι τοῦ ταῦτ' ἂν ἐγνωκότες ἦσαν ἴσως, etc.

Cf. Olynth. III, p. 30, s. 9, et p. 32, s. 18. Οὐχ οὓς, εἰ πολεμήσαιεν, ἑτοίμως σώσειν ὑπισχνούμεθα, οὗτοι νῦν πολεμοῦνται;

(2) Démosth. Olynth. I, p. 13, s. 13.

(3) Démosth. Olynth. III, p. 30, s. 8. Οὔτε Φίλιππος ἐθάῤῥει τούτους, οὔθ' οὗτοι Φίλιππον, etc.

(4) Démosth. Olynth. I, p. 13, s. 13. ... Ἠσθένησε · πάλιν ῥαΐσας οὐκ ἐπὶ τὸ ῥᾳθυμεῖν ἀπέκλινεν, ἀλλ' εὐθὺς Ὀλυνθίοις ἐπεχείρησεν.

Quelle longueur de temps indique l'adverbe εὐθὺς, c'est ce qui doit naturellement être matière à conjecture. Si l'expression s'était trouvée dans le discours De Coronâ, prononcé vingt ans plus tard, nous aurions pu l'expliquer d'une manière très-peu rigoureuse. Mais elle se trouve ici dans un discours prononcé probablement dans la dernière moitié de 350 avant J.-C., — certainement pas plus tard que la première moitié de 348 avant J.-C. En conséquence, il n'est guère raisonnable d'accorder à l'intervalle désigné ici par εὐθὺς (celui entre le rétablissement de Philippe et son attaque sérieuse dirigée sur les Olynthiens) un temps plus long que six mois. Nous supposerions alors que cette attaque commença vers le dernier quart de l'Olymp. 107, 2, ou dans la première moitié de 350 avant J.-C. C'est la manière de voir de Boehnecke, et je la crois très-probable (Forschungen, p. 211).

pèrent eux-mêmes au même sort que par la fuite. Avaient-ils commis quelque acte positif pour provoquer sa colère, c'est ce qu'on ne nous apprend pas ; mais ces tragédies n'étaient pas rares dans la famille royale macédonienne. Tant qu'Olynthos fut en termes d'amitié et de reconnaissance avec Philippe, ces exilés ne durent pas y avoir recours ; mais ils furent actuellement reçus avec faveur, et il se peut qu'ils aient présenté l'espérance qu'en cas de guerre ils pourraient soulever un parti macédonien contre Philippe. Ce prince trouva dans l'accueil fait à ses ennemis fugitifs un prétexte plausible de guerre contre Olynthos, — prétexte qu'il aurait cherché en toutes circonstances, et il semble qu'il fut présenté ainsi dans ses déclarations publiques (1).

Mais Philippe, en faisant ses conquêtes, connaissait bien le moyen de joindre l'influence de la ruse et de la séduction à celle des armes, et de diviser ou de corrompre ceux qu'il avait l'intention de soumettre. Olynthos prêtait de bien des manières à ces insidieuses approches. La puissance de cette cité consistait, en grande partie, dans sa position comme chef d'une confédération nombreuse, comprenant une partie considérable des cités grecques, bien que non pas toutes probablement, de la péninsule de la Chalkidikê. Parmi les différents membres de cette confédération, il y avait plus ou moins d'intérêts ou de sentiments opposés, que des circonstances accidentelles pouvaient enflammer, de manière à amener un désir de séparation. En outre, dans chaque cité, et dans Olynthos elle-même, il y avait des citoyens ambitieux se disputant le pouvoir, et peu scrupuleux quant aux moyens à l'aide desquels on devait l'acquérir ou le conserver. Dans chacune d'elles, Philippe pouvait nouer des intrigues et enrôler des partisans ; dans

(1) Justin, VIII, 3; Orose, III, 12. Justin affirme que ce fait fut la *cause* de l'attaque dirigée par Philippe sur Olynthos, — ce que je ne crois pas. Mais je ne vois pas de raison pour douter du fait lui-même, — ou pour douter que Philippe l'ait saisi comme *prétexte*. Il trouva les demi-frères dans Olynthos quand la cité fut prise et les mit tous les deux à mort.

quelques-unes, il dut probablement recevoir des invitations à le faire ; car la grandeur de ses exploits, si elle inspirai de l'alarme dans quelques endroits, faisait concevoir des espérances à des minorités désappointées et jalouses. Si, grâce à ces circonstances prédisposantes, il acquit ou trouva des partisans et des traîtres dans les cités éloignées du Péloponèse, à plus forte raison cela était-il praticable pour lui dans la péninsule voisine de la Chalkidikê. Olynthos et les autres cités étaient presque toutes contiguës au territoire macédonien, quelques-unes probablement avec des frontières peu clairement établies. Perdikkas II avait donné aux Olynthiens (au commencement de la guerre du Péloponèse) (1) une portion de son territoire près du lac Bolbê. Philippe lui-même leur avait donné le district d'Anthémonte. Possesseur de tant de terres environnantes, il avait le moyen, en perdant peu lui-même, de favoriser ou d'enrichir considérablement tels citoyens individuels, d'Olynthos ou d'autres cités, disposés à favoriser ses desseins. Outre des dons directs dans les endroits où ce mode de procéder était le plus efficace, il pouvait accorder le droit de pâture gratuite aux troupeaux de grand et de petit bétail de l'un, et fournir d'abondantes quantités de bois de construction à un autre. Maître comme il l'était actuellement d'Amphipolis et de Philippi, il pouvait à son gré leur ouvrir ou leur fermer les spéculations dans les mines d'or du mont Pangæos, dont elles avaient toujours eu grande envie (2). Si ses corsaires harcelaient même la puissante Athènes et les îles sous sa protection, à plus forte raison devaient-ils être importuns à ses voisins dans la péninsule Chalkidique, qu'ils entouraient pour ainsi dire, à partir du golfe Thermaïque d'un côté jusqu'au golfe Strymonique de l'autre. En dernier lieu, nous ne pouvons douter que quelques individus de ces villes n'aient trouvé avantageux de prendre un service, civil ou militaire, sous Philippe, ce qui dut lui fournir

---

(1) Thucydide, I, 58.

(2) Démosthène, Fals. Leg. p. 425, 426; Xénophon, Hellen. V, 2, 17.

des correspondants et des partisans parmi leurs amis et leurs parents.

Il sera ainsi facile de voir que, par rapport à Olynthos et à ses cités confédérées, Philippe avait à sa disposition des moyens de faveur et de vexation privées à un degré tel qu'ils lui assuraient la coopération d'une minorité vénale et traîtresse dans chacune; cette minorité confondant naturellement ses actes, et cachant ses desseins, dans les luttes politiques permanentes de la ville. Toutefois ces moyens précédaient seulement l'emploi direct de l'épée. Ses séductions et ses présents commencèrent l'œuvre, — mais son talent supérieur comme général et ses excellents soldats, — la phalange, les hypaspistæ et la cavalerie, tous amenés par l'éducation militaire à un état admirable pendant les dix années de son règne, — l'achevèrent.

Bien que Démosthène, dans un passage, aille jusqu'à dire que Philippe estimait si haut son influence établie qu'il s'attendait à incorporer la confédération chalkidique dans son empire sans difficultés sérieuses et même sans guerre réelle (1), — il y a lieu de croire qu'il rencontra une résistance énergique que punirent des rigueurs illimitées après la victoire. Les deux années et demie entre le solstice d'été de 350 avant J.-C., et le commencement de 347 avant J.-C. (les deux dernières années de la cent septième Olympiade et les neuf premiers mois de la cent huitième) furent fécondes en phénomènes plus terrifiants que tout ce que renferment les récentes annales de la Grèce. Il n'y eut pas moins de trente-deux cités grecques libres de la Chalkidikê qui furent prises et détruites par Philippe, les habitants étant réduits à l'esclavage. De ce nombre furent Olynthos, l'un des membres les plus puissants, les plus florissants et les plus énergiques de la confrérie hellénique; Apollonia, dont les habitants durent alors se repentir du mala-

(1) Démosthène, Olynth. I, p. 15, s. 22. Οὔτ' ἂν ἐξήνεγκε τὸν πόλεμον ποτε τοῦτον ἐκεῖνος, εἰ πολεμεῖν ᾠήθη δεήσειν αὐτὸν, ἀλλ' ὡς ἐπιὼν ἅπαντα τότε ἤλπιζε τὰ πράγματα ἀναιρήσεσθαι, κᾆτα διέψευσται. Τοῦτο δὴ πρῶτον αὐτὸν ταράττει παρὰ γνώμην γεγονὸς, etc.

droit entêtement de leurs pères (trente-deux années auparavant) à repousser une confédération généreuse et sur un pied d'égalité avec Olynthos, et à invoquer le secours de Sparte pour faire revivre la puissance déclinante du père de Philippe, Amyntas; et Stageira, lieu de naissance d'Aristote. La destruction de trente-deux communautés helléniques libres, accomplie en deux ans par un prince étranger, fut un malheur dont le pareil ne s'était jamais présenté depuis la répression de la révolte ionienne et l'invasion de Xerxès. J'ai déjà raconté ailleurs (1) la manifestation de colère à la fête de la quatre-vingt-dix-neuvième Olympiade (384 av. J.-C.) contre les envoyés de Denys l'Ancien, de Syracuse, qui avait pris et renversé cinq ou six communautés helléniques libres en Italie et en Sicile. Bien plus véhément dut être le sentiment d'effroi et de terreur, après la guerre Olynthienne, contre le destructeur macédonien de trente-deux cités chalkidiques. Nous trouverons ce fait clairement indiqué dans les phénomènes qui suivirent immédiatement. Nous verrons Athènes terrifiée au point de faire une paix à la fois déshonorante et imprudente, à laquelle Démosthène lui-même n'ose pas s'opposer; nous verrons Æschine, de citoyen athénien au franc parler qu'il était, devenir un servile adorateur, sinon un agent payé, de Philippe; nous remarquerons Isokrate, jadis champion de la liberté et de l'intégrité panhelléniques, proclamer avec ostentation Philippe comme le maître et l'arbitre de la Grèce, tout en le persuadant en même temps de faire un bon usage de son pouvoir dans le dessein de conquérir la Perse. Ce furent des temps terribles, convenablement expliqués dans leurs cruels détails par les troupes de Grecs chalkidiques des deux sexes réduits à l'esclavage, que l'on vit passer même dans le Péloponèse (2), comme propriété de nouveaux concessionnaires qui vantaient la munificence

(1) V. tome XVI, ch. 2 de cette Histoire.

(2) Démosth. Fals. Leg. p. 439. Æschine lui-même rencontra une personne nommée Atrestidas suivie par une de ces tristes troupes. Nous pouvons être sûrs que ce fut seulement un cas parmi beaucoup d'autres.

du donateur Philippe, et convenablement annoncés par d'effrayants signes célestes, des pluies de feu et de sang tombant des cieux sur la terre en témoignage de la colère des dieux (1).

Toutefois, si nous établissons avec une clarté passable le résultat général de la guerre faite par Philippe à Olynthos, et la terreur dont elle frappa l'esprit grec, nous nous trouvons non-seulement sans information quant à ses détails, mais nous sommes même embarrassé par sa chronologie. J'ai déjà fait remarquer que, bien que les Olynthiens eussent conçu des soupçons au sujet de Philippe, même avant le commencement de 351 avant J.-C., qui les engagèrent à faire la paix avec leur ennemie, Athènes, — ils avaient néanmoins décliné les ouvertures qu'Athènes leur avait faites pour une alliance plus étroite, ne désirant pas s'attirer

---

(1) Pline, H. N. II. 27 : « Fit et cœli ipsius hiatus, quod vocant chasma. Fit et sanguinea specie (quo nihil terribilius mortalium terrori est) incendium ad terras cadens inde, *sicut Olympiadis centesimæ septimæ anno tertio, cum rex Philippus Græciam quateret.* Atque ego hæc statis temporibus naturæ, ut cetera, arbitror existere, non (ut plerique) variis de causis, quas ingeniorum acumen excogitat. *Quippe ingentium malorum fuere prænuntia ;* sed ea accidisse non quia hæc facta sunt arbitror, verum hæc ideo facta, quia incasura erant illa : raritate autem occultam eorum esse rationem, ideoque non sicut exortus supra dictos defectusque et multa alia nosci. »

La précision de cette indication chronologique la rend précieuse. L'Olympiade 107, 3, — correspond à l'année qui s'écoula entre le solstice d'été de 350 et celui de 349 avant J.-C.

Taylor, qui cite ce passage dans ses Prolegomena ad Demosthenem (ap. Reiske, Orat. Gr. vol. VIII, p. 756), prend la liberté, sans l'autorité d'aucun manuscrit, de changer *tertio* en *quarto*, ce que Boehnecke déclare à bon droit être déraisonnable (Forschungen, p. 212). Le passage, tel qu'il existe, est un témoignage servant non-seulement à constater le caractère terrible de l'époque, mais encore à prouver, entre autres preuves, que l'attaque de Philippe dirigée sur les Olynthiens et les Chalkidiens commença en 350-349 avant J.-C., — non dans l'année olympique suivante, ni dans le temps qui suivit le solstice d'été de 349 avant J.-C.

Boehnecke (Forschungen, p. 201-221) est entré dans un examen des dates et des événements de cette guerre Olynthienne, et il les a arrangés d'une manière différente de tous les critiques précédents. Son examen est plein de finesse et instructif ; il renferme toutefois quelques raisonnements de peu de force ou de convenance. Je le suis en général en plaçant le commencement de la guerre Olynthienne et les Olynthiennes de Démosthène avant l'Olymp. 107, 4. C'est la meilleure opinion que je puisse me former sur des faits non attestés et incertains d'une manière déplorable.

l'hostilité décidée d'un voisin aussi puissant, jusqu'à ce que ses agressions fussent poussées au point de ne pas leur laisser le choix. Nous n'avons pas d'information précise quant aux mouvements de Philippe après ses opérations en Thrace et sa maladie en 351 avant J.-C. Mais nous savons qu'il n'était pas dans sa nature de rester inactif; qu'il poussait incessamment ses conquêtes, et qu'aucune conquête ne pouvait être plus importante pour lui que celle d'Olynthos et de la péninsule Chalkidique. En conséquence, nous ne sommes pas surpris de voir que la confédération olynthienne et la chalkidienne devinrent l'objet de son hostilité directe en 350 avant J.-C. Il souleva des prétextes d'attaque contre l'une ou contre l'autre de ces cités séparément, évitant d'avoir affaire à la confédération comme ensemble, et désavouant, par des envoyés spéciaux (1), tout dessein préjudiciable à Olynthos.

Probablement le parti favorable à Philippe dans cette cité peut avoir insisté sur ce désaveu comme satisfaisant, et avoir donné autant de fausses assurances au sujet des desseins de Philippe, que l'orateur Æschine, comme nous le verrons, en avança bientôt à Athènes. Mais la masse générale des citoyens ne se laissa pas abuser ainsi. Sentant que le moment était venu où il était prudent d'en finir avec les précédentes ouvertures athéniennes, ils envoyèrent à Athènes des députés proposer une alliance et demander une coopération contre Philippe. Leurs premières propositions ne furent pas sans doute exprimées dans le langage de la détresse et de l'urgence. Ils n'étaient pas encore réellement en danger; leur puissance était grande en réalité, et appréciée au dehors à toute sa valeur; de plus, en prudents diplomates, ils durent naturellement exagérer leur dignité et la grandeur de ce qu'ils offraient. Ils durent

(1) Démosth. Philipp. III, p. 113. Que Philippe non-seulement ait attaqué, mais même qu'il ait réduit les trente-deux cités Chalkidiques, avant de s'avancer directement et finalement pour attaquer Olynthos, — c'est ce qui est affirmé dans le fragment de Kallisthenês ap. Stobæum, Eclog. Tit. VII, p. 92.

Kallisthenês, dont l'histoire est perdue, était natif d'Olynthos, né peu d'années avant la prise de cette cité.

donc demander qu'un secours athénien fût envoyé à la péninsule Chalkidique, — puisqu'elle était le théâtre de la guerre ; mais ils durent demander ce secours afin d'agir énergiquement contre l'ennemi commun et d'arrêter le développement de sa puissance, — et non pas pour détourner un danger immédiat menaçant Olynthos.

Une discussion ne fut pas nécessaire pour engager les Athéniens à accepter cette alliance. C'était ce qu'ils avaient cherché longtemps, et ils acceptèrent volontiers la proposition. Naturellement ils promirent aussi, — ce qui à dire vrai était presque compris dans l'acceptation, — d'envoyer une armée en Chalkidikê pour opérer contre Philippe. Lors de cette première reconnaissance d'Olynthos comme alliée, ou peut-être peu après, mais avant que les circonstances fussent entièrement changées, — Démosthène débita sa première harangue Olynthienne. Des trois mémorables compositions ainsi nommées, la première est, à mon sens, celle qui se trouve *la seconde* dans l'ordre imprimé. Leur véritable ordre chronologique a longtemps été, et est encore, matière à controverse ; la meilleure conclusion que je puisse former, c'est que la première et la seconde sont mal placées, mais que la troisième est réellement la dernière (1) ; toutes étant prononcées pendant les six ou sept derniers mois de 350 avant J.-C.

Dans cette première harangue (celle qui est imprimée comme la seconde Olynthienne), Démosthène insiste sur l'avantageuse éventualité qui vient de se présenter pour Athènes, grâce à la faveur des dieux, dans l'offre spontanée d'un allié si précieux. Il recommande d'envoyer du secours à ce nouvel allié ; le secours le plus prompt et le plus efficace sera celui qui lui plaira le plus. Mais cette recommandation est contenue dans une seule phrase, au milieu du

(1) On trouvera quelques remarques sur l'ordre des Olynthiennes dans un Appendice annexé au présent chapitre.

Il faut qu'il soit compris que je parle toujours des Olynthiennes comme *première*, *seconde* et *troisième*, suivant l'ordre ordinaire des éditions, bien que je ne puisse adopter cet ordre comme exact.

discours ; l'orateur ne la répète pas, il n'insiste pas sur elle expressément, et il ne l'étend pas en spécifiant la quantité ou la qualité du secours à envoyer. Il ne fait d'allusion ni aux nécessités ni au danger d'Olynthos, non plus qu'à la chance que Philippe pourrait conquérir la ville, encore moins à des éventualités ultérieures, qui feraient que Philippe, s'il s'en rendait maître, pourrait transporter le théâtre de la guerre de ses propres côtes à celles de l'Attique. Au contraire, Démosthène fait remarquer la puissance des Olynthiens, — la situation de leur territoire, tout près des flancs de Philippe, — leur résolution arrêtée de ne vouloir jamais entrer de nouveau en amitié ni faire de compromis avec lui, comme preuves de l'importance que leur alliance aura pour Athènes, en la mettant à même de poursuivre avec plus de succès la guerre contre Philippe, et de réparer les pertes honteuses qui ont résulté pour elle de sa négligence antérieure. Le but principal de l'orateur est d'exciter ses compatriotes à faire des efforts plus sincères et plus énergiques pour continuer cette guerre générale, tandis que fournir des secours aux Olynthiens n'est qu'un but secondaire et une partie d'un plan plus considérable. « Je ne m'étendrai pas (dit l'orateur) sur la formidable puissance de Philippe comme sur un argument propre à vous pousser à accomplir votre devoir public. Ce serait trop à son honneur et en même temps trop à votre honte. A la vérité, je l'aurais jugé moi-même véritablement formidable, s'il était parvenu à son élévation actuelle par des moyens conformes à la justice Mais il s'est agrandi en partie, à cause de votre négligence et de votre imprévoyance, en partie par des moyens perfides, — en prenant à sa solde des partisans gagnés à Athènes, et en trompant successivement les Olynthiens, les Thessaliens, et tous ses autres alliés. Ces alliés, qui ont actuellement découvert sa perfidie, sont en train de l'abandonner; sans eux, sa puissance tombera en poussière. De plus, les Macédoniens eux-mêmes n'ont aucune sympathie pour son ambition personnelle ; ils sont fatigués du travail que leur imposent ses mouvements militaires sans fin, et appauvris par la fermeture de leurs ports, résultat de la guerre. Ses officiers si vantés sont des hommes d'habitudes indignes et dissolues; ses compagnons personnels sont des voleurs, vils agents de plaisir, rebut de nos cités. Sa bonne fortune passée donne à toute cette faiblesse réelle un air trompeur de force; et sans doute sa bonne fortune a été très-grande. Mais la fortune d'Athènes, et son titre à l'aide bienveillante des dieux sont encore plus grands, — si seulement vous voulez faire votre devoir, Athéniens. Cependant vous êtes ici, encore assis, à ne rien faire. Le paresseux ne peut pas même ordonner à ses amis de travailler pour lui, — encore bien moins le peut-il aux dieux. Je ne m'étonne pas que Philippe, toujours en campagne, toujours en mouvement, faisant tout par lui-même, ne laissant jamais échapper une occasion, l'emporte sur vous qui ne faites que parler, demander et voter sans agir. Bien plus, — le contraire serait étonnant, — si dans de telles circonstances il n'avait *pas* été le vainqueur. Mais ce qui m'étonne, c'est que vous, Athéniens, — qui jadis luttiez contre les Lacédæmoniens pour la liberté panhellénique, — qui, dédaignant un injuste agrandissement pour vous-mêmes, combattiez en personne et prodiguiez votre bien pour protéger les droits des autres Grecs, — *vous* reculiez aujourd'hui devant un service personnel et un payement d'argent pour la défense de vos propres possessions. Vous, qui avez si souvent sauvé les autres, vous pouvez actuellement rester assis tranquilles après avoir tant perdu de ce qui vous appartenait! Je m'étonne que vous ne jetiez pas un regard sur votre conduite passée qui a amené vos affaires à cet état de ruine, et que vous ne vous demandiez pas comment elles pourront jamais se rétablir, tant qu'une pareille conduite restera la même. Il était beaucoup plus facile de conserver d'abord ce que vous aviez jadis, que de recouvrer ce qui est actuellement perdu; aujourd'hui nous n'avons plus rien à perdre, nous avons tout à recouvrer. Et cela, vous devez le faire vous-mêmes, et immédiatement; nous devons fournir de l'argent, nous devons servir en personne tour à tour; nous devons donner à nos généraux les moyens de bien remplir leur tâche, et alors leur demander plus tard un compte sévère, — ce que nous ne pouvons faire, tant que nous ne voulons nous-mêmes ni payer ni servir. Nous devons corriger cet abus qui a grandi, par lequel certaines symmories dans l'Etat s'arrangent pour s'exempter de devoirs onéreux, et pour les rejeter tous injustement sur les autres. Nous devons non-seulement nous mettre en avant avec cœur et énergie, et de nos personnes et l'argent à la main, mais encore chaque homme doit s'attacher fidèlement à la part qui lui revient de l'obligation patriotique. »

Tels sont les principaux points du premier discours prononcé par Démosthène sur la question d'Olynthos. Dans l'esprit des lecteurs modernes, comme dans celui du rhéteur Denys (1), il y a une tendance involontaire à s'imaginer que ces mémorables plaidoyers ont dû produire la persuasion, et à grossir l'importance de leur auteur comme personnage historique et influent. Mais il n'existe pas de faits à l'appui d'une pareille impression. Démosthène était encore comparativement un jeune homme, — il avait trente et un ans ; admiré il est vrai pour ses discours et ses compositions écrites que d'autres devaient prononcer (2), mais ne jouissant pas jusque-là de beaucoup d'influence pratique. Il est en outre certain, — à son honneur, — qu'il découvrit et mesura les dangers étrangers avant qu'ils fussent reconnus par les politiques ordinaires ; qu'il conseilla une marche énergique et salutaire, il est vrai, mais pénible pour le peuple à suivre, et désagréable pour les chefs reconnus à proposer ; que ces

---

(1) Denys d'Halikarnasse, ad Ammæum, p. 736. Μετὰ γὰρ ἄρχοντα Καλλίμαχον, ἐφ' οὗ τὰς εἰς Ὄλυνθον βοηθείας ἀπέστειλαν Ἀθηναῖοι, πεισθέντες ὑπὸ Δημοσθένους, etc.

Il rattache les trois Olynthiennes de Démosthène aux trois armements athéniens envoyés à Olynthos dans l'année qui suivit le solstice d'été de 349 avant J.-C., armements pour lesquels il venait de citer Philochore.

(2) Cela est évident d'après les railleries de Meidias : V. le discours de Démosthène cont. Meidiam, p. 575, 576 (prononcé l'année suivante, — 349-348 avant J.-C.).

Je fais remarquer, non sans regret, que Démosthène lui-même n'a pas honte de mettre les mêmes railleries dans la bouche d'un client parlant devant le dikasterion, — contre Lakritos : — « Cet homme très-habile, qui a payé dix mines à Isokrate pour un cours de rhétorique, et qui se croit en état de vous monter la tête à son gré, » etc. (Démosth. adv. Lakrit. p. 938).

chefs, tels qu'Euboulos et autres, lui furent par conséquent contraires. Le ton de Démosthène dans ces discours est celui d'un homme qui sent qu'il a affaire à forte partie, en combattant une répugnance habituelle et profondément implantée. C'est un orateur d'opposition, qui fait de vives remontrances et contribue à faire naître graduellement un corps de conviction et de sentiment publics qui puissent finir par se traduire en actes. Son rival Euboulos est l'organe ministériel, que suivit la majorité, les riches comme les pauvres ; homme qui n'était nullement corrompu (autant que nous le savons), mais qui suivait simplement une routine conservatrice, esquivant toutes les nécessités pénibles et les précautions extraordinaires, se conciliant les riches en résistant à une taxe foncière, et la masse générale des citoyens ên refusant de s'occuper de la dépense théôrique.

Le Athéniens ne suivirent pas le conseil de Démosthène. Ils acceptèrent l'alliance olynthienne, mais ne prirent aucune mesure active pour coopérer avec Olynthos dans la guerre contre Philippe (1). Malheureusement telle était leur habitude. Celle de Philippe était le contraire. Nous n'avons pas de témoin pour nous convaincre qu'il ne dut pas se ralentir dans son attaque, et que dans le cours d'un mois ou de deux il dut s'emparer de plus d'une des cités chalkidiques, peut-être en défaisant aussi les forces olynthiennes. Les Olynthiens durent découvrir qu'ils n'avaient rien gagné à avoir de nouveaux alliés, tandis que le parti favorable à Philippe parmi eux dut prendre avantage de la négligence d'Athènes pour déprécier ses promesses comme sans valeur ou sans sincérité, et pour insister sur un accommodement

(1) Un orateur de la génération suivante (Dinarque cont. Démosth. p. 102, s. 99) censure Démosthène comme un pur parleur d'opposition, en contraste avec l'excellente administration des finances et de la marine sous Euboulos : Ποῖαι γὰρ τριήρεις εἰσὶ κατεσκευασμέναι διὰ τοῦτον (Démosthène) ὥσπερ ἐπὶ Εὐβούλου, τῇ πόλει ; ἢ ποῖοι νεώσοικοι τούτου πολιτευομένου γεγόνασι ; L'administration d'Euboulos a dû laisser un souvenir honorable pour être citée ainsi plus tard.

V. Théopompe ap. Harpokrat. v. Εὔβουλος ; Plutarque, Reip. Gerend. Præcept. p. 812. Cf. aussi Démosth. Fals. Legat. p. 435, et Æschine, adv. Ktesiph. p. 57, c. 11.

avec l'ennemi (1). Des plaintes durent bientôt arriver à Athènes, apportées par de nouveaux envoyés des Olynthiens, et probablement aussi des Chalkidiens, qui étaient ceux qui souffraient le plus des armes de Philippe. Ils durent naturellement justifier cette nouvelle demande en s'étendant sur la marche victorieuse de ce prince; ils durent actuellement demander du secours avec plus d'insistance, et purent même jeter un regard sur la possibilité d'une conquête de la Chalkidikê par Philippe. Les affaires étaient arrivées à cette phase avancée, quand Démosthène fit de nouveaux efforts dans la cause, en prononçant le discours qui est le premier suivant l'ordre imprimé des Olynthiennes.

Ici nous avons non pas une Philippique, mais une véritable Olynthienne. Olynthos n'est plus une partie et une fraction d'un sujet plus considérable, sur l'ensemble duquel Démosthène a l'intention de discourir, mais elle ressort comme le trait saillant et l'objet spécial de son plaidoyer. Elle est déclarée actuellement en danger et dans un besoin pressant de secours; de plus, sa conservation est présentée avec force aux Athéniens, comme essentielle à leur propre sûreté. Tant qu'elle existe avec sa confédération autour d'elle, les Athéniens peuvent combattre Philippe sur ses propres côtes; si elle tombe, il n'y a rien pour l'empêcher de transporter la guerre en Attique, et de les attaquer sur leur propre sol (2). Démosthène est monté au plus haut point de force, en se plaignant de la tiédeur de ses compatriotes au moment d'une crise qui exige impérieusement

---

(1) Démosth. Olynth. I, p. 9. Ὡς ἔστι μάλιστα τοῦτο δέος, μὴ πανοῦργος ὢν καὶ δεινὸς ἄνθρωπος (Philippe) πράγμασι χρῆσθαι τὰ μὲν εἴκων ἡνίκ' ἂν τύχῃ, τὰ δ' ἀπειλῶν, τὰ δ' ἡμᾶς διαβάλλων καὶ τὴν ἀπουσίαν τὴν ἡμετέραν τρέψῃ τε καὶ παρασπάσηταί τι τῶν ὅλων πραγμάτων.

Cela se rencontre dans le discours immédiatement subséquent de Démosthène, donnant à entendre ce que Philippe et ses partisans avaient déjà tiré comme conclusion de la négligence passée des Athéniens à envoyer du secours à Olynthos. Naturellement une pareille conclusion ne pouvait être tirée qu'après que quelque temps avait été accordé pour l'attente et le désappointement, ce qui est une des nombreuses raisons de croire que la première Olynthienne est postérieure pour le temps à la seconde.

(2) Démosth. Olynth. I, p. 12, 13.

une action instantanée (1). Il demande de nouveau qu'on vote sans retard un secours pour Olynthos, et qu'on expédie deux armements aussi vite que possible ; l'un pour conserver à Olynthos ses cités confédérées, l'autre pour opérer une diversion par une attaque simultanée dirigée sur Philippe dans son pays. Sans ce double secours (dit-il) les cités ne peuvent être conservées (2). Il avait déjà donné dans sa précédente harangue l'avis de secourir en général, bien qu'avec moins de force, mais actuellement il surajoute une nouvelle suggestion, — c'est qu'on y dépêche des députés athéniens destinés non-seulement à annoncer l'arrivée de l'armée, mais encore à rester à Olynthos et à veiller sur la marche des événements ; car il craint que, si l'on n'envoie pas cet encouragement immédiat, Philippe, même sans le procédé ennuyeux d'un siége, n'effraye ou ne cajole la confédération olynthienne et ne l'amène à se soumettre ; en partie en lui rappelant qu'Athènes n'a rien fait pour elle, et en la dénonçant comme une alliée perfide et indigne (3). Philippe serait content de l'entraîner par ruse dans quelque capitulation plausible, et bien qu'elle sache qu'elle ne peut avoir aucune garantie de sa fidélité à en observer les termes dans la suite, il pourrait cependant réussir, si Athènes restait inactive. C'était actuellement, plus que jamais, le moment pour les Athéniens de se mettre en avant et de faire leur devoir sans y manquer ; de servir en personne et de se soumettre au montant nécessaire d'une taxation directe. Ils n'avaient plus le plus petit prétexte pour prolonger leur inaction ; la conjoncture même qu'ils avaient si longtemps désirée s'était présentée d'elle-même, — une guerre entre Olynthos et Philippe, et cela encore sur des motifs particuliers à Olynthos, et non à l'instigation d'Athènes (4). L'alliance olynthienne avait été jetée sur le chemin de cette cité

(1) Démosth. Olynth. I, p. 9.

(2) Démosth. Olynth. I, p. 14. Φημὶ δὴ διχῇ βοηθητέον εἶναι τοῖς πράγμασιν ὑμῖν τῷ τε τὰς πόλεις Ὀλυνθίοις σώζειν, καὶ τοὺς τοῦτο ποιήσοντας στρατιώτας ἐκπέμπειν — καὶ τῷ τὴν ἐκείνου χώραν κακῶς ποιεῖν καὶ τριήρεσι καὶ στρατιώταις ἑτέροις · εἰ δὲ θατέρου τούτων ὀλιγωρήσετε, ὀκνῶ μὴ μάταιος ὑμῶν ἡ στρατεία γένηται.

(3) Démosth. Olynth. I, p. 9, 10.

(4) Démosth. Olynth. I, p. 11.

par la bonté spéciale des dieux, pour qu'elle pût réparer ses nombreuses erreurs et fautes passées. Elle devait bien guetter ces dernières occasions qui restaient et en faire un bon usage, afin d'effacer la honte du passé ; mais si maintenant elle laissait échapper Olynthos, et qu'elle permît à Philippe de la conquérir, il n'y avait plus rien pour l'empêcher de s'avancer partout où il voudrait. Son ambition était si insatiable, son activité si incessante, que, en admettant qu'Athènes persistât dans sa négligente inaction, il porterait la guerre de Thrace en Attique, — démarche dont les ruineuses conséquences n'étaient que trop claires (1).

« Je soutiens (continue l'orateur) que vous devez prêter aide dans la crise actuelle de deux manières : en conservant aux Olynthiens leurs cités confédérées, au moyen d'un corps de troupes envoyé dans ce dessein exprès, — et en employant à la fois d'autres troupes et d'autres trirèmes à agir d'une manière offensive contre le propre littoral de Philippe. Si vous négligez l'une ou l'autre de ces mesures, je crains que l'expédition n'échoue. Quant à la contribution pécuniaire, vous avez déjà plus d'argent que toute autre cité, propre aux desseins de la guerre ; si avec cet argent vous payez des soldats en service, il n'y a pas besoin d'autre contribution, — sinon, alors le besoin existe ; mais avant tout, il *faut* trouver de l'argent. Quoi donc ? me demandera-t-on. Proposes-tu que le fonds théôrique soit consacré à des desseins de guerre ? Moi, nullement, par Zeus ! Je me borne à exprimer ma conviction qu'il *faut* équiper des soldats, et faire marcher de pair la perception des deniers de l'État et l'accomplissement du service public ; mais votre habitude est de prendre pour les fêtes l'argent de l'État, sans remplir aucune condition pareille. En conséquence, il ne reste qu'une chose à faire : c'est que tous contribuent

---

(1) Démosth. Olynth. I, p. 12, 13, 16. ...Εἰ δὲ προησόμεθα καὶ τούτους τοὺς ἀνθρώπους, εἶτ' Ὄλυνθον ἐκεῖνος καταστρέψεται, φρασάτω τις ἐμοί, τί τὸ κωλῦον ἔτ' αὐτὸν ἔσται βαδίζειν ὅποι βούλεται.

... Τίς οὕτως εὐήθης ἐστὶν ὑμῶν ὅστις ἀγνοεῖ τὸν ἐκεῖθεν πόλεμον δεῦρο ἥξοντα, ἂν ἀμελήσωμεν;

directement ; beaucoup s'il faut beaucoup, peu si peu suffit. Pour ce qui est de l'argent, il en faut ; sans cela on ne peut prendre aucune mesure essentielle. Il y a de plus différentes voies et diverses manières suggérées par d'autres. Choisissez celle que vous jugerez avantageuse ; et rendez-vous avec vigueur maîtres des événements tandis que l'occasion dure encore (1). »

Ce fut ainsi que Démosthène parla à ses compatriotes peu de temps après que les Olynthiens avaient été reçus comme alliés, mais avant qu'aucune armée auxiliaire leur eût été envoyée ou même eût été positivement décrétée, — toutefois alors que cet ajournement d'action leur avait inspiré de la méfiance, en les menaçant de les jeter, même sans résistance, dans les bras de Philippe et du parti qui chez eux favorisait ce prince. Nous remarquons dans Démosthène la même appréciation sagace, tant du présent que de l'avenir, que nous avons déjà observée dans la première Philippique, — la prévision des terribles conséquences de cette guerre Olynthienne, tandis qu'elles sont éloignées pour les autres qui ne les remarquent pas. Nous découvrons le même bon sens et le même courage à invoquer les bons remèdes, bien que ses propositions d'un service militaire personnel, d'une taxation directe, ou d'une application du fonds théôrique à un autre objet, fussent toutes les plus impopulaires qu'on pût faire. Dans le fait, la dernière des trois, il ne la fait pas entrer dans une motion spéciale, et il ne pouvait le faire sans une illégalité positive, ce qui l'aurait exposé à l'accusation appelée Graphê Paranomôn. Mais il l'aborde d'assez près pour soulever dans l'esprit public la question telle qu'elle était réellement, — à savoir qu'il fallait avoir de l'argent ; qu'il n'existait que deux manières d'en avoir, — une taxation directe et une appropriation du fonds destiné aux fêtes, et qu'on devait avoir recours à celle-ci aussi bien qu'à celle-là. Nous verrons cette question concernant le fonds théôrique revenir plus d'une fois, et nous aurons bientôt à la mentionner plus au long.

---

(1) Démosth. Olynth. I, p. 15.

Quelque temps après cette nouvelle harangue de Démosthène, — quel fut l'intervalle, ou jusqu'à quel point cette mesure en fut-elle la conséquence, c'est ce que nous ne pouvons dire, — les Athéniens commissionnèrent et envoyèrent un corps de mercenaires étrangers au secours des Olynthiens et des Chalkidiens. L'équipement et le transport de ces troupes furent en partie défrayés par des souscriptions volontaires de riches citoyens athéniens. Mais on n'expédia aucun soldat-citoyen d'Athènes; et on n'assigna pas non plus d'argent comme solde de ces mercenaires; l'expédition paraît avoir été envoyée vers l'automne de 350 avant J.-C., autant que nous pouvons prétendre à affirmer quelque chose relativement à l'obscure chronologie de cette période (1).

(1) A mon sens, il est nécessaire de séparer entièrement les opérations auxquelles il est fait allusion dans les Olynthiennes de Démosthène, des trois expéditions envoyées à Olynthos, que Philochore mentionne pendant l'année suivante, — 349-348 avant J.-C., l'archontat de Kallimachos. Je ne vois pas de raison pour combattre l'assertion de Philochore, qui dit qu'il y eut trois expéditions pendant cette année, telles qu'il les décrit. Mais il doit s'être trompé (ou Denys doit l'avoir mal copié) en présentant ces trois expéditions *comme toute la guerre Olynthienne*, et la première des trois comme étant le commencement de la guerre. La guerre Olynthienne commença en 350 avant J.-C.; et les trois Olynthiennes de Démosthène se rapportent, selon moi, aux premiers mois de la guerre. Mais elle dura jusqu'au commencement du printemps de 347 avant J.-C., de sorte que les armements que mentionne Philochore peuvent avoir été expédiés pendant la dernière moitié de la guerre. Je ne puis m'empêcher de croire que Denys, content de *trois* expéditions pour Olynthos qui pouvaient se rattacher comme résultats aux trois *discours* de Démosthène, s'est trop hâté de copier les trois de Philocore, et a assigné la date de 349-348 avant J.-C. aux trois *discours*, simplement parce qu'il trouvait cette date donnée par Philochore aux trois *expéditions*.

La révolte en Eubœa, l'expédition de Phokiôn avec la bataille de Tamynæ et la prolongation de la guerre dans cette île commencèrent vers janvier ou février de 349 avant J.-C., et continuèrent pendant toute cette année et la suivante. M. Clinton place même ces événements un an plus tôt, idée que je ne partage pas, mais qui, si on l'adopte, rejetterait encore d'une année en arrière le commencement de la guerre Olynthienne. Il est certain qu'il y eut une expédition athénienne au moins envoyée à Olynthos *avant la guerre Eubœenne* (Démosth. cont. Meidiam, p. 566-578), — expédition si considérable qu'on obtint des citoyens riches des dons volontaires pour subvenir à la dépense. C'est là une bonne preuve (meilleure que Philochore, si en effet c'est incompatible avec ce qu'il dit réellement) que les Athéniens non seulement contractèrent l'alliance d'Olynthos, mais assistèrent en réalité Olynthos pendant l'année 350 avant J.-C. Or les Olynthiennes de Démosthène présentent à mon esprit une évidence frappante qu'elles appartiennent

Elle gagna bientôt quelque victoire sur Philippe ou sur les généraux de ce prince, et put transmettre à Athènes une bonne nouvelle, qui y excita de grands transports de joie, et amena le peuple à s'imaginer qu'il était en bonne voie pour se venger des torts passés de Philippe. Selon quelques orateurs, non-seulement les Olynthiens étaient à l'abri de tout danger, mais Philippe était en bon chemin pour être puni et humilié. Dans le fait, il est possible que le succès ait été réellement quelque chose de considérable, qui a pu arrêter les progrès de Philippe pour le moment. Bien que victorieux en général, il a dû éprouver des revers partiels et momentanés ; autrement il aurait terminé la guerre avant le commencement du printemps de 347 avant J.-C. Ce succès coïncida-t-il avec celui du général athénien Charès sur Adæos, général de Philippe (1), c'est ce que nous ne pouvons pas dire.

Mais Démosthène eut assez de sagacité pour apercevoir et assez de franchise pour déclarer que ce succès ne décidait nullement la guerre en général ; qu'il était pire que rien, s'il amenait les Athéniens à s'imaginer qu'ils en étaient venus à leurs fins.

Corriger l'imagination trompeuse, qu'on a assez fait, combattre cette maladie chronique dans laquelle les Athéniens trouvaient si facilement un encouragement et des excuses pour leur inaction, ranimer en eux la conviction qu'ils avaient contracté une dette, non encore payée, à l'égard de leurs alliés Olynthiens et de leur sécurité définitive, — tel est le but de Démosthène dans sa troisième harangue Olynthienne ; troisième dans l'ordre imprimé, et

---

aux premiers mois de la guerre Olynthienne. Je crois donc raisonnable de supposer que l'expédition de mercenaires étrangers pour Olynthos qui fut envoyée, comme l'implique la troisième Olynthienne, est la même que celle pour laquelle on demanda les ἐπιδόσεις mentionnées dans le Discours contre Meidias. V. Boehnecke, Forschungen, p. 202 ; et K. F. Hermann, De Anno natali Demosthenis, p. 9.

(1) Théopompe, ap. Athenæ. XII, p. 532. Cette victoire semblerait appartenir plus naturellement (comme le fait remarquer le docteur Thirlwall) aux opérations de Charès et d'Onomarchos contre Philippe en Thessalia, en 353-352 avant J.-C. Mais ce point ne peut être déterminé.

troisième aussi selon moi, dans l'ordre de temps, prononcée vers la fin de l'année 350 avant J.-C. (1). Comme Periklês, il n'était pas moins attentif à rabattre les illusions extravagantes et intempestives de triomphe dans ses compatriotes, qu'à relever leurs esprits dans les moments d'alarme et de découragement exagérés (2).

« Tout ce que j'entends dire au sujet d'une punition à infliger à Philippe (dit Démosthène en substance) repose sur une base fausse. Les faits réels du cas nous donnent une leçon très-différente (3). Ils nous ordonnent de bien

(1) Démosth. Olynth. III, p. 29. Μέμνησθε, ὅτ' ἀπηγγέλθη Φίλιππον ὑμῖν ἐν Θράκῃ, τρίτον ἢ τέταρτον ἔτος τουτί, Ἡραῖον Τεῖχος πολιορκῶν· τότε τοίνυν μὴν μὲν ἦν Μαιμακτηριών, etc. C'était le mois Mæmakterion ou novembre 352 avant J.-C. Si l'on calcule à partir de cette date, τρίτον ἔτος signifie *l'avant-dernière année*, c'est-à-dire l'année attique, Olymp. 107, 3, ou l'année entre le solstice d'été de 350 et celui de 349 avant J.-C. Denys d'Halikarnasse dit (p. 727) : — Καλλιμάχου τοῦ τρίτου μετὰ Θέσσαλον ἄρξαντος, — bien qu'il n'y eût qu'un seul archonte entre Thessalos et Kallimachos. Lorsque Démosthène dit τρίτον ἢ τέταρτον ἔτος, — il est clair que tous deux ne peuvent être exacts : nous devons choisir l'un ou l'autre, et τρίτον ἔτος nous amène à l'année 350-349 avant J.-C.

Pour prouver que le discours fut prononcé probablement pendant la première moitié de cette année, c'est-à-dire avant février 319 avant J.-C., on peut signaler un autre point d'évidence.

A l'époque où fut prononcée la troisième Olynthienne, *aucune* expédition de *citoyens* athéniens n'avait encore été expédiée au secours d'Olynthos. Mais nous verrons bientôt que des citoyens athéniens y *furent* envoyés pendant la première moitié de 349 avant J.-C.

En effet, il serait singulier, si les Olynthiennes avaient été prononcées *après* l'expédition d'Eubœa, que Démosthène ne fît allusion dans aucune d'elles à cette expédition, affaire de tant d'importance et d'intérêt, qui tint Athènes dans une agitation sérieuse pendant une grande partie de l'année, et fut sauvée d'une guerre prolongée dans cette île voisine. Dans la troisième Olynthienne, Démosthène fait allusion à une prise d'armes contre Corinthe et Megara (p. 34). Serait-il vraisemblable qu'il laissât sans les mentionner les opérations beaucoup plus importantes en Eubœa? Ne dirait-il rien de la crise grave dans laquelle fut proposé le décret d'Apollodôros? Cette difficulté disparaît quand nous reconnaissons les Olynthiennes comme antérieures à la guerre Eubœenne.

(2) Thucydide, II, 65. Ὅποτε γοῦν αἴσθοιτό τι αὐτοὺς παρὰ καιρὸν ὕβρει θαρσοῦντας, λέγων κατέπλησσεν (Periklês) εἰς τὸ φοβεῖσθαι· καὶ δεδιότας αὖ ἀλόγως ἀντικαθίστη πάλιν ἐπὶ τό θαρσεῖν.

Cf. l'argument de la troisième Olynthienne par Libanius.

(3) Démosthène, Olynth. III, p. 28, 29. Τοὺς μὲν γὰρ λόγους περὶ τοῦ τιμωρήσασθαι Φίλιππον ὁρῶ γιγνομένους, τὰ δὲ πράγματα εἰς τοῦτο προήκοντα, ὥστε ὅπως μὴ πεισόμεθα αὐτοὶ πρότερον κακῶς σκέψασθαι δέον.

... Τοῦτ' ἱκανὸν προλαβεῖν ἡμῖν εἶναι τὴν πρώτην, ὅπως τοὺς συμμάχους σώσομεν.

veiller à notre propre sécurité, afin que nous ne soyons pas nous-mêmes les victimes, et que nous sauvions nos alliés. *Il y eut* en effet un temps, — et encore peu éloigné autant que je m'en souvienne, — où nous aurions pu conserver ce que nous avions et en outre punir Philippe, mais actuellement notre premier soin doit être de sauver nos propres alliés. Quand nous aurons assuré ce résultat, il sera temps de songer à punir les autres. La conjoncture présente demande une délibération sérieuse. Ne commettez pas la même erreur que vous avez commise il y a trois ans. Quand Philippe assiégeait Heræon en Thrace, vous rendîtes un décret énergique à l'effet d'envoyer une expédition contre lui ; bientôt vinrent des rapports annonçant qu'il était malade et qu'il était mort : cette bonne nouvelle vous fit croire que l'expédition n'était pas nécessaire, et vous la laissâtes tomber. Si vous aviez exécuté promptement ce que vous aviez résolu, Philippe aurait été abattu *alors*, et ne vous aurait plus causé d'embarras (1).

« Toutes ces choses, il est vrai, sont passées et ne peuvent se réparer. Mais je vous les signale maintenant, parce que la crise actuelle de la guerre est très-semblable, et que j'espère que vous ne commettrez pas de nouveau la même faute. Si vous n'envoyez pas des secours à Olynthos en employant toutes vos forces et tous vos moyens, vous jouerez le jeu de Philippe pour lui aujourd'hui, exactement comme vous l'avez joué alors. Vous avez longtemps désiré que les Olynthiens fussent en guerre avec Philippe et vous y avez travaillé. Cela est arrivé maintenant : que vous reste-t-il à faire, si ce n'est de les aider sincèrement et avec vigueur? Vous vous couvrirez de honte si vous ne le faites pas. Mais ce n'est pas tout. Votre propre sécurité à l'intérieur l'exige de vous également ; car si Philippe conquiert Olynthos, il n'y aura rien qui l'empêchera d'envahir l'Attique. Les fonds des Phokiens sont épuisés, — et les Thêbains sont vos ennemis.

---

(1) Démosth. Olynth. III, p. 30.

« Tout cela est superflu, me direz-vous. Nous avons déjà résolu unanimement de secourir Olynthos, et nous la secourrons. Nous te demandons seulement de nous dire comment. Ma réponse vous surprendra peut-être. Nommez immédiatement des nomothetæ (1). Ne leur soumettez pas de propositions pour de nouvelles lois, car vous avez déjà assez de lois, — mais seulement rappelez celles des lois actuelles qui sont préjudiciables à la conjoncture présente, — je veux dire celles qui concernent le fonds théôrique (je dis franchement ma pensée), et quelques-unes qui se rapportent aux citoyens en service militaire. En vertu des premières, l'argent qui devrait aller aux soldats en service, vous le donnez par la distribution théôrique à ceux qui restent au logis. En vertu des secondes, vous laissez sans les punir ceux qui esquivent le service, et vous découragez ceux qui désirent faire leur devoir. Quand vous aurez abrogé ces lois funestes, et fait qu'on pourra sans danger proclamer des vérités salutaires, alors comptez que quelqu'un se présentera avec une motion formelle telle que vous savez que l'exigent les circonstances. Mais jusqu'à ce que vous l'ayez fait, ne vous attendez pas à ce qu'aucun citoyen fasse des propositions indispensables en votre faveur, avec la certitude que vous avez le pouvoir de le ruiner. Non, vous n'en trouverez pas ; d'autant plus qu'il s'exposerait à une punition injuste pour lui-même sans aucun avantage pour la cité, — tandis que sa punition rendrait la pensée de parler sur ce sujet dans l'avenir encore plus formidable qu'elle ne l'est même maintenant. De plus, les mêmes hommes qui ont proposé ces lois devraient aussi prendre sur eux d'en proposer l'abrogation ; car il n'est pas juste que ces hommes continuent à jouir d'une popularité qui cause du mal à toute la cité, tandis que l'impopularité d'une réforme avantageuse à nous tous s'attache à celui qui vous donne les meilleurs conseils. Mais tant que vous maintiendrez cette prohibition, vous ne pourrez ni tolérer que l'un de vous soit assez puissant pour

(1) Démosth. Olynth. III, p. 31, 32.

violer une loi impunément, — ni vous attendre à ce que quelqu'un soit assez insensé pour se jeter tête baissée dans un mal évident. »

Je regrette que l'espace me force à me borner à ce bref et maigre résumé de l'une des plus magnifiques harangues qui aient jamais été prononcées, — la troisième Olynthienne de Démosthène. L'avantage partiel remporté sur Philippe étant prodigieusement exagéré, les Athéniens semblaient croire qu'ils avaient fait assez, et ils revenaient sur leur résolution d'assister Olynthos énergiquement. Comme dans tant d'autres occasions, de même dans celle-là, — Démosthène entreprit de combattre un sentiment dominant qu'il croyait sans fondement et hors de saison. Avec quel courage, quelle sagesse et quelle adresse, — si supérieurs aux sarcasmes insultants de Phokiôn, — n'exécute-t-il pas ce devoir qu'il s'est imposé, tout en en connaissant l'impopularité !

Un mouvement quelconque fut-il fait par les Athéniens, par suite de la troisième Olynthienne de Démosthène, c'est ce que nous ne pouvons déterminer. Nous n'avons pas de raison pour croire l'affirmative, tandis que nous sommes certain que la mesure spéciale qu'il recommandait, — l'envoi d'un armement composé de citoyens servant personnellement, — ne fut pas suivie d'effet à ce moment (av. la fin de 350 av. J.-C.). Au commencement de 349 avant J.-C. ou avant, les relations étrangères d'Athènes commencèrent à être troublées par un autre embarras qui survint, — la révolte de l'Eubœa.

Après l'heureuse expédition de 358 avant J.-C., par laquelle les Athéniens avaient chassé les Thêbains de l'Eubœa, cette île resta pendant quelques années avec Athènes dans des relations que rien ne troubla. Chalkis, Eretria et Oreus, ses trois cités principales, envoyaient chacune un membre à l'assemblée des alliés tenant session à Athènes, et payaient leur quote-part annuelle (vraisemblablement cinq talents chacune) au fonds confédéré (1).

(1) Æschine, adv. Ktesiph. p. 67, 68.

Pendant le troisième quart de 352 avant J.-C., Menestratos le despote, ou le principal citoyen d'Eretria, est cité comme un ami d'Athènes particulièrement dévoué à cette cité (1). Mais cet état de choses changea peu après que Philippe eut conquis la Thessalia et se fut rendu maître du golfe Pagasæen (en 353 et dans la première moitié de 352 av. J.-C.). Sa puissance fut établie alors immédiatement en face d'Oreus et de la côte septentrionale de l'Eubœa, île avec laquelle ses moyens de communication devinrent faciles et fréquents. Avant la date de la première Philippique de Démosthène (vraisemblablement vers l'été de 351 av. J.-C.). Philippe avait entamé des correspondances en Eubœa, et y avait expédié diverses lettres dont l'orateur lit quelques-unes à l'assemblée athénienne dans le cours de cette harangue. Les termes réels des lettres ne sont pas donnés ; mais, d'après la critique de l'orateur lui-même, nous reconnaissons qu'elles étaient extrêmement blessantes pour les sentiments athéniens, en excitant les Eubœens probablement à se séparer d'Athènes et en offrant l'appui macédonien dans ce dessein (2). La guerre que Philippe fit sur mer amena aussi ses croiseurs jusqu'à Geræstos en Eubœa, où ils prirent plusieurs bâtiments de blé athéniens (3), et insultèrent même la côte opposée de l'Attique à Marathôn, au point de diminuer la réputation d'Athènes parmi ses alliés. En conséquence, dans chacune des cités Eubœennes, il se forma bientôt des partis tendant à acquérir la domination au moyen de l'appui de Philippe, tandis qu'ils purent aussi se procurer des détachements de mercenaires par le détroit occidental eubœen, pris dans le nombre considérable de ceux qui servaient alors en Phokis.

Vers le commencement de 349 avant J.-C., — pendant que la guerre de Philippe contre les Olynthiens et les Chalkidiens, — guerre dont les détails nous sont inconnus, —

(1) Démosth. cont. Aristokrat. p. 661. «Φέρ', ἐὰν δὲ δὴ καὶ Μενέστρατος ἡμᾶς ὁ Ἐρετριεὺς ἀξιοῖ τὰ αὐτὰ καὶ αὐτῷ ψηφίσασθαι, ἢ Φάϋλλος ὁ Φωκεὺς, etc.

(2) Démosthène, Philipp. I, p. 51.

(3) Démosth. Philipp. I, p. 49.

durait encore, plus ou moins soutenue par les mercenaires envoyés d'Athènes, — des hostilités, probablement suscitées par les intrigues de Philippe, éclatèrent à Eretria en Eubœa. Un Erétrien nommé Plutarque (nous ne savons pas ce qu'était devenu Menestratos), avec un certain nombre de soldats à sa disposition, mais qui avait pour adversaires des ennemis encore plus puissants, prétendit représenter les intérêts athéniens dans sa cité, et envoya demander du secours à Athènes. Démosthène, soupçonnant cet homme d'être un traître, dissuada ses concitoyens d'accéder à la demande (1). Mais Plutarque avait des amis influents à Athènes, vraisemblablement dans le parti d'Euboulos, dont l'un, Meidias, violent ennemi personnel de Démosthène, tout en appuyant la demande de secours, essaya même d'accuser Démosthène d'avoir personnellement fomenté ces troubles en Eubœa contre Plutarque, le prétendu ami d'Athènes (2). L'assemblée athénienne se décida à expédier une armée sous Phokiôn, qui, en conséquence, passa dans l'île avec un corps d'hoplites, un peu avant le temps de la fête Anthesteria (février) (3). Les dépenses de l'équipement des trirèmes pour ce transport furent en partie défrayées par des contributions volontaires de riches Athéniens, dont plusieurs, Nikêratos, Euktêmon, Euthydêmos, fournirent chacun l'équipement d'un navire (4). On envoya aussi une certaine partie des cavaliers de la cité; cependant l'armée entière n'était pas très-considérable, vu qu'on supposait que les partisans qu'on devait y trouver suppléeraient à son insuffisance.

Toutefois cette espérance fut trompée. Après une réception amicale en apparence et un certain séjour à Eretria,

(1) Démosthène, De Pace, p. 58.

(2) Démosthène cont. Meidiam, p. 550. ...Καὶ τῶν ἐν Εὐβοίᾳ πραγμάτων, ἃ Πλούταρχος ὁ τούτου ξένος καὶ φίλος διεπράξατο, ὡς ἐγὼ αἴτιός εἰμι, κατεσκεύασε, πρὸ τοῦ τὸ πρᾶγμα γενέσθαι φανερὸν διὰ Πλουτάρχου γεγονός.

(3) Démosth. cont. Meidiam, p. 558; cont. Bœotum De Nomine, p. 999. La mention des χόες dans le dernier passage, étant le second jour de la fête appelée Anthesteria, identifie le mois.

(4) Démosth. cont. Meidiam, p. 566, 567.

ou près de cette ville, Phokiôn se vit trahi. Kallias, chef ambitieux de Chalkis, réunit autant de forces eubœennes qu'il put, se déclara ouvertement contre Athènes et demanda du secours aux Macédoniens (probablement aux commandants de Philippe dans le golfe Pagasæen voisin); tandis que son frère Taurosthenês soudoya un détachement de mercenaires tirés de Phokis (1). Les forces anti-athéniennes devinrent ainsi trop formidables pour que Phokiôn pût bien leur tenir tête, tandis que l'appui qu'il trouva dans l'île fut moindre qu'il ne s'y était attendu. Franchissant l'éminence appelée Kotylæon, il prit position près de la ville et de l'hippodrome de Tamynæ, sur un terrain élevé, bordé par un ravin, Plutarque se disant encore son ami, et partageant son camp, lui et ses mercenaires. Phokiôn avait une forte position; cependant le nombre supérieur des ennemis qui assiégeaient les Athéniens leur causa une grande alarme (2). Grand nombre de soldats traînards et insouciants désertèrent, perte que Phokiôn affecta de mépriser, — bien qu'en même temps il envoyât à Athènes faire connaître ses difficultés et demander instamment du renfort. Cependant il se tint sur la défensive dans son camp, tandis que les ennemis s'avancèrent pour l'attaquer. Ne tenant pas compte de son ordre, et agissant avec une trahison calculée qui fut regardée à Athènes comme sans exemple, — Plutarque sortit du camp pour aller à leur rencontre; mais il s'enfuit bientôt, entraînant dans sa fuite la cavalerie athénienne, qui s'était aussi avancée un peu en désordre. Phokiôn avec son infanterie se trouva alors dans le plus grand danger.

(1) Æschine cont. Ktesiphont. p. 399. ... Ταυροσθένης τοὺς Φωκικοὺς ξένους διαβιβάσας, etc. Il n'y a pas lieu de conclure de ce passage (avec Boehnecke, p. 20, et autres) que les Phokiens eux-mêmes aidèrent Philippe à organiser des partis eubœens contre Athènes. Les Phokiens étaient alors alliés de cette cité, et il ne serait pas vraisemblable qu'ils eussent concouru à une démarche à la fois nuisible et blessante pour elle, sans aucun avantage pour eux-mêmes. Mais quelques-uns des mercenaires qui servaient en Phokis pouvaient facilement être tentés de changer de service et de passer en Eubœa, par la promesse d'une belle gratification.

(2) Démosth. cont. Meidiam, p. 567. Ἐπειδὴ δὲ πολιορκεῖσθαι τοὺς ἐν Ταμύναις στρατιώτας ἐξηγγέλλετο, etc.

L'ennemi, attaquant avec vigueur, se mit à arracher la palissade et fut sur le point de forcer son camp. Mais ses mesures étaient si bien prises, et ses hoplites se comportèrent avec tant d'intrépidité et de fermeté dans cette circonstance critique, qu'il repoussa les assaillants en leur faisant essuyer des pertes, et remporta une victoire complète. Thallos et Kineas se distinguèrent à ses côtés ; Kleophanês se fit aussi remarquer en ralliant les cavaliers rompus ; tandis qu'Æschine l'orateur, qui servait parmi les hoplites, fut complimenté pour sa bravoure, et envoyé à Athènes porter la première nouvelle de la victoire (1). Phokiôn poursuivit son succès, chassa Plutarque d'Eretria et s'empara d'une forteresse appelée Zaretra, près de la partie la moins large de l'île. Il relâcha tous ses prisonniers grecs, dans la crainte que les Athéniens, irrités de la récente trahison, ne prissent la résolution de les traiter avec une extrême rigueur (2). Kallias semble avoir quitté l'île et trouvé asile auprès de Philippe (3).

La nouvelle de la victoire de Tamynæ apportée par

(1) Æschine, Fals. Leg. p. 300, c. 53 ; cont. Ktesiphont. p. 399, c. 32 ; Plutarque, Phokiôn, c. 13. Plutarque (le biographe) n'a pas une idée claire des luttes soutenues dans l'île d'Eubœa. Il passe, sans un signe de transition, de cette guerre dans l'île (en 349-348 av. J.-C.) à la guerre subséquente en 341 avant J.-C.

Rien dans le fait ne peut être plus obscur et plus difficile à débrouiller que la suite des affaires eubœennes.

Il est à propos de faire remarquer qu'Æschine jette le blâme de la trahison, qui fit tomber l'armée athénienne dans un piége et la mit en danger, sur Kallias de Chalkis, tandis que Démosthène le jette sur Plutarque d'Eretria. Probablement Plutarque et Kallias méritent tous deux la flétrissure. Mais Démosthène est en cette occasion plus digne de foi qu'Æschine, puisque la harangue contre Meidias, dans laquelle se rencontre cette assertion, fut prononcée seulement quelques mois après la bataille de Tamynæ, tandis que l'allégation d'Æschine est contenue dans sa harangue contre Ktesiphôn, qui ne fut prononcée que bien des années plus tard.

(2) Plutarque, Phokiôn, c. 13.

(3) Æschine, en effet, dit que Kallias, après avoir reçu son pardon d'Athènes en cette occasion, alla à Philippe plus tard, gratuitement, et par pure hostilité et ingratitude pour cette ville. Mais, à mes yeux, c'est probablement une exagération. L'orateur pousse une forte pointe contre Kallias, qui, plus tard, devint lié avec Démosthène, et rendit à Athènes des services considérables en Eubœa.

Il est fait allusion à la trahison de Kallias et de Taurosthenês par Dinarque dans sa harangue contre Démosthène, s. 45.

Æschine (avant la fête Dionysiaque) délivra les Athéniens d'une grande anxiété (349 av. J.-C.). A la première dépêche de Phokiôn, le sénat avait résolu d'envoyer en Eubœa un autre armement, comprenant la moitié de la cavalerie qui restait, un renfort d'hoplites et une nouvelle escadre de trirèmes. Mais la victoire leur permit de se dispenser (1) d'expédier un renfort immédiat et de célébrer gaiement la fête Dionysiaque. Cette année la fête eut plus de notoriété que d'ordinaire. Démosthène, qui y servait en qualité de chorége pour sa tribu la Pandionis, fut brutalement insulté, dans le théâtre et au milieu de la pompe complète de la cérémonie, par son ennemi le riche Meidias, qui, outre d'autres outrages, le frappa plusieurs fois à la tête avec son poing. L'insulte fut d'autant plus sensible que Meidias à ce moment occupait le poste élevé d'hipparque, ou l'un des commandants de la cavalerie. C'était l'usage à Athènes de convoquer immédiatement après la fête Dionysiaque une assemblée publique, destinée spécialement à recevoir des notifications et à entendre des plaintes sur les choses qui s'étaient passées à la fête elle-même. A cette assemblée spéciale, Démosthène porta une plainte contre Meidias pour l'inexcusable outrage qui lui avait été fait, et il trouva une sympathie chaleureuse auprès du peuple, qui rendit un vote unanime de censure. Cette procédure (appelée probolê) n'entraînait avec elle aucune punition, mais elle servait comme une sorte de *præjudicium*, ou jugement anticipé sur requête régulière ; elle permettait à Démosthène de citer le public comme témoin pour le fait principal de l'insulte, et elle l'encouragea à poursuivre Meidias devant les tribunaux réguliers, ce qu'il fit quelques mois plus tard; mais il fut amené à accepter de Meidias une amende de trente mines que ce dernier s'imposa volontairement avant que la sentence définitive fût prononcée par les dikastes (2).

---

(1) Démosth. cont. Meidiam, p. 567.

(2) Æschine cont. Ktesiph. p. 61; Plutarque, Démosth. c. 12. Westermann et beaucoup d'autres critiques (De Litibus quas Demosthenes oravit ipse, p. 25-28) soutiennent que le dis-

D'après les dépêches de Phokiôn, la trahison de Plutarque d'Eretria était devenue manifeste, de sorte que Démosthène vit augmenter son crédit à cause des remarques qu'il avait faites antérieurement sur ce qu'il y avait d'impolitique à accorder l'armement ; tandis que les amis de Plutarque, — Hegesilaos et autres du parti d'Euboulos, — encoururent le déplaisir du peuple ; et quelques-uns, à ce qu'il paraît, furent jugés plus tard (1). Mais ses ennemis lui reprochèrent d'avoir été absent de la bataille de Tamynæ ; et un citoyen nommé Euktêmon, à l'instigation de Meidias, menaça de porter contre lui une accusation pour avoir abandonné son poste. Démosthène était-il allé réellement en Eubœa comme hoplite dans l'armée de Phokiôn, et avait-il obtenu la permission de s'absenter afin de revenir pour les Dionysia, — ou n'y était-il pas allé du tout, — c'est ce que nous ne pouvons dire. Dans l'un ou dans l'autre cas, ses devoirs comme chorége pour cette année fournissaient une excuse décisive ; de sorte qu'Euktêmon, bien qu'il suspendît formellement devant les statues des Héros Eponymes une proclamation publique de son accusation projetée, ne jugea pas à propos de faire même la première démarche pour la porter réellement devant le tribunal, et il encourut la honte légale pour avoir ainsi manqué à son engagement (2). Néanmoins l'épithète infamante et imméritée de déserteur fut

---

cours contre Meidias n'a pu jamais avoir été prononcé par Démosthène devant le dikasterion, puisque, s'il l'avait été, il n'aurait pu ensuite entrer en arrangement. Mais il est certainement possible qu'il ait pu prononcer ce discours et obtenir un jugement en sa faveur, et ensuite, — quand le second vote des dikastes était sur le point d'être rendu, pour l'estimation de la peine, — qu'il ait accepté l'offre que fit le défendeur de payer une amende modérée (cf. Démosth. cont. Neæram, p. 1348) dans la crainte de trop exaspérer les puissants amis qui entouraient Meidias. L'action de Démosthène contre Meidias fut assurément un ἀγὼν τιμητός. Au sujet de προβολὴ, V. Meier und Schoemann, Der Attische Prozess, p. 271.

(1) Démosthène, De Pace, p. 58 ; De Fals. Leg. p. 434, — avec la Scholie.

(2) Démosth. cont. Meidiam, p. 548. ... Ἐφ' ᾗ γὰρ ἐκεῖνος (Euktêmon) ἠτίμωκεν αὑτὸν οὐκ ἐπεξελθὼν, οὐδεμιᾶς ἔγωγ' ἔτι προσδέομαι δίκης, ἀλλ' ἱκανὴν ἔχω.

Æschine dit que Nikodêmos intenta une accusation à Démosthène pour avoir abandonné sa place dans les rangs, mais qu'il fut gagné par Démosthène et empêché de la porter devant le dikasterion (Æsch. Fals. Leg. p. 292).

toujours dans la suite jointe au nom de Démosthène par Æschine et par ses autres ennemis, et Meidias même appliqua le même blâme à la plupart de ceux qui firent partie de cette assemblée (1) dans laquelle la probolê ou vote de censure avait été rendue contre lui. Toutefois, peu de temps après la fête Dionysiaque, on jugea nécessaire d'envoyer en Eubœa de nouvelles troupes, cavaliers et hoplites, probablement pour relever soit quelques-unes de celles qui y servaient déjà, soit toutes. Démosthène en cette occasion mit son armure et servit comme hoplite dans l'île. Meidias alla aussi à Argura en Eubœa, en qualité de commandant de la cavalerie ; toutefois, quand les cavaliers furent appelés pour rejoindre l'armée athénienne, il ne la rejoignit pas avec eux, mais il demeura comme triérarque d'une trirème dont il avait lui-même payé l'équipement (2). Combien de temps l'armée resta-t-elle en Eubœa, nous l'ignorons. Il paraît que Démosthène était revenu à Athènes au moment où l'on choisissait le sénat annuel dans le dernier mois de l'année attique (Skirrophorion-juin) ; probablement il avait été relevé à cette époque. Il fut nommé (par le sort) parmi les Cinq Cents sénateurs pour l'année attique suivante (commençant au solstice d'été de 349 av. J.-C. = Olymp. 107, 4) (3), son ancien ennemi Meidias attaquant en vain ses titres, quand il subit la dokimasia ou examen préliminaire qui précédait l'entrée en charge.

Nous ne pouvons reconnaître ce que l'armée athénienne fit encore en Eubœa. Phokiôn fut rappelé, — nous ne savons pas quand, — et remplacé par un général nommé Molossos, qui, dit-on, conduisit la guerre très-malheureusement, et fut même fait prisonnier par l'ennemi (4). Les partis hostiles dans l'île, aidés par Philippe, ne furent pas soumis, et ce ne fut pas avant l'été de 348 qu'ils demandèrent la paix. Même alors, à ce qu'il paraît, il n'en fut pas conclu, de sorte que les Eubœens restèrent en termes

(1) Démosth. cont. Meidiam, p. 577.

(2) Démosth. cont. Meid. p. 558-567.

(3) Démosth. cont. Meid. p. 551.

(4) Plutarque, Phokiôn, c. 14; Pausanias, I, 36, 3.

d'inimitié avec Athènes jusqu'à la paix faite avec Philippe, en 346 avant J.-C.

Mais tandis que les Athéniens avaient ainsi à faire pour conserver l'Eubœa, ils jugèrent nécessaire de prendre des mesures plus efficaces pour secourir Olynthos, et ils eurent ainsi sur les bras en même temps le fardeau de deux guerres. Nous savons qu'ils eurent à fournir des forces tant pour l'Eubœa que pour Olynthos à la fois (1), et que l'occasion qui demandait ces efforts simultanés était de la dernière urgence. La requête et les communications des Olynthiens se firent si fortement sentir qu'elles amenèrent les Athéniens à faire ce que Démosthène avait en vain demandé avec instance dans ses trois Olynthiennes l'été et l'automne précédents, — c'est-à-dire à y envoyer une armée d'Athéniens indigènes dans la première moitié de 349 avant J.-C. Les cavaliers qui étaient allés d'Athènes en Eubœa sous Meidias, pour servir sous Phokiôn, passèrent par mer en totalité ou en partie, d'Eubœa à Olynthos, pendant cette demi-année (2). Meidias ne traversa pas avec eux, mais il revint

(1) Démosth. cont. Neæram, p. 1346. ... Συμβάντος τῇ πόλει καιροῦ τοιούτου καὶ πολέμου, ἐν ᾧ ἦν ἢ κρατήσασιν ὑμῖν μεγίστοις τῶν Ἑλλήνων εἶναι, καὶ ἀναμφισβητήτως τά τε ὑμέτερα αὐτῶν κεκομίσθαι καὶ καταπεπολεμηκέναι Φίλιππον — ἢ ὑστερήσασι τῇ βοηθείᾳ καὶ προεμένοις τοὺς συμμάχους, δι' ἀπορίαν χρημάτων καταλυθέντος τοῦ στρατοπέδου, τούτους τ' ἀπολέσαι καὶ τοῖς ἄλλοις Ἕλλησιν ἀπίστους εἶναι δοκεῖν, καὶ κινδυνεύειν περὶ τῶν ὑπολοίπων, περί τε Λήμνου καὶ Ἴμβρου καὶ Σκύρου καὶ Χεῤῥονήσου — καὶ μελλόντων στρατεύεσθαι ὑμῶν πανδημεὶ εἴς τε Εὔβοιαν καὶ Ὄλυνθον — ἔγραψε ψήφισμα ἐν τῇ βουλῇ Ἀπολλόδωρος βουλεύων, etc.

Ce discours fut prononcé devant le dikasterion par une personne nommée Theomnestos, pour soutenir une accusation contre Neæra, peut-être six ou huit ans après 349 avant J.-C. Que Démosthène fût l'auteur de ce discours ou non, son importance comme témoignage n'en sera pas considérablement changée.

(2) Démosth. cont. Meidiam, p. 578. ... Οὗτος τῶν μεθ' ἑαυτοῦ στρατευσαμένων ἱππέων, ὅτε εἰς Ὄλυνθον διέβησαν, ἐλθὼν πρὸς ὑμᾶς εἰς τὴν ἐκκλησίαν κατηγόρει. Cf. le même discours, p. 558 : — Περὶ δὲ τῶν συστρατευσαμένων εἰς Ἄργουραν (en Eubœa) ἴστε δήπου πάντες οἷα ἐδημηγόρησε παρ' ὑμῖν, ὅτ' ἧκεν ἐκ Χαλκίδος, κατηγορῶν καὶ φάσκων ὄνειδος ἐξελθεῖν τὴν στρατιὰν ταύτην τῇ πόλει.

Le passage des cavaliers athéniens à Olynthos, qui s'effectua après la bataille de Tamynæ, est un événement distinct des contributions volontaires à Athènes pour une expédition olynthienne (ἐπιδόσεις εἰς Ὄλυνθον, — Démosth. cont. Meidiam, p. 566), contributions qui précédèrent la bataille

à Athènes comme triérarque dans sa trirème. Or les cavaliers athéniens étaient non-seulement des citoyens, mais des citoyens riches et de conséquence ; de plus, leur transport par mer était incommode et dispendieux. L'envoi de ces troupes implique un effort énergique et un sentiment d'urgence de la part d'Athènes. Nous pouvons en conclure de plus qu'un corps plus nombreux d'hoplites fut expédié en même temps avec les cavaliers ; car des cavaliers en aucune circonstance n'étaient guère envoyés seuls au delà de la mer ; en outre Olynthos avait surtout besoin d'hoplites auxiliaires, vu que ses forces indigènes consistaient surtout en cavaliers et en peltastes (1).

La preuve tirée du discours contre Neæra étant ainsi corroborée par la preuve encore meilleure du discours contre Meidias, nous sommes assurés de ce fait important, que la première moitié de l'année 349 avant J.-C. fut une époque où Athènes fut poussée à faire de grands efforts publics, — même des armements de citoyens indigènes, — pour appuyer Olynthos aussi bien que pour conserver l'Eubœa. Dans le fait, qu'accomplirent les Athéniens, ou que contribuèrent-ils à accomplir, par ces expéditions envoyées à Olynthos, — ou combien de temps y restèrent-ils, — nous n'avons sur ces points aucune information. Mais nous pouvons raisonnablement présumer, — bien que Philippe pendant cette année 349 avant J.-C. conquît probablement un

---

de Tamynæ et l'expédition en Eubœa, dont cette bataille fit partie.

Ces cavaliers allèrent d'Eubœa à Olynthos *avant que Meidias revînt à Athènes*. Mais nous savons qu'il y revint avant le commencement de la nouvelle année attique ou olympique (Olymp. 107, 4, 349-348 av. J.-C.), c'est-à-dire, parlant approximativement, avant le 1er juillet 349 av. J.-C. Car il était présent à Athènes et accusa Démosthène dans la dokimasia sénatoriale, ou examen préliminaire, que subissaient tous les sénateurs avant de siéger au commencement de la nouvelle année (Démosth. cont. Meid. p. 551).

Il semble donc clair que l'expédition athénienne, — certainement cavaliers et probablement hoplites aussi, — alla à Olynthos avant le 1er juillet 349 avant J.-C. J'ai fait allusion à cette expédition de citoyens athéniens à Olynthos dans une note précédente, — comme se rattachant à la date de la troisième Olynthienne de Démosthène.

(1) Xénophon, Hellen. V, 2, 41 ; V, 3, 3-6.

certain nombre des trente-deux villes chalkidiques, — que les forces alliées, olynthiennes, chalkidiques et athéniennes, luttèrent contre lui avec un effet assez considérable, et reculèrent sa conquête de la Chalkidikê jusqu'à l'année suivante. Après une campagne d'été dans cette péninsule, les citoyens athéniens durent probablement rentrer à Athènes. Nous apprenons que les Olynthiens firent prisonnier un Macédonien de haut rang nommé Derdas, avec d'autres Macédoniens attachés à sa personne (1).

Cependant, un effort militaire si extraordinaire, fait par les Athéniens dans la première moitié de 349 avant J.-C., — pour recouvrer l'Eubœa et protéger Olynthos en même temps, — les mit naturellement dans un état d'embarras financier. On peut en trouver une preuve dans ce fait, que pendant quelque temps il n'y eut pas assez d'argent pour payer les dikasteria, qui conséquemment siégèrent peu; de sorte qu'il y eut peu de causes jugées pendant quelque temps. — Combien dura ce temps, nous l'ignorons (2).

Pour faire face en partie aux besoins pécuniaires du moment, le sénateur Apollodôros fit un courageux effort. Il proposa dans le sénat un décret portant que l'on soumettrait au vote de l'assemblée publique la question de savoir si le surplus du revenu, outre l'établissement de paix ordinaire et permanent de la cité, serait payé au fonds théôrique pour les diverses fêtes religieuses, — ou consacré à la solde, à l'équipement et au transport de soldats pour la guerre actuelle. Le sénat approuva la motion d'Apollodôros, et adopta une résolution préliminaire (probouleuma), l'autorisant à la soumettre à l'assemblée publique. Ainsi autorisé, Apollodôros fit la motion dans l'assemblée, où elle réussit complétement. L'assemblée (sans une seule voix opposante, nous dit-on) rendit un décret qui enjoignait que ce surplus du revenu serait, à cause de la pression actuelle de la guerre,

---

(1) Théopompe, Fragm. 155; ap. Athenæ. X, p. 436; Ælien, V. H, II, 41.

(2) V. Démosth. adv. Bœotum De Nomine, p. 999. ... Καὶ εἰ μισθὸς ἐπορίσθη τοῖς δικαστηρίοις, εἰσῆγον ἂν δῆλον ὅτι. Ce discours fut prononcé peu après la bataille de Tamynæ, p. 999.

consacré à la paye et aux autres besoins des soldats. Toutefois, nonobstant cette unanimité, un citoyen nommé Stephanos attaqua et le décret et son auteur pour cause d'illégalité, en vertu de la Graphê Paranomôn. Apollodôros fut cité devant le dikasterion, et là reconnu coupable, principalement (suivant son ami et parent l'adversaire de Neæra) au moyen de témoins subornés et de fausses allégations étrangères à la partie essentielle de l'accusation. Quand le verdict de culpabilité eut été prononcé, Stephanos comme accusateur fixa la mesure de la punition à l'amende considérable de quinze talents, refusant d'écouter aucune supplication des amis d'Apollodôros, quand ils le prièrent de désigner une somme moins élevée. Toutefois les dikastes, plus indulgents que Stephanos, se contentèrent d'adopter l'amende qu'Apollodôros s'imposa lui-même, un talent, — qu'il paya réellement (1).

Il ne peut guère y avoir de preuve plus forte et de l'urgence et de la pauvreté à ce moment, que ce fait, que le sénat et le peuple rendirent tous deux ce décret d'Apollodôros. Quant au fait, il n'y a pas lieu d'en douter. Mais l'assertion additionnelle, — qu'il n'y eut pas un seul opposant et que tout le monde, tant sur le moment que plus tard, déclara toujours que la motion était excellente (2); cette assertion, dis-je, est probablement une exagération. Car il est impossible de croire que le parti puissant qui habituellement résistait à l'application du fonds théôrique à des desseins de guerre ait été complétement silencieux ou ait concouru réellement à la mesure en cette occasion, bien qu'il puisse avoir été battu au scrutin. La motion d'Apollodôros était telle qu'elle ne pouvait être faite sans que la loi fût manifestement violée, et elle exposait son auteur à ces conséquences pénales qui tombèrent réellement sur lui ensuite. Or, que même une majorité, tant dans le sénat que dans l'assemblée, ait passé par-dessus cette illégalité, cela prouve

(1) Démosthène cont. Neær. p. 1346, 1347.

(2) Démosthène cont. Neær. p. 1346, Ἀλλὰ καὶ νῦν ἔτι, ἄν που λόγος γίγνηται, ὁμολογεῖται παρὰ πάντων, ὡς τὰ βέλτιστα εἴπας ἄδικα πάθοι.

d'une manière suffisamment remarquable combien la crise pesait fortement sur leurs esprits.

L'expédition de citoyens athéniens, envoyée à Olynthos avant le solstice d'été de 349 avant J.-C., dut probablement revenir après une campagne de deux ou de trois mois, et après avoir rendu quelque service contre l'armée macédonienne. Les opérations guerrières de Philippe contre les Chalkidiens et les Olynthiens ne se relâchèrent nullement (349-348 av. J.-C.). Il serra de près les Chalkidiens de plus en plus pendant tous les dix-huit mois suivants (depuis le solstice d'été de 349 av. J.-C. jusqu'au commencement du printemps de 347 av. J.-C.). Pendant l'année olympique 107,4, si la citation de Philochore (1) mérite confiance, les Athéniens dépêchèrent à leur secours trois expéditions, l'une à la requête des Olynthiens, qui envoyèrent des ambassadeurs pour demander leur aide, — consistant en deux mille peltastes sous Charês, en trente vaisseaux que montaient en partie des marins athéniens. Une seconde y alla sous Charidêmos, sur les instantes prières des malheureux Chalkidiens; elle se composait de dix-huit trirèmes, de quatre mille peltastes et de cent cinquante cavaliers. Charidêmos, conjointement avec les Olynthiens, s'avança sur la Bottiæa et sur la péninsule de Pallênê, en dévastant le pays; obtint-il quelque succès important, c'est ce que nous ignorons. Relativement à Charês et à Charidêmos, les anecdotes qui nous arrivent attestent plutôt l'insolence, les extorsions et les plaisirs amoureux que les exploits militaires (2). Il est évident que ni l'un ni l'autre n'accomplirent rien d'efficace contre Philippe, dont les armes et la corruption firent de terribles progrès dans la Chalkidikê. La force manqua si sérieusement aux Olynthiens qu'ils transmirent à Athènes un dernier et très-pressant appel; ils prièrent les Athéniens de ne pas les abandonner à la ruine, mais de leur envoyer une

---

(1) Philochore ap. Dionys. Hal. ad Ammæum, p. 734, 735. Philochore nous dit que les Athéniens contractèrent *alors* l'alliance avec Olynthos, ce qui certainement n'est pas exact. L'alliance avait été contractée l'année précédente.

(2) Théopompe, Fragm. 183-238; Athénée, XII, p. 532.

armée de citoyens outre les mercenaires qui y étaient déjà. Les Athéniens accédèrent à leur requête, et y dépêchèrent dix-sept trirèmes, deux mille hoplites et trois cents cavaliers, le tout sous le commandement de Charês.

Il est impossible de rien établir dans les phases successives de cette guerre importante ; mais nous distinguons que pendant cette dernière partie de la guerre Olynthienne, les efforts que firent les Athéniens furent considérables (348 av. J.-C.). Démosthène (dans un discours prononcé six ans plus tard) affirme que les Athéniens avaient envoyé au secours d'Olynthos quatre mille citoyens, dix mille mercenaires et cinquante trirèmes (1). Il représente les cités chalkidiques comme ayant été livrées successivement à Philippe par des citoyens gagnés et traîtres. Que la conquête fût effectuée en grande partie grâce à la corruption, c'est ce dont nous ne pouvons douter ; mais le langage de l'orateur ne fournit pas de renseignement précis. Mekyberna et Torônê furent, dit-on, au nombre des villes livrées sans résistance (2). Après que Philippe eut pris les trente-deux cités chalkidiques, il marcha contre Olynthos elle-même et contre les villes thraces voisines ses confédérées, Methônê et Apollonia. En forçant le passage du fleuve Sardon, il rencontra une résistance telle que ses troupes furent d'abord repoussées, et il fut lui-même obligé de se sauver en traversant le fleuve à la nage. Il fut de plus blessé à l'œil par un archer olynthien nommé Aster, et il perdit complétement la vue de cet œil, nonobstant l'habileté de son chirurgien grec Kritoboulos (3). En arrivant à huit kilomètres d'Olynthos, il envoya aux habitants une sommation péremptoire, leur donnant à entendre ou qu'ils devaient évacuer la cité, ou que lui devait quitter la Macédoine (4). Repoussant cette notification, ils

---

(1) Démosth. Fals. Leg. p. 426.

(2) Diodore, XVI, 52.

(3) Kallisthenês ap. Stobæum, t. VII, p. 92; Plutarque, Parall. c. 8; Démosth. Philipp. III, p. 117. Kritoboulos ne put sauver la vue de l'œil, mais il empêcha, dit-on, que Philippe ne fût défiguré d'une manière visible. « Magna et Critobulo fama est, extracta Philippi regis oculo sagitta, et citra deformitatem oris curata, orbitate luminis. » (Pline, H. N. VII, 37).

(4) Démosth. Philipp. III, p. 113.

se déterminèrent à défendre leur ville jusqu'à la dernière extrémité. Une portion considérable du dernier armement de citoyens athéniens était encore dans la ville pour concourir à sa défense (1); de sorte que les Olynthiens purent compter qu'Athènes ferait tous ses efforts pour garantir ses propres citoyens de la captivité. Mais leurs espérances furent désappointées. Combien de temps dura le siége, — ou Athènes eut-elle le temps d'envoyer un autre renfort, — c'est ce que nous ne pouvons dire. Les Olynthiens repoussèrent, dit-on, plusieurs assauts de Philippe en lui faisant éprouver des pertes ; mais selon Démosthène, les membres du parti favorable à ce prince, qui avait à sa tête Euthykratês et Lasthenês vendus au Macédonien, firent prononcer le bannissement de leur principal adversaire Apollonidês, paralysèrent toutes les mesures prises pour une défense énergique, et livrèrent la cité par trahison. Deux défaites furent essuyées près de ses murs, et l'un des généraux de ce parti, qui avait cinq cents cavaliers sous son commandement, les livra de propos délibéré aux mains de l'envahisseur (2). Olynthos, avec tous ses habitants et toutes ses richesses, finit par tomber au pouvoir de Philippe. Il devint ainsi complétement maître de la péninsule Chalkidique, — vers la fin de l'hiver de 348-347 avant J.-C.

Lamentable fut la ruine qui tomba sur cette péninsule florissante (348 av. J.-C.). Les personnes des Olynthiens, — hommes, femmes et enfants, — furent vendues comme esclaves. Les richesses de la cité fournirent à Philippe le moyen de récompenser ses soldats des fatigues de la guerre; la cité elle-même, dit-on, fut détruite, ainsi qu'Apollonia, Methônê, Stageira, etc., en tout trente-deux cités chalkidiques. Démosthène, parlant environ cinq ans plus tard, dit qu'elles furent si complétement et si cruellement ruinées que l'on pouvait à peine reconnaître leurs emplacements (3). En faisant toute la part de l'exagération, nous pouvons bien

(1) Æschine, Fals. Leg. p. 30.

(2) Démost. Philip. III, p. 125-128; Fals. Leg. p. 426 ; Diodore, XVI, 53.

(3) Démosth. Philipp. III, p. 117; Justin, VIII, 3.

croire qu'elles furent démantelées et privées de tout propriétaire citoyen; que les édifices et les marques visibles de la vie municipale hellénique furent détruits ou abandonnés à la ruine; que les autres maisons, aussi bien que les villages alentour, furent occupées par des cultivateurs dépendants ou par des esclaves, — travaillant actuellement au profit de nouveaux propriétaires macédoniens, qui n'habitaient pas le pays en grande partie, et probablement aussi de concessionnaires grecs favorisés (1). Bien que divers Grecs reçussent ainsi leur récompense pour les services rendus à Philippe, cependant Démosthène affirme qu'Euthykratês et Lasthenês, les traîtres qui avaient vendu Olynthos, ne furent pas du nombre, ou du moins que peu de temps après ils furent renvoyés avec déshonneur et mépris (2).

Dans cette guerre Olynthienne, qui fut ruineuse pour les Grecs chalkidiques, terrifiante pour tous les autres Grecs, et qui doubla la puissance de Philippe, — Athènes aussi a dû dépenser des sommes considérables. Nous trouvons avancé d'une manière vague, que dans sa guerre entière contre Philippe, depuis le moment où il avait pris Amphipolis en 358-357 avant J.-C., jusqu'à la paix de 346 avant J.-C. ou peu après, elle n'avait pas dépensé moins de quinze cents talents (3). Il ne faut pas insister beaucoup sur ces calculs;

---

(1) Démosth. (Fals. Leg. p. 386) dit que Philokratês et Æschine reçurent de Philippe non-seulement des présents de bois de construction et de blé, mais encore le don de fermes productives et importantes dans le territoire olynthien. Il appelle quelques témoins olynthiens pour prouver son assertion, mais leur témoignage n'est pas donné tout au long.

(2) Démosth. De Chersones. p. 99. L'existence de ces traîtres olynthiens, à la solde de Philippe, prouve qu'il n'a pu avoir besoin du philosophe stageirite Aristote pour lui indiquer quels étaient les citoyens olynthiens les plus riches, au moment où les prisonniers furent mis à part pour être vendus comme esclaves. L'Athénien Democharês, environ quarante ans plus tard, dans son virulent discours contre les philosophes, alléguait qu'Aristote avait rendu à Philippe ce honteux service (Aristoklês ap. Eusebium, Præp. Ev. p. 792). Wesseling (ad Diodor. XVI, 52) réfute cette accusation en disant qu'Aristote était à cette époque auprès d'Hermeias à Atarneus: réfutation assez peu concluante, que je suis heureux de pouvoir renforcer.

(3) Æschine, Fals. Leg. p. 37, c. 24. Démosth. (Olynth. III, p. 36) mentionne la même somme d'argent public comme ayant été gaspillée etc

mais nous pouvons bien croire que sa dépense fut très-sérieuse. Malgré toute sa répugnance, elle fut obligée de faire quelque chose ; ce qu'elle fit fut à la fois trop peu de chose, trop intermittent, et fait trop tard pour produire un résultat satisfaisant; mais néanmoins le total des frais, dans une série d'années, fut considérable. Dans la dernière partie de la guerre Olynthienne, autant que nous pouvons en juger, elle semble réellement avoir fait des efforts, bien qu'elle eût fait peu de chose au commencement. Nous pouvons présumer que la dépense a dû être défrayée, en partie du moins, par une taxe foncière directe; car la condamnation d'Apollodôros mit fin à la proposition de prendre sur le fonds théôrique (1). Il se peut aussi qu'on ait trouvé le moyen d'économiser sur les autres dépenses de l'État.

Bien que l'application du fonds théôrique à d'autres desseins continuât d'être ainsi interdite à toute motion formelle, cependant Démosthène et autres y jetaient de temps en temps un regard au moyen de suggestion et d'insinuation. Et toutes les fois qu'on avait besoin d'argent pour la guerre, la question de savoir si on le prendrait à cette source ou à une taxe foncière directe reparaissait indirectement. Toutefois, l'appropriation du fonds théôrique resta sans changement jusqu'à la veille même de la bataille de Chæroneia. Précisément avant ce Dies Iræ où Philippe était occupé à fortifier Elateia, le fonds fut rendu applicable à des buts guerriers ; les vues de Démosthène furent réalisées douze ans après qu'il avait commencé à en conseiller l'application.

La question relative à la dépense théôrique est rarement

οὐδὲν δέον, — même dans la première partie de la guerre Olynthienne et avant la guerre Eubœenne. Comme preuves de la somme actuelle, ces assertions sont sans valeur.

(1) Ulpien, dans son Commentaire sur la première Olynthienne, nous dit qu'après l'amende imposée à Apollodôros, Euboulos proposa et fit porter une loi déclarant que toute motion faite à l'avenir à l'effet de prendre sur le fonds théôrique serait punie de mort.

L'autorité d'Ulpien n'est pas suffisante pour accréditer cette assertion. L'amende dont le dikasterion frappa Apollodôros était modérée; nous pouvons donc raisonnablement douter que le sentiment populaire fût avec l'orateur quand il proposait de punir de mort la même offense dans l'avenir.

présentée par les auteurs modernes de la manière réelle dont elle affectait l'esprit athénien. Elle a été considérée parfois comme une sorte d'aumône donnée aux pauvres, et parfois comme une dépense faite par les Athéniens pour leurs plaisirs. Ni l'une ni l'autre de ces deux appréciations ne donnent une idée complète ni exacte du cas ; chacune ne présentant qu'une partie de la vérité.

Sans doute, la démocratie athénienne s'inquiétait beaucoup des plaisirs des citoyens. Elle leur fournissait la somme de plaisirs raffinés et plaisant à l'imagination la plus considérable qu'ait jamais goûtés aucune communauté connue dans l'histoire ; plaisirs essentiellement sociaux et faits pour la multitude, attachant les citoyens les uns aux autres, riches et pauvres, par le fort lien de la communauté de jouissance.

Mais le plaisir, bien qu'il fût un accessoire habituel, n'était pas l'idée première ni le but prédominant de la dépense théôrique. Cette dépense était essentiellement religieuse dans son caractère, faite seulement pour diverses fêtes, et consacrée exclusivement à l'honneur des dieux. L'ancienne religion, non-seulement à Athènes, mais dans toute la Grèce et le monde contemporain, — était très-différente de la religion moderne à cet égard, — elle comprenait en elle-même et dans ses manifestations presque tout le cercle des plaisirs sociaux (1). Or le fonds théôrique était essentiellement le fonds d'église à Athènes ; celui sur lequel pesaient toutes les dépenses faites par l'État dans les fêtes

(1) Parmi les nombreux passages qui expliquent cette association dans l'esprit grec entre l'idée d'une fête religieuse et celle de jouissance, — nous pouvons prendre les expressions d'Hérodote au sujet de la grande fête à Sparte appelée Hyakinthia. Dans l'été de 479 avant J.-C., les Spartiates tardaient à envoyer leurs forces militaires pour la défense de l'Attique, — étant occupés à cette fête. Οἱ γὰρ Λακεδαιμόνιοι ὅρταζόν τε τὸν χρόνον τοῦτον, καὶ σφί ἦν Ὑακίνθια · περὶ πλείστου δ' ἦγον τὰ τοῦ θεοῦ πορσύνειν (Hérod. IX, 7). Bientôt les envoyés athéniens viennent à Sparte se plaindre de ce retard dans le langage suivant : — Ὑμεῖς μὲν, ὦ Λακεδαιμόνιοι, αὐτοῦ τῇδε μένοντες, Ὑακίνθιά τε ἄγετε καὶ παίζετε, καταπροδόντες τοὺς συμμάχους.

Ici les expressions « satisfaire les exigences du dieu » — et — « s'amuser » — sont employées pour décrire la même fête, et presque comme équivalentes.

et le culte des dieux. La diobélie, ou distribution de deux oboles à chaque citoyen présent, faisait partie de cette dépense ; elle était donnée afin de s'assurer que chaque citoyen aurait la facilité d'assister à la fête et de rendre hommage au dieu ; elle ne l'était jamais à quiconque était hors de l'Attique, parce que naturellement il ne pouvait y assister (1) ; mais elle l'était également à tous les citoyens qui se trouvaient dans le pays, riches ou pauvres (2). Elle était essentielle à cette participation universelle qui formait un trait saillant de la fête, tant par rapport au dieu que par rapport à la cité (3) ; mais elle n'était qu'une portion des déboursés totaux couverts par le fonds théôrique. Il était établi par une loi que le surplus du revenu ordinaire serait tout entier payé à ce fonds religieux commun, après que toutes les dépenses de l'état de paix auraient été défrayées. Il n'y avait pas d'appropriation qui touchât plus complétement au sentiment commun, qui servît plus à l'unité de la cité comme lien d'union, ou qui causât plus de satisfaction à chaque citoyen individuellement.

Nous ne connaissons pas le montant du fonds théôrique, ni celui des distributions qui s'y rattachaient. Par conséquent nous ne pouvons pas dire quelle proportion il formait de toutes les dépenses de paix, inconnues elles-mêmes également. Mais nous ne pouvons douter qu'il ne fût considérable. Ménager l'argent dans les manifestations faites en l'honneur des dieux était regardé comme le contraire de la vertu par les Grecs en général ; et les Athéniens, en particulier, dont les yeux contemplaient chaque jour les gloires de leur akropolis, devaient recevoir une leçon différente ; de plus, on croyait que par un appareil religieux magnifique

(1) Harpokration, v. Θεωρικά..... διένειμεν Εὔβουλος εἰς τὴν θυσίαν, ἵνα πάντες ἑορτάζωσι, καὶ μηδεὶς τῶν πολιτῶν ἀπολίπηται δι' ἀσθένειαν τῶν ἰδίων... Ὅτι δὲ οὐκ ἐξῆν τοῖς ἀποδημοῦσι θεωρικὸν λαμβάνειν, Ὑπερίδης δεδήλωκεν ἐν τῷ κατ' Ἀρχεστρατίδου.

(2) V. Démosth. adv. Leocharem, p. 1091, 1092; Philipp. IV, p. 141. Cf. aussi Schoemann, Antiq. Jur. Att. s. 69.

(3) V. les ordres des anciens oracles cités par Démosth. cont. Meidiam, p. 531. Ἱστάναι ὡραίων Βρομίῳ χάριν ἄμμιγα πάντας, etc., στεφανηφορεῖν ἐλευθέρους καὶ δούλους, etc.

on se conciliait la protection et la faveur des dieux (1). Toutefois, nous pouvons affirmer sur les présomptions les plus fortes, que cette dépense religieuse n'absorbait aucun des fonds nécessaires pour les autres branches de l'état de paix. Les exigences de la marine, du service militaire, de l'administration, ne furent pas sacrifiées en vue d'augmenter le surplus théôrique. Euboulos se distinguait par la manière excellente dont il entretenait les bassins et les arsenaux, et par son soin à remplacer les trirèmes délabrées par de nouvelles. Et après que tous les besoins d'un état de paix bien monté étaient satisfaits, aucun Athénien n'éprouvait de scrupule à s'approprier ce qui restait, en cédant aux impulsions combinées de la piété, du plaisir et d'une association fraternelle.

Il est vrai que les Athéniens auraient pu mettre annuellement en réserve ce surplus dans l'akropolis, pour former un fonds de guerre accumulé. Une pareille précaution avait été prise un demi-siècle avant, lorsque Athènes était dans toute son énergie et possédait le pouvoir souverain, — quand elle avait un revenu plus considérable, avec de nombreux alliés payant tribut, — et quand Periklês présidait ses conseils. Il eût mieux valu qu'elle eût fait quelque chose du même genre dans le temps qui suivit la guerre du Péloponèse. Peut-être si des hommes tels que Periklês, ou même tels que Démosthène, avaient joui d'un ascendant marqué, eût-elle été conseillée de continuer une pareille précaution et déterminée à le faire. Mais avant que nous puissions mesurer le degré d'imprévoyance dont on peut ici accuser Athènes avec justice, nous devrions savoir quelle était la somme dépensée ainsi dans les fêtes. Quelle quantité d'argent aurait pu être accumulée pour l'éventualité de la guerre, même si toutes les fêtes et toutes les distributions eussent été supprimées?

(1) V. la vanterie d'Isokrate, Orat. IV (Panegyr.) s. 40; Platon, Alkib. II, p. 148. Xénophon (Vectigal. VI, 1), en proposant quelques plans pour l'amélioration du revenu athénien, présente comme un des avantages que « les fêtes religieuses seront célébrées alors avec une magnificence plus grande qu'elles ne le sont actuellement ».

Jusqu'à quel point eût-il été possible, dans tout autre cas que dans celui d'une nécessité actuelle évidente, de faire des économies dans la dépense des fêtes, — nommée avec raison par Démade le ciment du système politique (1), — sans affaiblir dans le cœur de chaque individu ce sentiment de communauté religieuse, sociale et patriotique, qui faisait des Athéniens une Cité, et non une simple multiplication d'unités ? Ce sont des points sur lesquels nous aurions besoin d'information, avant de pouvoir graduer avec équité la critique que nous adressons à Athènes pour n'avoir pas converti son fonds théôrique en un capital accumulé en vue de faire face à l'éventualité de la guerre. Nous devrions aussi demander, comme objet d'une comparaison impartiale, combien de gouvernements, anciens et modernes, ont jamais jugé nécessaire d'amasser pendant la paix un fonds d'argent propre à la guerre.

L'état de paix athénien entretenait plus de vaisseaux de guerre, des bassins plus considérables, et des arsenaux mieux approvisionnés que toute cité de Grèce, outre qu'il dépensait annuellement quarante talents pour les cavaliers de l'État, et sans doute quelque chose de plus (bien que nous ignorions combien) pour les autres genres de forces militaires. Toutes ces dépenses, qu'on ne l'oublie pas, et la dépense théôrique en outre, étaient défrayées sans taxation directe, moyen financier qui était réservé pour les frais extraordinaires inhérents à un état de guerre, et regardé comme suffisant pour y faire face, sans fonds de guerre accumulé. Quand la guerre contre Philippe devint sérieuse, les classes propriétaires à Athènes, celles qui étaient comprises dans le rôle d'imposition, furent invitées à défrayer la dépense par une taxation directe, dont elles avaient été complétement exemptes en temps de paix. Elles essayèrent d'esquiver ce fardeau en demandant que le fonds des fêtes fût approprié à la place (2) ; menaçant ainsi ce qu'il y avait

(1) Plutarque, Quæstion. Platonic. p. 1011. Ὡς ἔλεγε Δημάδης, κόλλαν ὀνομάζων τὰ θεωρικὰ τοῦ πολιτεύματος (écrit par erreur θεωρητικά).

(2) Suivant l'auteur du discours contre Neæra, la loi pourvoyait réelle-

de plus cher pour les sentiments de la majorité des citoyens. La position qu'elles prenaient était la même en principe que si les propriétaires de France ou de Belgique prétendaient s'exempter d'une contribution directe pour les frais d'une guerre, en commençant par prendre tout ou partie de la somme annuelle votée sur le budget pour l'entretien de la religion (1). Nous pouvons juger de la force du sentiment que dut faire naître dans le public athénien en général la proposition d'appauvrir les dépenses des fêtes pour éviter une taxe foncière. Sans doute, après que la classe propriétaire eut supporté un certain fardeau de taxation directe, ses plaintes devinrent légitimes. Les frais des fêtes ne purent être maintenus sans diminution, sous la pression cruelle et continue de la guerre. Comme ressource seconde et subsidiaire, il dut devenir essentiel d'appliquer le fonds, en totalité ou en partie, à l'allégement des charges de la guerre. Mais même si tout le fonds eût été appliqué ainsi, il n'aurait pu être assez considérable pour dispenser de la nécessité d'une taxe foncière en outre.

Nous voyons ce conflit d'intérêts, — entre une taxation directe d'un côté et le fonds des fêtes de l'autre, comme moyen de payer la guerre, — traverser les discours de Démosthène ; il est marqué surtout dans la quatrième Phi-

---

ment à ce qu'en temps de guerre le surplus du revenu fût consacré à des desseins guerriers : — Κελευόντων τῶν νόμων, ὅταν πόλεμος ᾖ, τὰ περιόντα χρήματα τῆς διοικήσεως στρατιωτικὰ εἶναι (p. 1346). Mais il me semble que ce doit être une assertion erronée, faite dans l'intérêt de la cause. Si la loi eût été ainsi, Apollodôros n'aurait commis aucune illégalité dans sa motion; de plus, toute l'escrime et toutes les manœuvres de Démosthène dans sa première et dans sa troisième Olynthienne n'auraient pas eu de raison d'être.

(1) Le cas présenté ici, bien qu'analogue en principe, prouve contre les propriétaires athéniens, en degré ; car, même en temps de paix, une moitié du revenu en France est fournie par une contribution directe. Voltaire fait observer avec beaucoup de justesse : — « L'argent que le public employait à ces spectacles était un argent sacré. C'est pourquoi Démosthène emploie tant de circonspection et tant de détours pour engager les Athéniens à employer cet argent à la guerre contre Philippe : c'est comme si on entreprenait en Italie de soudoyer des troupes avec le trésor de Notre-Dame de Lorette. » (Voltaire, Des divers changements arrivés à l'Art tragique. Œuvres, tom. 65, p. 73, éd. 1832, Paris.)

lippique (1). Par malheur le conflit servit d'excuse aux deux partis pour se jeter mutuellement le blâme et pour priver la guerre de ressources, aussi bien que pour traduire en acte la répugnance partagée également par les riches et par les pauvres, pour un service militaire personnel au dehors. Démosthène ne se range ni d'un côté ni de l'autre, — il essaye de se poser en médiateur entre les deux, — et il demande à tous deux également un sacrifice patriotique. Ayant devant lui un ennemi actif et vivant, avec les libertés de la Grèce aussi bien que d'Athènes en jeu, il demande avec instance toute espèce de sacrifice immédiatement : service personnel, contributions directes, renonciation aux fêtes. Quelquefois c'est une demande qui est plus saillante, quelquefois l'autre; celle qui revient le plus souvent, c'est son appel au service personnel. Effectivement, dans de pareilles nécessités militaires, la dépense théôrique devint funeste, non-seulement parce qu'elle absorbait l'argent public, mais encore parce qu'elle enchaînait les citoyens à leur demeure et les détournait d'un service actif au dehors. Le grand charme et la force de sentiment qui se rattachaient à la fête, liée essentiellement comme elle l'était à la présence en Attique, agirent comme un poison ; à un moment auquel un tiers ou un quart des citoyens aurait dû remplir les pénibles devoirs du soldat sur les côtes de la Macédoine ou de la Thrace, contre un ennemi qui ne s'endormait jamais. Malheureusement pour les Athéniens, toute l'éloquence patriotique de Démosthène ne put les convaincre qu'ils ne pouvaient conserver pendant une pareille guerre les fêtes qui entretenaient leur piété et embellissaient leur existence à Athènes en temps de paix, et qu'ils devaient y renoncer momentanément, s'ils voulaient sauver la liberté et la sécurité de leur cité. Le même manque d'énergie qui les faisait

(1) Démosth. Philipp. IV, p. 141-143; De Republicâ ordinandâ, p. 167. Il est possible de douter que ces deux discours aient été réellement prononcés sous leur forme actuelle. Mais j'y fais allusion avec confiance comme à des compositions démosthéniques faites de fragments et de pensées de Démosthène.

reculer devant la peine d'un service personnel, les rendait également peu disposés à faire un aussi grand sacrifice qu celui de leurs fêtes; et dans le fait il ne leur aurait guère servi de ménager tous les frais de ces fêtes si leur négligence comme soldats eût continué. Une seule chose aurait pu les sauver : c'eût été de satisfaire simultanément aux trois demandes que Démosthène fit avec tant d'insistance en 350 avant J.-C.; ils finirent par y satisfaire en 339-338 avant J.-C., mais il était trop tard.

APPENDICE

SUR L'ORDRE DES OLYNTHIENNES DE DÉMOSTHÈNE

Relativement au véritable ordre chronologique de ces trois harangues, des opinions différentes ont été transmises dès l'antiquité, et elles continuent encore parmi les critiques modernes.

Denys d'Halikarnasse cite les trois discours par les mots du début, mais il les place dans un ordre chronologique différent de celui dans lequel ils sont imprimés. Il donne le second comme étant le premier de la série ; le troisième, comme le second, et le premier comme le troisième.

Il est sous-entendu que je parle toujours de ces discours et que je les indique dans l'ordre dans lequel ils sont imprimés, bien que, autant que j'en puis juger, cet ordre ne soit pas le véritable.

Ordre imprimé.	I. II. III.
Ordre de Denys.	II. III. I.

Le plus grand nombre des critiques modernes défendent l'ordre imprimé ; et les principaux arguments à l'appui de cette thèse ont été habilement présentés dans une dissertation publiée par Petrenz en 1833. Dindorf, dans son édition de Démosthène, place cette dissertation en tête de ses notes sur les Olynthiennes, affirmant qu'elle est concluante et qu'elle tranche la difficulté. Boehnecke aussi (Forschungen, p. 151) considère la question comme ne prêtant plus au doute.

D'autre part, Flathe (Geschichte Makedoniens, p. 183-187) s'exprime avec une égale confiance en faveur de l'ordre donné par Denys. Une autorité beaucoup plus haute, le docteur Thirlwall, est de la même opinion, bien qu'avec moins de confiance et avec une plus juste appréciation de l'insuffisance de nos moyens pour vider la question. Voir l'appendice III annexé au cinquième volume de son Histoire de la Grèce, p. 512.

Bien que je n'arrive pas à la même conclusion que le docteur Thirlwall, je suis d'accord avec lui sur ce point, à savoir qu'une confiance illimitée, dans une conclusion quelconque quant à l'ordre de ces harangues, n'est ni convenable ni autorisée par la somme de preuves. Nous n'avons à notre disposition que le témoignage intrinsèque des discours, pris conjointement avec l'histoire contemporaine, dont nous savons peu de chose ou rien par des informations détaillées.

Du mieux qu'il m'est possible de juger, je ne puis adopter complétement ni l'ordre imprimé ni celui de Denys, bien que je m'accorde en partie avec l'un et avec l'autre. Je suis d'accord avec Denys et avec le docteur Thirlwall pour placer la seconde Olynthienne *la première* des trois. Je suis d'accord avec l'ordre imprimé pour placer la troisième *en dernier*. Je remarque, dans l'appendice du docteur Thirlwall, que cet arrangement a été défendu dans une Dissertation de Stueve. Je n'ai pas vu cette Dissertation, et j'avais tiré ma conclusion — même avant que je susse qu'elle avait jamais été défendue ailleurs, — seulement d'après une étude attentive des discours.

Ordre imprimé.	I. II. III.
Ordre de Denys.	II. III. I.
Ordre de Stueve (que je crois le plus probable). .	II. I. III.

Examinons d'abord la place convenable de la *seconde* Olynthienne (j'entends celle qui est la *seconde* dans l'ordre imprimé)

Le trait caractéristique le plus remarquable de ce discours, c'est qu'il y est dit à peine quelque chose au sujet d'Olynthos. C'est, de fait, une Philippique plutôt qu'une Olynthienne. Ce trait caractéristique est non-seulement admis, mais fortement présenté par Petrenz, p. 11 : « Quid! quod ipsorum Olynthiorum hac quidem in causâ tantum uno loco facta mentio est — ut uno illo versiculo sublato, vix ex ipsâ oratione, quâ in causâ esset habita, certis rationibus vinci posset. » Comment devons-nous expliquer l'absence de toute allusion à Olynthos? Suivant Petrenz, c'est parce que l'orateur a déjà, dans sa première harangue, dit tout ce qui pouvait être nécessaire par rapport aux besoins d'Olynthos, et à la nécessité de soutenir cette cité même dans l'intérêt du salut d'Athènes; il pouvait donc croire actuellement que son premier discours restait gravé dans l'esprit de ses compatriotes, et que tout ce qu'il avait à faire, c'était de combattre la crainte extraordinaire qu'inspirait Philippe, et qui les empêchait d'exécuter une résolution déjà prise d'assister les Olynthiens.

Je ne puis acquiescer à cette hypothèse. Elle peut paraître naturelle à un lecteur de Démosthène, qui passe du premier discours imprimé au second sans intervalle de temps qui lui fasse oublier ce qu'il vient de lire. Mais elle ne conviendra guère au cas d'un orateur réel dans Athènes affairée. Démosthène, dans la flottante assemblée athénienne, — pas plus que ne le serait un orateur dans le parlement anglais ou dans le congrès américain plus fixe, — ne pouvait être assez téméraire pour croire qu'un discours prononcé quelque temps auparavant était resté gravé dans l'esprit de ses auditeurs. Si Démosthène s'était adressé antérieurement aux Athéniens avec une conviction de la détresse d'Olynthos et des motifs qui engageaient Athènes à l'assister, aussi forte qu'on la trouve dans le premier discours; — si son discours, quelque bien accueilli qu'il fût, ne fut pas suivi d'effet, de sorte qu'après un certain temps il eût à leur parler de nouveau dans le même dessein, — je ne puis croire qu'il n'ait fait allusion à Olynthos qu'une seule fois en passant et qu'il se soit étendu uniquement sur les chances et les conditions générales de la guerre entre Athènes et Philippe. Quelque bien faite que puisse être la seconde Olynthienne « ad concitandos exacerbandosque civium animos » (pour employer les mots de Petrenz), elle n'est pas faite particulièrement pour procurer de l'aide à Olynthos. Si l'orateur n'avait pas réussi à procurer cette aide par un discours tel que la première Olynthienne, il ne devait jamais avoir recours à un discours tel que la seconde Olynthienne pour réparer cet échec; il devait répéter de nouveau, et d'une manière plus frappante qu'auparavant, le danger d'Olynthos et celui d'Athènes elle-même si elle laissait tomber cette cité. Telle devait être la manière d'arriver à son but, et en même temps de combattre la crainte de Philippe dans l'esprit des Athéniens.

Suivant ma manière de voir le sujet, l'omission (ou la simple indication faite en passant) d'Olynthos démontre clairement que les besoins de cette ville, et l'urgence de l'assister, *n'étaient pas* le but principal de Démosthène dans la seconde Olynthienne. Son but principal est d'encourager et de stimuler ses compatriotes dans leur guerre générale contre Philippe; il fait entrer dans son discours, par reconnaissance, la nouvelle alliée Olynthos, qu'ils viennent d'acquérir, — mais il la fait entrer seulement comme un auxiliaire précieux (ἐν προσθήκης μέρει) pour coopérer avec Athènes contre Philippe aussi bien que pour recevoir de l'aide d'Athènes, — sans la présenter comme ayant particulièrement besoin de secours, ni comme étant de nature, si on la laisse périr, à compromettre l'existence d'Athènes.

Or un discours de ce caractère est ce que je ne puis expliquer d'une manière satisfaisante, en tant qu'il vient après l'esprit totalement différent de la première Olynthienne; mais il est naturel et explicable, si l'on suppose qu'il la précède. Olynthos n'aborde pas Athènes d'abord *in formâ pauperis*, comme si elle était en danger et comme si elle demandait du secours contre un ennemi écrasant. Elle se présente comme égale, proposant de coopérer contre un ennemi commun, et offrant une alliance que les Athéniens avaient jusque-là cherchée en vain. Elle demandera naturellement du secours, — mais elle pourra donner une coopération de valeur égale. Démosthène conseille de l'assister; — cela vient naturellement, quand son alliance est acceptée; — mais il insiste avec plus de force sur l'importance de ce qu'elle *donnera* aux Athéniens, sous forme de coopération contre Philippe. Bien plus, il est remarquable que la proximité territoriale d'Olynthos par rapport à Philippe soit présentée non comme un péril pour *elle* que les Athéniens doivent l'aider à détourner, mais comme une faveur divine qui *leur* permet de mieux attaquer Philippe conjointement avec elle. De plus, Olynthos est représentée, non pas comme redoutant quelque danger des armes de Philippe, mais comme ayant récemment découvert combien il est dangereux d'être dans son alliance. « Remercions les dieux (dit Démosthène au début de la seconde Olynthienne) — τὸ τοὺς πολεμήσοντας Φιλίππῳ γεγενῆσθαι καὶ χώραν ὅμορον καὶ δύναμίν τινα κεκτημένους, καὶ τὸ μέγιστον ἁπάντων, τὴν ὑπὲρ τοῦ πολέμου γνώμην τοιαύτην ἔχοντας, ὥστε τὰς πρὸς ἐκεῖνον διαλλαγάς, πρῶτον μὲν ἀπίστους, εἶτα τῆς ἑαυτῶν πατρίδος νομίζειν ἀνάστασιν εἶναι, δαιμονίᾳ τινὶ καὶ θείᾳ παντάπασιν ἔοικεν εὐεργεσίᾳ » (p. 18).

La teneur générale de la seconde Olynthienne est en harmonie avec ce début. Démosthène s'attend à une vigoureuse guerre offensive faite à Philippe par Athènes et Olynthos conjointement, et il aborde tout au long les chances générales d'une pareille guerre, en signalant les points vulnérables et les points odieux de Philippe, et en s'efforçant (comme Petrenz le fait remarquer avec justesse d' « exciter et d'exaspérer les esprits des citoyens ».

Telle est la première et brillante promesse de l'alliance olynthienne avec Athènes. Mais celle-ci, comme d'ordinaire, ne fait pas d'efforts; elle laisse les Olynthiens et les Chalkidiens lutter seuls contre Philippe. Il se trouve bientôt qu'il remporte des avantages sur eux; il arrive de Thrace de mauvaises nouvelles, et probablement des envoyés chargés de les annoncer en se plaignant. C'est alors que Démosthène prononce sa première Olynthienne, bien plus pressante de ton relativement à Olynthos. L'argument principal est maintenant : — « Protégez les Olynthiens; sauvez leurs cités confédérées; songez à ce qui arrivera si elles sont ruinées; dans ce cas, il n'y a rien qui puisse empêcher Philippe de marcher sur l'Attique. » Les idées de Démosthène ont passé de l'offensive à la défensive.

En conséquence, je ne puis m'empêcher de croire que toutes les preuves intrinsèques des Olythiennes indiquent la seconde comme antérieure sous le rapport du temps et à la première et à la troisième. Stueve (que cite le docteur

Thirlwall) signale une autre raison qui tend à la même conclusion. Il n'est rien dit dans la seconde Olynthienne qui ait trait au fonds théôrique; tandis que dans la première, ce sujet est distinctement indiqué, — et dans la troisième, l'orateur y revient avec force et à plusieurs reprises, bien qu'avec assez d'artifice pour sauver l'illégalité. Cela est difficile à expliquer, si l'on admet que la seconde est postérieure à la première; mais la difficulté cesse si nous supposons que la seconde est la première des trois, et qu'elle est prononcée dans le dessein que j'ai signalé.

D'autre part, cette manière de traiter le fonds théôrique dans le troisième discours, en tant que comparé avec le premier, est une forte raison pour croire (comme Petrenz le soutient avec justesse) que le troisième est postérieur au premier, — et non pas antérieur, comme Denys le place.

Quant à la troisième Olynthienne, son but et son objet me paraissent être exactement présentés dans l'argument mis en tête par Libanius. Elle fut prononcée après qu'Athènes avait envoyé quelques secours à Olynthos, tandis que la première et la seconde le furent avant que rien eût encore été fait. Je crois qu'il y a de bonnes raisons pour suivre Libanius (comme le font Petrenz et autres) dans son assertion, que le troisième discours reconnaît qu'Athènes a fait *quelque chose*, ce que les deux premières ne font pas, bien que le docteur Thirlwall (p. 509) s'accorde avec Jacobs pour douter de cette distinction. Les succès des mercenaires, annoncés à Athènes (p. 38), doivent certainement avoir été des succès de mercenaires commissionnés par elle, et les espérances triomphantes signalées par Démosthène comme régnant en ce moment sont très-naturellement expliquées en supposant l'arrivée de cette nouvelle. Démosthène ne dit que ce qu'il ne peut s'empêcher de dire au sujet du succès actuellement remporté, parce qu'il ne le croit pas d'une importance sérieuse. Il désire mettre sous les yeux du peuple, comme correctif à la confiance intempestive régnante, qu'il reste encore à faire avec le danger réel.

Bien qu'Athènes eût fait quelque chose, elle avait fait peu — elle n'avait pas envoyé de citoyens — ni fourni de solde. C'est ce que Démosthène la presse de faire sans retard, et il insiste sur le fonds théôrique comme étant un moyen d'avoir de l'argent en même temps que sur le service personnel. Le docteur Thirlwall, il est vrai, soutient que la première Olynthienne est plus pressante que la troisième, en exposant la crise; d'où il conclut qu'elle est postérieure sous le rapport du temps. Son raisonnement est en partie fondé sur une phrase vers le commencement de la première Olynthienne, où le salut d'*Athènes elle-même* est mentionné comme compromis : — Τῶν πραγμάτων ὑμῖν αὐτοῖς ἀντιληπτέον ἐστὶν, εἴπερ ὑπὲρ σωτηρίας αὐτων φροντίζετε : sur quoi je puis faire remarquer que la leçon αὐτῶν n'est pas universellement admise. Dindorf, dans son édition, lit αὐτῶν, le rapportant à πράγματων; et il dit dans sa note que αὐτῶν est la leçon de la Vulgate, changée pour la première fois par Reiske en αὐτῶν sur l'autorité du Codex Bavaricus. Mais même si nous accordons que la première Olynthienne dépeint la crise comme plus dangereuse et plus urgente que la troisième, nous ne pouvons en conclure que la première soit postérieure à la troisième. La troisième fut prononcée immédiatement après la nouvelle reçue d'un succès obtenu près d'Olynthos : les affaires olynthiennes prospéraient en réalité pour le moment et jusqu'à un certain point, — bien que la somme de prospérité fût fort exagérée par le public. Démosthène s'applique à combattre cette exagération; il passe aussi légèrement que possible sur la bonne nouvelle récente, mais il ne peut éviter d'en dire quelque chose et de rejeter le danger d'Olynthos un peu en arrière jusqu'à une éventualité plus éloignée. En même temps il le signale de la manière la plus forte, tant dans la section 2 que dans les sections 9 et 10.

En conséquence, tout en comprenant la faillibilité de toutes les opinions fondées sur des preuves aussi imparfaites, je crois que le véritable ordre chronologique des Olynthiennes est celui que propose Stueve, II, I, III. Je suis d'accord avec Denys pour mettre la seconde en premier, et avec l'ordre ordinaire pour mettre la troisième la dernière.

CHAPITRE IV

DEPUIS LA PRISE D'OLYNTHOS JUSQU'A LA FIN DE LA GUERRE SACRÉE TERMINÉE PAR PHILIPPE

Souffrances des Olynthiens et des Chalkidiens; triomphe et fête de Philippe. — Effet produit à Athènes par la prise d'Olynthos, — surtout par le nombre des Athéniens qui y furent faits prisonniers. — Langage énergique d'Euboulos et d'Æschine contre Philippe. — Progrès de l'importance d'Æschine. — Æschine comme ambassadeur d'Athènes en Arkadia. — Progrès du découragement et du désir de la paix à Athènes. — Ouvertures indirectes pour la paix entre Athènes et Philippe, même avant la chute d'Olynthos; les Eubœens, Phrynôn, etc. — Première proposition de Philokratês, — en vue de permettre à Philippe d'envoyer des ambassadeurs à Athènes. — Effet produit sur l'esprit des Athéniens par le nombre de leurs concitoyens faits prisonniers dans Olynthos par Philippe. — Mission de l'acteur Aristodêmos envoyé par les Athéniens à Philippe, au sujet des captifs; dispositions favorables rapportées de la part de ce prince. — Marche de la Guerre Sacrée: déclin et appauvrissement graduels des Phokiens; discussions intestines. — Parti opposé à Phalækos en Phokis; Phalækos est déposé; il continue d'occuper les Thermopylæ avec les mercenaires. — Les Thêbains invoquent l'aide de Philippe pour accabler les Phokiens. — Alarme parmi les Phokiens; un des partis phôkiens invite les Athéniens à occuper les Thermopylæ; Phalækos les repousse. — Accroissement d'embarras à Athènes; incertitude au sujet de Phalækos et du défilé des Thermopylæ. — La défense de la Grèce reposait actuellement sur les Thermopylæ; importance de ce défilé tant pour Philippe que pour Athènes. — Motion de Philokratês dans l'assemblée athénienne, — à l'effet d'envoyer des ambassadeurs à Philippe au sujet de la paix. — On envoie dix ambassadeurs athéniens; Æschine et Démosthène sont du nombre. — Voyage des ambassadeurs se rendant à Pella. — Assertions d'Æschine au sujet de la conduite de Démosthène; arrangements des ambassadeurs pour parler devant Philippe. — Harangue adressée par Æschine à Philippe au sujet d'Amphipolis; échec de Démosthène dans son discours. — Réponse de Philippe; retour des ambassadeurs. — Examen d'Æschine et de sa conduite, telle qu'il la présente lui-même. — Philippe offre la paix aux conditions de l'*uti possidetis;* rapport fait par les ambassadeurs athéniens à leur retour. — Conduite de l'assemblée athénienne après le retour des ambassadeurs; motions de Démosthène. — Arrivée des ambassadeurs macédoniens à Athènes; jours fixés pour discuter la paix. — Résolution prise par l'assemblée des alliés à Athènes. — Assemblées tenues pour discuter la paix, en présence des ambassadeurs macédoniens; communication de la résolution de l'assemblée confédérée; importance factice que les deux orateurs y attachent plus tard. — Philokratês ouvre l'avis de conclure la paix et de faire alliance avec Philippe; il propose d'exclure les Phokiens en particulier. — Rôle pris par Æschine et par Démosthène — par rapport à cette motion; contradictions entre eux. — Æschine appuya la mission de Philokratês complétement; Démosthène l'appuya également, si ce n'est en ce qui concernait l'exclusion des Phokiens; langage d'Euboulos. — La motion de Philokratês passa dans l'assemblée, au sujet de la paix et d'une alliance avec Philippe. — Assemblée tenue pour pourvoir à la ratification et à la sanction du traité par un serment. — Question de savoir qui l'on devait recevoir comme alliés d'Athènes, — relative aux Phokiens et à Kersobleptês. — L'envoyé de Kersobleptês est admis, tant par l'assemblée athénienne que par les ambassadeurs macédoniens. — Ceux-ci refusent formellement d'admettre les Phokiens. — Embarras de Philokratês au sujet de l'admission; leurs fausses assurances des bonnes intentions secrètes de Philippe à l'égard des Phokiens. — Les Phokiens sont tacitement exclus; les Athéniens et leurs alliés jurent la paix sans eux. — Erreur ruineuse; fausse démarche d'Athènes en abandonnant les Phokiens; Démosthène ne protesta pas dans le moment contre cet abandon. — Les serments sont prononcés devant Antipater, à l'exclusion des Phokiens. — Seconde ambassade d'Athènes à Philippe; les dix ambassadeurs vont pour recevoir de lui le serment de paix et d'alliance. — Démosthène presse les ambassadeurs de se rendre immédiatement en Thrace pour faire prêter serment à Philippe; ils refusent; leurs retards en voyage et à Pella. — Philippe achève dans l'intervalle sa conquête de la Thrace. — Ambassades envoyées à Pella par un grand nombre d'États grecs. — Consultations et division entre les dix ambassadeurs athéniens; idées que se fait Æschine des devoirs d'un ambassadeur. — Les ambassadeurs parlent à Philippe; harangue d'Æschine. — Position de Démosthène dans cette seconde ambassade; il désirait faire connaître les choses par un message à Athènes, ou y retourner lui-même, mais il en fut empêché. — Marche de Philippe vers les Thermopylæ; il masque ses desseins, en offrant des espérances trompeuses aux parties opposantes; intrigues pour gagner sa faveur. — Les ambassadeurs font prêter serment à Philippe à Pheræ, leur dernier acte avant leur départ; ils retournent à Athènes. — Projets de Philippe sur les Thermopylæ; connivence corrompue des ambassadeurs athéniens; lettre de Philippe qu'ils rapportent à Athènes. — Æschine et les ambassadeurs déclarent les Phokiens exclus des serments avec Philippe; protestation de Démosthène, dans le sénat, en arrivant à Athènes, contre la conduite de ses collègues; vote du sénat approuvant sa protestation. — Assemblée publique à Athènes; succès du discours qu'y prononce Æschine; fausses assurances qu'il donne au peuple. — Le peuple athénien croit aux promesses de Philokratês et d'Æschine; la protestation de Démosthène n'est pas écoutée. — Lettre de Philippe favorablement reçue par l'assemblée; motion de Philokratês adoptée, décrétant paix et alliance avec lui pour toujours; résolution prise de forcer les Phokiens à rendre Delphes. — Lettres de Philippe aux Athéniens, pour les inviter à se joindre à lui aux Thermopylæ; politique de ces lettres; les Athéniens refusent. — Des envoyés phokiens assistent à ces débats à Athènes; position de Phalækos aux Thermopylæ. — Appui d'Athènes indispensable aux Phokiens pour occuper les Thermopylæ. — Nouvelle reçue aux Thermopylæ de la détermination d'Athènes contre les Phokiens. — Phalækos livre les Thermopylæ à Philippe en vertu d'une convention; il emmène toutes ses forces et tous ceux des Phokiens qui veulent l'accompagner. — Toutes les villes de Phokis se rendent à discrétion à Philippe, qui déclare toute sa sympathie pour les Thêbains et annonce qu'il coopérera avec eux. — Troisième ambassade envoyée à Philippe par les Athéniens; les ambassadeurs reviennent sans le voir, après avoir appris la convention phokienne. — Alarme et mécontentement à Athènes; motion de Kallisthenês à l'effet de mettre la cité dans un bon état de défense. — Æschine et les autres ambassadeurs athéniens visitent Philippe en Phokis; célébration triomphale du succès de Philippe. — Belles déclarations de Philippe aux Athéniens, après sa conquête des Thermopylæ; langage de ses partisans à Athènes. — L'assemblée amphiktyonique est convoquée de nouveau; rigoureuse sentence contre les Phokiens. Ils sont exclus de l'assemblée, et Philippe est admis à leur place. — Ruine et misère des Phokiens. — Ascendant irrésistible de Philippe; il est nommé par les Amphiktyons président chargé de célébrer la fête Pythienne de 346 avant J.-C. — Grand changement opéré par cette paix dans les relations politiques grecques. — Comment Athènes en vint à souscrire à cette paix honteuse; corruption de ses ambassadeurs. — Démosthène et Æschine; preuve de malhonnêteté et de fraude de la part d'Æschine, même d'après ses propres aveux. — Athènes dut cette paix honteuse à la corruption de ses ambassadeurs. — Accusation et condamnation de Philokratês. — Misérable mort de tous ceux qui avaient pris part à la spoliation du temple de Delphes.

Ce fut au commencement du printemps de 347 avant J.-C., autant que nous pouvons le reconnaître, qu'Olynthos, après avoir vu auparavant les trente cités chalkidiques conquises, subit elle-même la même destinée par les armes de Philippe. L'exil et la pauvreté devinrent le sort de ceux des Olynthiens et des Chalkidiens qui purent s'échapper, tandis que le plus grand nombre des habitants des deux sexes furent vendus comme esclaves. Il se présente quelques traces pénibles de la diversité des maux qui échurent à ces victimes infortunées. Atrestidas, Arkadien qui avait probablement servi dans l'armée macédonienne, reçut de Philippe un présent de trente esclaves olynthiens, consistant surtout en femmes et en enfants, que l'on vit le suivre en file quand il traversa les cités grecques pour retourner dans son pays. Beaucoup de jeunes femmes olynthiennes furent achetées, et virent leurs nouveaux propriétaires tirer profit de leurs personnes. L'un de ces acheteurs, citoyen athénien, qui avait exposé sa nouvelle acquisition à Athènes, fut jugé et condamné pour cet acte par le dikasterion (1). D'autres anecdotes nous arrivent, inexactes probablement quant aux noms et aux détails (2), qui toutefois expliquent les maux généraux dont fut accablée cette population chalkidique jadis libre.

Cependant Philippe victorieux était à l'apogée de sa gloire. En commémoration de ses conquêtes, il célébra en Macédoine, en l'honneur de Zeus Olympien, une fête magnifique, accompagnée d'une hospitalité illimitée et de prix de toute sorte, pour des luttes et des spectacles tant gymnastiques que poétiques. Il fit de riches présents, aussi bien aux officiers grecs et macédoniens qui l'avaient servi qu'aux poëtes ou aux acteurs éminents qui lui plurent. Satyros, l'acteur comique, refusant tout don pour lui-même, demanda au prince et obtint de lui l'élargissement de deux jeunes femmes prises dans Olynthos, filles de son ami le Pydnæen Apollophanês, qui avait été une des personnes mêlées au meurtre d'Alexandre, frère aîné de Philippe. Satyros annonça son intention non-seulement d'assurer la liberté à ces jeunes femmes, mais encore de leur donner des dots et de les marier (3). Philippe trouva également à Olynthos ses deux demi-frères exilés, qui avaient servi de prétextes pour la guerre, — et il les mit tous deux à mort (4).

Il a déjà été dit qu'Athènes avait envoyé à Olynthos plus d'un renfort considérable, en particulier pendant la der-

(1) Dinarque cont. Démosth. p. 93; Démosth. Fals. Leg. p. 439, 440. Démosthène assure aussi que des femmes olynthiennes furent données en présent par Philippe à Philokratês (p. 386-440). L'outrage que, selon lui (p. 401), Æschine et Phrynôn avaient fait subir à des femmes olynthiennes en Macédoine ne doit pas être admis comme un fait, puisqu'il est nié avec indignation par Æschine (Fals. Leg. init. et p. 48). Cependant c'est probablement une peinture qui n'est que trop fidèle d'actes réels, commis par d'autres, sinon par Æschine.

(2) L'histoire du vieillard d'Olynthos (Sénèque, Controv. V, 10) acheté par le peintre Parrhasios, et mis à la torture pour former le sujet d'un tableau représentant les souffrances de Promêtheus, — est plus que douteuse, puisque Parrhasios, déjà en grande réputation comme peintre avant 400 avant J.-C. (V. Xénophon, Mém. III, 10), peut difficilement avoir été encore florissant en 347 avant J.-C. Toutefois, elle fait voir du moins une des mille formes des souffrances de l'esclavage réalisées à l'occasion.

(3) Démosth. Fals. Leg. p. 384-401; Diodore, XVI, 55.

(4) Justin, VIII, 3.

nière année de la guerre. Bien que nous ignorions ce qu'accomplirent ces expéditions, ou même quelle était leur force exacte, il y a lieu de soupçonner que Charês et les autres généraux ne les employèrent pas pour un but honorable. Les adversaires de Charês l'accusèrent, aussi bien que Deiarês et autres chefs mercenaires, d'avoir dissipé les forces navales et militaires de la cité dans des entreprises inutiles ou dans des extorsions rapaces commises sur les marchands de la mer Ægée. Ils comptaient quinze cents talents et cent cinquante trirèmes perdus ainsi pour Athènes, outre une haine répandue au loin et suscitée parmi les insulaires par les contributions injustes levées sur eux pour enrichir le général (1). A cet insuccès honteux s'ajoutèrent alors la ruine terrible d'Olynthos et de la Chalkidikê, et l'agrandissement considérable de son ennemi Philippe. La perte d'Olynthos, avec la misérable captivité de sa population, aurait suffi seule pour exciter un sentiment puissant parmi les Athéniens. Mais il y eut une autre circonstance qui remua encore plus fortement leurs sympathies. Un grand nombre de leurs propres concitoyens servaient dans Olynthos comme garnison auxiliaire et avaient été faits prisonniers comme le reste (2). Un malheur semblable n'était pas tombé sur Athènes pendant tout un siècle, depuis la défaite de Tolmidês à Korôneia en Bœôtia. Tout le peuple athénien, et particulièrement les parents des captifs, étaient remplis d'anxiété et d'agitation, augmentées par des nouvelles alarmantes venues d'autres côtés. La conquête menaçait la sécurité de toutes les possessions athéniennes dans Lemnos, Imbros et la Chersonèse. Cette dernière péninsule, en particulier, était complétement dépourvue de protection contre Philippe, qui, disait-on, était en marche pour s'y rendre, au point que les colons athéniens qui y étaient établis commencèrent à abandonner leurs propriétés et à transférer leurs familles à Athènes. Au milieu de la douleur et de la

---

(1) Æschine, Fals. Leg. p. 37, c. 24.

(2) Æschine, Fals. Leg. p. 30.

crainte qui troublaient l'esprit athénien, on tint maintes assemblées spéciales pour discuter les remèdes convenables. Que fit-on, c'est ce dont nous ne sommes pas exactement informés. Mais il semble que personne ne savait où était le général Charês avec son armement ; de sorte que ses amis furent forcés dans l'assemblée de faire écho aux fortes expressions de mécontentement prononcées parmi le peuple, et d'envoyer immédiatement un bâtiment léger à sa recherche (1).

La gravité de la crise obligea même Euboulos et d'autres parmi les hommes d'État qui jusque-là avaient montré si peu de vigueur dans la guerre à tenir un langage plus énergique qu'auparavant contre Philippe. Le dénonçant actuellement comme l'ennemi commun de la Grèce (2), ils proposèrent d'envoyer dans le Péloponèse et ailleurs, pour exciter les États grecs à former une confédération contre lui. Æschine aida avec chaleur à obtenir l'adoption de cette proposition, et fut lui-même nommé comme l'un des députés qui iraient dans le Péloponèse (3).

Cet habile orateur, immortalisé en qualité de rival de Démosthène, ne nous a encore été présenté jusqu'ici que comme soldat dans diverses expéditions athéniennes, — à Phlionte dans le Péloponèse (368), — à la bataille de Mantineia (362), — et en Eubœa sous Phokiôn (349 av. J.-C.); et, dans cette dernière campagne, il avait mérité l'attention favorable du général, et avait été envoyé à Athènes avec la nouvelle de la victoire de Tamynæ. Æschine avait environ six ans de plus que Démosthène, mais il était né dans une condition beaucoup plus humble et plus pauvre. Son père Atromêtos enseignait à lire à des enfants ; sa mère Glaukothea gagnait sa vie en présidant certaines assemblées religieuses et certains rites d'initiation, destinés surtout à des initiés pauvres ; le jeune Æschine les aidait l'un

(1) Æschine, Fals. Leg. p. 37.

(2) Démosth. Fals. Leg. p. 434. Καὶ ἐν μὲν τῷ δήμῳ κατηρῶ (toi, Euboulos) Φιλίππῳ, καὶ κατὰ τῶν παίδων ὤμνυες ἦ μὴν ἀπολωλέναι Φίλιππον ἂν βούλεσθαι, etc.

(3) Démosth. Fals. Leg. p. 438, 439.

et l'autre en qualité de domestique. Telle est, du moins, l'assertion qui nous arrive, enrichie de divers détails dégradants, sur l'autorité douteuse de son rival Démosthène (1), qui affirme aussi ce que nous pouvons accepter généralement comme vrai, qu'Æschine avait passé la première période de son âge viril en partie comme acteur, en partie comme greffier ou lecteur dans les Conseils publics. Pour ces deux fonctions, il possédait quelques avantages naturels, — une taille athlétique, une voix puissante, un flot toujours prêt de discours improvisé. Après quelques années passées comme greffier, dans lesquelles il se rendit utile à Euboulos et à d'autres, il fut choisi comme greffier public de l'assemblée, — se familiarisa avec les affaires administratives et parlementaires de la cité, — et s'éleva ainsi par degrés jusqu'à l'influence comme orateur. Sous le rapport du talent de rhétorique, il semble n'avoir été surpassé que par Démosthène (2).

Comme ambassadeur d'Athènes envoyé en vertu de la motion d'Euboulos, Æschine se rendit dans le Péloponèse au printemps de 347; d'autres étant dépêchés en même temps vers les autres cités grecques. Entre autres villes, il visita Megalopolis, où il fut entendu devant l'assemblée collective arkadienne appelée les Dix Mille. Il lui parla d'un ton d'exhortation animée, l'adjurant de se coaliser avec Athènes pour la défense des libertés de la Grèce contre Philippe, et se déchaînant avec force contre ces traîtres qui, en Arkadia aussi bien que dans d'autres parties de la Grèce, se vendaient à l'agresseur et paralysaient toute résistance. Toutefois il rencontra beaucoup d'opposition de la part d'un orateur nommé Hieronymos, qui épousa dans l'assemblée les intérêts de Philippe ; et bien qu'il déclarât rapporter quelques espérances flat-

---

(1) Démosthène affirme cela à deux reprises différentes, — Fals. Leg. p. 415-431 ; De Coronâ, p. 213.

Stechow (Vita Æschinis, p. 1-10) réunit le peu que l'on peut établir relativement à Æschine.

(2) Dion. Hal. De adm. Vi dicendi Demosth. p. 1063; Cicero, Orat. c. 9, 29.

teuses, il est certain que, ni en Arkadia, ni ailleurs dans le Péloponèse, son influence ne fut de quelque efficacité réelle (1). Les sentiments les plus forts parmi les Arkadiens étaient la crainte de Sparte et l'aversion pour elle, qui les rendaient en général indifférents, sinon favorables aux succès macédoniens. En revenant d'Arkadia à Athènes, Æschine rencontra l'Arkadien Atrestidas avec l'infortunée troupe d'esclaves olynthiens qui le suivait; spectacle qui affecta si profondément l'orateur athénien, qu'il insista plus tard sur ce point dans son discours devant l'assemblée avec une sympathie pleine d'indignation, déplorant les tristes effets des dissensions grecques et la ruine produite par l'emploi combiné des armes et de la corruption dont se servait Philippe.

Æschine revint probablement vers le milieu de l'été de 347 avant J.-C. D'autres ambassadeurs, envoyés à des cités plus éloignées, restèrent dehors plus longtemps, quelques-uns même jusqu'à l'hiver suivant. Bien qu'il paraisse que quelques députés d'autres cités fussent invités en retour à venir à Athènes, cependant on ne put obtenir en aucune partie de la Grèce une coopération sincère ou cordiale contre Philippe. Tandis que ce prince, dans la plénitude du triomphe, célébrait sa magnifique fête Olympique en Macédoine, les Athéniens étaient découragés en voyant qu'ils ne pouvaient espérer que peu d'appui de la part des Grecs indépendants, et qu'on les laissait agir seuls avec leur cercle étroit d'alliés. Par là, Euboulos et Æschine devinrent partisans ardents de la paix, et Démosthène aussi semble avoir été poussé par le découragement général à une disposition à négocier. Ces deux orateurs, bien qu'ils devinssent dans la suite des rivaux acharnés, n'étaient pas dans cette conjoncture très-opposés de sentiment. D'autre part, les orateurs favorables à Philippe à Athènes

(1) Démosth. Fals. Leg. p. 344-438; Æschin. Fals. Leg. p. 38. La conduite d'Æschine dans cette conjoncture est à peu près la même que celle que décrit son rival et qu'il admet lui-même. Ce fut, en vérité, une des plus honorables époques de sa vie.

prirent un ton plus hardi que jamais. Comme Philippe voyait ses ports fermés en grande partie par les croiseurs athéniens, il était vraisemblable qu'il profiterait de son ascendant actuel en vue de renforcer ses équipements navals. Or il n'y avait pas de lieu si abondamment fourni qu'Athènes, en matériel et en munitions maritimes pour des vaisseaux armés. Probablement il y avait des agents et des spéculateurs qui prenaient des mesures pour procurer ces articles à Philippe, et ce fut contre eux que fut dirigé à ce moment un décret de l'assemblée, adopté sur la motion d'un sénateur nommé Timarchos, — à l'effet de punir de mort tous ceux qui exporteraient d'Athènes pour les livrer à Philippe soit des armes soit du matériel pour des vaisseaux de guerre (1). Toutefois ce sévère décret fut rendu en même

(1) Démosth. Fals. Legat. p. 433. Ce décret doit avoir été proposé par Timarchos soit vers la fin de l'Olymp. 108, 1, — soit vers le commencement de l'année suivante, Olymp. 108, 2, c'est-à-dire peu avant ou peu après le solstice d'été de 347 avant J.-C. Mais laquelle de ces deux dates est à préférer, c'est là matière à controverse. Franke (Prolegom. ad Æschin. cont. Timarchum, p. 38. — 41) pense que Timarchos était sénateur dans l'Olympiade 108, 1, — et qu'il proposa le décret alors; il suppose que le discours d'Æschine fut prononcé au commencement de l'Olymp. 108, 3, — et que l'expression (p. 11) annonçant Timarchos comme ayant été sénateur « l'année d'avant » (πέρυσιν) doit être expliquée peu rigoureusement comme signifiant « l'avant-dernière année. »

M. Clinton, Boeckh, et Westermann supposent que le discours d'Æschine contre Timarchos fut prononcé dans l'Olymp. 108, 4, — non dans l'Olympiade 108, 3. Sur cette supposition, si nous prenons le mot πέρυσιν dans son sens ordinaire, Timarchos était sénateur en 108, 3. Or, il est certain qu'il ne proposa pas le décret qui interdisait l'exportation de munitions maritimes à livrer à Philippe, à une date aussi avancée que 108, 3, vu que la paix avec Philippe fut conclue en Elaphebolion Olymp. 108, 2 (mars 346 av. J.-C.). Mais on pourrait admettre la supposition que Timarchos fut sénateur en deux années différentes, — dans l'Olymp. 108, 1, et dans l'Olymp. 108, 3 (non dans deux années consécutives). Dans ce cas, l'année sénatoriale de Timarchos, à laquelle Æschine fait allusion (cont. Timarch. p. 11), serait l'Olymp. 108, 3, tandis que l'année sénatoriale dans laquelle Timarchos proposa le décret interdisant l'exportation serait l'Olympiade 108, 1.

Néanmoins, je partage les idées de Boehnecke (Forschungen, p. 294), qui pense que le discours fut prononcé Olymp. 108, 3, — et que Timarchos avait été sénateur et avait proposé le décret interdisant l'exportation de munitions destinées à Philippe dans l'année précédente, — c'est-à-dire Olympiade 108, 2, au commencement de l'année, — solstice d'été 347 av. J.-C.

temps que la tendance à la paix (s'il était possible d'y arriver) était en progrès à Athènes.

Quelques mois avant la prise d'Olynthos, des idées de paix avaient déjà surgi, en partie par suite des ouvertures indirectes de Philippe lui-même. Pendant l'été de 348 avant J.-C., les Eubœens avaient essayé de négocier un accommodement avec Athènes, la lutte en Eubœa, bien que les détails ne nous en soient pas connus, n'ayant jamais complétement cessé pendant les derniers dix-huit mois. Et il ne paraît pas qu'une paix fût même conclue alors ; car on parle de l'Eubœa comme étant sous la dépendance de Philippe pendant l'année suivante (1). Toutefois, les envoyés eubœens donnèrent à entendre que Philippe les avait priés de communiquer de sa part un désir de finir la guerre et de conclure la paix avec Athènes (2). Bien que Philippe eût à cette époque conquis la plus grande partie de la Chalkidikê, et qu'il opérât avec succès contre le reste, il était encore de son intérêt de détacher Athènes de la guerre, s'il le pouvait. La guerre qu'elle lui faisait était, il est vrai, pleine de mollesse et de lenteur; cependant elle lui causait beaucoup de mal sur mer, et elle était la seule cité capable d'organiser contre lui une confédération grecque étendue, qui, bien qu'elle n'eût pas encore été formée, était du moins une éventualité possible sous sa présidence.

Un Athénien influent nommé Phrynôn avait été pris par des croiseurs de Philippe, pendant la trêve de la fête Olympique en 348 avant J.-C. : après avoir été détenu pendant un certain temps, il vit venir d'Athènes la rançon exigée et obtint son élargissement. De retour à Athènes, il eut assez de crédit pour déterminer l'assemblée publique à envoyer avec lui vers Philippe un autre citoyen comme ambassadeur public de la cité; ce citoyen devait l'aider à ravoir sa rançon, qui, prétendait-il, avait été demandée indûment d'un prisonnier fait pendant la trêve sainte. Bien que cela pa-

---

(1) Démosth. Fals. Leg. p. 348-445.

(2) Æschine, Fals. Leg. p. 29.

raisse un procédé étrange au milieu d'une guerre (1), cepen-le public athénien prit la chose avec sympathie; Ktesiphôn fut nommé ambassadeur, et alla avec Phrynôn vers Philippe, qu'ils doivent avoir trouvé engagé dans la guerre contre Olynthos. Reçus de la manière la plus courtoise, non-seulement ils obtinrent la restitution de la rançon, mais encore ils furent complétement séduits par Philippe. Avec sa bonne politique ordinaire, il avait saisi l'occasion de gagner (nous pouvons dire proprement, de corrompre, puisque la restitution de la rançon était en substance un présent fait pour corrompre) deux puissants citoyens athéniens, qu'il renvoya alors à Athènes comme ses partisans déclarés.

Phrynôn et Ktesiphôn, à leur retour, s'étendirent avec chaleur sur la générosité de Philippe, et dirent beaucoup de choses au sujet des expressions flatteuses qu'il employait à l'égard d'Athènes et de sa répugnance à continuer la guerre contre elle. L'assemblée publique étant favorablement disposée, un citoyen nommé Philokratês, que nous voyons paraître pour la première fois, proposa un décret à l'effet d'accorder à Philippe la permission d'envoyer un héraut et des ambassadeurs, s'il le voulait, pour traiter de la paix; ce que Philippe était désireux de faire, suivant l'allégation de Ktesiphôn. Le décret fut rendu par l'assemblée à l'unanimité; mais son auteur Philokratês fut accusé

(1) Il y a plus d'une singularité dans le récit fait par Æschine au sujet de Phrynôn. La plainte de Phrynôn ferait croire que la trêve Olympique suspendait les opérations de guerre partout d'une extrémité à l'autre de la Grèce, entre des Grecs belligérants. Mais telle n'était pas la maxime reconnue ou pratiquée, autant que nous connaissons les opérations guerrières. Vœmel (Proleg. ad Demosth. De Pace, p. 246), sentant cette difficulté, croit que la trêve Olympique mentionnée ici se rapporte à la fête Olympique célébrée par Philippe lui-même en Macédoine, dans le printemps ou l'été de 347 avant J.-C. Cette supposition écarterait la difficulté au sujet de l'effet de la trêve; car Philippe devait naturellement respecter sa propre trêve proclamée. Mais elle prête à une autre objection : c'est qu'Æschine indique clairement la capture de Phrynôn comme ayant été *antérieure* à la chute d'Olynthos. En outre, Æschine se servirait difficilement des mots ἐν ταῖς Ὀλυμπικαῖς σπονδαῖς, sans aucune addition spéciale pour signifier les jeux Macédoniens.

quelque temps après, devant le dikasterion, comme ayant fait une proposition illégale, par un citoyen nommé Lykinos. Quand la cause fut appelée, le dikasterion prononça un acquittement si triomphant, que Lykinos n'obtint même pas le cinquième des suffrages. Philokratês étant assez malade pour ne pouvoir défendre son affaire, Démosthène se présenta pour l'appuyer, et fit un long discours en sa faveur (1).

La motion de Philokratês ne détermina rien de positif, et elle ne servit qu'à entamer l'affaire, ce dont, toutefois, il ne convint pas aux vues de Philippe de profiter. Mais nous voyons que des idées de paix avaient été émises par quelques personnes à Athènes, même pendant les derniers mois de la guerre Olynthienne, et tandis qu'un corps de citoyens athéniens assistait actuellement Olynthos contre l'armée assiégeante de Philippe. Bientôt arriva la terrible nouvelle de la chute d'Olynthos et de la captivité des citoyens athéniens qui y étaient en garnison. Si cette grande alarme (comme nous l'avons déjà dit) donna naissance à de nouvelles missions en vue d'alliances anti-macédoniennes, elle enrôla dans le parti de la paix tous les amis de ces captifs dont l'existence était en ce moment entre les mains de Philippe.

---

(1) Æschine, Fals. Leg. p. 30, c. 7; cont. Ktesiph. p. 63. Ce que nous savons de ces événements est tiré presque complètement de l'un ou de l'autre, ou de l'un et de l'autre des deux orateurs rivaux, dans leurs discours prononcés quatre ou cinq ans plus tard au procès De Falsâ Legatione. Démosthène cherche à prouver qu'avant l'ambassade en Macédoine, à laquelle lui et Æschine prirent part conjointement, — Æschine était fortement disposé à la continuation de la guerre contre Philippe, et ne devint le partisan de ce prince que pendant et après l'ambassade. Æschine ne nie pas qu'il fit des efforts à ce moment-là pour obtenir qu'on fît à Philippe une guerre plus efficace, et le fait n'est nullement à son déshonneur. D'autre part, il cherche à prouver contre Démosthène, que lui (Démosthène) était à cette époque à la fois partisan d'une paix avec Philippe et ami de Philokratês, auquel il devint plus tard si fortement opposé. Dans ce dessein, Æschine signale la motion de Philokratês à l'effet de permettre à Philippe d'envoyer des ambassadeurs à Athènes, — et le discours de Démosthène dans le dikasterion en faveur de Philokratês.

Il n'y aurait rien de déshonorant pour Démosthène si ces deux allégations étaient regardées comme exactes. La motion de Philokratês était complètement indéterminée; elle n'engageait Athènes à rien, et Démosthène pouvait bien regarder comme déraisonnable d'attaquer un homme d'Etat pour une semblable motion.

La douleur causée ainsi directement à de nombreuses familles privées, en même temps que la force de la sympathie individuelle largement répandue parmi les citoyens, agit puissamment sur les décisions de l'assemblée publique. Un siècle auparavant, les Athéniens avaient abandonné toutes leurs acquisitions en Bœôtia afin de recouvrer leurs prisonniers faits lors de la défaite de Tolmidês à Korôneia; et pendant la guerre du Péloponèse, la politique des Spartiates avait été surtout guidée pendant trois ou quatre ans par le désir ardent d'assurer la restitution des captifs de Sphakteria. En outre, plusieurs Athéniens de conséquence personnelle furent pris à Olynthos; de ce nombre étaient Eukratos et Iatroklês. Peu après l'arrivée de la nouvelle, les parents de ces deux hommes, se présentant devant l'assemblée dans le costume solennel de suppliants, déposèrent une branche d'olivier sur l'autel voisin, et demandèrent avec instance qu'on s'occupât du salut de leurs parents captifs (1). Cet appel touchant, répété comme il dut l'être par les cris de tant d'autres citoyens dans la même détresse, excita une sympathie unanime dans l'assemblée. Philokratês et Démosthène l'appuyèrent par leur parole; Démosthène probablement, comme ayant été un avocat zélé de la guerre, désirait d'autant plus montrer qu'il ressentait vivement tant de souffrances individuelles. On résolut d'ouvrir avec Philippe des négociations indirectes pour l'élargissement des captifs, par l'intermédiaire des grands acteurs tragiques et

(1) Æschine, Fals. Leg. p. 30, c. 8. Ὑπὸ δὲ τοὺς αὐτοὺς χρόνους Ὄλυνθος ἥλω, καὶ πολλοὶ τῶν ὑμετέρων ἐγκατελήφθησαν πολιτῶν, ὧν ἦν Ἰατροκλῆς καὶ Εὔκρατος. Ὑπὲρ δὲ τούτων ἱκετηρίαν θέντες οἱ οἰκεῖοι, ἐδέοντο ὑμῶν ἐπιμέλειαν ποιήσασθαι · παρελθόντες δ' αὐτοῖς συνηγόρουν Φιλοκράτης καὶ Δημοσθένης, ἀλλ' οὐκ Αἰσχίνης.

Pour expliquer l'effet de cette scène touchante sur l'assemblée athénienne, nous pouvons rappeler la scène mémorable mentionnée par Xénophon et par Diodore (Xénoph. Hellen. I, 7, 8; Diodore, XIII, 101) après la bataille des Arginusæ, alors que les parents des guerriers qui avaient péri à bord des vaisseaux coulés bas se présentèrent devant l'assemblée, la tête rasée et avec des habits de deuil. Cf. aussi, au sujet de présentations de supplication solennelle à l'assemblée, Démosthène, De Coronâ, p. 262, — avec la note de Dissen, et Æschine cont. Timarchum, p. 9, c. 13.

comiques, qui, voyageant dans l'exercice de leur profession d'une cité grecque à une autre, étaient en quelque sorte regardés partout comme des personnes privilégiées. L'un d'eux, Neoptolemos (1), avait déjà profité de la faveur accordée à sa profession ainsi que de la liberté de passage pour aider les intrigues et les correspondances de Philippe à Athènes; un autre, Aristodêmos, était également en grande estime auprès de Philippe; tous deux probablement se rendaient en Macédoine pour prendre part à la magnifique fête Olympique qui s'y préparait. On les chargea de demander la vie ou l'élargissement des captifs et de prendre les meilleures mesures qu'ils pourraient pour l'obtenir (2).

Il paraîtrait que ces acteurs ne furent nullement prompts dans l'accomplissement de leur mission (347 av. J.-C.). Probablement ils consacrèrent quelque temps aux occupations de leur profession en Macédoine; et Aristodêmos, n'étant pas un ambassadeur responsable, en perdit aussi même après son retour avant de faire aucun rapport. Toutefois, ce qui prouva que la mission n'avait pas été complétement stérile, ce fut l'arrivée du captif Iatroklês, que Philippe avait relâché sans rançon. Le sénat alors appela devant lui Aristodêmos, l'invitant à faire un rapport général de sa conduite, ce qu'il fit, d'abord devant le sénat, ensuite devant l'assemblée publique. Il affirma que Philippe avait accueilli ses propositions avec bonté, et qu'il était dans les meilleures dispositions à l'égard d'Athènes; qu'il était désireux non-seulement d'être en paix avec elle, mais même d'être reçu comme son allié. Démosthène, alors sénateur,

(1) Démosth. De Pace, p. 58.

(2) Æschine (Fals. Leg. p. 30, c. 8) mentionne seulement Aristodêmos. Mais d'après divers passages du discours de Démosthène (De Fals. Leg. p. 344, 346, 371, 443), nous concluons que l'acteur Neoptolemos a dû lui être adjoint; peut-être aussi l'Athénien Ktesiphôn, bien que ce soit moins certain. Démosthène mentionne une seconde fois Aristodêmos, dans le discours De Coronâ (p. 232) comme le premier auteur de la paix.

Démosthène (De Pace, p. 58) avait, même avant cela, dénoncé Neoptolemos comme jouant à Athènes un jeu perfide en faveur des desseins de Philippe. Peu après la paix, Neoptolemos vendit tous ses biens à Athènes, et alla résider en Macédoine.

proposa un vote de remerciement et une couronne en faveur d'Aristodêmos (1).

Ce rapport, autant que nous pouvons le reconnaître, paraît avoir été fait vers septembre ou octobre 347 avant J.-C.; Æschine et les autres commissaires envoyés de côté et d'autre par Athènes pour provoquer des coalitions anti-macédoniennes, étaient revenus avec la seule annonce décourageante de refus ou de tiédeur. Et il survint aussi vers le même temps en Phokis et aux Thermopylæ d'autres événements d'un augure grave pour Athènes, démontrant que la Guerre Sacrée et la lutte entre les Phokiens et les Thêbains était en train de tourner à l'agrandissement ultérieur de Philippe, comme tous les événements depuis les dix dernières années avaient contribué à le favoriser.

Pendant les deux années précédentes, les Phokiens, actuellement sous le commandement de Phalækos à la place de Phayllos, avaient maintenu leurs positions contre Thêbes, — gardé dans leur possession les villes bœôtiennes d'Orchomenos, de Korôneia et de Korsia, — et étaient encore maîtres d'Alpônos, de Thronion et de Nikæa, aussi bien que du défilé important des Thermopylæ adjacent (2). Mais bien qu'en général heureux par rapport à Thêbes, ils étaient tombés dans des dissensions intestines. L'armée mercenaire, nécessaire à leur défense, ne pouvait être entretenue que par une appropriation continue des trésors delphiens, appropriation devenant d'année en année à la fois moins lucrative et plus odieuse. Par une spoliation successive d'ornements d'or et d'argent, le temple, dit-on, fut dépouillé de dix mille talents (= environ 57,500,000 fr.), qui composaient toutes ses richesses dont on pouvait faire usage; de sorte que les chefs phokiens furent alors réduits à creuser, pour trouver un trésor non constaté, qui, supposait-on (sur la foi d'un vers de l'Iliade aussi bien que sur d'autres raisons conjecturales), était caché sous les pierres qui for-

(1) Æsch. Fals. Leg. p. 30, c. 8.

(2) Diodore, XVI, 58; Démosth. Fals. Leg. p. 385-387; Æschine, Fals. Leg. p. 45, c. 41.

maient le sol du temple. Toutefois, non-seulement leur recherche fut infructueuse, mais elle fut arrêtée, nous dit-on, par de violents tremblements de terre qui attestaient la colère d'Apollon (1).

A mesure que le trésor de Delphes diminua, Phalækos vit décliner les moyens qu'il avait de payer des troupes et de conserver son ascendant. Tandis que les mercenaires étrangers se relâchaient de leur obéissance, ses adversaires en Phokis manifestaient une plus grande animosité contre son sacrilége continu. Le pouvoir de ces adversaires grandit tellement, qu'ils déposèrent Phalækos, choisirent Deinokratês avec deux autres à sa place, et instituèrent une enquête rigoureuse au sujet de l'appropriation antérieure du trésor de Delphes. On trouva qu'il avait été commis un énorme péculat au profit des chefs individuellement, en particulier de l'un d'eux nommé Philôn, qui, arrêté et mis à la torture, révéla les noms de plusieurs complices. Ces hommes furent jugés, forcés de rembourser, et finalement mis à mort (2). Toutefois Phalækos conserva encore son ascendant sur les mercenaires, qui étaient au nombre d'environ huit mille, de manière à occuper les Thermopylæ et les villes adjacentes, et même à être bientôt renommé général (3).

Ces disputes intestines, combinées avec l'épuisement graduel des fonds du temple, diminuèrent sensiblement la puissance des Phokiens (347 av. J.-C.). Cependant ils étaient encore trop forts pour leurs ennemis les Thêbains, qui, privés d'Orchomenos et de Korôneia, appauvris par des efforts militaires de neuf années, et hors d'état de terminer la lutte avec leurs propres forces, résolurent d'invoquer une aide étrangère. Il eût été possible d'arriver à mettre fin à la guerre par un compromis, si l'on avait pu alors effectuer un accommodement entre Thêbes et Athènes ; ce que tentèrent quelques-uns des orateurs amis de Thêbes (vraisemblablement Démosthène entre autres), dans l'in-

(1) Diodore, XVI, 56.

(2) Diodore, XVI, 56, 57.

(3) Æschine, Fals. Leg. p. 62, c. 41; Diodore, XVI, 59. Φάλαικον, πάλιν τῆς στρατηγίας ἠξιωμένον, etc.

quiétude dominante au sujet de Philippe (1). Mais les sentiments opposés des deux cités, en particulier à Thêbes, se trouvèrent invincibles; et les Thêbains, prévoyant peu les conséquences, se déterminèrent à invoquer la ruineuse intervention du vainqueur d'Olynthos. Les Thessaliens, déjà alliés précieux de Philippe, se joignirent à eux pour le solliciter d'écraser les Phokiens et de rétablir l'ancien privilége thessalien de la Pylæa (ou assemblée amphiktyonique tenue régulièrement tous les ans aux Thermopylæ), que les Phokiens avaient supprimée pendant les dix dernières années. Cette prière commune d'intervention fut faite au nom du dieu de Delphes, investissant Philippe de l'auguste caractère de champion de l'assemblée amphiktyonique pour qu'il délivrât le temple delphien de ses sacriléges spoliateurs.

Le roi de Macédoine, avec ses conquêtes passées et son esprit bien connu d'entreprises agressives, était actuellement une sorte de divinité présente, disposée à prêter de la force à toute l'ambition égoïste ou à la crainte et à l'antipathie aveugles qui dominaient parmi les fractions mécontentes du monde hellénique. Tandis que ses intrigues lui avaient procuré de nombreux partisans même dans le centre du Péloponèse, — comme Æschine, au retour de sa mission, l'avait dénoncé, n'ayant pas encore été lui-même enrôlé dans le nombre, — en ce moment de puissantes villes l'invitaient, en lui fournissant un pieux prétexte, à pénétrer dans le cœur de la Grèce, en deçà de sa dernière ligne de commune défense, les Thermopylæ.

La demande des Thêbains à Philippe excita beaucoup d'alarme en Phokis. Une armée macédonienne sous Parmeniôn entra réellement en Thessalia, où nous la trouvons, trois mois plus tard, assiégeant Halos (2). Il semble qu'il

(1) Æschine cont. Ktesiph. p. 73, c. 44; Démosth. De Coronâ, p. 231. Démosthène, dans son discours De Coronâ, prononcé bien des années après ces faits, affirme l'éventualité d'une alliance entre Athènes et Thêbes à ce moment, comme ayant été beaucoup plus probable qu'il n'ose le dire dans le discours plus ancien De Falsâ Legatione.

(2) Démosth. Fals. Leg. p. 392.

fut répandu des rapports, vers septembre 347 avant J.-C., annonçant que les Macédoniens étaient sur le point de s'avancer vers les Thermopylæ; nouvelle à laquelle les Phokiens prirent de l'alarme, et envoyèrent des députés à Athènes aussi bien qu'à Sparte, pour demander des secours qui les missent à même d'occuper le défilé, et offrant de rendre les trois villes importantes situées à côté, — Alpônos, Thronion et Nikæa. Les Athéniens furent tellement alarmés par ce message que non-seulement ils ordonnèrent à Proxenos, leur général à Oreus, de prendre immédiatement possession du défilé, mais encore qu'ils rendirent un décret à l'effet d'équiper cinquante trirèmes et de faire partir leurs citoyens militaires au-dessous de trente ans, avec une énergie semblable à celle qu'ils déployèrent quand ils arrêtèrent Philippe naguère au même endroit. Mais il paraît que la demande avait été faite par le parti en Phokis opposé à Phalækos. Ce chef ressentit si vivement ce procédé qu'il jeta les députés phokiens en prison à leur retour, ne voulant permettre ni à Proxenos ni à Archidamos d'occuper les Thermopylæ, et même renvoyant sans les reconnaître les hérauts athéniens, qui vinrent dans leurs tournées régulières proclamer la trêve solennelle des mystères d'Eleusis (1). Cette conduite de la part de Phalækos fut

(1) Æschine, Fals. Leg. p. 46, c. 41. C'est cette mention du μυστηριωτίδες σπονδαὶ qui sert d'indication de temps pour l'événement. Les mystères éleusiniens se célébraient dans le mois Boedromion (septembre). Ces événements se passèrent en septembre 347 avant J.-C. Olymp. 108, 2, — l'archontat de Themistoklês à Athènes. Il y a aussi une autre indication de temps donnée par Æschine; c'est que l'événement arriva avant qu'il fût nommé ambassadeur : — Πρὶν ἐμὲ χειροτονηθῆναι πρεσβευτήν (p. 46, c. 41). Cela réfute la supposition de Vœmel (Proleg. ad Demosth. de Pace, p. 255), qui rapporte le fait au mois suivant Elaphebolion (mars), en s'appuyant sur quelques autres mots d'Æschine qui donnent à entendre « que la nouvelle parvint à Athènes pendant que les Athéniens étaient en train de délibérer au sujet de la paix ». Boehnecke aussi suppose que les mystères auxquels il est fait allusion ici sont les petits mystères célébrés en Anthestérion, — non les grands, qui appartiennent à Boedromion. Cette supposition me paraît improbable et inutile. Nous pouvons raisonnablement croire qu'il y eut bien des discussions sur la paix à Athènes, avant que les ambassadeurs fussent réellement nommés. Quelques-uns des débats peuvent bien avoir eu lieu dans le mois Boedromion.

dictée vraisemblablement par un sentiment de jalousie pour Athènes et pour Sparte, et par la crainte qu'elles ne voulussent appuyer le parti opposé à lui en Phokis. Elle ne pouvait avoir pour causes (comme l'allègue Æschine) une confiance et une inclination plus grandes à l'égard de Philippe; car si Phalækos avait nourri ces sentiments, il aurait pu immédiatement admettre les troupes macédoniennes; ce qu'il ne fit que dix mois plus tard, sous la plus grande pression des circonstances.

Ce refus insultant du secours offert par Proxenos aux Thermopylæ, combiné avec l'état de division des partis en Phokis, menaça Athènes d'un nouvel embarras (347 av. J.-C.). Bien que Phalækos occupât encore le défilé, sa conduite avait été telle qu'elle faisait douter s'il ne traiterait pas séparément avec Philippe. Ce fut une autre circonstance qui, — outre le refus de coopération de la part des autres Grecs et le danger de ses captifs à Olynthos, — contribua à décourager Athènes dans la poursuite de la guerre et à fortifier le cas des avocats de la paix. Ce fut une circonstance d'autant plus grave qu'elle comprenait la question de savoir si son propre territoire serait à l'abri ou exposé, par l'ouverture du défilé des Thermopylæ. Ce fut alors qu'elle se vit dans la nécessité de se tenir sur ses gardes; étant réduite à la défensive pour sa propre sécurité chez elle, — elle n'étendait plus, comme auparavant, un long bras pour protéger des possessions éloignées telles que la Chersonèse, ou des alliés lointains tels que les Olynthiens. Si grande était la rapidité avec laquelle s'étaient réalisées les prédictions de Démosthène qui avait annoncé que, si les Athéniens refusaient de faire une guerre énergique à Philippe sur *son* littoral *à lui*, ils attireraient sur eux-mêmes le mal plus grave d'avoir à lui résister sur leur propre frontière ou auprès d'elle.

Le maintien de la liberté dans le monde hellénique contre l'envahisseur extra-hellénique reposait encore une fois en ce moment sur le défilé des Thermopylæ; comme il y avait reposé cent trente-trois années auparavant, pendant la marche en avant du Persan Xerxês.

Pour Philippe, ce défilé était d'une importance incalculable. C'était sa seule route pour pénétrer en Grèce; il ne pouvait être forcé par aucune armée de terre; tandis que sur mer la flotte athénienne était plus forte que la sienne. Malgré la négligence générale d'Athènes dans des entreprises guerrières, elle avait alors manifesté à deux reprises qu'elle était prête à faire un vigoureux effort pour maintenir les Thermopylæ contre lui. Afin de devenir maître de cette position, il était nécessaire qu'il désarmât Athènes en concluant la paix, — qu'il la tînt dans l'ignorance ou dans l'illusion quant à ses desseins réels, — qu'il l'empêchât de s'alarmer ou d'envoyer du secours aux Thermopylæ, — et ensuite qu'il terrifiât ou achetât les Phokiens isolés. Avec quelle habileté et quelle finesse il fit usage de sa diplomatie dans ce dessein, c'est ce que l'on verra bientôt (1).

---

(1) C'est dans cette conjoncture, quand nous essayons de reconnaître les affaires diplomatiques entre Athènes et Philippe, depuis l'été de 347 jusqu'à celui de 346 avant J.-C., — que nous nous trouvons plongés au milieu des assertions contradictoires des deux orateurs rivaux, — Démosthène et Æschine, avec très-peu d'autorité historique véritable pour les contrôler. En 343-342 avant J.-C., Démosthène accusa Æschine d'avoir, par corruption, trahi l'intérêt d'Athènes dans la seconde de ses trois ambassades auprès de Philippe (en 346 av. J.-C.). La longue harangue (De Falsâ Legatione), qui existe encore, et où se trouve son accusation, entre dans d'abondants détails relativement à la paix avec ses antécédents et ses conséquents immédiats. Nous possédons également le discours prononcé par Æschine, qui renferme sa défense et une contre-accusation de Démosthène; discours qui roule sur le même sujet, d'une manière appropriée à son dessein et à son point de vue. En dernier lieu, nous avons les deux discours prononcés plusieurs années plus tard (en 330 av. J.-C.), d'Æschine qui poursuit Ktesiphôn, et de Démosthène qui le défend; la conduite de Démosthène quant à la paix de 346 avant J.-C. y devient de nouveau le sujet d'un débat. Toutes ces harangues sont intéressantes, non-seulement comme compositions éloquentes, mais encore à cause de l'idée frappante qu'elles donnent du sentiment vivant et de la controverse du temps. Mais quand nous essayons d'en tirer des faits historiques réels et authentiques, elles commencent à devenir péniblement embarrassantes, tant sont manifestes les contradictions non-seulement entre les deux rivaux, mais même entre les premiers et les seconds discours du même orateur, en particulier d'Æschine, tant est évident l'esprit de perversion, si peu scrupuleuses sont les manifestations de sentiment hostile des deux côtés. Nous pouvons ajouter peu de foi aux allégations de l'un des orateurs contre l'autre, excepté là où quelques raisons collatérales de fait ou de probabilité peuvent être présentées à l'appui. Mais les allégations de

D'autre part, pour Athènes, pour Sparte, et pour la cause générale de l'indépendance panhellénique, il était d'une importance capitale que Philippe fût tenu en dehors des Thermopylæ. Et ici Athènes était plus intéressée que les autres, puisque non-seulement son influence au dehors, mais encore la sûreté de sa cité et de son territoire contre l'invasion, était comprise dans la question. Les Thêbains avaient déjà invité Philippe, lui qui était toujours prêt même sans invitation, à venir en deçà du défilé; le premier intérêt d'Athènes, aussi bien que son premier devoir, était de les contrecarrer, et de tenir le roi de Macédoine au dehors. Avec une prudence passable, elle aurait pu remplir parfaitement l'obligation où elle était de défendre le défilé; mais nous verrons ses mesures aboutir seulement à la honte et au désappointement, à cause de l'imprévoyance flagrante et de la corruption apparente de ses propres négociateurs.

Nous avons déjà décrit le découragement croissant quant à la guerre et l'ardeur pour la paix qui régnèrent à Athènes pendant l'été et l'automne de 347 avant J.-C. Nous pouvons être sûrs que les amis des prisonniers faits à Olynthos durent demander la paix avec importunité, parce qu'il n'y avait pas d'autre moyen d'obtenir leur élargissement; car Philippe ne voulut pas les échanger contre de l'argent, les réservant comme article dans une négociation politique. Enfin, vers le mois de novembre, l'assemblée publique décréta qu'on enverrait à Philippe des ambassadeurs pour savoir d'une manière certaine à quelles conditions la paix pourrait être faite; dix ambassadeurs athéniens, et un de l'assemblée des alliés confédérés, siégeant à Athènes. L'au-

chacun d'eux quant aux faits qui ne prouvent pas contre l'autre sont précieuses; même les faux exposés, vu que nous les avons des deux côtés, fourniront parfois une correction mutuelle, et nous verrons souvent qu'il est possible de découvrir une base de fait réel que l'un ou que tous deux peuvent chercher à dénaturer, mais que ni l'un ni l'autre ne peut oser mettre de côté, ou éloigner complétement des yeux. Il est, à vrai dire, profondément regrettable que nous sachions si peu de l'histoire, excepté ce qu'il convient à l'un ou à l'autre de ces orateurs rivaux (animés chacun de desseins totalement différents de celui de l'historien) de nous faire connaître soit par une mention indirecte, soit par une allusion détournée.

teur de ce décret fut Philokratês, le même qui avait proposé le décret antérieur qui permettait à Philippe d'envoyer des ambassadeurs s'il le voulait. Philippe n'avait pas profité de cette permission, en dépit de ce que tous ses partisans à Athènes avaient allégué au sujet de son vif désir de faire la paix et de s'allier avec la cité. Il convenait à son dessein que les négociations se poursuivissent en Macédoine, où il pourrait agir d'une manière plus efficace sur les négociateurs d'Athènes individuellement.

Le décret ayant été rendu dans l'assemblée, on choisit dix envoyés, — Philokratês, Démosthène, Æschine, Ktesiphôn, Phrynôn, Iatroklês, Derkyllos, Kimôn, Nausiklês et Aristodêmos l'acteur. Aglaokrêon de Tenedos fut choisi pour les accompagner, comme représentant l'assemblée des alliés. De ces ambassadeurs, Ktesiphôn, Phrynôn et Iatroklês avaient déjà été gagnés comme partisans par Philippe, tandis qu'ils étaient en Macédoine ; de plus, Aristodêmos était une personne pour laquelle, dans son métier d'histrion, la faveur de Philippe avait plus de prix que les intérêts d'Athènes. Æschine fut proposé par Nausiklês ; Démosthène, par Philokratês, l'auteur du décret (1). Bien que Démosthène eût été auparavant si ardent à soutenir l'idée de poursuivre vigoureusement la guerre, il ne paraît pas qu'il fût opposé actuellement à l'ouverture de négociations. S'il s'y fût montré toujours aussi contraire, il n'aurait probablement pas réussi à obtenir même de se faire écouter, dans la disposition actuelle de l'esprit public. Il croyait, il est vrai, qu'Athènes causait tant de dommage à son ennemi en ruinant le commerce maritime macédonien, qu'elle n'était pas dans la nécessité de se soumettre à la paix à des conditions mauvaises ou humiliantes (2). Mais il ne s'opposa pas encore aux ouvertures, et son opposition ne commença que plus tard, quand il vit la tournure que prenaient les négociations. Et d'autre part, Æschine n'était pas encore suspect d'un

---

(1) Æschine, Fals. Leg. p. 30, s. 9, p. 31, c. 10, p. 34, c. 20; Argumentum II, ad Demosth. Fals. Legat.

(2) Démosthène, Fals. Leg. p. 442. Cf. p. 369, 387, 391.

penchant pour Philippe. Lui et Démosthène obéissaient, à ce moment, au mouvement de l'opinion qui dominait en général à Athènes. L'opposition de leurs vues et leur rivalité acharnée qui se déclarèrent subséquemment naquirent de l'ambassade elle-même, de son résultat et de la conduite d'Æschine.

On nomma les onze députés qui devaient aller trouver Philippe, non pas avec quelque pouvoir de conclure la paix, mais simplement pour discuter et reconnaître à quelles conditions on pourrait l'avoir (347-346 av. J.-C.). Voilà ce qui est certain; bien que nous ne possédions pas le décret original en vertu duquel ils furent nommés. Après avoir envoyé avant eux un héraut pour obtenir un sauf-conduit de Philippe, ils quittèrent Athènes vers décembre, 347 avant J.-C., et s'avancèrent par mer jusqu'à Oreus, sur la côte septentrionale de l'Eubœa, où ils comptaient rencontrer le héraut de retour. Voyant qu'il n'était pas encore revenu, ils traversèrent le détroit immédiatement, sans l'attendre, et se rendirent dans le golfe Pagasæen, où Parmeniôn avec une armée macédonienne assiégeait Halos en ce moment. C'est à lui qu'ils notifièrent leur arrivée, et ils reçurent la permission d'aller d'abord à Pagasæ, ensuite à Larissa. Là ils rencontrèrent leur héraut qui revenait, et sous sa sauvegarde ils poursuivirent leur voyage jusqu'à Pella (1).

Nos renseignements au sujet de cette (première) ambassade nous viennent presque entièrement d'Æschine. Il nous dit que Démosthène fut, dès le jour même du départ, ennuyeux pour lui et pour les ambassadeurs ses collègues d'une façon intolérable; méchant, sans foi, et attentif à saisir tout ce qui plus tard pourrait devenir matière à accusation contre eux; en dernier lieu, vantant avec une jactance qu'il poussait jusqu'à un excès absurde son talent d'orateur. En Grèce, il était d'usage de traiter les affaires diplomatiques, comme les autres questions politiques, publi-

(1) Démosthène, Fals. Leg. p. 392.

quement devant les personnes qui composaient le gouvernement, — le conseil, si la constitution se trouvait être oligarchique, — l'assemblée générale, si elle était démocratique. Conformément à cette habitude, les ambassadeurs furent invités à paraître devant Philippe dans toute sa pompe et tout son apparat, et là à lui adresser des harangues en forme (soit par l'un, soit par plusieurs d'entre eux, à leur gré), où serait exposée l'affaire d'Athènes; ensuite Philippe devait faire sa réponse avec la même publicité, soit de sa propre bouche, soit par celle d'un ministre désigné. Les ambassadeurs athéniens décidèrent entre eux que, une fois introduits, chacun d'eux parlerait à Philippe, par ordre d'âge; Démosthène étant le plus jeune des dix, et Æschine immédiatement avant lui. Conséquemment, lorsqu'ils furent appelés devant Philippe, Ktesiphôn, l'ambassadeur le plus âgé, commença par un discours bref; les sept autres parlèrent ensuite avec la même brièveté, tandis que tout le poids de l'affaire pesa sur Æschine et sur Démosthène (1).

Æschine rapporte en abrégé aux Athéniens, avec beaucoup de satisfaction, sa harangue élaborée, établissant le droit d'Athènes sur Amphipolis, l'injustice que Philippe a commise en la prenant et en l'occupant contre elle, et l'obligation absolue dans laquelle il est d'en faire la restitution, — mais ne touchant aucun autre sujet quelconque (2). Il continue ensuite en disant, — probablement avec une satisfaction plus grande encore, — que Démosthène, qui parla après lui, tout à coup terrifié et confus, échoua complétement, oublia le discours qu'il avait préparé, et fut obligé de rester court, malgré les encouragements bienveillants de Philippe (3). Un grave échec après une complète préparation, de la part du plus grand orateur de l'antiquité et des temps modernes, paraît à première audition si incroyable que nous sommes disposés à le regarder comme une pure

---

(1) Æschine, Falsâ Legat. p. 31, c. 10, 11.

(2) Æschine, Fals. Leg. p. 31, c. 11.

(3) Æschine, Falsâ Legat. p. 32, c. 13, 14.

invention de son adversaire. Cependant j'incline à croire que le fait fut en substance comme Æschine l'expose, et que Démosthène fut privé en partie de ses moyens oratoires quand il se trouva non-seulement parlant devant l'ennemi qu'il avait dénoncé en termes si amers, mais entouré de toutes les preuves de la puissance macédonienne, et sans doute exposé à des marques non équivoques d'une haine bien méritée, de la part de ces Macédoniens qui prenaient moins de peine que Philippe pour déguiser leurs sentiments réels (1).

Après avoir congédié les ambassadeurs une fois leurs harangues terminées, et pris quelque temps pour réfléchir, Philippe les rappela en sa présence. Il leur fit alors sa réponse de sa propre bouche, en combattant surtout les arguments d'Æschine, et, selon cet orateur, avec une convenance et une présence d'esprit telles qu'elles excitèrent l'admiration de tous les ambassadeurs, y compris Démosthène. Quelles furent les paroles de Philippe, c'est ce que nous n'apprenons pas d'Æschine, qui s'étend seulement sur les détours, les artifices et les faux prétextes qu'emploie Démosthène pour cacher son échec comme orateur, et pour gagner de l'avantage sur ses collègues. Quant à ces personnalités, il est impossible de dire ce qu'il y a de vrai en elles; et même fussent-elles vraies, elles n'appartiennent guère à une histoire générale.

Ce fut vers le commencement de mars que les ambassadeurs revinrent à Athènes. Quelques-uns étaient complétement fascinés par le traitement hospitalier et par les manières engageantes de Philippe (2), surtout quand il les entretenait à table; avec d'autres il avait entamé des intelligences à la fois plus intimes et plus corrompues. Ils rapportèrent une lettre de Philippe, qui fut lue tant dans le

(1) Æschine, Fals. Leg. p. 32, 33, c. 15. Démosthène lui-même parle peu ou point de cette première ambassade, et il ne dit rien du tout ni de son propre discours ni de celui d'Æschine.

(2) Æschine, Fals. Leg. p. 33, c. 17, 18. L'effet des manières et de la conduite de Philippe sur Ktesiphôn l'ambassadeur est présenté ici avec force par Æschine.

sénat que dans l'assemblée ; tandis que Démosthène, sénateur de cette année, non-seulement leur adressa des éloges à tous dans le sénat, mais encore proposa lui-même qu'il leur fût donné une couronne d'honneur, et qu'ils fussent invités à dîner le lendemain dans le prytaneion (1).

Nous n'avons guère de moyen pour apprécier les opérations réelles de cette ambassade, ni les questions traitées dans la discussion avec Philippe. Æschine ne nous parle que des formalités de l'entrevue et des discours au sujet d'Amphipolis. Mais en tout cas nous ne commettrons pas d'injustice à son égard, si nous le jugeons d'après son propre exposé, qui, s'il ne représente pas ce qu'il fit réellement, représente ce qu'il désirait qu'on crût qu'il avait fait. Son exposé prouve certainement la manière étrange dont il se trompe dans la conception de la situation réelle des affaires. Afin de se justifier d'avoir le désir de la paix, il insiste considérablement sur le malheur qu'Athènes a eu au jeu pendant la guerre, et sur la probabilité d'une perte encore plus grande si elle persistait. Il complète ce triste tableau en ajoutant, — ce qui sans doute n'était que trop familier à son auditoire athénien, — que Philippe, de son côté, en marchant de succès en succès, avait porté le royaume macédonien à une élévation véritablement formidable, par le récent anéantissement d'Olynthos. Toutefois, dans cet état de force comparative entre les deux parties rivales, Æschine se présente devant Philippe avec une demande d'une grandeur exorbitante, — la cession d'Amphipolis. Il ne parle d'aucune autre chose. Il prononce une

(1) Æschine, Fals. Leg. p. 34, c. 19; Démosth. Fals. Leg. p. 414. Ce vote de remerciements et cette invitation à dîner paraissent avoir été une coutume si uniforme que Démosthène (Fals. Leg. p. 350) explique le refus du compliment, lors du retour de la seconde ambassade, comme une honte sans pareille. Que Démosthène eût proposé une motion d'une formalité si habituelle, c'est là un fait de peu d'importance. Il prouve plutôt que les relations de Démosthène avec ses collègues pendant l'ambassade ne peuvent avoir été d'un caractère aussi mauvais qu'Æschine l'a affirmé. Démosthène lui-même reconnaît qu'il ne commença pas à soupçonner ses collègues avant les débats qui eurent lieu à Athènes après le retour de cette première ambassade.

harangue éloquente pour convaincre Philippe du droit incontestable d'Athènes sur Amphipolis, et pour lui prouver le tort qu'il a eu de la prendre et de la garder. Il affecte de croire que par cette manière de procéder il amènerait Philippe à se dessaisir d'une ville, position des plus importantes et sans pareille, dans tout son empire; ville qu'il possédait déjà depuis douze ans, et qui le mettait en communication avec sa nouvelle fondation Philippi et avec la région aurifère circonvoisine. Les arguments d'Æschine auraient été fort utiles à la cause, dans une action jugée entre deux plaideurs devant un dikasterion impartial à Athènes. Mais il y avait ici deux parties belligérantes, dans un rapport donné de force et de position quant à l'avenir, débattant les conditions d'une paix. Qu'un ambassadeur envoyé par Athènes, — la partie perdante, — se présentât à ce moment pour demander à un ennemi victorieux la place même qui était la cause primitive de la guerre, et qui était devenue pour Philippe beaucoup plus importante alors qu'au moment même de la prise, c'était une prétention complétement absurde. Quand Æschine reproduit son éloquent discours où il réclame Amphipolis, comme ayant été la principale nécessité et l'exploit le plus honorable de sa mission diplomatique, il prouve seulement combien il avait peu qualité pour rendre à Athènes un service réel dans ce rôle, — pour ne rien dire encore quant à la corruption. Le peuple athénien, qui conservait extrêmement ses convictions anciennes, avait cette idée profondément gravée dans l'esprit, qu'Amphipolis lui appartenait de droit; et probablement les premiers ambassadeurs envoyés en Macédoine, — Aristodêmos, Neoptolemos, Ktesiphôn, Phrynôn (1), etc., — avaient été si cajolés par les phrases courtoises, par les fausses promesses et par les présents de Philippe, qu'ils le représentèrent à leur retour comme assez disposé à acheter l'amitié d'Athènes par la restitution d'Amphipolis. C'est à cette es-

(1) Démosthène, Fals. Leg. p. 344. Cf. p. 371. Τοὺς περὶ τῆς εἰρήνης πρέσβεις πέμπειν ὡς Φίλιππον ἐπείσθητε ὑπ' Ἀριστοδήμου καὶ Νεοπτολέμου καὶ Κτησιφῶντος, καὶ τῶν ἄλλων ἐκεῖθεν ἀπαγγελλόντων οὐδ' ὁτιοῦν ὑγιὲς, etc.

pérance illusoire nourrie par l'esprit athénien qu'Æschine s'adressa, quand il se fit honneur de son plaidoyer chaleureux prononcé devant Philippe en faveur du droit que les Athéniens avaient sur cette ville, comme si c'eût été là le seul but de sa mission (1). Nous le verrons tout du long, dans son rôle d'ambassadeur, non-seulement nourrir les illusions actuelles du public à Athènes, mais même faire circuler des fictions et des impostures grossières de son invention, rela tivement à la conduite et aux desseins de Philippe.

Ce fut le premier du mois Elaphebolion (mars) (2) ou environ, que les ambassadeurs arrivèrent à Athènes en revenant de la cour de Philippe (346 av. J.-C.). Ils apportaient une lettre de lui écrite dans les termes les plus amicaux; qui exprimait un grand désir non-seulement d'être en paix avec Athènes, mais encore de devenir son allié; assurait de plus qu'il était prêt à lui rendre un important service, et qu'il aurait spécifié plus particulièrement quel était ce service, s'il avait pu se croire certain d'être reçu dans son alliance (3). Mais malgré cette aménité de langage, qui fournissait à ses partisans dans l'assemblée, — Æschine, Philokratês, Ktesiphôn, Phrynôn, Iatroklês et autres, — une

---

(1) Il y a une grande contradiction entre les deux orateurs, Æschine et Démosthène, quant à ce discours d'Æschine devant Philippe relativement à Amphipolis. Démosthène représente Æschine comme ayant dit dans ce compte rendu fait au peuple à son retour : — « Je n'ai rien dit au sujet d'Amphipolis, afin de pouvoir laisser ce sujet tout frais pour Démosthène, etc. »

Cf. Démosth. Fals. Leg. p. 421; Æschine, Fals. Leg. p. 33, 34, c. 18, 19, 21.

Quant à ce fait particulier, j'incline à croire Æschine plutôt que son rival. Il fit probablement un discours éloquent au sujet d'Amphipolis devant Philippe.

(2) Le huitième jour d'Elaphebolion tomba peu de temps après leur arrivée, de sorte qu'il est possible qu'ils soient même arrivés à Athènes dans les derniers jours du mois Anthesterion (Æschine, adv. Ktesiph. p. 63, c. 24). Le lecteur comprendra que les mois lunaires grecs ne correspondent pas précisément avec les nôtres, mais qu'ils n'y correspondent que d'une manière approximative.

(3) Démosth. Fals. Leg. p. 354... Ὁ γὰρ εἰς τὴν προτέραν γράψας ἐπιστολὴν, ἣν ἠνέγκαμεν ἡμεῖς, ὅτι « ἔγραφόν τ' ἂν καὶ διαῤῥήδην, ἡνίκα ὑμᾶς εὖ ποιήσω, εἰ εὖ ᾔδειν καὶ τὴν συμμαχίαν μοι γενησομένην, etc. Cf. Pseudo-Démosth. De Halonneso, p. 85. Æschine fait allusion à cette lettre, Fals. Leg. p. 34, c. 21.

occasion de s'étendre sur ses excellentes dispositions, — Philippe ne voulut pas accorder de meilleures conditions de paix que celles-ci, à savoir que chaque partie conserverait ce qu'elle possédait déjà. Conformément à ce principe général, la Chersonèse fut assurée à Athènes, ce dont Æschine paraît avoir tiré quelque vanité (1). De plus, au moment où les ambassadeurs s'en allaient de Pella pour retourner dans leur patrie, Philippe la quittait aussi à la tête de son armée à l'occasion d'une expédition contre Kersobleptês en Thrace. Il s'engagea spécialement à l'égard des ambassadeurs à ne pas attaquer la Chersonèse jusqu'à ce que les Athéniens eussent une occasion de débattre, d'accepter ou de rejeter les propositions de paix. Ses ambassadeurs, Antipater et Parmeniôn, reçurent l'ordre de visiter Athènes dans un bref délai; et un héraut macédonien accompagna les envoyés athéniens lors de leur retour (2).

Connaissant à quelles conditions on pourrait avoir la paix, les envoyés furent en état de conseiller le peuple athénien et de le préparer à une conclusion déterminée, aussitôt que cette mission macédonienne arriverait (mars 346 av. J.-C.). Ils commencèrent par rendre compte de leurs opérations à l'assemblée publique. Ktesiphôn, le plus âgé, qui parla le premier, s'étendit sur l'air gracieux et sur les manières aimables de Philippe, aussi bien que sur le charme de sa compagnie dans les banquets (3). Æschine insista sur son puissant talent de parole employé à propos; puis il raconta les principaux événements du voyage et le débat avec Philippe, en donnant à entendre que, dans l'arrangement préalable fait par les ambassadeurs entre eux, le devoir de parler sur Amphipolis avait été confié à Démosthène; dans le cas où quelque point aurait été omis par les orateurs précédents. Démosthène fit ensuite son rapport, dans un langage (suivant Æschine) malveillant et même insultant envers

(1) Démosth. Fals. Leg. p. 365.

(2) Æschine, Fals. Leg. p. 39, c. 26; Æschine contre Ktesiphôn, p. 63, c. 23. Παρηγγέλλετο δ' ἐπ' αὐτὸν (Kersobleptês) ἤδη στράτεια, etc.

(3) Æschine, Fals. Leg. p. 34, c. 20. Τῆς ἐν τοῖς πότοις ἐπιδεξιότητος — συμπιεῖν δεινὸς ἦν (c. 21).

ses collègues ; particulièrement en affirmant qu'Æschine dans sa vanité voulait prendre à l'avance tous les meilleurs points dans son discours, sans en laisser aucun dont un autre pût faire usage (1). Démosthène en vint ensuite à proposer divers décrets ; l'un, ordonnant de saluer par une libation le héraut qui les avait accompagnés à leur retour de la cour de Philippe, — et les ambassadeurs macédoniens que l'on attendait ; un autre, portant que les prytanes convoqueraient une assemblée spéciale le huitième jour d'Elaphebolion (jour consacré à Asklêpios) (Esculape), dans lequel en général on ne s'occupait jamais d'aucune affaire publique, afin que, si les envoyés de Macédoine étaient arrivés alors, le peuple pût discuter sans délai ses rapports politiques avec Philippe ; un troisième, à l'effet de louer la conduite des ambassadeurs athéniens (c'est-à-dire de ses collègues et de lui-même) et de les inviter à dîner dans le prytaneion. Démosthène en outre proposa dans le sénat que, quand les envoyés de Philippe viendraient, on leur donnât des siéges d'honneur à la fête Dionysiaque (2).

Bientôt arrivèrent ces ambassadeurs macédoniens, — An-

---

(1) Æschine, Fals. Leg. p. 34, 35, c. 21 ; Démosth. Fals. Leg. p. 421. Cependant Æschine, en racontant les mêmes faits dans son discours contre Ktesiphôn (p. 62, c. 23), dit simplement que Démosthène fit à cette assemblée un exposé des opérations de la première ambassade semblable à celui que firent les autres ambassadeurs : — Ταὐτὰ τοῖς ἄλλοις πρέσβεσιν ἀπήγγειλε, etc.

Le point mentionné dans le texte (à savoir que Démosthène accusa Æschine de répugnance à laisser quelque chose à dire à tout autre orateur) est un de ceux qui paraissent à la fois dans Æschine et dans Démosthène, De Fals. Leg., et peut par conséquent en général être considéré comme s'étant présenté. Mais probablement le renseignement donné au peuple par Démosthène quant aux opérations de l'ambassade *fut* en substance le même que celui de ses collègues. Car, bien que le dernier discours d'Æschine soit, en lui-même, un témoignage moins digne de confiance que le premier, — cependant, quand nous trouvons deux assertions différentes d'Æschine relativement à Démosthène, nous pouvons raisonnablement présumer que celui qui est *le moins défavorable* est *le plus croyable* des deux.

(2) Æschine, Fals. Leg. p. 34, 35, 42, c. 20, 21, 34 ; Æschine adv. Ktesiph. p. 62, 63, c. 23, 24. Dans le premier de ces deux discours, Æschine ne fait pas mention du décret proposé par Démosthène relativement à l'assemblée pour le huit d'Elaphebolion. Il le mentionne dans le discours contre Ktesiphôn, avec une spécification considérable.

tipater, Parmeniôn et Eurylochos ; — non pas toutefois assez tôt pour permettre que toute la question fût débattue dans l'assemblée du huit d'Elaphebolion. En conséquence (à ce qu'il semblerait, dans cette assemblée même), Démosthène proposa et fit rendre un nouveau décret, fixant deux jours postérieurs pour les assemblées spéciales destinées à discuter la paix et l'alliance avec la Macédoine. Les jours désignés furent le 18 et le 19 du mois courant Elaphebolion (mars) ; immédiatement après la fête Dionysiaque et l'assemblée dans le temple de Dionysos qui suivait la fête (1). En même temps Démosthène témoigna personnellement beaucoup de civilité aux ambassadeurs macédoniens ; il les invita à un splendide banquet, et non-seulement il les conduisit à leur place d'honneur à la fête Dionysiaque, mais encore il leur fit donner des siéges et des coussins confortables (2).

Outre l'assemblée publique tenue par les Athéniens eux-mêmes, pour recevoir le rapport de leurs dix ambassadeurs revenus de Macédoine, le congrès des confédérés athéniens fut réuni également, pour entendre celui d'Aglaokreôn, qui était allé comme leur représentant avec les Dix (mars 346 av. J.-C.). Ce congrès s'arrêta à une résolution, importante par rapport au débat prochain de l'assemblée athénienne, débat qui malheureusement ne nous est donné nulle part en entier, mais que nous ne connaissons que par une mention partielle et indirecte des deux orateurs rivaux. Il a déjà été dit que, depuis la prise d'Olynthos, les Athéniens avaient envoyé des députés dans une partie considérable de la Grèce, pour presser les diverses cités de s'unir à eux soit dans une guerre commune contre Philippe, soit dans une paix commune pour obtenir quelque garantie mutuelle contre

---

(1) Æschine, Fals. Leg. p. 36, c. 22. Ἕτερον ψήφισμα, Æsch. adv. Ktesiph. p. 63, c. 24. Ce dernier décret, fixant les deux jours spéciaux du mois, ne pouvait guère avoir été proposé qu'après que les ambassadeurs de Philippe étaient réellement arrivés à Athènes.

(2) Æschine, Fals. Leg. p. 42, c. 34; adv. Ktesiphont. p. 62, c. 22; Démosth. Fals. Leg. p. 414; De Coronâ, p. 234. Cette courtoisie et cette politesse à l'égard des ambassadeurs macédoniens sont admises par Démosthène lui-même. Ce n'était pas une circonstance dont il eût aucune raison de rougir.

ses empiétements ultérieurs. Le plus grand nombre de ces missions avait totalement échoué et montré l'état désespéré du projet athénien. Mais quelques-unes avaient été assez heureuses pour que des députés, plus ou moins nombreux, fussent actuellement présents à Athènes, conformément à l'invitation : tandis qu'un certain nombre d'entre eux étaient encore absents et qu'on attendait leur retour, — les mêmes individus ayant été envoyés en différents endroits à quelque distance les uns des autres. La résolution du congrès (qui ne liait nullement le peuple athénien, mais qui avait seulement force de recommandation) fut adaptée à cet état des affaires, et aux dispositions récemment manifestées à Athènes à l'égard d'une action commune avec les autres Grecs contre Philippe. Le congrès conseilla qu'immédiatement après le retour des députés en mission encore absents (moment auquel probablement tous ceux des Grecs qui désiraient même discuter la proposition devaient envoyer leurs députés également) les prytanes athéniens convoquassent deux assemblées publiques. conformément aux lois, dans le dessein de débattre et de décider la question de la paix. Quelle que fût la décision qu'on pût y prendre, le congrès l'adoptait à l'avance comme sienne. Il recommanda en outre qu'on annexât un article, réservant un intervalle de trois mois pour toute cité grecque qui ne serait pas partie à la paix, afin qu'elle déclarât son adhésion, qu'elle inscrivît son nom sur la colonne où la décision serait gravée, et qu'elle fût comprise dans les mêmes conditions que les autres. Apparemment cette résolution du congrès fut adoptée avant l'arrivée des ambassadeurs macédoniens à Athènes, et avant le décret mentionné en dernier lieu, que Démosthène proposa dans l'assemblée publique; décret qui, fixant deux jours (le 18 et le 19 d'Elaphebolion) pour la décision de la question de la paix et de l'alliance avec Philippe, coïncidait en partie avec la résolution du congrès (1).

---

(1) J'insère dans le texte ce qui me paraît la vérité probable au sujet de cette résolution du congrès confédéré. Le point est obscur et a été considéré

En conséquence, après la grande fête Dionysiaque, ces deux assemblées prescrites furent tenues, — le 18 et le 19 d'Elaphebolion (mars 346 av. J.-C.). Les trois ambassadeurs

---

différemment par différents commentateurs.

Démosthène affirme, dans son premier discours (De Fals. Leg. p. 346) qu'Æschine tint un langage honteux dans sa harangue devant l'assemblée publique, le 19 Elaphebolion (en vue de prouver qu'Athènes devrait agir pour elle seule, et ne pas s'inquiéter des autres Grecs, si ce n'est de ceux qui l'avaient assistée); et cela encore, en présence de ces envoyés des autres cités grecques, que les Athéniens avaient fait venir à l'instigation d'Æschine lui-même et qui entendaient ses paroles La présence de ces envoyés dans l'assemblée, impliquée ici, n'est pas l'accusation principale ; ce n'est qu'une aggravation collatérale; néanmoins, Æschine (comme c'est souvent le cas dans toute sa défense) s'attache presque entièrement à l'aggravation, sans faire relativement attention à l'accusation principale. Il affirme avec beaucoup de force (Fals. Leg. p. 35) que les ambassadeurs envoyés d'Athènes en mission *n'étaient pas revenus*, et qu'il n'y avait pas *de députés présents* d'aucune cité grecque.

Il me semble raisonnable ici de croire l'assertion de Démosthène, à savoir qu'*il y avait* des députés d'autres cités grecques présents, bien que lui-même, dans son discours postérieur (De Coronâ, p. 232, 233), parle comme s'il n'en était pas ainsi, comme si tous les Grecs avaient été depuis longtemps reconnus comme lâches dans la cause de la liberté, et comme s'il n'y avait pas d'ambassadeurs d'Athènes absents alors en mission. J'accepte l'assertion *positive* d'Æschine comme vraie, — à savoir qu'il y avait des ambassadeurs athéniens alors absents en mission, qui pouvaient bien, à leur retour, ramener avec eux des députés d'autres Grecs; mais je n'admets pas son assertion *négative*, — à savoir qu'aucun ambassadeur athénien n'était revenu de sa mission, et qu'il ne vint à Athènes aucun député des autres cités grecques. Que parmi beaucoup d'ambassadeurs athéniens envoyés en mission, *tous* échouassent, — c'est ce qui me paraît très-improbable.

Si nous suivons l'argumentation d'Æschine (dans le discours De Fals. Leg.), nous verrons qu'il suffit de supposer que *quelques-uns* des ambassadeurs envoyés en mission fussent absents, et non pas *tous*. Pour prouver ce fait, il cite (p. 35, 36) la résolution du congrès confédéré, faisant allusion aux ambassadeurs absents, et recommandant une certaine marche à prendre après leur retour. Cela n'implique pas nécessairement que *tous* étaient absents. Stechow fait remarquer avec juste raison que quelques-uns des ambassadeurs devaient nécessairement être longtemps dehors, ayant à visiter plus d'une cité, et peut-être des cités éloignées les unes des autres (Vita Æschinis, p. 41).

J'accepte également ce que dit Æschine au sujet de la résolution du congrès confédéré, comme étant vrai en substance. Au sujet du sens réel de cette résolution, il est conséquent avec lui-même, tant dans le premier que dans le second discours. Winiewski (Comment. Historic. in Demosth. De Coronâ, p. 74-77) et Westermann (De Litibus quas Demosthenes oravit ipse, p. 38-42) affirme, je crois sans raison, que le sens de cette résolution est différemment représenté par Æschine dans le premier et dans le second discours. Ce qui est réellement différent dans les deux discours, c'est la manière

de Philippe, — Parmeniôn, Antipater et Eurylochos, — assistèrent et à la fête et aux assemblées (1). La question générale des relations entre Athènes et Philippe y étant soumise à une discussion, la résolution du congrès confédéré fut communiquée en même temps. L'article le plus significatif de cette résolution était que le congrès acceptait à l'avance le décret de l'assemblée athénienne, quel qu'il pût être ; les autres articles étaient des recommandations, écoutées sans doute avec respect, et constituant un sujet sur lequel les orateurs pouvaient insister, sans cependant avoir une autorité positive. Mais dans les plaidoyers des deux orateurs rivaux quelques années plus tard (qui seuls nous font connaître les faits), la résolution entière du congrès confédéré paraît investie d'une importance factice ; comme chacun d'eux avait intérêt à déclarer qu'il l'avait appuyé, — chacun accuse l'autre de s'y être opposé ; tous deux désiraient se séparer de Philokratês, alors exilé en disgrâce, et de la paix proposée par lui, qui était tombée en discrédit. Ce fut Philokratês qui se mit en avant dans l'assemblée pour proposer le premier la paix et une alliance avec Philippe. Sa motion n'embrassa ni l'une ni l'autre des recommandations du congrès confédéré, relativement aux ambassadeurs absents, et à un intervalle à laisser pour les adhésions des autres Grecs ; et il ne se borna pas non plus, comme l'avait

dont Æschine pervertit le sens de la résolution pour inculper Démosthène ; en affirmant dans le dernier que si Athènes avait attendu le retour de ses ambassadeurs en mission, elle aurait pu faire la paix avec Philippe conjointement avec un corps considérable d'alliés grecs, et que ce fut Démosthène qui l'empêcha de le faire en pressant les discussions au sujet de la paix (Æsch. adv. Ktesiph. p. 61-63), etc. Westermann pense que le congrès confédéré ne dut pas prendre sur lui de prescrire combien les Athéniens convoqueraient d'assemblées publiques dans le dessein de discuter la paix. Mais il paraît que c'était une habitude ordinaire chez les Athéniens, au sujet de la paix ou d'autres questions spéciales et importantes, de convoquer deux assemblées pour deux jours se succédant immédiatement; tout ce que le congrès recommandait ici, c'était que les Athéniens suivissent la coutume établie : — Προγράψαι τοὺς πρυτάνεις ἐκκλησίας δύο κατὰ τοὺς νόμους, etc. Que deux assemblées, ni plus ni moins, fussent convoquées pour ce dessein, c'était un point d'une importance peu considérable, si ce n'est qu'il indiquait une détermination de décider la question immédiatement — « *sans désemparer* ».

(1) Æschine, adv. Ktesiph. p. 64.

fait le congrès, à la proposition de la paix avec Philippe. Il proposa que non-seulement la paix, mais une alliance, fussent conclues entre les Athéniens et Philippe, qui avait exprimé par lettre son grand désir d'obtenir l'une et l'autre. Il comprit dans sa proposition Philippe avec tous ses alliés d'un côté, — et Athènes avec tous ses alliés de l'autre ; en faisant toutefois une exception spéciale pour deux des alliës d'Athènes, — les Phokiens, — et Halos près du golfe Pagasæen, ville récemment (1) assiégée par Parmeniôn.

Quel rôle prirent Æschine et Démosthène par rapport à cette motion, c'est ce qu'il n'est pas facile de déterminer. Dans leurs discours prononcés trois ans plus tard, tous deux dénoncent Philokratês; chacun accuse l'autre de l'avoir appuyé ; chacun affirme avoir soutenu lui-même les recommandations du congrès confédéré. Les contradictions entre les deux orateurs, et entre Æschine dans son premier discours et Æschine dans son dernier, sont ici très-manifestes. Ainsi, Démosthène accuse son rival d'avoir le 18 du mois, c'est-à-dire dans la première des deux assemblées, prononcé un discours fortement opposé à Philokratês (2) ; mais d'avoir changé sa politique pendant la nuit, et d'avoir parlé le 19 pour appuyer ce dernier avec chaleur, au point de faire changer les auditeurs de disposition. Æschine nie complétement ce changement soudain d'opinion ; alléguant qu'il n'a fait qu'un seul discours, et cela en faveur de la recommandation du congrès confédéré ; et affirmant en outre que parler le second jour était impossible, puisque ce jour était exclusivement consacré à poser des questions et à voter, de sorte qu'il n'était pas permis de faire de discours (3). Cependant, bien qu'Æschine, dans sa première harangue (De Fals. Leg.), insiste si fortement sur cette impossibilité de parler le 19, — dans sa dernière (contre Ktesiphôn) il

(1) Démosth. Fals. Leg. p. 391. Τήν τε γὰρ εἰρήνην οὐχὶ συνηθέντων ὡς ἐπεχείρησαν οὗτοι, — « πλὴν Ἁλέων καὶ Φωκέων », γράψαι — ἀλλ' ἀναγκασθέντος ὑφ' ὑμῶν τοῦ Φιλοκράτους ταῦτα μὲν ἀπαλεῖψαι, γράψαι δ' ἀντικρὺς « Ἀθηναίους καὶ τοὺς Ἀθηναίων συμμάχους », etc.

(2) Démosth. Fals. Leg. p. 345, 346.

(3) Æschine, Fals. Leg. p. 36.

accuse Démosthène d'avoir parlé très-longuement ce jour même du 19, et d'avoir par là changé les dispositions de l'assemblée (1).

Toutefois, malgré le discrédit jeté ainsi par Æschine sur sa propre dénégation, je ne crois pas au changement soudain de langage dans l'assemblée que lui attribue Démosthène. Il est trop peu expliqué, et en soi trop improbable pour être cru sur la seule assertion d'un rival. Mais je regarde comme certain que ni lui ni Démosthène ne peuvent avoir défendu les recommandations du congrès confédéré, bien que tous deux déclarent l'avoir fait, — si nous devons croire l'assertion d'Æschine (nous n'en avons pas de Démosthène), quant à la teneur de ces recommandations. Car le congrès (suivant Æschine) avait recommandé d'attendre le retour des ambassadeurs absents avant qu'on discutât la question de la paix. Or, cette proposition était impraticable dans ces circonstances, puisqu'elle équivalait à rien moins qu'à un ajournement indéfini de la question. Mais les ambassadeurs macédoniens Antipater et Parmeniôn étaient actuellement à Athènes, et ils assistaient à ce moment à l'assemblée, étant venus, sur invitation spéciale, dans le dessein soit de conclure la paix, soit de rompre les négociations; et Philippe était convenu (comme le dit Æschine lui-même) (2) de s'abstenir de toute attaque sur la Chersonèse, tant que les Athéniens seraient occupés à débattre la paix. Dans ces conditions, il était absolument nécessaire de donner quelque réponse décisive et immédiate aux ambassadeurs macédoniens. Leur déclarer : — « Nous ne pouvons rien dire à présent de positif; vous devez attendre que nos envoyés absents soient de retour, et que nous sachions combien de Grecs peuvent entrer dans notre alliance — », ç'eût été non-seulement absurde en soi, mais des hommes habiles, tels qu'Antipater et Parmeniôn, l'auraient expliqué comme une pure manœuvre dilatoire destinée à rompre complétement la paix. Ni Démosthène ni Æschine ne peu-

(1) Æschine adv. Ktesiph. p. 63, 64. (2) Æschine, Fals. Leg. p. 39.

vent avoir réellement appuyé une pareille proposition, quoi que l'un et l'autre puissent prétendre trois ans plus tard. Car à ce moment de discussion réelle, non-seulement Æschine lui-même, mais le public d'Athènes en général, désiraient fortement la paix, tandis que Démosthène, bien qu'il la désirât moins, y était favorable (1). Ni l'un ni

---

(1) D'après les considérations présentées ici, nous pouvons apprécier les accusations d'Æschine contre Démosthène, même sur son propre exposé, bien que la marche précise de l'un ou de l'autre ne soit pas très-claire.

Il accuse Démosthène de s'être vendu à Philippe (adv. Ktesiph. p. 63, 64); accusation complétement futile et incroyable, réfutée par toute la conduite de Démosthène, tant avant qu'après. Démosthène reçut-il des présents d'Harpalos — ou de la cour de Perse, — c'est ce qui fera l'objet d'un examen futur. Mais l'allégation qu'il avait été gagné par Philippe est absurde. Æschine lui-même avoue qu'elle était tout à fait en opposition avec l'opinion reçue à Athènes (adv. Ktesiph. p. 62, c. 22).

Il accuse Démosthène de s'être, sous l'influence de ces présents, opposé aux recommandations du congrès confédéré et de les avoir fait échouer, — d'avoir insisté pour qu'on discutât la paix immédiatement, — et d'avoir ainsi empêché Athènes d'attendre le retour de ses ambassadeurs absents, ce qui lui aurait permis de faire la paix conjointement avec un corps puissant de Grecs prêtant leur concours. Cette accusation est avancée par Æschine, d'abord dans son discours De Fals. Leg. p. 36, — ensuite, plus longuement et avec plus de force, dans le dernier discours, adv. Ktesiph. p. 63, 64. Par ce qui a été dit dans le texte, on verra qu'un pareil ajournement indéfini, alors qu'Antipater et Parmeniôn étaient présents à Athènes à la suite d'une invitation, était complétement impossible, sans que la négociation fût rompue, pour ne pas mentionner qu'Æschine lui-même affirme, dans le langage le plus fort, l'impossibilité reconnue certaine de déterminer aucun autre des Grecs à se joindre à Athènes, et qu'il se plaint amèrement de leurs dispositions peu empressées (Fals. Leg. p. 38, c. 25). En ce point Démosthène s'accorde parfaitement avec lui (De Coronâ, p. 231, 232). De sorte que, même s'il avait pu y avoir un ajournement, il n'aurait produit pour Athènes ni avantage, ni augmentation de force, puisque les Grecs n'étaient pas disposés à coopérer avec elle.

L'accusation d'Æschine contre Démosthène est ainsi insoutenable, et elle suggère sa propre réfutation, et cela de la bouche de l'accusateur lui-même. Démosthène, il est vrai, y répond d'une manière différente. Lorsque Æschine dit : — « Tu pressais la discussion au sujet de la paix, sans permettre à Athènes d'attendre le retour de ses envoyés alors absents en mission. » — Démosthène répond : — « Il n'y avait *pas* d'envoyés athéniens absents alors en mission. Il y avait longtemps qu'on avait reconnu que les Grecs étaient d'une apathie incurable. » (De Coronâ, p. 233). C'est une réponse tranchante et décisive, que Démosthène pouvait peut-être hasarder sans danger, à un intervalle de treize années après les événements. Mais il est heureux qu'on puisse fournir une autre réponse, car je crois que l'assertion n'est ni exacte comme fait, ni compatible avec ce que Démosthène affirme lui-même dans son discours De Falsâ Legatione.

l'autre n'étaient disposés à faire échouer les négociations par un délai insidieux, et si telle eût été leur intention, le peuple athénien n'aurait pas toléré la tentative.

Aussi bien que je puis conclure, Démosthène appuya la motion de Philokratês (proposant à la fois paix et alliance avec Philippe), à l'exception seulement de cette clause spéciale qui excluait et les Phokiens et la ville d'Halos, et qui fut finalement repoussée par l'assemblée (1). Qu'Æschine ait appuyé la même motion tout entière, et d'une manière encore plus complète, c'est ce que nous pouvons conclure de son remarquable aveu dans son discours contre Timarchos (2) (prononcé l'année qui suivit la paix, et trois ans après son propre jugement), où il se reconnaît lui-même comme l'auteur commun de la paix avec Philokratês, et avoue son approbation sincère de la conduite et du langage de Philippe, même après la ruine des Phokiens. Euboulos, l'ami et le partisan d'Æschine, présenta aux Athéniens l'alternative évidente (3) : « Vous devez ou descendre sur-le-champ au Peiræeus, servir à bord, payer des taxes directes, et appliquer le fonds théôrique à des desseins militaires, — ou bien vous devez voter les conditions de paix propo-

(1) Démosth. Fals. Leg. p. 391-430. Æschine affirme fortement, dans son dernier discours contre Ktesiphôn (p. 63), que Démosthène soutint avec chaleur la motion de Philokratês au sujet d'une alliance aussi bien que d'une paix avec Philippe. Il déclare donner la phrase précise employée par Démosthène, — phrase qu'il critique comme peu élégante : — Οὐ δεῖν ἀποῤῥῆξαι τῆς εἰρήνης τὴν συμμαχίαν, etc. Il ajoute que Démosthène appela à la tribune l'ambassadeur macédonien Antipater, lui posa une question, et obtint une réponse concertée à l'avance. Que peut-il y avoir de vrai là-dedans, c'est ce que je ne puis dire. La version donnée par Æschine dans son dernier discours est, comme d'ordinaire, différente de celle qui se trouve dans son premier. L'accusation contre Démosthène, de collusion corrompue avec Antipater, est incroyable et absurde.

(2) Æschin. adv. Timarch. p. 24, 25, c. 34. Παρεμβάλλων (Démosthène) τὰς ἐμὰς δημηγορίας, καὶ ψέγων τὴν εἰρήνην τὴν δι' ἐμοῦ καὶ Φιλοκράτους γεγενημένην, ὥστε οὐδὲ ἀπαντήσεσθαί με ἐπὶ τὸ δικαστήριον ἀπολογησόμενον, ὅταν τὰς τῆς πρεσβείας εὐθύνας διδῶ, etc... Φίλιππον δὲ νῦν μὲν διὰ τὴν τῶν λόγων εὐφημίαν ἐπαινῶ, etc.

(3) Démosthène, Fals. Leg. p. 434. Φήσας (Euboulos) καταβαίνειν εἰς Πειραιᾶ δεῖν ἤδη καὶ χρήματ' εἰσφέρειν καὶ τὰ θεωρικὰ στρατιωτικὰ ποιεῖν — ἢ χειροτονεῖν ἃ συνεῖπε μὲν οὗτος (Æschine) ἔγραψε δ' ὁ βδελυρὸς Φιλοκράτης.

sées par Philokratês. » Notre conclusion relativement à la conduite d'Æschine est corroborée par ce qui est affirmé ici relativement à Euboulos. Démosthène avait conseillé vainement à ses compatriotes, pendant les cinq dernières années, à une époque où Philippe était moins formidable, l'adoption réelle de ces mesures énergiques. Euboulos, son adversaire, les présente actuellement *in terrorem*, comme une nécessité ennuyeuse et intolérable, contraignant le peuple à voter les conditions de paix qui étaient proposées. Et quelque pénible qu'il pût être d'acquiescer au *statu quo*, qui reconnaissait Philippe comme maître d'Amphipolis et de tant d'autres possessions appartenant jadis à Athènes, — je ne crois pas que même Démosthène, au moment où la paix était réellement débattue, ait voulu en remettre la conclusion au hasard, en dénonçant la honte de cette cession inévitable, bien qu'il déclare trois ans plus tard qu'il s'y est vivement opposé (1).

Je soupçonne donc que les conditions de paix proposées par Philokratês rencontrèrent un appui complet de la part de l'un de nos deux orateurs rivaux, et une opposition partielle à une clause spéciale, de l'autre. Quoi qu'il en soit, la proposition passa, sans autre modification (autant que nous le savons) que l'omission de cette clause qui exceptait spécialement Halos et les Phokiens. Voici quelles étaient les dispositions de Philokratês : toutes les possessions actuellement entre les mains de chacune des parties belligérantes leur resteraient à chacune, sans que l'autre la troublât dans la jouissance (2); sur ces principes, il y aurait paix et alliance entre Athènes avec tous ses alliés, d'un

(1) Démosth. Fals. Leg. p. 385.

(2) Pseudo-Démosth. De Halonneso, p. 81-83. Démosthène dans un passage (Fals. Leg. p. 385) parle comme si c'était une partie du serment athénien, — qu'ils s'opposeraient à tous ceux qui essayeraient d'enlever à Philippe et de rendre à Athènes les places reconnues actuellement comme possessions de ce prince pour l'avenir, et qu'ils les regarderaient comme des ennemis. Bien que Vœmel (Proleg. ad Demosth. De Pace, p. 265) et Boehnecke (p. 303) insèrent ces mots comme faisant partie de la formule réelle, je doute qu'ils soient rien de plus qu'un développement explicatif, donné par Démosthène lui-même, du sens de la formule.

côté, et Philippe avec tous ses alliés, de l'autre. C'étaient les seules parties comprises dans le traité. Il n'était rien dit au sujet des autres Grecs qui n'étaient alliés ni de Philippe ni d'Athènes (1). Il n'y eut pas non plus de mention spéciale concernant Kersobleptês (2).

Tel fut le décret de paix et d'alliance rendu le second des deux jours d'assemblée, — le 19 du mois Elaphebolion (346 av. J.-C.). Naturellement, — sans la faute de personne, — il était tout à l'avantage de Philippe. Ce prince avait la position supérieure, et, en vertu du décret, il conservait toutes ses conquêtes. Pour Athènes, la partie inférieure, le profit à espérer était qu'elle empêcherait que ces conquêtes ne fussent multipliées plus encore, et qu'elle éviterait d'être jetée d'un état mauvais dans un pire.

Mais il parut bientôt que même cette modeste espérance ne se réalisa pas. Le 25 du même mois (3) (six jours après la précédente assemblée), il en fut tenu une nouvelle, destinée à ratifier par un serment solennel le décret qui venait d'être rendu. Il fut alors proposé et décrété que les dix mêmes citoyens qui avaient été auparavant accrédités au-

---

(1) Nous apprenons ce fait par les discussions subséquentes destinées à modifier la paix, et que mentionne le Pseudo-Démosthène, De Halonneso, p. 84.

(2) Æschine, Fals. Legat. p. 39, c. 26.

(3) Cette date est conservée par Æschine adv. Ktesiph. p. 64, c. 27. Ἕκτῃ φθίνοντος τοῦ Ἐλαφηβολιῶνος μηνός, etc. Dans le premier discours (De Fals. Leg. p. 40, c. 29), Æschine affirme que Démosthène était du nombre des proedri ou sénateurs présidents d'une assemblée publique tenue ἑβδόμῃ φθίνοντος — la veille. Il est possible qu'il y ait eu deux assemblées publiques tenues deux jours successifs (le 23 et le 24, ou le 24 et le 25, suivant que le mois Elaphebolion se trouvait dans cette année avoir 30 ou 29 jours), et que Démosthène ait été au nombre des proedri dans l'une et dans l'autre. Mais ce qui est indiqué (dans le discours contre Ktesiphôn) comme s'étant fait dans le dernier des deux jours — a dû précéder ce qui est mentionné (dans le discours De Fals. Leg.) comme s'étant fait dans le premier, ou du moins il ne peut l'avoir suivi; de sorte qu'il y a, à ce qu'il semble, une inexactitude dans l'un ou dans l'autre. Si le mot ἕκτῃ, dans le discours contre Ktesiphôn, et ἑβδόμῃ dans la harangue sur la Fausse Ambassade, sont tous deux exacts, les affaires mentionnées dans l'un ne peuvent être conciliées sous le rapport chronologique avec celles racontées dans l'autre. On a proposé diverses modifications conjecturales. V. Vœmel, Proleg. ad Demosth. Orat. de Pace, p. 257; Boehnecke, Forschungen, p. 399.

près de Philippe seraient envoyés de nouveau en Macédoine, dans le dessein de recevoir les serments de ce roi et de ses alliés (1). Ensuite, il fut résolu que les Athéniens, avec les députés de leurs alliés présents à Athènes en ce moment, prononceraient le serment sur-le-champ, en présence des ambassadeurs de Philippe.

Mais alors s'éleva la question critique : Qui devait-on comprendre comme alliés d'Athènes? Devait-on comprendre les Phokiens et Kersobleptês? Les uns et l'autre représentaient ces deux positions capitales (2) : — les Thermopylæ et l'Hellespont, — que Philippe convoitait certainement, et qu'il importait le plus à Athènes d'assurer contre lui. L'assemblée, par son vote récent, avait effacé l'exclusion spéciale des Phokiens, proposée par Philokratês, les admettant implicitement ainsi comme alliés avec les autres. C'étaient, en effet, des alliés de vieille date et précieux; ils avaient probablement des envoyés présents à Athènes, mais non des députés siégeant dans le congrès. Kersobleptês n'avait pas non plus de député à cette assemblée des confédérés; mais un citoyen de Lampsakos, nommé Kritoboulos, demanda en cette occasion à agir pour lui et à prêter serment en son nom.

Quant à la manière d'agir avec Kersobleptês, Æschine nous fait deux récits (l'un dans le premier discours, l'autre dans le second) tout à fait différents l'un de l'autre, et s'accordant seulement en ce point, — que dans l'un et dans l'autre, Démosthène est indiqué comme l'un des magistrats présidents de l'assemblée publique, et comme ayant fait tout ce qu'il pouvait pour empêcher l'envoyé de Kersobleptês d'être admis pour prêter serment comme allié d'Athènes.

---

(1) Æschine, Fals. Leg. p. 39. Ἤδη δὲ ἡμῶν κεχειροτονημένων εἰς τοὺς ὅρκους, οὔπω δὲ ἀπηρκότων ἐπὶ τὴν ὑστέραν πρεσβείαν, ἐκκλησία γίνεται, etc.

Cette ἐκκλησία semble la même que celle qui est nommée par Æschine dans le discours contre Ktesiphôn, comme ayant été tenue le 25 d'Elaphebolion.

(2) Démosth. Fals. Leg. p. 397. Καίτοι δύο χρησιμωτέρους τόπους τῆς οἰκουμένης οὐδ' ἂν εἷς ἐπιδεῖξαι τῇ πόλει, κατὰ μὲν γῆν, Πυλῶν — ἐκ θαλάττης δὲ τοῦ Ἑλλησπόντου · ἃ συναμφότερα οὗτοι πεπράκασιν αἰσχρῶς καὶ καθ' ὑμῶν ἐγκεχειρίκασι Φιλίππῳ.

Au milieu de pareilles différences, — dire en détail ce qui se passa est impossible. Mais il semble clair — tant par Æschine (dans son premier discours) que par Démosthène, — d'abord, que l'envoyé de Kersobleptês, n'ayant pas de siége dans le synode confédéré, mais se présentant et demandant à jurer comme allié d'Athènes, vit son droit contesté; en second lieu, qu'à l'occasion de cette contestation, la question fut soumise au vote de l'assemblée publique, qui décida que Kersobleptês était un allié et serait admis à prêter serment comme tel (1).

Antipater et Parmeniôn, de la part de Philippe, ne refusèrent pas de reconnaître Kersobleptês comme allié d'Athènes et de recevoir son serment. Mais, par rapport aux Phokiens, ils annoncèrent une détermination distinctement opposée. Ils signifièrent à l'assemblée du 25 Elaphebolion, ou après cette assemblée, que Philippe refusait positivement d'admettre les Phokiens comme parties à la convention.

Cette détermination, formellement annoncée par Antipater à Athènes, a dû probablement être communiquée par Philippe lui-même à Philokratês et à Æschine, pendant leur mission en Macédoine. Aussi Philokratês, quand il fit sa motion au sujet des conditions de la paix, avait-il proposé que les Phokiens et Halos fussent spécialement exclus (comme je l'ai déjà raconté). Toutefois, maintenant que l'assemblée athénienne, en repoussant expressément cette exclusion, avait décidé que les Phokiens seraient reçus comme parties, tandis que les ambassadeurs de Philippe

---

1) Cf. Æschine, Fals. Leg. p. 39, c. 26, avec Æschine cont. Ktesiphont. p. 64, c. 27.

Franke (Proleg. ad Demosth. Fals. Leg. p. 30, 31) fait quelques réflexions sévères sur la différence entre les deux assertions.

Que la question d'admettre Kersobleptês fût posée et suivie d'un vote affirmatif, c'est ce que prouve l'assertion d'Æschine dans le discours De Fals. Leg. : — Τὸ ψήφισμα ἐπεψηφίσθη — ἐψηφισμένου δὲ τοῦ δήμου. Cf. Démosth. De Fals. Leg. p. 398, et Démosth. Philipp. IV, p. 133.

Philippe, dans sa lettre adressée aux Athéniens quelques années plus tard, affirmait que Kersobleptês désirait être admis à prêter serment, mais qu'il fut exclu par les généraux athéniens, qui déclarèrent que c'était un ennemi d'Athènes (Epist. Philip. ap. Demosth. p. 160). S'il est vrai que les généraux essayèrent de l'exclure, leur exclusion a dû céder devant le vote de l'assemblée.

les rejetaient tout aussi expressément, — les chefs de la paix, Æschine et Philokratês, furent dans un grand embarras. Ils n'avaient qu'un seul moyen de triompher de la difficulté : c'était de faire de fallacieuses promesses et des assurances non autorisées d'intention future au nom de Philippe. En conséquence, ils annoncèrent avec confiance que le roi de Macédoine, bien qu'empêché par ses relations avec les Thêbains et les Thessaliens (qui lui étaient nécessaires tant qu'il était en guerre avec Athènes) de recevoir ouvertement les Phokiens comme alliés, était néanmoins au fond du cœur décidément opposé aux Thêbains, et que, s'il avait une fois les bras libres en concluant la paix avec Athènes, il interviendrait dans la querelle précisément de la manière que les Athéniens désiraient; qu'il soutiendrait les Phokiens, rabattrait l'insolence de Thêbes, et même détruirait l'intégrité de la cité, — en rendant aussi leur autonomie à Thespiæ, à Platée et aux autres villes bœôtiennes, actuellement dans la dépendance de Thêbes. Les assurances générales — mises antérieurement en circulation par Aristodêmos, par Ktesiphôn et par d'autres, — du désir de Philippe d'être jugé favorablement par les Athéniens, — furent à ce moment grossies davantage, et allèrent jusqu'à affirmer une communauté supposée d'antipathie contre Thêbes, et même une disposition à accorder à Athènes une compensation pour la perte d'Amphipolis, en la rendant maîtresse complète de l'Eubœa, aussi bien qu'en recouvrant Orôpos pour elle.

Par cette fantasmagorie d'inventions et de mensonges affirmés avec confiance, Philokratês, Æschine et les autres partisans de Philippe présents trompèrent complétement l'assemblée, et l'amenèrent, non pas il est vrai à décréter l'exclusion spéciale des Phokiens, comme Philokratês l'avait proposé d'abord, — mais à jurer la convention avec Antipater et Parmeniôn, sans les Phokiens (1). Ces derniers

(1) Démosthène, Fals. Leg. p. 444. Ἐντεῦθεν οἱ μὲν παρ' ἐκείνου πρέσβεις προὔλεγον ὑμῖν ὅτι Φωκέας οὐ προσδέχεται Φίλιππος συμμάχους, οὗτοι δ' ἐκδεχόμενοι τοιαῦτ' ἐδημηγόρουν, ὡς

furent ainsi exclus de fait, bien que, par les termes généraux de la paix, Athènes eût reconnu leur droit à être compris. Leurs députés, présents probablement, demandèrent à être admis, mais Antipater les repoussa, sans aucune protestation péremptoire de la part d'Athènes.

Ce tissu, non pas de simples exagérations, mais d'impudents et monstrueux mensonges, relativement aux desseins de Philippe, — continua, comme on le verra, jusqu'à ce qu'il en fût venu à ses fins, en pénétrant en deçà du défilé des Thermopylæ, et même plus tard. Nous ne pouvons guère nous étonner que le peuple le crût, quand il lui était annoncé et garanti par Philokratês, par Æschine et par les autres ambassadeurs, qui avaient été envoyés en Macédoine dans le dessein exprès d'examiner les choses sur place et de faire un rapport, et dont l'assurance était l'autorité naturelle qui pût servir au peuple. Dans le cas actuel, ces fausses allégations trouvèrent d'autant plus facilement crédit et accueil, qu'elles étaient en harmonie complète avec les désirs et les espérances d'Athènes et avec la soif

---

φανερῶς μὲν οὐχὶ καλῶς ἔχει τῷ Φιλίππῳ προσδέξασθαι τοὺς Φωκέας συμμάχους, διὰ τοὺς Θηβαίους καὶ τοὺς Θετταλοὺς, ἂν δὲ γένηται τῶν πραγμάτων κύριος καὶ τῆς εἰρήνης τύχῃ, ἅπερ ἂν συνθέσθαι νῦν ἀξιώσαιμεν αὐτὸν, ταῦτα ποιήσει τότε. Τὴν μὲν τοίνυν εἰρήνην ταύταις ταῖς ἔλπισι καὶ ταῖς ἐπαγωγαῖς εὕροντο παρ' ὑμῶν ἄνευ Φωκέων.

Ibid. p. 409. Εἰ δὲ πάντα τἀνάντια τούτων καὶ πολλὰ καὶ φιλάνθρωπα εἰπόντες Φίλιππον, φιλεῖν τὴν πόλιν, Φωκέας σώσειν, Θηβαίους παύσειν τῆς ὕβρεως, ἔτι πρὸς τούτοις μείζονα ἢ κατ' Ἀμφίπολιν εὖ ποιήσειν ὑμᾶς, ἐὰν τύχῃ τῆς εἰρήνης, Εὔβοιαν, Ὠρωπὸν ἀποδώσειν — εἰ ταῦτ' εἰπόντες καὶ ὑποσχόμενοι πάντ' ἐξηπατήκασι καὶ πεφενακίκασι, etc.

Cf. aussi, p. 346, 388, 391, au sujet des fausses promesses par lesquelles les Athéniens furent amenés à consentir à la paix, — τῶν ὑποσχέσεων, ἐφ' αἷς εὑρίσκετο (Philippe) τὴν εἰρήνην. Les mêmes fausses promesses faites *avant* la paix et déterminant les Athéniens à la conclure sont aussi mentionnées par Démosthène dans la seconde Philippique (p. 69) : — Τὰς ὑποσχέσεις, ἐφ' αἷς τῆς εἰρήνης ἔτυχεν (Philippe). — P. 72. Τοὺς ἐνεγκόντας τὰς ὑποσχέσεις, ἐφ' αἷς ἐπείσθητε ποιήσασθαι τὴν εἰρήνην. Cette seconde Philippique est d'une année plus ancienne en date que le discours De Falsâ Legatione, et elle est une autorité meilleure que ce discours, non-seulement à cause de sa date plus ancienne, mais parce que c'est une harangue parlementaire que n'altère pas le dessein d'accuser et qui ne mentionne pas Æschine par son nom.

dominante de la paix. Abandonner des alliés tels que les Phokiens parut de peu de conséquence, lorsqu'une fois ce fut une conviction établie que les Phokiens eux-mêmes n'y perdraient pas. Mais cet argument, bien que suffisant comme excuse passable pour le peuple athénien, ne peut servir pour un homme d'État tel que Démosthène, qui, en cette occasion (autant que nous pouvons le reconnaître, même d'après son propre langage), ne fit aucune protestation expresse contre l'omission tacite des Phokiens, bien qu'il se fût opposé à la clause (dans la motion de Philokratês) qui les omettait formellement de nom. Trois mois après, quand la ruine des Phokiens isolés fut sur le point d'être consommée comme un fait, nous verrons Démosthène s'empresser d'avertir et de dénoncer; mais il y a lieu de présumer que son opposition (1) ne fut tout au plus que faible, quand on déclara pour la première fois qu'Antipater s'était positivement opposé à l'acquiescement de la part d'Athènes, ce qui fit que les Phokiens furent réellement livrés à Philippe. Cependant c'était, à dire vrai, le point diplomatique essentiel et important, d'où résulta la faute que commit Athènes contre le devoir à l'égard d'alliés, aussi bien que contre sa propre sécurité. C'était une fausse démarche d'une grandeur sérieuse, difficile sinon impossible à réparer. Probablement les Athéniens, dans leur disposition actuelle, — avides alors de paix, tremblant pour l'existence de leurs prison-

(1) Démosthène parle de l'omission des Phokiens dans la prestation des serments à Athènes comme si c'était une chose de peu d'importance (Fals. Leg. p. 387, 388 : cf, p. 372), c'est-à-dire sur la supposition que les promesses faites par Æschine allaient se réaliser.

Dans son discours De Pace (p. 59), il se fait honneur de ses protestations en faveur des Phokiens; mais seulement de protestations faites *après son* retour de la seconde ambassade, — non de protestations faites quand Antipater refusa d'admettre les Phokiens aux serments.

Westermann (De Litibus quas Demosthenes oravit ipse, p. 48) soupçonne que Démosthène ne pénétra pas la ruse d'Æschine avant que les Phokiens fussent entièrement ruinés. Cette supposition dépasse peut-être la vérité; mais au moment où les serments furent échangés à Athènes, ou bien il n'avait pas découvert clairement les conséquences de ce malheureux tour que Philokratês et autres jouèrent à Athènes, — ou il n'osa pas les proclamer expressément.

niers, et prévenus par les assurances positives d'Æschine et de Philokratês, — auraient entendu avec répugnance toute protestation énergique contre l'abandon des Phokiens, qui aurait menacé de renvoyer en Macédoine Antipater, rempli de dégoût, et d'arrêter la paix prochaine; d'autant plus que si Démosthène avait révoqué en doute les assurances d'Æschine, quant aux projets de Philippe, il n'aurait pas eu de faits positifs à produire pour les réfuter, et aurait été forcé de se placer uniquement sur le terrain du scepticisme et de la négation (1), ce qu'aurait supporté avec beaucoup d'impatience un public charmé d'augures pleins d'espoir et déjà désarmé par les seules perspectives agréables de la paix. Néanmoins, nous pouvions nous attendre qu'un homme d'État tel que Démosthène aurait commencé son énergique opposition au traité désastreux de 346 avant J.-C., au moment où y fut adroitement introduite la partie la plus funeste et la plus honteuse, — l'abandon des Phokiens.

Après l'assemblée du 25 Elaphebolion (mars 346), Antipater fit prêter les serments de paix et d'alliance à Athènes et à tous ses autres alliés (y compris vraisemblablement l'envoyé de Kersobleptês) dans la salle du conseil des généraux (2). C'était actuellement le devoir des dix ambassadeurs athéniens, plus un pris dans le congrès des confédérés, — les mêmes personnes qui avaient composé la première ambassade, — d'aller recevoir les serments de Philippe. Voyons comment ce devoir fut rempli.

(1) Démosth. Fals. Leg. p. 355. Τραχέως δ' ὑμῶν τῷ « μηδὲ προσδοκᾷν » σχόντων, etc. (les Athéniens étaient mécontents de Démosthène quand il leur disait qu'il ne s'attendait pas à ce que les promesses d'Æschine fussent réalisées; c'était après la seconde ambassade; mais cela explique les dispositions de l'assemblée même avant cette seconde ambassade). — *Ibid.* p. 349. Τίς γὰρ ἂν ἠνέσχετο, τηλικαῦτα καὶ τοιαῦτα ἔσεσθαι προσδοκῶν ἀγαθὰ, ἢ ταῦθ' ὡς οὐκ ἔσται λέγοντός τινος, ἢ κατηγοροῦντος τῶν πεπραγμένων τούτοις;

Démosthène exprime ici avec force combien il était impopulaire de montrer simplement une défiance négative contre de brillantes promesses d'avantages à venir.

Relativement au désarmement prématuré des Athéniens, V. Démosth. De Coronâ, p. 234.

(2) Æschine, Fals. Legat. p. 39, c. 27.

Le décret de l'assemblée en vertu duquel ces ambassadeurs tenaient leur mission était large et compréhensif (346 av. J.-C.). Ils devaient recevoir un serment d'amitié et d'alliance avec Athènes et ses alliés, de Philippe aussi bien que du principal magistrat dans chaque cité alliée de ce prince. Il leur était interdit (par une curieuse restriction) d'avoir aucun rapport isolément et individuellement avec Philippe (1); mais il leur était enjoint en outre, par une clause générale compréhensive, « de faire tout ce qui pourrait être en leur pouvoir dans l'intérêt d'Athènes ». — « Notre devoir était, comme ambassadeurs prudents (dit Æschine au peuple athénien), de nous faire une juste idée de l'état des affaires, en ce qui concernait vous ou Philippe (2). » Toutefois, Æschine, par malheur, ne conforma pas sa conduite à ces vues raisonnables des devoirs des ambassadeurs. Ce fut Démosthène qui s'y conforma et qui insista, immédiatement après le départ d'Antipater et de Parmeniôn, pour qu'on allât droit au lieu où Philippe se trouvait actuellement, afin de lui faire prêter serment dans le plus bref délai possible. Non-seulement il était certain que le roi de Macédoine, le plus actif des contemporains, pousserait ses conquêtes jusqu'au dernier moment; mais il était connu en outre d'Æschine et des ambassadeurs qu'il avait quitté Pella pour faire la guerre à Kersobleptês en Thrace, au moment où ils revenaient de leur première ambassade (3). De plus, le jour de l'assemblée publique décrite en dernier lieu, ou le lendemain (c'est-à-dire le 25 ou le 26 du mois Elaphebolion) il était arrivé à Athènes une dépêche de Charês, le commandant athénien à l'Hellespont, annonçant que Philippe avait remporté de sérieux avantages en Thrace, pris la ville importante appelée la Montagne-Sacrée, et enlevé à

(1) Démosthène, Fals. Leg. p. 430. Οὐ τὸ μὲν ψήφισμα, « οὐδαμοῦ μόνους ἐντυγχάνειν Φιλίππῳ, » οὗτοι δ' οὐχ ἐπαύσαντο χρηματίζοντες;

(2) Æschine, Fals. Legat. p. 41, c. 32. Τὸ δὲ ὑπὲρ τῶν ὅλων ὀρθῶς βουλεύσασθαι, ὅσα, καθ' ὑμᾶς ἔστιν ἢ Φίλιππον, τοῦτο ἤδη ἔργον ἐστι πρεσβέων φρονίμων... Ἀφίγμεθα δ' ἡμεῖς ἔχοντες τοῦ δήμου ψήφισμα, ἐν ᾧ γέγραπται, Πράττειν δὲ τοὺς πρέσβεις, καὶ ἀλλ' ὅ, τι ἂν δύνωνται ἀγαθόν.

(3) Æschine, Fals. Leg p. 39, c. 26.

Kersobleptês une grande partie de son royaume (1). Ces conquêtes successives faites par Philippe augmentaient pour les ambassadeurs la nécessité de se hâter et d'aller droit en Thrace pour arrêter ses progrès. Comme la paix récemment conclue avait pour base l'*uti possidetis* à dater du jour où les ambassadeurs macédoniens avaient fait prêter serment à Athènes, — Philippe était obligé de rendre toutes les conquêtes qu'il avait faites depuis ce jour. Mais Démosthène n'ignorait pas que c'était une obligation qu'il était vraisemblable que Philippe esquiverait, et qu'il très-peu probable que le peuple athénien imposerait, dans sa disposition actuelle pour la paix (2). Plus les ambassadeurs le rejoindraient promptement, moins il y aurait de places contestées, plus tôt il serait réduit à l'inaction, — ou du moins, s'il continuait cependant à agir, plus son manque de sincérité serait dévoilé vite.

Convaincu de la nécessité d'une entrevue immédiate avec Philippe, Démosthène pressa ses collègues de partir immédiatement. Mais ils résistèrent à ses remontrances et voulurent rester à Athènes, qui, nous pouvons le faire remarquer, était probablement dans un état de réjouissance et de fête par suite de la paix récente. Ils mirent tant d'insouciance dans leur retardement et dans leur répugnance à partir que, le 3 du mois Munychion (avril, — neuf jours après la solennité de la prestation de serment devant Parmeniôn et Antipater), Démosthène porta plainte dans le sénat et proposa une résolution à l'effet de leur ordonner péremptoirement de se mettre sur-le-champ en route, et d'enjoindre à Proxenos, le commandant athénien à Oreus en Eubœa, de les

(1) Æschine, Fals. Leg. p. 40, c. 29. Ὅτι Κερσοβλέπτης ἀπολώλεκε τὴν ἀρχὴν, καὶ τὸ ἱερὸν ὄρος κατείληφε Φίλιππος.

Il n'y a pas de bonnes raisons pour supposer que les mots ἀπολώλεκε τὴν ἀρχὴν soient les mots réels employés par Charês, ou que Charês affirmât que Kersebleptês avait perdu tout ce qu'il avait. Il convenait à la thèse d'Æschine de présenter son assertion sous une forme exagérée et absolue.

(2) V. le raisonnement juste et prudent de Démosthène, Fals. Leg. p. 388, et De Coronâ, p. 234.

Cf. aussi Pseudo-Démosthène, De Halonneso, p. 85, 86.

transporter sans délai à l'endroit où était Philippe, partout où il pût être (1). Mais, bien que les ambassadeurs fussent forcés de quitter Athènes et de se rendre à Oreus, il n'y eut rien de gagné quant à l'objet principal ; car eux, aussi bien que Proxenos, ne craignirent pas de désobéir à l'ordre exprès du sénat, et ils n'allèrent pas encore trouver Philippe. Après un certain séjour à Oreus, ils se dirigèrent à petites journées vers la Macédoine, où ils restèrent inactifs à Pella, jusqu'à ce que Philippe revînt de Thrace, cinquante jours après leur départ d'Athènes (2).

Si les ambassadeurs avaient fait leur devoir, comme Démosthène le recommandait, ils auraient pu arriver au camp de Philippe en Thrace dans l'espace de cinq ou six jours après la conclusion de la paix à Athènes ; s'ils s'étaient même contentés d'obéir aux ordres exprès du sénat, ils auraient pu y parvenir dans le même intervalle après le 3 de Munychion, de sorte que, par pure négligence ou par collusion calculée de leur part, ils laissèrent à Philippe plus d'un mois, pendant lequel il put poursuivre ses conquêtes en Thrace, après que les Athéniens de leur côté avaient juré la paix. Pendant ce temps, il prit Doriskos avec plusieurs autres villes thraces, dont quelques-unes avaient une garnison athénienne, et il réduisit complétement Kersobleptês, dont il emmena le fils comme prisonnier et comme otage (3). La manière dont ces ambassadeurs,

(1) Démosthène, Fals. Leg. p. 389 ; De Coronâ, p. 234. Æschine (Fals. Leg. p. 40, c. 29, 30) reconnaît que ce décret fut rendu par le sénat le 3 du mois Munychion, et que les ambassadeurs quittèrent Athènes en vertu de cette décision. Il ne mentionne pas qu'il fut proposé par Démosthène. Æschine confirme ici, d'une manière très-importante, le fait du retard, tel qu'il est avancé par Démosthène, tandis que l'explication qu'il donne, pour dire pourquoi les ambassadeurs n'allèrent pas en Thrace, est tout à fait sans valeur.

Un document qui prétend être ce décret est donné dans Démosthène, De Coronâ, p. 234 ; mais l'authenticité en est trop douteuse pour qu'on puisse le citer.

(2) Démosth. Fals. Leg. p. 390.

(3) Æschine, Fals. Leg. p. 38, c. 26 ; Démosth. De Halonneso, p. 85 ; Fals. Leg. p. 390-448 ; cf. Philipp. III, p. 114. Parmi les villes thraces prisse par Philippe pendant cet intervalle, Démosthène énumère la Montagne Sacrée. Mais il est dit qu'elle fut prise avant la fin d'Elaphebolion, si Æschine cite exactement d'après la lettre de Charês, Fals. Leg. p. 40, c. 29.

employés à une mission importante aux frais de l'État, perdirent six semaines à un moment critique sans rien faire, — et cela encore malgré un ordre exprès du sénat, — confirme la supposition avancée plus haut, et ferait même seule naître une forte présomption, que les principaux d'entre eux se prêtaient par corruption aux projets de Philippe.

Les protestations et les remontrances adressées par Démosthène à ses collègues devinrent plus chaleureuses et moins mesurées à mesure que le délai se prolongea (1) (mai 346 av. J.-C.). Sans doute ses collègues furent irrités de leur côté, de sorte que l'harmonie de l'ambassade fut détruite. Æschine affirme qu'aucun des autres ambassadeurs ne voulut faire société avec Démosthène, soit en route, soit aux lieux de repos (2).

Pella était alors le centre des espérances, des craintes et des intrigues pour tout le monde grec. Des ambassadeurs y étaient déjà, venus de Thêbes, de Sparte, de l'Eubœa et de la Phokis; de plus, une armée macédonienne considérable était réunie autour de la ville, prête à agir immédiatement.

Enfin les ambassadeurs athéniens, après un si long délai dû à eux seuls, se trouvèrent en présence de Philippe. Et nous nous serions attendu à ce qu'ils accomplissent sur-le-champ leur commission spéciale en lui faisant prêter serment. Mais ils continuèrent encore à différer cette cérémonie et à ne rien dire au sujet de l'obligation à laquelle il était tenu, de restituer toutes les places prises depuis le jour du serment prêté entre les mains d'Antipater à Athènes (3), places qui, à ce moment, étaient dans le fait devenues si nombreuses, à cause du temps perdu par les ambassadeurs

(1) Démosth. Fals. Leg. p. 390.

(2) Æschine, Fals. Legat. p. 41, c. 30. Démosthène (et sans doute les autres ambassadeurs également) marchait avec deux esclaves pour porter ses vêtements et son coucher. Dans le paquet que portait l'un des deux esclaves, il y avait un talent en espèces, destiné à aider quelques-uns des prisonniers pauvres à se racheter.

(3) Démosth. Fals. Leg. p. 388. Ἢ γὰρ παρόντων (nous, les ambassadeurs) καὶ κατὰ τὸ ψήφισμα αὐτὸν (Philippe) ἐξορκωσάντων, ἃ μὲν εἰλήφει τῆς πόλεως, ἀποδώσειν, τῶν δὲ λοιπῶν ἀφέξεσθαι — ἢ μὴ ποιοῦντος ταῦτα ἀπαγγελεῖν ἡμᾶς εὐθέως δεῦρο, etc.

eux-mêmes, qu'il n'était pas vraisemblable que Philippe les céderait, si on les lui demandait. Dans une conférence qu'il eut avec ses collègues, Æschine, — se faisant honneur de sa manière de considérer les devoirs d'un ambassadeur, plus large que celle dont les autres les considéraient, — traita la cérémonie de la prestation de serment comme purement secondaire; il insista sur la convenance qu'il y avait de parler à Philippe au sujet de l'expédition projetée aux Thermopylæ (expédition qu'il était sur le point d'entreprendre, comme le prouvaient les forces considérables réunies auprès de Pella), et de l'exhorter à les employer à humilier Thêbes et à rétablir les cités bœôtiennes. Les ambassadeurs (dit-il) ne devaient pas craindre de braver tout mauvais vouloir que pourraient manifester les Thêbains. Démosthène (suivant l'assertion d'Æschine) s'opposa à cette recommandation, — en disant que les ambassadeurs n'avaient pas à se mêler de disputes concernant d'autres parties de la Grèce, mais qu'ils devaient se borner à leur mission spéciale, — et il déclara qu'il ne ferait pas mention de la marche de Philippe aux Thermopylæ (1). Enfin, après beaucoup de discussions, les ambassadeurs convinrent que chacun d'eux, quand ils seraient appelés devant Philippe, dirait ce qu'il croyait bon, et que le plus jeune parlerait le premier.

Suivant cette règle, Démosthène fut entendu le premier et prononça un discours (si nous en devons croire Æschine) qui, non-seulement laissait de côté tout commentaire utile sur la situation actuelle, mais qui était si haineux à l'égard de ses collègues et si rempli de flatterie extravagante pour Philippe qu'il fit rougir les auditeurs (2). Vint alors le tour d'Æschine, qui répète en abrégé le long discours qu'il adressa à Philippe. Nous pouvons nous en servir avec quelque confiance dans notre appréciation d'Æschine, bien

(1) Æschine, Fals. Leg. p. 42, c. 33. Πορεύεται Φίλιππος εἰς Πύλας · ἐγὼ δ' ἐγκαλύπτομαι, etc. Tel est, suivant l'affirmation d'Æschine, le langage tenu par Démosthène pendant l'ambassade. Il est totalement en désaccord avec ce que Démosthène affirme, à maintes reprises, au sujet de sa propre conduite, et (à mon sens) avec toutes les probabilités du cas.

(2) Æschine, Fals. Leg. p. 42, c. 34.

que nous ne puissions nous fier à ses rapports au sujet de Démosthène. Æschine parla exclusivement de l'expédition projetée de Philippe aux Thermopylæ. Il exhorta Philippe à terminer la controverse, pendante par rapport aux Amphiktyons et au temple de Delphes, par un arbitrage pacifique et non par les armes. Mais, si une intervention armée était inévitable, Philippe devait s'éclairer avec soin sur le lien antique et sacré qui unissait le congrès amphiktyonique. Ce congrès se composait de douze nations ou sections différentes du nom hellénique, chacune comprenant de nombreuses cités, petites aussi bien que grandes, chacune ayant deux voix et pas plus, chacune s'engageant par un serment solennel à soutenir et à protéger toute autre cité amphiktyonique. Sous cette sanction vénérable, les cités bœôtiennes, étant amphiktyoniques comme les autres, avaient droit à être protégées contre les Thêbains, leurs destructeurs. Le but de l'expédition de Philippe, qui était de rétablir le conseil amphiktyonique, était (comme l'admettait Æschine), saint et juste (1). Il devait l'effectuer dans le même esprit, en punissant les individus mêlés primitivement à la prise du temple de Delphes, mais non les cités auxquelles ils appartenaient, pourvu que ces cités fussent disposées à livrer les auteurs du sacrilége. Mais, si Philippe allait au delà de ce point et confirmait l'injuste domination de Thêbes sur les autres cités bœôtiennes, il se rendrait coupable d'injustice de son côté, augmenterait le nombre de ses ennemis et ne recueillerait aucune reconnaissance de la part de ceux qu'il aurait favorisés (2).

Démosthène, dans ses explications sur cette seconde ambassade, parle peu de ce qui fut dit à Philippe, soit par Æschine, soit par lui-même. Il déclare être parti pour sa seconde mission avec beaucoup de répugnance, ayant décou-

(1) Æschine, Fals. Leg. p. 43, c. 36. Τὴν μὲν οὖν ἀρχὴν τῆς στρατείας ταύτης ὁσίαν καὶ δικαίαν ἀπεφηνάμην εἶναι, etc.

... Ἀπεφηνάμην ὅτι ἐμοὶ δοκεῖ δίκαιον εἶναι, μὴ περιορᾶν κατεσκαμμένας τὰς ἐν Βοιωτοῖς πόλεις, ὅτι δὴ ἦσαν Ἀμφικτυονίδες καὶ ἔνορκοι.

(2) Æschine, Fals. Leg. p. 43, c. 37 : cf. Démosth. Fals. Leg. p. 347.

vert les desseins perfides d'Æschine et de Philokratês. Bien plus, il aurait positivement refusé d'y aller (nous dit-il), s'il ne s'était engagé, par une promesse faite pendant la première ambassade à quelques-uns des prisonniers athéniens pauvres en Macédoine, à leur fournir les moyens d'élargissement. Il insiste beaucoup sur les déboursés qu'il a faits pour leur rançon pendant la seconde ambassade et sur ses efforts afin d'obtenir le consentement de Philippe (1). C'était (dit-il) tout ce qui était en son pouvoir de faire comme individu; quant aux actes collectifs de l'ambassade, il était constamment vaincu au moment du vote. Il affirme qu'il avait découvert le jeu déloyal d'Æschine et des autres avec Philippe ; qu'il avait écrit une dépêche à envoyer à Athènes, afin de le faire connaître ; que non-seulement ses collègues l'avaient empêché de l'expédier, mais qu'ils en avaient envoyé une autre de leur composition, avec de faux renseignements (2). Alors il avait résolu de revenir à Athènes personnellement, dans le même dessein, plus tôt que ses collègues, et il était allé jusqu'à louer un bâtiment marchand ; — mais Philippe l'avait empêché de partir de Macédoine (3).

La description générale que Démosthène fait ici de sa conduite pendant la seconde ambassade est probablemement vraie. Dans le fait, elle coïncide en substance avec l'assertion d'Æschine, qui se plaint de lui comme étant dans un état d'opposition constante et fâcheuse avec ses collègues. Nous devons nous rappeler que Démosthène n'avait aucun moyen de savoir quels étaient en réalité les projets particuliers de Philippe. C'était un secret pour tout le monde, excepté pour Philippe lui-même et pour ses agents ou partisans de confiance. Quoi que Démosthène pût soupçonner,

---

(1) Démosthène, Fals. Leg. p. 393, 394, 395.

(2) Démosth. Fals. Leg. p. 396. Καὶ τὴν μὲν γραφεῖσαν ἐπιστολὴν ὑπ' ἐμοῦ πρὸς ὑμᾶς ἀπεψηφίσαντο μὴ πέμπειν, αὐτοὶ δ' οὐδ' ὁτιοῦν ὑγιὲς γράψαντες ἔπεμψαν. Cf. p. 419.

(3) Démosth. Fals. Leg. p. 445. Ἐγὼ δ', ὥσπερ ἀκηκόατ' ἤδη πολλάκις, οὐχὶ δυνηθεὶς προαπελθεῖν, ἀλλὰ καὶ μισθωσάμενος πλοῖον κατακωλυθεὶς ἐκπλεῦσαι. Cf. p. 357 : — Οὐδ' ἂν ἐμὲ, ἡνίκα δεῦρο ἀποπλεῖν ἐβουλόμην, κατεκώλυεν (Philippe), etc.

il n'avait pas de preuve publique pour faire partager ses soupçons aux autres ou pour contre-balancer des assertions confiantes du côté favorable transmises à Athènes par ses collègues.

L'armée de Philippe était prête à ce moment, et il était sur le point de s'avancer au sud vers la Thessalia et les Thermopylæ. Ce défilé était encore occupé par les Phokiens, avec un corps d'auxiliaires lacédæmoniens (1), forces tout à fait suffisantes pour le défendre contre une attaque ouverte de Philippe et que vraisemblablement Athènes augmenterait du côté de la mer, si les Athéniens venaient à pénétrer ses desseins réels. Il était donc essentiel pour Philippe d'entretenir une certaine croyance dans les esprits des autres qu'il s'avançait vers le sud dans des intentions favorables aux Phokiens, — tout en ne le déclarant pas d'une manière assez authentique pour s'aliéner ses alliés actuels, les Thêbains et les Thessaliens. Et les ambassadeurs athéniens montrèrent la plus grande activité à mettre cette imposture en circulation.

Quelques-uns des officiers macédoniens qui entouraient Philippe assuraient d'une manière explicite que le but de sa marche était de conquérir Thêbes et de rétablir les cités bœôtiennes. Cette déception fut dans le fait poussée si loin que (suivant Æschine) les envoyés thêbains en Macédoine et les Thêbains eux-mêmes finirent par s'alarmer sérieusement (2). Les mouvements de Philippe furent alors le pivot sur lequel les affaires grecques tournèrent et Pella le théâtre

(1) Les troupes lacédæmoniennes ne restèrent aux Thermopylæ que peu de temps avant que Philippe y arrivât (Démosth. Fals. Leg. p. 365).

(1) Æschine, Fals. Leg. p. 46, c. 41. Αὐτοὶ δὲ οὐκ ἠπόρουν καὶ ἐφοβοῦντο οἱ τῶν Θηβαίων πρέσβεις; ... Τῶν δ' ἑταίρων τινὲς τῶν Φιλίππου οὐ διαῤῥήδην πρός τινας ὑμῶν ἔλεγον, ὅτι τὰς ἐν Βοιωτίᾳ πόλεις κατοικιεῖ Φίλιππος; Θηβαῖοι δ' οὐκ ἐξεληλύθεσαν πανδημεί, ἀπιστοῦντες τοῖς πράγμασιν; Démosthène fait un grand éloge de l'incorruptibilité et des efforts sincères des envoyés thêbains (Fals. Leg. p. 384); assertion qui probablement n'est rien de plus au fond qu'un contraste de rhéteur pour décréditer Æschine, bonne à insérer dans la nombreuse liste des exagérations et des perversions de l'histoire dues aux orateurs, et réunies dans l'intéressant traité de Weiske, De Hyperbolê, errorum in Historiâ Philippi commissorum genitrice (Meissen, 1819).

où les plus grandes cités de la Grèce se disputèrent sa faveur. Tandis que les Thêbains et les Thessaliens l'invitaient à se déclarer ouvertement champion amphiktyonique contre les Phokiens, — les envoyés phokiens (1), avec ceux de Sparte et d'Athènes, s'efforçaient de l'engager dans leur cause contre Thêbes. Désirant isoler les Phokiens de cet appui, Philippe fit maintes promesses séduisantes aux ambassadeurs lacédæmoniens, qui, de leur côté, en vinrent à une querelle déclarée avec ceux de Thêbes, qu'ils menacèrent ouvertement (2). Telle fut la honteuse enchère dans laquelle ces États, jadis grands, pour satisfaire leurs antipathies mutuelles, vendirent à un prince étranger la dignité du nom hellénique et l'indépendance du monde hellénique (3), en suivant l'exemple donné par Sparte dans ses demandes au Grand Roi, pendant les dernières années de la guerre du Péloponèse et lors de la paix d'Antalkidas. Au milieu de cette foule d'humbles suppliants, attendant sa volonté et tremblant tous de l'offenser, — avec l'aide encore d'Æschine, de Philokratês et des autres ambassadeurs athéniens qui consentaient à jouer son jeu, — Philippe eut peu de peine à entretenir les espérances de tous et à empê-

(1) Démosth. Philipp. III, p. 113; Justin, VIII, 4. « Contra Phocensium legati, adhibitis Lacedæmoniis et Atheniensibus, bellum deprecabantur, cujus ab eo dilationem ter jam emerant. » Je ne comprends pas à quels faits Justin s'en réfère, quand il dit que les Phokiens « avaient déjà acheté trois fois à Philippe un ajournement de la guerre. »

(2) Démosth. Fals. Leg. p. 365. Τοὺς Λακεδαιμονίους μετεπέμπετο, πάντα τὰ πράγματα ὑποσχόμενος πράξειν ἐκείνοις, etc.

Æschine, Fals. Leg. p. 46, c. 41. Λακεδαιμονίοι δὲ οὐ μεθ' ἡμῶν τἀνάντια Θηβαίοις ἐπρέσβευον, καὶ τελευτῶντες προσέκρουον φανερῶς ἐν Μακεδονίᾳ, καὶ διηπείλουν τοῖς τῶν Θηβαίων πρέσβεσιν;

(3) Cette pensée est présentée d'une manière frappante par Justin (VIII, 4) probablement d'après Théopompe : — « Fœdum prorsus miserandumque spectaculum, Græciam, etiam nunc et viribus et dignitate orbis terrarum principem, regum certe gentiumque semper victricem et multarum adhuc urbium dominam, alienis excubare sedibus, aut rogantem bellum aut deprecantem : in alterius ope omnem spem posuisse orbis terrarum vindices ; eoque discordia sua civilibusque bellis redactos, ut adulentur ultro sordidam paulo ante clientelæ suæ partem : et hæc potissimum facere Thebanos Lacedæmoniosque, antea inter se imperii, nunc gratiæ imperantis, æmulos. »

cher qu'on ne formât une armée commune ou qu'on prît une résolution décisive en vue de lui résister (1).

Après avoir achevé sa marche au sud par la Thessalia, il parvint à Pheræ, près du golfe Pagasæen, à la tête d'une puissante armée de Macédoniens et d'alliés. Les ambassadeurs phokiens l'accompagnèrent dans sa marche et furent traités, sinon comme amis, du moins de manière à ce qu'on ne sût pas si Philippe allait attaquer les Phokiens ou les Thêbains (2). Ce fut à Pheræ que les ambassadeurs athéniens firent enfin prêter serment tant à Philippe qu'à ses alliés (3) (juin 346 av. J.-C.). Ce fut la dernière chose qu'ils firent avant de retourner à Athènes, où ils arrivèrent le 13 du mois Skirrophorion (4), après une absence de soixante-dix jours, comprenant tout le mois intermédiaire Thargelion, et le reste (à partir du troisième jour) du mois Munychion. Ils acceptèrent comme représentants des cités alliées tous ceux que Philippe leur envoya, bien que Démosthène fasse remarquer que leurs instructions leur ordonnaient de faire prêter serment au principal magistrat de chaque cité respectivement (5). Et parmi les cités qu'ils admirent à prêter serment comme alliées de Philippe était comprise Kardia, sur les frontières de la Chersonèse de Thrace. Les Athéniens con-

---

(1) Justin, VIII, 4.

(2) Démosth. Philipp. III, p. 113. Τοῦτο δ' εἰς Φωκέας ὡς πρὸς συμμάχους ἐπορεύετο, καὶ πρέσβεις Φωκέων ἦσαν οἱ παρηκολούθουν αὐτῷ πορευομένῳ · καὶ παρ' ἡμῖν ἤριζον πολλοί, Θηβαίοις οὐ λυσιτελήσειν τὴν ἐκείνου πάροδον. Les mots παρ' ἡμῖν désignent les ambassadeurs athéniens (au nombre desquels était Démosthène) et les personnes qui les entouraient accompagnant Philippe dans sa marche, les serments n'ayant pas encore été prêtés.

(3) Démosth. Fals. Leg. p. 390. Le serment fut prêté dans l'auberge en face de la chapelle des Dioskuri, près de Pheræ.

(4) Démosth. Fals. Leg. p. 359. Dans plus d'un passage, il dit que leur absence d'Athènes dura trois mois entiers (p. 390, et De Coronâ, p. 235). Mais c'est une exagération de temps. Le décret du sénat qui les forçait à partir fut rendu le 3 de Munychion. En admettant qu'ils soient partis le jour même (bien qu'il soit plus probable qu'ils ne partirent que le jour suivant), leur absence n'aurait duré que soixante-dix jours.

(5) Démosthène, Fals. Leg. p. 430. Les cités magnésiennes et achæennes autour du golfe Pagasæen, toutes excepté Halos, furent comprises dans le serment comme alliées de Philippe (Epistola Philippi ap. Démosthen. p. 159).

sidéraient Kardia comme étant dans les limites de la Chersonèse et conséquemment comme leur appartenant (1).

Ce fut ainsi que les ambassadeurs ajournèrent tant l'exécution de leur mission spéciale que leur retour, jusqu'au dernier moment, où Philippe était à trois journées de marche des Thermopylæ. Qu'ils les aient ainsi ajournés, en connivence corrompue avec lui, c'est une allégation de Démosthène, appuyée par toutes les probabilités du cas. Philippe désirait arriver aux Thermopylæ par surprise (2), et laisser aussi peu de temps que possible aux Phokiens ou à Athènes pour organiser une défense. Le serment, qui aurait dû être prêté en Thrace, — mais en tout cas à Pella, — ne le fut que quand Philippe fut arrivé aussi près que possible de cet important défilé; et les ambassadeurs n'avaient pas visité une seule cité parmi les villes alliées, comme le leur prescrivait leur mandat. Et comme Æschine savait bien qu'une pareille conduite provoquerait des questions, il eut la précaution d'apporter avec lui une lettre de Philippe au peuple athénien, écrite dans les termes les plus amicaux, dans laquelle Philippe prenait sur lui tout le blâme qui pouvait retomber sur les ambassadeurs, en affirmant qu'ils avaient désiré aller visiter les cités alliées, mais qu'il les avait retenus afin qu'ils l'aidassent à arranger le différend entre les cités d'Halos et de Pharsalos. Cette lettre, qui fournissait une nouvelle présomption à la connivence entre les ambassadeurs et Philippe, était en outre fondée sur un faux prétexte; car Halos fut (soit à ce moment même, soit peu de temps après) conquise par ses armes, cédée aux Pharsaliens, et sa population vendue ou chassée (3).

(1) Démosth. Fals. Leg. p. 395. Cf. Pseudo-Démosth. De Halonneso, p. 87.

(2) Démosth. Fals. Leg. p. 351. Ἦν γὰρ τοῦτο πρῶτον ἁπάντων τῶν ἀδικημάτων, τὸ τὸν Φίλιππον ἐπιστῆσαι τοῖς πράγμασι τούτοις, καὶ δέον ὑμᾶς ἀκοῦσαι περὶ τῶν πραγμάτων, εἶτα βουλεύσασθαι, μετὰ ταῦτα δὲ πράττειν ὅ, τι δόξαι, ἅμα ἀκούειν κἀκεῖνον παρεῖναι, καὶ μηδ' ὅ, τι χρὴ ποιεῖν ῥᾴδιον εἰπεῖν εἶναι. Cf. Démosth. De Coronâ, p. 236. Πάλιν ὠνεῖται παρ' αὐτῶν ὅπως μὴ ἀπίωμεν ἐκ Μακεδονίας ἕως τὰ τῆς στρατείας τῆς ἐπὶ τοὺς Φωκέας εὐτρεπῆ ποιήσαιτο, etc.

(3) Démosthène, Fals. Leg. p. 352, 353; ad Philipp. Epistol. p. 152. Dé-

Lorsqu'à Pheræ Philippe et ses alliés avaient prêté serment, Æschine et la majorité des ambassadeurs athéniens avaient formellement et publiquement déclaré les Phokiens exclus et hors du traité, et ils n'avaient rien dit au sujet de Kersobleptês. Si en faisant cette déclaration ils ne s'écartaient pas de leur mandat, du moins ils faisaient un pas au delà; car le peuple athénien avait expressément rejeté la même exclusion quand Philokratês l'avait proposée à Athènes; bien que, quand l'ambassadeur macédonien eut déclaré qu'il ne pouvait admettre les Phokiens, les Athéniens eussent consenti à jurer le traité sans eux. Probablement Philippe et ses alliés ne voulurent pas consentir à prêter le serment à Athènes et à ses alliés, sans une déclaration expresse que les Phokiens en étaient exclus (1). Mais bien que Philokratês et Æschine rejetassent ainsi les Phokiens, ils persistèrent à affirmer que les intentions de Philippe à l'égard de ce peuple étaient extrêmement favorables. Ils l'affirmèrent probablement aux Phokiens eux-mêmes, comme excuse pour avoir prononcé l'exclusion spéciale; ils le répétèrent hautement et fortement à Athènes, dès qu'ils furent de retour. Ce fut alors que Démosthène aussi, après avoir vu son suffrage vaincu et sa voix réduite au silence pendant la mission, obtint une occasion de publier sa protestation. Faisant partie des sénateurs de cette année, il fit sur-le-champ son rapport au sénat, vraisemblablement le jour ou le surlendemain de son arrivée, devant un auditoire considérable de simples citoyens présents là pour assister à

mosthène affirme en outre qu'Æschine lui-même *écrivit* la lettre au nom de Philippe. Æschine nie l'avoir écrite, et il appuie sa dénégation sur des raisons suffisantes. Mais il ne nie pas l'avoir apportée (Æschine, Fals. Leg. p. 44, c. 40, 41).

Les habitants de Pharsalos étaient attachés à Philippe, tandis que ceux de Pheræ lui étaient opposés autant qu'ils l'osaient, et même ils refusèrent (suivant Démosthène, Fals. Leg. p. 444) de se joindre à son armée dans cette expédition. L'ancienne rivalité entre ces cités reparaît ici.

(1) Démosth. Fals. Leg. p. 355. Ἐκ τοῦ, ὅτε τοὺς ὅρκους ἤμελλε Φίλιππος ὀμνύναι τοὺς περὶ τῆς εἰρήνης, ἐκσπόνδους ἀποφανθῆναι τοὺς Φωκέας ὑπὸ τούτων, ὃ σιωπᾶν καὶ ἐᾶν εἰκὸς ἦν, εἴπερ ἤμελλον σώζεσθαι. Cf. p. 395. Πρῶτον μὲν τοίνυν Φωκεῖς ἐκσπόνδους καὶ Ἁλεῖς ἀπέφηναν καὶ Κερσοβλέπτην, παρὰ τὸ ψήφισμα καὶ τὰ πρὸς ὑμᾶς εἰρημένα, etc.; et p. 430.

une chose aussi importante. Il raconta toutes les opérations de l'ambassade, — rappelant les espérances et les promesses à l'aide desquelles Æschine et autres avaient persuadé les Athéniens de consentir à la paix, — accusant ces ambassadeurs de fabriquer, en collusion avec Philippe, des mensonges et des assurances trompeuses, — et leur reprochant d'avoir déjà, par leurs inexcusables délais, livré Kersobleptês à la ruine. Démosthène en même temps fit connaître au sénat l'approche et la marche rapide de Philippe, et il le supplia de s'interposer même à ce dernier moment, dans le dessein d'empêcher ce qui restait encore, les Phokiens et les Thermopylæ, d'être abandonné d'après les mêmes tromperies perfides (1). L'armement d'une flotte de cinquante trirèmes avait été voté, et elle était prête à être employée au premier signal dans une occasion soudaine (2). La majorité du sénat partagea décidément l'avis de Démosthène, et rendit une décision dans ce sens qui devait être soumise à l'assemblée publique. Cette décision était si contraire aux ambassadeurs, qu'elle ne les louait ni ne les invitait à dîner dans le Prytaneion, insulte (suivant Démosthène) sans aucun exemple dans le passé (3).

Le 16 du mois Skirrophorion, trois jours après le retour des ambassadeurs, fut tenue la première assemblée publique, où, selon la forme habituelle, la résolution prise récemment par le sénat aurait dû être discutée (juin 346 av. J.-C.). Mais elle ne fut pas même lue à l'assemblée, car immédiatement après l'ouverture de la séance (comme nous le dit

(1) Démosth. Fals. Leg. p. 346.

(2) Démosth. Fals. Leg. p. 441. Ἐφ' ἧν αἱ πεντήκοντα τριήρεις ὅμως ἐφώρμουν, etc. Cf. Æschine, Fals. Leg. p. 33.

(3) Démosth. Fals. Leg. p. 350, 351. Démosthène fait lire cette résolution du sénat (προβούλευμα) aux dikastes, en même temps que le témoignage du sénateur qui la proposa. Ce document ne se trouve pas *verbatim*; mais Démosthène le commente devant les dikastes après qu'il a été lu, et il signale en particulier qu'il ne renferme ni éloge ni invitation, ce que le sénat était toujours dans l'habitude de voter à des ambassadeurs de retour. Cela suffit pour réfuter l'allégation d'Æschine (Fals. Leg. p. 44, c. 38), à savoir que Démosthène lui-même proposa une résolution à l'effet de louer les ambassadeurs et de les inviter à un banquet dans le Prytaneion. Æschine ne produit pas cette résolution, et il ne la fait pas non plus lire devant les dikastes.

Démosthène), Æschine se leva et se mit à parler au peuple, qui était naturellement impatient de l'entendre avant tout autre, parlant comme il le faisait au nom de ses collègues en général (1). Il ne dit rien des récentes assertions de Démosthène devant le sénat, ni de la résolution de ce corps qui les suivit, ni même de l'histoire passée de l'ambassade; — mais il arriva immédiatement à l'état actuel des affaires et à l'avenir prochain. Il apprit au peuple que Philippe, après avoir prononcé les serments à Pheræ, était en ce moment parvenu aux Thermopylæ avec son armée. « Mais il y vient (dit Æschine) comme l'ami et l'allié d'Athènes, le protecteur des Phokiens, le restaurateur des cités bœôtiennes asservies, et l'ennemi de Thêbes seule. Nous, vos ambassadeurs, l'avons convaincu que les Thêbains sont les vrais coupables, non-seulement par leur oppression à l'égard des cités bœôtiennes, mais encore par rapport à la spoliation du temple, qu'ils ont méditée antérieurement aux Phokiens. Moi, Æschine, j'ai exposé avec force devant Philippe les iniquités des Thêbains; et pour cela ils ont mis ma tête à prix. Athéniens, vous apprendrez, dans deux ou trois jours, sans aucune inquiétude pour vous, que Philippe poursuit avec vigueur le siége de Thêbes. Vous verrez qu'il prendra et détruira cette cité, — qu'il demandera aux Thêbains une compensation pour le trésor ravi à Delphes, — et qu'il rétablira les communautés subjuguées de Platée et de Thespiæ. Bien plus, vous apprendrez les avantages plus directs encore que nous avons déterminé Philippe à vous accorder, mais qu'il ne serait pas encore prudent de détailler. L'Eubœa vous sera rendue en compensation d'Amphipolis : les Eubœens ont déjà exprimé la très-grande crainte que leur causent les relations de confiance entre Athènes et Philippe, et la probabilité qu'il vous cède leur île. Il y a encore d'autres choses dont je ne me soucie pas de vous parler tout au long, parce que nous avons de faux

(1) Démosth. Fals. Leg. p. 347, 351, 352. Τοῦτο μὲν οὐδεὶς ἀνέγνω τῷ δήμῳ τὸ προβούλευμα, οὐδ' ἤκουσεν ὁ δῆμος, ἀναστὰς δ' οὗτος ἐδημηγόρει. La date du 16 Skirrophorion est spécifiée p. 359.

amis même parmi nos collègues. » On comprit généralement, ce que déclarèrent les personnes qui entouraient l'orateur, que ces dernières allusions ambiguës se rapportaient à Orôpos, l'ancienne possession d'Athènes, actuellement dans les mains de Thêbes (1). Ces brillantes promesses d'avantages à venir furent probablement couronnées par l'annonce, plus digne de crédit, que Philippe s'était engagé à ramener tous les prisonniers athéniens à la prochaine fête Panathénaïque (2), qui tombait le mois suivant Hekatombæon.

La première impression des Athéniens, en entendant Æschine, fut celle de la surprise, de l'alarme et du déplaisir, causés par le voisinage imprévu de Philippe (3), qui ne leur laissait pas le temps de délibérer, et à peine le minimum du temps nécessaire pour occuper les Thermopylæ instantanément et par mesure de précaution, si une pareille

---

(1) J'ai condensé ici la substance de ce que dit Démosthène, Fals. Leg. p. 347, 348, 351, 352, 364, 411, etc. Une autre assertion, tendant au même but, faite par Démosthène dans le discours De Pace (prononcé seulement quelques mois après l'assemblée dont il est question ici, et qui n'est pas une accusation judiciaire contre Æschine, mais une harangue délibérative devant l'assemblée publique), cette assertion, dis-je, est même une meilleure preuve que le discours accusatoire De Falsâ Legatione : — Ἡνίκα τοὺς ὅρκους τοὺς περὶ τῆς εἰρήνης ἀπειληφότες ἥκομεν οἱ πρέσβεις, τότε Θεσπιάς τινων καὶ Πλαταιὰς ὑπισχνουμένων οἰκισθήσεσθαι, καὶ τοὺς μὲν Φωκέας τὸν Φίλιππον, ἂν γένηται κύριος, σώσειν, τὴν δὲ Θηβαίων πόλιν διοικεῖν, καὶ τὸν Ὠρωπὸν ὑμῖν ὑπάρξειν, καὶ τὴν Εὔβοιαν ἀντ' Ἀμφιπόλεως ἀποδοθήσεσθαι, καὶ τοιαύτας ἐλπίδας καὶ φενακισμούς, οἷς ἐπαχθέντες ὑμεῖς οὔτε συμφόρως οὔτ' ἴσως οὔτε καλῶς προεῖσθε Φοκέας... οὐδὲν τούτων οὔτ' ἐξαπατήσας οὔτε σιγήσας ἐγὼ φανήσομαι, ἀλλὰ προειπὼν ὑμῖν, ὡς οἶδ' ὅτι μνημονεύετε, ὅτι ταῦτα οὔτε οἶδα οὔτε προσδοκῶ, νομίζω δὲ τὸν λέγοντα ληρεῖν (De Pace, p. 59).

Cf. également Philippique II, p. 72, 73, où Démosthène répète la même assertion ; et De Chersoneso, p. 105 ; De Coronâ, p. 236, 237.

(2) Démosthène dit (Fals. Leg. p. 394. Εἰς τὰ Παναθήναια φήσας ἀποπέμψειν) qu'*il* reçut cette assurance de Philippe, tandis que pendant la mission il faisait tous ses efforts pour obtenir la rançon ou la délivrance des prisonniers. Mais nous pouvons être sûrs qu'Æschine, qui était beaucoup plus dans les bonnes grâces de Philippe, a dû la recevoir également, puisqu'elle devait former un point si admirable pour son premier discours à Athènes, dans cette conjoncture critique.

(3) Démosth. Fals. Leg. p. 352. Ὥσθ' ὑμᾶς ἐκπεπληγμένους τῇ παρουσίᾳ τοῦ Φιλίππου, καὶ τούτοις ὀργιζομένους ἐπὶ τῷ μὴ προηγγέλκεναι, πρᾳοτέρους γενέσθαι τινὸς, πάνθ' ὅσ' ἐβούλεσθ' ὑμῖν ἔσεσθαι προσδοκήσαντας, etc.

mesure était jugée nécessaire. Mais la suite du discours, — qui leur annonçait le prompt accomplissement de ces résultats favorables, en même temps que la satisfaction de leur antipathie contre Thêbes, effaça ce sentiment et leur fit concevoir d'agréables espérances. Ce fut en vain que Démosthène se leva pour répondre, accusa ces assurances d'être fallacieuses, et essaya de présenter la même assertion qui avait déjà prévalu dans le sénat. Le peuple refusa de l'entendre; Philokratês avec les autres amis d'Æschine le hua; et la majorité fut tellement pénétrée de l'espoir heureux qui lui était offert, que toute parole qui en attaquait ou en accusait la vérité parut hostile et fâcheuse (1). Il faut se rappeler que c'étaient les mêmes promesses que lui avaient faites précédemment Philokratês et autres, près de trois mois auparavant, quand la paix avec Philippe fut votée pour la première fois. Leur accomplissement immédiat était actuellement promis de nouveau sur la même autorité, — par des ambassadeurs qui avaient communiqué une seconde fois avec Philippe, et qui avaient ainsi de nouveaux moyens d'information; de sorte que l'espérance agréable née précédemment était confirmée et fortifiée. Personne ne songea au danger d'admettre Philippe en deçà des Thermopylæ, quand on comprit que le but de son arrivée était de protéger les Phokiens et de punir les Thêbains détestés. Il fut à peine permis à Démosthène de faire même une protestation, ou de décliner la responsabilité quant au résultat. Cette responsabilité, Æschine s'en chargea d'un air triomphant, tandis que Philokratês amusait le peuple en disant : — « Ne vous étonnez pas, Athéniens, que Démosthène et moi ne pensions pas de même. Lui, c'est un triste buveur d'eau; moi, j'aime le vin (2). »

L'assemblée était dans cette disposition, quand la lettre de Philippe, apportée par les ambassadeurs, fut produite et lue. Ses abondantes expressions d'estime et ses promesses

(1) Dém. Fals. Leg. p. 348, 349, 352. Οἱ δ' ἀντιλέγοντες ὄχλος ἄλλως καὶ βασκανία κατεφαίνετο, etc.

(2) Démosth. Fals. Leg. p. 355; Philipp. II, p. 73.

d'avantages futurs pour Athènes furent applaudies avec chaleur, tandis que, prévenus comme l'étaient les auditeurs, aucun d'eux ne remarqua, et il ne fut non plus permis à aucun orateur de signaler, que ces expressions étaient entièrement vagues et générales, et qu'il n'était pas dit un mot au sujet des Thêbains ni des Phokiens (1). Philokratês proposa ensuite un décret, qui louait Philippe pour ses promesses justes et avantageuses, — qui pourvoyait à ce que la paix et l'alliance avec lui fussent étendues non-seulement aux Athéniens existants, mais encore à leur postérité, — et qui portait que, si les Phokiens refusaient encore de céder la possession du temple de Delphes aux Amphiktyons, le peuple d'Athènes les forcerait à le faire par une intervention armée (2).

Pendant les quelques jours qui suivirent immédiatement le retour des ambassadeurs à Athènes (le 13 Skirrophorion), Philippe écrivit deux lettres successives, pour inviter les troupes athéniennes à le rejoindre sur-le-champ aux Thermopylæ (3). Probablement elles furent envoyées au moment où Phalækos, le chef phokien alors à ce défilé, répondit à sa première sommation par une réplique négative (4). Les deux lettres ont dû être dépêchées immédiatement l'une après l'autre; elles trahissaient une anxiété considérable de la part de Philippe, ce qui n'est pas difficile à comprendre.

---

(1) Démosth. Fals. Leg. p. 353.

(2) Démosth. Fals. Leg. p. 356. Οὗτος (Æschine) ἦν ὁ λέγων ὑπὲρ αὐτοῦ καὶ ὑπισχνούμενος · πρὸς δὲ τοὺς παρὰ τούτου λόγους ὡρμηκότας λαβὼν ὑμᾶς ὁ Φιλοκράτης, ἐγγράφει τοῦτ' εἰς τὸ ψήφισμα, ἐὰν μὴ ποιῶσι Φωκεῖς ἃ δεῖ, καὶ παραδίδωσι τοῖς Ἀμφικτύοσι τὸ ἱερὸν, ὅτι βοηθήσει ὁ δῆμος ὁ Ἀθηναίων ἐπὶ τοὺς διακωλύοντας ταῦτα γίγνεσθαι.

Le fait que par cette motion de Philokratês la paix était étendue à « la postérité » des Athéniens, — Démosthène y insiste comme sur « la plus grande honte de toutes », avec une force d'expression telle qu'il est difficile d'y suivre l'orateur (Philipp. II, p. 73).

(3) Démosth. Fals. Leg. p. 357. Démosthène fait lire les deux lettres, et il continue : — Αἱ μὲν τοίνυν ἐπιστολαὶ καλοῦσιν αὗται, καὶ νὴ Δία ἤδη γε.

De même *Æschine*, Fals. Leg. p. 46, c. 41. Ὑμῖν δὲ ταῦθ' ὁρῶν οὐκ ἔγραψεν ἐπιστολὴν ὁ Φίλιππος, ἐξιέναι πάσῃ τῇ δυνάμει, βοηθήσοντας τοῖς δικαίοις; Æschine mentionne seulement une des deux lettres. Boehnecke (Forschungen, p. 412) croit que les lettres furent écrites et envoyées entre le 16 et le 23 du mois Skirrophorion.

(4) Démosth. Fals. Leg. p. 359.

Il ne pouvait pas être certain d'abord de l'effet que produirait sur l'esprit public à Athènes son arrivée imprévue aux Thermopylæ. Malgré toutes les paroles persuasives d'Æschine et de Philokratês, les Athéniens pouvaient concevoir une assez grande alarme pour s'opposer à son admission en deçà de cette importante barrière ; tandis que Phalækos et les Phokiens, — qui avaient une puissante armée de mercenaires, capable, même sans secours, d'opposer une résistance assez longue, — essayeraient à coup sûr de résister, si quelque espoir d'aide leur était présenté du côté d'Athènes. De plus, il devait être difficile pour Philippe de faire des opérations militaires prolongées dans le voisinage, faute de provisions, les terres n'ayant pas été ensemencées à cause de la continuation de la guerre antérieure, et les trirèmes athéniennes étant tout près pour intercepter ses provisions par mer (1). Aussi était-il important pour lui de tenir les Athéniens dans l'illusion et la quiétude pour le moment, dessein auquel ses lettres étaient bien adaptées, de quelque manière qu'on les prît. Si les Athéniens venaient aux Thermopylæ, ils viendraient comme ses alliés, — et non comme alliés des Phokiens. Non-seulement ils seraient au milieu de ses forces supérieures, et conséquemment pour ainsi dire des otages (2), mais ils seraient éloignés du contact des Phokiens et contribueraient à intimider ces derniers. Si, au contraire, les Athéniens se déterminaient à ne pas venir, en tout cas ils interpréteraient le désir qu'il avait de les avoir auprès de lui comme une preuve qu'il ne méditait pas de projets contraires à leurs désirs et à leurs intérêts, et ils croiraient les assurances, données par Æschine et par ses autres partisans à Athènes, qu'il était en secret bien disposé à l'égard des Phokiens. Cette dernière alternative était ce que Philippe désirait et espérait à la fois. Il désirait

(1) Démosth. Fals. Leg. p. 379.

(2) Ce fut un des motifs d'objection, adoptés par Démosthène et par ses amis, contre l'envoi de forces aux Thermopylæ par condescendance pour la lettre de Philippe, suivant l'assertion d'Æschine (Fals. Leg. p. 46, c. 41), qui traite l'objection avec mépris, bien qu'elle semble fondée et raisonnable.

seulement priver les Phokiens de toute chance d'aide du côté d'Athènes, et rester seul à s'occuper d'eux. Ses lettres servirent à éblouir le public athénien ; mais ses partisans eurent soin de ne pas pousser l'assemblée (1) à se rendre directement à leur invitation. Effectivement la proposition d'une pareille expédition (outre le dégoût constant des citoyens pour le service militaire) a dû être singulièrement répugnante, si l'on songe que les Athéniens auraient eu à paraître, ostensiblement du moins, en armes contre les Phokiens, leurs alliés. La menace conditionnelle de l'assemblée athénienne contre les Phokiens (s'ils refusaient de rendre le temple aux Amphiktyons), décrétée sur la proposition de Philokratês, était à elle seule suffisamment dure contre des alliés de dix années de date, et elle équivalait au moins à une déclaration qu'Athènes n'interviendrait pas en leur faveur, — ce qui était tout ce dont Philippe avait besoin.

Parmi les auditeurs de ces débats à Athènes se trouvaient des envoyés de ces Phokiens mêmes, dont le sort était en ce moment en suspens. Il a déjà été dit que pendant le mois de septembre précédent, tandis que les Phokiens étaient déchirés par des dissensions intestines, Phalækos, le chef des mercenaires, avait repoussé les secours (demandés par ses adversaires phokiens), tant d'Athènes que de Sparte (2) ; il se croyait assez fort pour défendre les Thermopylæ avec ses propres troupes. Toutefois, pendant les mois qui s'étaient écoulés depuis cette époque, sa force et son orgueil avaient décliné à la fois. Bien qu'il occupât encore les Thermopylæ avec huit mille ou dix mille mercenaires, et qu'il conservât encore de la supériorité sur Thêbes, avec la possession d'Orchomenos, de Korôneia et d'autres villes prises aux Thêbains (3), — cependant ses ressources financières étaient devenues si insuffisantes pour une armée nombreuse, et les soldats étaient tombés dans un si grand désordre faute

(1) Démosth. Fals. Leg. p. 356, 357.

(2) Æschine, Fals. Leg. p. 46, c. 41.

(3) Démosth. Fals. Leg. p. 387.

de paye régulière (1), — qu'il crut prudent de demander l'aide de Sparte, pendant le printemps, tandis qu'Athènes était en train d'abandonner les Phokiens pour entrer en arrangement avec Philippe. En conséquence, Archidamos se rendit aux Thermopylæ, avec mille auxiliaires lacédæmoniens (2). Les forces défensives réunies ainsi étaient amplement suffisantes contre Philippe, par terre ; mais on ne pouvait tenir cet important défilé, par mer, sans la coopération d'une flotte supérieure (3). Or, les Phokiens avaient de puissants ennemis même en deçà du défilé, — les Thêbains, — et il n'y avait pas d'obstacle, excepté la flotte athénienne sous Proxenos à Oreus (4), pour empêcher Philippe de débarquer des troupes derrière les Thermopylæ, de se joindre aux Thêbains, et de se rendre maître de la Phokis du côté qui regardait la Bœôtia.

Aussi, pour la sûreté des Phokiens la continuation de la protection maritime d'Athènes était-elle indispensable, et sans doute ils observèrent avec anxiété et crainte les phases trompeuses de la diplomatie athénienne pendant l'hiver et le printemps de 347-346 avant J.-C. Leurs députés ont dû être présents à Athènes quand le traité fut conclu et juré en mars 346 avant J.-C. Bien que forcés d'endurer non-seulement le refus d'Antipater qui les excluait du ser-

(1) Æschine, Fals. Leg. p. 46, c. 41. L'assertion d'Æschine, — au sujet de la force décroissante des Phokiens et des causes de ce déclin, — a toute apparence d'être exacte comme fait, bien qu'elle n'appuie pas la conclusion qu'il en tire.

Cf. Démosth. Olynth. III, p. 30 (prononcée quatre ans plus tard) : — Ἀπειρηκότων δὲ χρήμασι Φωκέων, etc.

(2) Démosth. Fals. Leg. p. 365; Diodore, XVI, 59.

(3) Pour la défense des Thermopylæ, à l'époque de l'invasion de Xerxês, la flotte grecque à Artemision ne fut pas moins essentielle que les troupes de terre de Léonidas campées dans le défilé même.

(4) Que les Phokiens ne pussent défendre les Thermopylæ sans le secours d'Athènes — et que Philippe pût s'avancer jusqu'à la frontière de l'Attique, sans obstacle intermédiaire pour l'arrêter, si on laissait tomber Olynthos entre ses mains, — c'est ce qui est présenté d'une manière expressive par Démosthène dans la première Olynthienne, près de quatre ans avant le mois de Skirrophorion, 346 avant J.-C.

Ἂν δ' ἐκεῖνα Φίλιππος λάβῃ, τίς αὐτὸν κωλύσει δεῦρο βαδίζειν; Θηβαῖοι; οἵ, εἰ μὴ λίαν πικρὸν εἰπεῖν, καὶ συνεισβαλοῦσιν ἑτοίμως. Ἀλλὰ Φωκεῖς; οἱ τὴν οἰκείαν οὐχ οἷοί τε ὄντες φυλάττειν, ἐὰν μὴ βοηθήσεθ' ὑμεῖς (Démosth. Olynth. I, p. 16).

ment, mais encore le consentement de leurs alliés athéniens, suivi tacitement d'effet sans être annoncé formellement, de prononcer le serment sans eux, — néanmoins ils entendirent les assurances adressées avec confiance au peuple par Philokratês et par Æschine, qui lui dirent que ce refus était purement une feinte pour tromper les Thessaliens et les Thêbains, — que Philippe s'avancerait comme protecteur des Phokiens, — et que tous ses desseins hostiles réels étaient dirigés contre Thêbes. Comment les Phokiens interprétèrent-ils cette politique tortueuse et contradictoire, c'est ce qu'on ne nous dit pas. Mais leur sort dépendait de la détermination d'Athènes, et pendant le temps où les Dix ambassadeurs athéniens étaient en train de négocier ou d'intriguer avec Philippe à Pella, des ambassadeurs phokiens y étaient également, essayant d'établir quelque intelligence avec Philippe, grâce à l'appui lacédæmonien et athénien. Philippe et Æschine les amusèrent probablement avec des promesses favorables. Et bien que, quand on fit à la fin prêter serment à Philippe à Pheræ, on déclarât formellement que les Phokiens étaient exclus, — cependant les belles paroles d'Æschine et les assurances qu'il donnait des bonnes intentions de Philippe à leur égard, ne cessèrent pas de se faire entendre.

Tandis que Philippe s'avançait droit de Pheræ aux Thermopylæ, et que les ambassadeurs athéniens retournaient à Athènes, — des députés phokiens se rendirent également dans cette dernière ville pour apprendre la dernière détermination du peuple athénien, sur laquelle reposait leur sort. Bien que Philippe, en arrivant dans le voisinage des Thermopylæ, sommât le chef phokien Phalækos de livrer le défilé et lui offrît des conditions, — Phalækos ne voulut pas faire de réponse avant que ses députés fussent revenus d'Athènes (1). Ces députés, présents à l'assemblée publique

(1) Démosth. Fals. Leg. p. 359. Ἥκομεν δὲ δεῦρο ἀπὸ τῆς πρεσβείας τῆς ἐπὶ τοὺς ὅρκους τρίτῃ ἐπὶ δέκα τοῦ Σκιῤῥοφοριῶνος μηνὸς, καὶ παρῆν ὁ Φίλιππος ἐν Πύλαις ἤδη καὶ τοῖς Φωκεῦσιν ἐπηγγέλλετο ὧν οὐδὲν ἐπίστευον ἐκεῖνοι. Σημεῖον δὲ — οὐ γὰρ ἂν δεῦρ' ἧκον ὡς ὑμᾶς... παρῆσαν γὰρ οἱ

du 16 Skirrophorion, entendirent les mêmes assurances fallacieuses qu'auparavant, relativement aux desseins de Philippe, répétées par Philokratês et par Æschine avec une impudence non diminuée, et acceptées encore par le peuple. Mais ils entendirent aussi, dans cette même assemblée, le décret proposé par Philokratês et adopté, qui portait que, si les Phokiens ne rendaient pas sur-le-champ le temple de Delphes aux Amphiktyons, le peuple athénien les contraindrait à le faire par la force. Si les Phokiens nourrissaient encore des espérances, cette déclaration conditionnelle de guerre, de la part d'une cité qui continuait de nom à être leur alliée, leur ouvrit les yeux et les convainquit que le seul espoir qui leur restât était de faire avec Philippe le meilleur arrangement possible (1). Défendre avec succès les Thermopylæ sans Athènes était impraticable, — à bien plus forte raison contre Athènes.

Quittant Athènes après l'assemblée du 16 Skirrophorion, les députés phokiens rapportèrent la nouvelle de ce qui s'était passé à Phalækos, qu'ils rejoignirent à Nikæa près des Thermopylæ vers le 20 du même mois (2) (juin, 346 av. J.-C.). Trois jours après, Phalækos, avec sa puissante armée de huit mille ou de dix mille fantassins mercenaires, et de mille chevaux, avait conclu une convention avec Philippe.

τῶν Φωκέων πρέσβεις ἐνθάδε, καὶ ἣν αὐτοῖς καὶ τί ἀπαγγελλοῦσιν οὗτοι (Æschine, Philokratês, etc.) καὶ τί ψηφιεῖσθε ὑμεῖς, ἐπιμελὲς εἰδέναι.

(1) Démosth. Fals. Leg. p. 357. Οἱ μὲν τοίνυν Φωκεῖς, ὡς τὰ παρ' ὑμῶν ἐπύθοντο ἐκ τῆς ἐκκλησίας καὶ τό τε ψήφισμα τοῦτ' ἔλαβον τὸ τοῦ Φιλοκράτους, καὶ τὴν ἀπαγγελίαν ἐπύθοντο τὴν τούτου καὶ τὰς ὑποσχέσεις — κατὰ πάντας τοὺς τρόπους ἀπώλοντο.

Æschine (Fals. Leg. p. 45, c. 41) parle des assertions avancées par Démosthène au sujet des ambassadeurs de Phalækos à Athènes, et de l'effet de la nouvelle qu'ils rapportèrent en déterminant la capitulation. Il se plaint d'eux en général comme étant « indisposés contre lui » (ὁ κατήγορος μεμηχάνηται), mais il ne les contredit sur aucun point spécial. Et il ne réussit pas du tout à repousser l'argument principal, présenté avec une grande précision de date par Démosthène.

(2) Démosth. Fals. Leg. p. 359 : Cf. Diodore, XVI, 59. Dans ce passage, Démosthène compte *sept* jours entre l'assemblée finale à Athènes et la capitulation conclue par les Phokiens. Dans un autre passage, il ne donne que *cinq* jours pour le même intervalle (p. 365), ce qui sans doute est inexact. Dans un troisième passage, le même intervalle, vraisemblablement, est de cinq ou de six jours (p. 379).

Les auxiliaires lacédæmoniens, remarquant la politique peu sincère d'Athènes et la ruine certaine des Phokiens, étaient partis un peu auparavant (1). Il fut stipulé dans la convention que Phalækos évacuerait le territoire et se retirerait dans tout autre lieu qui lui plairait, avec son armée mercenaire entière, et avec tous ceux des Phokiens qui voudraient l'accompagner. Le reste des indigènes se mit à la merci du vainqueur.

Toutes les villes de Phokis, au nombre de vingt-deux, avec le défilé des Thermopylæ, furent remises entre les mains de Philippe ; toutes se rendaient à discrétion ; toutes sans résistance. Dès que Philippe fut maître ainsi du pays, il réunit ses forces à celles des Thêbains et déclara son dessein d'agir entièrement d'après leur politique ; de leur céder une portion considérable de la Phokis ; de leur rendre Orchomenos, Korsiæ et Korôneia, villes bœôtiennes que les Phokiens leur avaient prises, et de tenir le reste de la Bœôtia dans leur dépendance, précisément comme il l'avait trouvé (2).

Dans l'intervalle, les Athéniens, après avoir rendu le décret mentionné plus haut, renommèrent (dans la même assemblée du 16 Skirrophorion, — juin, 346 av. J.-C.) les dix mêmes ambassadeurs pour en porter la nouvelle à Philippe, et pour être témoins de l'accomplissement des magnifiques promesses faites en son nom. Mais Démosthène se fit

---

(1) Démosthène, Fals. Leg. p. 356-365. Ἐπειδὴ δ'ἧκεν (Philippe) εἰς Πύλας, Λακεδαιμόνιοι δ' αἰσθόμενοι τὴν ἐνέδραν ὑπεχώρησαν, etc.

(2) Démosth. Fals. Leg. p. 359, 360, 365, 379, 413. Ὁ δὲ (Æschine) τοσοῦτον δεῖ τῶν ὑπαρχόντων τινα αἰχμάλωτον σῶσαι, ὥσθ' ὅλον τόπον καὶ πλεῖν ἢ μυρίους μὲν ὁπλίτας, ὁμοῦ δὲ χιλίους ἱππέας τῶν ὑπαρχόντων συμμάχων, ὅπως αἰχμάλωτοι γένωνται Φιλίππῳ συμπαρεσκεύασεν.

Diodore (XVI, 59) fixe à huit mille le nombre des mercenaires de Phalækos.

De ce que les Phokiens se rendirent par capitulation à Philippe et non aux Thêbains (p. 360), — de ce qu'aucune de leurs villes ne fit de résistance, — Démosthène conclut que cela prouve leur confiance dans les dispositions favorables de Philippe, attestées par Æschine. Mais il force cet argument contre Æschine. Les Phokiens n'avaient plus qu'à se rendre, aussitôt que toute chance d'un secours athénien fut évidemment fermée. L'idée d'opinions favorables de la part de Philippe fut sans doute un motif auxiliaire, mais ce ne fut ni le premier ni le principal.

immédiatement dégager de son serment et refusa de servir; tandis qu'Æschine, sans se faire dégager comme Démosthène, fut néanmoins tellement indisposé qu'il lui fut impossible de partir. Telle est du moins son assertion, bien que Démosthène affirme que la maladie était simplement un prétexte concerté, afin qu'Æschine pût rester à Athènes pour combattre toute réaction du sentiment public dans cette ville, réaction qui se produirait vraisemblablement à l'arrivée des mauvaises nouvelles qu'on recevrait assurément de Phokis, comme le savait Æschine (1). D'autres ayant été choisis à la place d'Æschine et de Démosthène (2), les dix ambassadeurs partirent, et s'avancèrent aussi loin que Chalkis en Eubœa. Ce fut là que leur parvint la fatale nouvelle de la terre ferme de l'autre côté du détroit. Le 23 Skirrophorion, Phalækos et toutes les villes phokiennes s'étaient rendus; Philippe était maître des Thermopylæ, avait réuni ses forces à celles des Thèbains, et proclamait une politique favorable à Thèbes sans réserves. Le 27 Skirrophorion, Derkyllos, un des ambassadeurs, revint en toute hâte à Athènes, après s'être arrêté tout court dans sa mission en apprenant ces faits.

Au moment où il arriva, le peuple tenait une assemblée dans le Peiræeus, au sujet de questions se rattachant aux bassins et à l'arsenal, et c'est à cette assemblée, actuellement en séance, que Derkyllos fit son rapport inattendu (3). Le coup que le public athénien en reçut fut prodigieux. Non-seulement toutes leurs magnifiques espérances d'une politique anti-thèbaine de la part de Philippe (crue et accueillie jusqu'alors par le peuple sur les assurances positives d'Æschine, et de Philokratês) étaient renversées actuellement, — non-seulement les Athéniens comprenaient avec

(1) Démosth. Fals. Leg. p. 378; Æschine, Fals. Leg. p. 40, c. 30. Il paraît que les dix ambassadeurs ne furent pas tous les mêmes : — Τῶν ἄλλων τοὺς πλείστους τοὺς αὐτούς, etc. Οὐθ' ὅτι πρεσβευτὴς ἄλλος ἤρητο ἀνθ' αὐτοῦ, etc.

Æschine (Fals. Leg. p. 46, c. 43) ne semble pas nier cela distinctement.

(2) Démosth. Fals. Leg. p. 380.

(3) Démosthène, Fals. Leg. p. 359, 360, 365, 379.

regret qu'ils avaient été trompés par Philippe, qu'ils avaient joué le jeu de leurs ennemis les Thêbains et avaient livré à la ruine les Phokiens leurs alliés, — mais ils sentaient encore qu'ils avaient abandonné les Thermopylæ, la défense à la fois de l'Attique et de la Grèce, et que la route d'Athènes était ouverte à leurs plus dangereux ennemis les Thêbains, aidés en ce moment par les forces macédoniennes. Pressés ainsi par la surprise, par le chagrin et par la terreur, les Athéniens, sur la proposition de Kallisthenês, rendirent les votes suivants : Immédiatement mettre le Peiræeus, aussi bien que les forteresses dans toute l'Attique, en état de défense ; — placer à l'abri derrière ces murailles toutes les femmes et tous les enfants, ainsi que tous les biens mobiliers, actuellement répandus au dehors en Attique ; — célébrer la fête prochaine des Hêrakleia, non pas à la campagne, comme d'ordinaire, mais dans l'intérieur d'Athènes (1).

Voilà les votes significatifs, tels qu'on n'en avait pas rendu de pareils à Athènes depuis la guerre du Péloponèse, qui attestaient la réaction terrible de sentiment occasionnée à Athènes par la désastreuse nouvelle venue de la Phokis. A ce moment, Æschine était remis de son indisposition, ou (si nous en devons croire Démosthène) il jugea à propos de mettre de côté ce prétexte. Il partit comme ambassadeur volontaire, sans avoir été nommé de nouveau par le peuple, probablement avec ceux des Dix qui étaient favorables à ses vues, — pour aller trouver en Phokis Philippe et l'armée macédonienne et l'armée thêbaine combinées. Et ce qui est

(1) Démosth. Fals. Leg. p. 368-379. Æschine reconnaît aussi que ce vote fut rendu, à l'effet de transporter les biens mobiliers d'Athènes dans une place de sûreté, bien que naturellement il en parle très-peu (Fals. Leg. p. 46, c. 42).

Dans le discours de Démosthène, De Coronâ, p. 238, non-seulement il est fait allusion à ce décret, proposé par Kallisthenês, mais il est dit être rapporté *verbatim*. La date que nous y lisons, — le 21 du mois Mæmakterion est incontestablement fausse, car le décret réel doit avoir été rendu dans les derniers jours du mois Skirrophorion, immédiatement après qu'on eut entendu le rapport de Derkyllos. Cette erreur manifeste de date ne nous permet pas de croire à l'authenticité de ce document. Quant à ces documents originaux supposés, Droysen et d'autres critiques ont démontré que quelques-uns étaient décidément apocryphes ; et ils sont tous si douteux que je m'abstiens de les citer comme autorités.

encore plus remarquable, il s'y rendit en traversant Thêbes elle-même (1), bien que ses harangues et sa politique eussent été pendant les mois passés (suivant sa propre assertion) violemment anti-thêbaines (2), et bien qu'il eût affirmé (ce qui toutefois se fonde sur le témoignage de son rival) que les Thêbains avaient mis sa tête à prix. Après avoir rejoint Philippe, Æschine prit part aux fêtes et aux sacrifices, ainsi qu'aux pæans solennels que célébraient les Macédoniens, les Thêbains et les Thessaliens (3), en commémoration et en reconnaissance de leur triomphe facile, quoique longtemps différé, sur les Phokiens, et de la fin de la Guerre Sacrée de Dix Ans.

Peu de temps après que Philippe fut devenu maître des Thermopylæ et de la Phokis, il communiqua son succès dans une lettre aux Athéniens. Sa lettre indiquait qu'il avait pleine conscience de la crainte et de la répugnance que ses actes récents et inattendus avaient excitées à Athènes (4), mais, à d'autres égards, elle était conciliante et même pleine de séduction; elle exprimait une grande estime pour eux comme étant ses alliés unis à lui par des serments, et elle promettait de nouveau qu'ils recueilleraient des fruits solides de cette alliance. Il calmait cette vive appréhension d'une attaque macédonienne et thêbaine, qui avait engagé les Athéniens à sanctionner récemment les mesures de précaution proposées par Kallisthenês. De même, dans ses communications subséquentes avec Athènes, Phi-

---

(1) Démosthène, Fals. Leg. p. 380.

(2) Æschine, Fals. Leg. p. 41, c. 32; p. 43, c. 36. Æschine accuse Démosthène d'une partialité déloyale pour Thêbes.

(3) Démosth. Fals. Leg. p. 380, De Coronâ, p. 321. Æschine (Fals. Legat. p. 49, 50) admet cet acte et essaye de le justifier.

(4) Démosth. De Coronâ, p. 237, 238, 239. Il est évident que Démosthène trouva dans la lettre peu de chose qui pût être tourné contre Philippe. Le ton a dû en être plausible et séduisant.

Une lettre est insérée *verbatim* dans ce discours, et elle prétend être une lettre de Philippe aux Athéniens. Je suis d'accord avec ceux des critiques qui doutent de l'authenticité de cette lettre ou qui n'y croient pas, et par conséquent je ne la cite pas. Si Démosthène avait eu sous les yeux une lettre aussi péremptoire et aussi insolente de ton, il l'aurait critiquée beaucoup plus sévèrement.

lippe trouva qu'il était avantageux pour lui de continuer à professer la même amitié et à semer de semblables promesses (1) qui, exagérées par ses partisans dans l'assemblée publique, contribuaient à charmer les Athéniens et à les faire reposer dans la tranquillité, en lui permettant ainsi d'accomplir sans opposition des mesures réelles d'un caractère insidieux ou hostile. Même peu de temps après que Philippe eut franchi les Thermopylæ, quand il était en pleine coopération avec les Thêbains et les Thessaliens, Æschine le justifia hardiment, en affirmant que ces Thêbains et ces Thessaliens avaient été trop forts pour lui et l'avaient forcé, contre sa volonté, à agir d'après leur politique, tant pour ruiner les Phokiens que pour offenser Athènes (2). Et nous ne pouvons douter que la restitution des prisonniers faits à Olynthos, restitution qui n'a pas dû tarder à s'effectuer, n'ait répandu une vive satisfaction dans Athènes, et n'ait contribué pour le moment à contre-balancer les résultats publics mortifiants de sa récente politique.

Maître comme il l'était alors de la Phokis, à la tête d'une armée de Macédoniens et de Thêbains, à laquelle rien ne pouvait résister, Philippe rendit le temple de Delphes à ses habitants, et convoqua de nouveau l'assemblée amphiktyonique, qui ne s'était pas réunie depuis la prise du temple par Philomelos. Les Amphiktyons se rassemblèrent dans des sentiments d'antipathie vindicative contre les Phokiens et de dévouement absolu à l'égard de Philippe. Leur premier vote eut pour effet de déposséder les Phokiens de la place qu'ils avaient dans l'assemblée comme l'une des douze anciennes races amphiktyoniques, et de conférer à Philippe

(1) Æschine continue à vanter les excellentes dispositions de Philippe à l'égard d'Athènes, et les grands bienfaits que ce prince promettait de lui accorder, pendant plusieurs mois au moins après cette prise des Thermopylæ. Æschine cont. Timarch. p. 24, c. 33. Φίλιππον δὲ νῦν μὲν διὰ τὴν τῶν λόγων εὐφημίαν ἐπαινῶ · ἐὰν δ' αὐτὸς ἐν τοῖς πρὸς ὑμᾶς ἔργοις γένηται, οἷος νῦν ἐστὶν ἐν ταῖς ὑποσχέσεσιν, ἀσφαλῆ καὶ ῥᾴδιον τὸν καθ' αὑτοῦ ποιήσεται ἔπαινον.

Ce discours fut prononcé apparemment vers le milieu de l'Olymp. 108, 3, quelques mois après la conquête des Thermopylæ par Philippe.

(2) Démosth. De Pace, p. 62; Philipp. II, p. 69.

la place et deux voix (chacune des douze races avait deux voix) qui se trouvaient vacantes ainsi. Tous les droits que les Phokiens prétendaient avoir sur le temple de Delphes furent formellement annulés. Toutes les villes de Phokis, au nombre de vingt-deux, furent démantelées et réduites en villages. Abæ seule fut épargnée; ce qui la sauva, ce fut son ancien temple d'Apollon où l'on consultait l'oracle, et le fait que ses habitants n'avaient pris aucune part à la spoliation de Delphes (1). On ne permit à aucun village de contenir plus de cinquante maisons, ni d'être rapproché d'un autre de plus de deux cents mètres, comme minimum de distance. Avec une pareille restriction, les Phokiens furent toutefois autorisés à posséder et à cultiver leur territoire, à l'exception d'une certaine portion de la frontière cédée aux Thêbains (2); mais on les condamna à payer au temple de Delphes un tribut annuel de cinquante talents, jusqu'à ce qu'ils l'eussent dédommagé des richesses qui avaient été enlevées. On ordonna de vendre les chevaux des Phokiens; leurs armes durent être jetées dans les précipices du Parnassos ou brûlées. Ceux des Phokiens qui avaient pris part individuellement à la spoliation furent déclarés maudits, et on pouvait les arrêter partout où on les trouvait (3).

En outre, les Lacédæmoniens, comme ayant été alliés des Phokiens, furent dépossédés, par la même assemblée amphiktyonique, de leur privilége, c'est-à-dire de leur droit de concourir au suffrage amphiktyonique de la nation dôrienne. Ce vote émana probablement des antipathies politiques des Argiens et des Messêniens (4).

La sentence, toute rigoureuse qu'elle soit, prononcée par les Amphiktyons contre les Phokiens, était clémente en

---

(1) Pausanias, X, 3, 2.

(2) Cette cession faite aux Thêbains n'est pas mentionnée par Diodore; mais elle semble contenue dans les mots de Démosthène (Fals. Leg. p. 385) : — Τῆς τῶν Φωκέων χώρας ὁπόσην βούλονται. Cf. p. 380.

(3) Diodore, XVI, 30; Démosth. Fals. Leg. p. 385. Ὅλων τῶν τειχῶν καὶ τῶν πόλεων ἀναιρέσεις. Démosthène fait lire au dikasterion cette sévère sentence du conseil amphiktyonique (Démosth. Fals. Leg. p. 361). Par malheur elle n'a pas été conservée.

(4) Pausanias, X, 8, 2.

tant que comparée avec quelques-unes des propositions faites dans l'assemblée. Les Œtéens allèrent jusqu'à proposer que tous les Phokiens en âge de servir fussent jetés dans le précipice, et Æschine se fait honneur d'avoir engagé l'assemblée à écouter leur défense, et d'avoir par là sauvé leur existence (1). Mais bien que les termes de la sentence aient pu être ainsi adoucis, nous pouvons être sûrs que, dans son exécution, les Thêbains, les Thessaliens et d'autres étrangers logés dans le pays, — tous ennemis mortels du nom phokien, et donnant carrière à leurs antipathies sous le masque d'une pieuse indignation contre le sacrilége, — allèrent en cruauté active bien au delà des termes pris à la lettre. Que les Phokiens fussent dépouillés et tués (2), — que des enfants fussent arrachés à leurs parents, des épouses à leurs maris et les images des dieux à leurs temples; — que Philippe se fît la part du lion dans le butin et les biens mobiliers, — ce sont là des faits auxquels on devait naturellement s'attendre, comme accessoires de la violente mesure par laquelle les cités furent détruites et les habitants dispersés. Toutefois, de ceux qui avaient pris une part connue à la spoliation du temple, le plus grand nombre alla en exil avec Phalækos, et non pas eux seulement, mais encore tous ceux d'entre les citoyens modérés et méritoires qui purent trouver le moyen d'émigrer (3). Beaucoup de ces infortunés trouvèrent un asile à Athènes. Les Phokiens plus pauvres restèrent dans leur pays par nécessité. Mais la destruction infligée par les vainqueurs fut telle que, même deux ou trois ans après, quand Démosthène et d'autres ambassadeurs athéniens traversèrent la contrée en se ren-

(1) Æschine, Fals. Leg. p. 47, c. 44.

(2) Justin VIII, 5. « Victi igitur necessitate, pactâ salute se dediderunt. Sed pactio ejus fidei fuit, cujus antea fuerat deprecati belli promissio. Igitur cæduntur passim rapiunturque : non liberi parentibus, non conjuges maritis, non deorum simulacra templis suis relinquuntur. Unum tantum miseris solatium fuit, quod cum Philippus portione prædæ socios fraudasset, nihil rerum suarum apud inimicos viderunt. »

Cf. Démosth. Fals. Leg. p. 366.

(3) Æschine, Fals. Leg. p. 47, c. 44; Démosth. Fals. Leg. p. 366; Démosth. De Pace, p. 61. Ὅτι τοὺς Φωκέων φυγάδας σώζομεν, etc.

dant à l'assemblée amphiktyonique tenue à Delphes, ils ne virent rien que des preuves de misère : des vieillards, des femmes et des petits enfants, sans adultes; — des maisons ruinées, des villages appauvris, des champs à demi cultivés (1). Démosthène pouvait bien dire qu'il ne s'était jamais passé dans le monde grec des événements plus importants et plus terribles, soit de son temps, soit du temps de ses prédécesseurs (2).

Deux ans seulement s'étaient écoulés depuis que la conquête et la ruine d'Olynthos, et des trente-deux cités grecques chalkidiques en outre, avaient répandu partout les terreurs et la majesté qui s'attachaient au nom de Philippe. Mais il fut, en ce moment, élevé à une hauteur plus grande encore par la destruction des Phokiens, par la prise des Thermopylæ et par la vue d'une garnison macédonienne permanente, occupant dorénavant Nikæa et les autres places qui commandaient le défilé (3). On l'exalta comme le restaurateur de l'assemblée amphiktyonique, comme le champion qui avait vengé le dieu de Delphes contre les Phokiens sacriléges. Qu'il eût acquis la possession d'un défilé inattaquable, renvoyé la formidable armée de Phalækos et conquis les vingt-deux cités phokiennes, le tout sans coup férir, — c'est là ce qu'on regardait comme le plus étonnant de tous ses exploits. Le prestige de son bonheur constant en était même augmenté. Après avoir été alors, par le vote des Amphiktyons, investi du droit de suffrage amphiktyonique exercé antérieurement par les Phokiens, il

---

(1) Démosth. Fals. Leg. p. 361. Θέαμα δεινὸν καὶ ἐλεεινόν · ὅτε γὰρ νῦν ἐπορευόμεθα εἰς Δελφοὺς ἐξ ἀνάγκης ἦν ὁρᾷν ἡμῖν πάντα ταῦτα, οἰκίας κατεσκαμμένας, τείχη περιῃρημένα, χώραν ἔρημον τῶν ἐν τῇ ἡλικίᾳ, γύναια δὲ καὶ παιδάρια ὀλίγα καὶ πρεσβύτας ἀνθρώπους οἰκτρούς, οὐδ' ἂν εἷς δύναιτ' ἐφικέσθαι τῷ λόγῳ τῶν ἐκεῖ κακῶν νῦν ὄντων.

Comme ce discours fut prononcé en 343-342 avant J.-C., l'adverbe de temps νῦν peut raisonnablement être rapporté à la première partie de cette année, et le voyage à Delphes fut peut-être entrepris pour la réunion du printemps du conseil amphiktyonique de cette année, entre deux et trois ans après la destruction des Phokiens par Philippe.

(2) Démosth. Fals. Leg. p. 361.

(3) Démosthène ad Philipp. Epist. p. 153. Νικαίαν μὲν φρουρᾷ κατέχων, etc.

acquit un nouveau rang hellénique, avec de plus grandes facilités pour se mêler des affaires helléniques et y prédominer. De plus, dans le mois d'août 346 avant J.-C., environ deux mois après la reddition de la Phokis à Philippe, l'époque de la célébration de la grande fête Pythienne revenant après l'intervalle habituel de quatre ans, les Amphiktyons conférèrent à Philippe l'honneur signalé de le nommer président pour célébrer cette fête, conjointement avec les Thêbains et les Thessaliens (1), prééminence honorifique qui comptait parmi les aspirations les plus hautes d'ambitieux despotes grecs, et que Jasôn de Pheræ s'était préparé à s'approprier vingt-quatre années auparavant, au moment où il fut assassiné (2). Ce fut en vain que les Athéniens, mortifiés et indignés du renversement inattendu de leurs espérances et de la ruine complète de leurs alliés, refusèrent d'envoyer des députés aux Amphiktyons, — affectèrent même de dédaigner l'assemblée comme irrégulière, — et s'abstinrent de dépêcher leur légation sacrée comme d'ordinaire, pour sacrifier à la fête Pythienne (3). Le vote amphiktyonique n'en passa pas moins, sans le concours, il est vrai, ni d'Athènes, ni de Sparte, toutefois avec l'appui sincère non-seulement des Thêbains et des Thessaliens, mais encore des Argiens, des Messêniens, des Arkadiens, et de tous ceux qui comptaient sur Philippe comme sur un auxiliaire pro-

---

(1) Diodore, XVI, 60. Τιθέναι δὲ καὶ τὸν ἀγῶνα τῶν Πυθίων Φίλιππον μετὰ Βοιωτῶν καὶ Θετταλῶν, διὰ τὸ Κορινθίους μετεσχηκέναι τοῖς Φωκεῦσι τῆς εἰς τὸ θεῖον παρανομίας.

La raison assignée ici par Diodore, pour expliquer pourquoi les Amphiktyons placèrent la célébration de la fête Pythienne dans les mains de Philippe ne peut se comprendre. Il peut être vrai, comme fait, que les Corinthiens se soient alliés avec les Phokiens pendant la Guerre Sacrée, — bien qu'il n'y ait pas d'autre preuve de ce fait que ce passage. Mais les Corinthiens ne furent jamais investis d'aucun caractère d'autorité par rapport à la fête Pythienne. Ils étaient les présidents reconnus de la fête Isthmique. Je ne puis m'empêcher de croire que Diodore a été égaré par une confusion faite par lui entre ces deux fêtes.

(2) Xénophon, Hellen. VI.

(3) Démosthène, Fals. Leg. p. 380-398. Οὕτω δεινὰ καὶ σχέτλια ἡγουμένων τοὺς ταλαιπώρους πάσχειν Φωκέας, ὥστε μήτε τοὺς ἐκ τῆς βουλῆς θεωροὺς μήτε τοὺς θεσμοθέτας εἰς τὰ Πύθια πέμψαι, ἀλλ' ἀποστῆναι τῆς πατρίου θεωρίας, etc. Démosth. De Pace, p. 60. Τοὺς συνεληλυθότας τούτους καὶ φάσκοντας Ἀμφικτύονας εἶναι, etc.

bable contre leur dangereux voisin spartiate (1). Et quand des ambassadeurs de Philippe et des Thessaliens arrivèrent à Athènes pour notifier qu'il avait été investi du suffrage amphiktyonique et pour demander qu'Athènes concourût à sa réception, des considérations de prudence obligèrent les Athéniens, bien que contre leurs sentiments, à rendre un vote dans ce sens. Démosthène lui-même craignit de violer la paix récente, quelque honteuse qu'elle fût, et d'attirer sur Athènes une guerre amphiktyonique générale dirigée par le roi de Macédoine (2).

Il s'opéra donc alors un changement politique important doublement fatal au monde hellénique : d'abord, dans la nouvelle position de Philippe, tant comme maître des clefs de la Grèce que comme chef amphiktyonique reconnu, avec le moyen d'avoir accès même dans les cités les plus reculées du Péloponèse et d'y exercer une influence directe ; ensuite, dans le drapeau avili et la frontière découverte d'Athènes, déshonorée pour avoir trahi et ses alliés phokiens et le salut général de la Grèce, et récompensée seulement en ce qu'elle recouvrait ses captifs.

Comment les Athéniens en vinrent-ils à sanctionner une paix à la fois déshonorante et ruineuse qui livrait à Philippe ce défilé important, rempart commun de l'Attique et de la Grèce méridionale, qu'en guerre il n'aurait jamais pu emporter à la pointe de l'épée? Sans doute l'explication de cette conduite doit se trouver en partie dans l'état général de l'esprit athénien : — répugnance pour des dépenses et des efforts militaires, — fatigue et honte de leur guerre passée avec Philippe, — alarme causée par le prodigieux succès de ses armes, — et désir pressant de recouvrer les prisonniers

(1) Démosth. Fals. Leg. p. 61; Philipp. II, p. 68, 69.

(2) Démosth. De Pace, p. 60-63; Démosth. Fals. Leg. p. 375. Dans le dernier passage, Démosthène accuse Æschine d'avoir été le seul orateur de la cité qui parlât en faveur de la proposition, l'assemblée et le peuple étant animés d'un fort sentiment contre elle. Démosthène doit avoir oublié ou il ne désira pas rappeler son propre discours De Pace, prononcé trois années auparavant. Malgré la répugnance du peuple, très-facile à comprendre, je conclus que le décret a dû passer; puisque, s'il avait été rejeté, il en serait résulté des conséquences qui seraient venues à notre connaissance.

faits à Olynthos. Mais les sentiments que nous signalons ici, quelque puissants qu'ils fussent, n'auraient pas abouti à une pareille paix, s'ils n'eussent été secondés par l'improbité calculée d'Æschine et d'une majorité de ses collègues, qui trompèrent leurs compatriotes avec un tissu de fausses assurances quant aux desseins de Philippe, et retardèrent leurs opérations lors de la seconde ambassade, de telle sorte qu'il se trouva effectivement aux Thermopylæ avant que le danger réel du défilé fût connu à Athènes.

En se défiant, dans une juste mesure, de Démosthène comme témoin, on trouve dans les aveux d'Æschine lui-même des preuves suffisantes de corruption. Sa réponse à Démosthène, bien qu'elle réfute avec succès quelques circonstances aggravantes collatérales, touche rarement et ne repousse jamais les principaux chefs de l'accusation portée contre lui. Les mesures dilatoires de la seconde ambassade, — l'ajournement de la prestation de serment jusqu'à ce que Philippe fût à trois journées de marche des Thermopylæ, — la lenteur à faire connaître le danger qui menaçait ce défilé, jusqu'à ce que les Athéniens n'eussent plus le temps de délibérer sur la conjoncture, — toutes ces graves charges restent sans dénégation ni justification. Le refus de partir sur-le-champ lors de la seconde ambassade, et d'aller directement trouver Philippe en Thrace pour protéger Kersobleptês, est expliqué, il est vrai, mais d'une manière qui aggrave le tort plutôt qu'elle ne l'affaiblit. Et ce qu'il y a de plus grave, — c'est que les fausses assurances données au public athénien, relativement aux desseins de Philippe, — sont évidemment admises par Æschine (1).

Quant à ces assurances publiques données par cet orateur au sujet des intentions de Philippe, un mensonge corrompu me paraît la seule supposition admissible. Il n'y a rien,

---

(1) Æschine, Fals. Leg. p. 43, c. 37. Τοῦτο οὐκ ἀπαγγεῖλαι, ἀλλ' ὑποσχέσθαί με φησίν.

Cf. p. 43, c. 36; p. 46, c. 41; p. 52, c. 54 — et p. 31-41, — ainsi que le discours contre Ktesiphôn, p. 65, c. 30. Ὡς τάχιστα εἴσω Πυλῶν Φίλιππος παρῆλθε καὶ τὰς μὲν ἐν Φωκεῦσι πόλεις παραδόξως ἀναστάτους ἐποίησε.

même, dans son propre exposé, qui explique comment il en vint à être trompé au point de commettre une erreur de jugement aussi flagrante, tandis que l'hypothèse d'une illusion honnête est encore plus réfutée par sa conduite subséquente. « Si (prétend Démosthène) Æschine avait été sincèrement égaré par Philippe, au point de garantir par sa véracité et son caractère la vérité d'assurances positives données publiquement devant ses compatriotes, relativement aux desseins de Philippe, — alors, en se voyant démenti par le résultat et en reconnaissant qu'il avait égaré fatalement ceux qu'il avait entrepris de guider, il aurait été frappé d'un vif remords et aurait en particulier exécré le nom de Philippe, comme celui d'un homme qui l'avait déshonoré et avait fait de lui, à son insu, un instrument de trahison. Mais les choses se sont passées tout autrement : immédiatement après la paix, Æschine visita Philippe pour participer à son triomphe, et a toujours été depuis son partisan et son défenseur déclaré (1). » Une pareille conduite est incompatible avec la supposition d'une méprise honnête et tend à prouver, — ce que confirment les actes de la seconde ambassade, — qu'Æschine fut l'agent soudoyé de Philippe, chargé de tromper avec intention ses compatriotes par un grossier mensonge. Même tel qu'il est rapporté par lui-même, le langage d'Æschine indique qu'il est tout disposé à livrer la liberté grecque et à reconnaître Philippe comme maître ; car il donne non-seulement son consentement, mais encore son approbation à l'entrée de Philippe en deçà des Thermopylæ (2), en se bornant à l'exhorter, quand

---

(1) Démosth. Fals. Leg. p. 373, 374. Je traduis la substance de l'argument, et non les mots.

(2) Æschine, Fals. Leg. p. 43, c. 36. En répondant à l'accusation portée contre lui d'avoir livré les Phokiens à Philippe, Æschine (Fals. Leg. p. 46, 47) insiste sur la circonstance qu'aucun des Phokiens exilés ne parut pour appuyer l'accusation, et que quelques trois ou quatre Phokiens et Bœôtiens (qu'il appelle par leurs noms) étaient prêts à paraître comme témoins en sa faveur.

La raison qui fit qu'aucun d'eux ne parut contre lui me paraît suffisamment expliquée par Démosthène. Les Phokiens étaient dans un trop grand abattement et une trop vive terreur pour encourir de nouvelles inimitiés, ou pour se présenter comme accusateurs d'un des partisans athéniens de

il y vient, à agir contre Thêbes et à défendre les cités bœôtiennes. Une pareille conduite de la part d'un ambassadeur athénien prouve un aveuglement qui n'est guère éloigné de la trahison. Le malheur irréparable, tant pour Athènes que pour la Grèce libre en général, fut d'amener Philippe en deçà des Thermopylæ, avec un pouvoir suffisant pour abattre Thêbes et rétablir la Bœôtia, — même eût-on pu s'assurer que tel serait le premier emploi de son pouvoir. Le même négociateur, qui avait commencé sa mission par une absurde parade, en demandant à Philippe de céder Amphipolis, finissait en lui abandonnant traîtreusement une nouvelle conquête, qu'il n'aurait pu acquérir autrement. Les Thermopylæ, livrées jadis à Xerxês par Ephialtês le Malien, furent actuellement livrées une seconde fois par les ambassadeurs athéniens à une puissance extrahellénique plus formidable encore.

Ainsi Athènes dut la paix ruineuse de 346 avant J.-C., non pas seulement à des dispositions erronées et personnelles, mais encore à la corruption d'Æschine et de la majeure partie de ses ambassadeurs. Certainement Démosthène n'eut aucune part au résultat. Il fut décidément opposé à la majorité des ambassadeurs, fait prouvé aussi bien par ses propres assurances que par les plaintes exhalées contre lui, comme collègue insupportablement ennuyeux, par Æschine. Démosthène affirme aussi que, après une opposition faite inutilement à la politique de la majorité, il essaya de faire connaître sa mauvaise conduite à ses compatriotes à Athènes, tant par un retour personnel que par une lettre, et que dans les deux cas ses tentatives échouèrent. Fit-il tout ce qu'il

---

Philippe, dont les soldats étaient en possession de leur pays.

La raison pour laquelle quelques-uns d'entre eux parurent en sa faveur est également expliquée par Æschine lui-même, quand il dit qu'il avait plaidé pour eux devant l'assemblée amphiktyonique, et avait obtenu un adoucissement à cette peine extrême que leurs plus violents ennemis demandaient contre eux. Pour des captifs à la merci de leurs adversaires, une pareille intervention pouvait bien paraître mériter de la reconnaissance, tout à fait à part de la question de savoir jusqu'à quel point Æschine, comme ambassadeur, par ses communications préalables au peuple athénien, avait contribué à livrer à Philippe les Thermopylæ et les Phokiens.

put pour les faire réussir, c'est ce qui ne peut être déterminé ; mais nous ne voyons la preuve d'aucune négligence. Le seul point sur lequel Démosthène paraît prêter à la critique, c'est d'avoir omis de protester énergiquement pendant les débats du mois Elaphebolion à Athènes, quand les Phokiens furent pour la première fois exclus du traité en pratique. Je ne découvre pas d'autre faute établie contre lui sur des motifs probables, au milieu des accusations de toute sorte, surtout personnelles et étrangères au fait principal, avancées par son adversaire.

Relativement à Philokratês, — l'auteur réel, dans l'assemblée athénienne, de toutes les résolutions importantes tendant à amener cette paix, nous apprenons qu'étant accusé par Hypéride (1) peu de temps après, il se retira d'Athènes, sans attendre le jugement, et fut condamné par défaut. Lui et Æschine (comme l'affirme Démosthène) avaient reçu de Philippe des présents et des dons pris sur les dépouilles d'Olynthos, et Philokratês, en particulier, déploya à Athènes ses richesses nouvellement acquises avec un faste impudent (2). Ce sont des allégations probables en elles-mêmes, bien qu'elles viennent d'un ennemi politique. La paix, après avoir désappointé les espérances de tout le monde, ne tarda pas à être regardée avec un sentiment de honte et de regret, qui retomba surtout sur Philokratês comme en étant le principal auteur. Æschine et Démosthène cherchèrent à rejeter l'un sur l'autre l'imputation de complicité avec Philokratês.

Les pieux sentiments de Diodore le conduisent à décrire avec un sérieux particulier les châtiments divins dont furent frappés tous ceux qui avaient pris part à la spoliation du

---

(1) Démosth. Fals. Leg. p. 376. Hypéride lui-même fait allusion à cette accusation dans son discours où il défend Euxenippos, discours récemment découvert dans un papyrus égyptien, et publié par M. Churchill Babington, avec des fragments d'un autre discours d'Hypéride (Cambridge, 1853, p. 13). Hypéride se fait quelque gloire d'avoir rendu son accusation très-spéciale. Après avoir présenté les termes exprès du décret proposé et obtenu dans l'assemblée publique par Philokratês, il dénonce le décret comme funeste au peuple, et son auteur comme ayant été gagné.

(2) Démosth. Fals. Leg. p. 375, 376, 377, 386.

temple de Delphes. Phalækos, avec ses mercenaires partis de Phokis, se retira d'abord dans le Péloponèse; de là, cherchant à se rendre à Tarente, il fut forcé de revenir, quand il était déjà embarqué, par une mutinerie de ses soldats, et passa en Krête. Là il prit du service chez les habitants de Knossos contre ceux de Lyktos. Ces derniers furent défaits par lui, et leur cité ne fut préservée de son attaque que par l'arrivée inopinée du roi spartiate Archidamos. Ce prince, récemment l'auxiliaire de Phalækos en Phokis, était en ce moment en route pour se rendre par mer à Tarente, ville près de laquelle il fut tué quelques années après. Phalækos, repoussé de Lyktos, assiégea ensuite Kydonia, et était en train d'amener des engins pour battre les murs en brèche, quand éclata un orage mêlé de tonnerre et d'éclairs si violent que ses engins « furent brûlés par le feu divin (1) », et lui-même avec plusieurs soldats périt en essayant d'éteindre les flammes. Le reste de ses soldats passa dans le Péloponèse, où ils embrassèrent la cause de quelques exilés éleiens contre le gouvernement d'Elis; mais ils furent vaincus, forcés de se rendre, et soit vendus comme esclaves, soit mis à mort (2). Même les femmes des chefs phokiens, qui s'étaient ornées de quelques offrandes sacrées du temple de Delphes, furent punies de souffrances aussi extrêmes. Et tandis que les dieux traitaient avec cette rigueur les auteurs du sacrilége, ils témoignaient une faveur non moins manifeste à l'égard de leur champion Philippe, qu'ils élevaient de plus en plus au pinacle de l'honneur et de l'ambition (3).

---

(1) Diodore, XVI, 63. Ὑπὸ τοῦ θείου πυρὸς κατεφλέχθησαν, etc.

(2) Diodore, XVI, 61, 62, 63.

(3) Diodore, XVI, 64; Justin, VIII, 2. « Dignum itaque qui a Diis proximus habeatur, per quem Deorum majestas vindicata sit ».

Toutefois, quelques-uns de ces mercenaires, qui avaient été employés en Phokis, périrent en Sicile au service de Timoleôn, — comme je l'ai déjà raconté.

CHAPITRE V

DEPUIS LA PAIX DE 346 AVANT J.-C. JUSQU'A LA BATAILLE DE CHÆRONEIA ET A LA MORT DE PHILIPPE.

Position de Philippe après la fin de la Guerre Sacrée. — Sentiments de Démosthène; il recommande d'acquiescer à la paix et d'accepter la nouvelle dignité amphiktyonique de Philippe. — Sentiments d'Isokrate; sa lettre à Philippe; sa renonciation à un hellénisme libre. — Position du roi de Perse Ochus; ses mesures contre des révoltés en Phénicie et en Égypte. — Ochus reconquiert la Phénicie; perfidie du prince sidonien Tennês. — L'armée persane commandée par Mentôr et par Bagôas reconquiert l'Égypte. — Pouvoir de Mentôr comme vice-roi persan de la côte asiatique; il arrête Hermeias d'Atarneus. — La paix entre Philippe et les Athéniens continua sans renonciation formelle de 346 à 340 avant J.-C. — Mouvements et intrigues de Philippe dans toutes les parties de la Grèce. — Désunion du monde grec; aucun État grec reconnu comme chef. — Vigilance et nouveaux avertissements de Démosthène contre Philippe. — Pythôn est envoyé par Philippe en mission à Athènes; amendements proposés à la récente paix; discussions inutiles à ce sujet. — Dispute à-propos d'Halonnesos. — Les Athéniens refusent d'accepter la cession d'Halonnesos comme une faveur, et ils en réclament la restitution comme un droit. — Halonnesos prise et reprise; représailles entre Philippe et les Athéniens. — Mouvements des factions favorables à Philippe à Megara, — à Oreus, — à Eretria. — Philippe en Thrace; dispute au sujet du Bosphore et de l'Hellespont; Diopeithês commandant pour Athènes dans la Chersonèse; Philippe prend parti avec les Kardiens contre Athènes; collisions hostiles et plaintes contre Diopeithês. — Accusations contre Diopeithês à Athènes, portées par les orateurs favorables à Philippe; Démosthène le défend; discours sur la Chersonèse et troisième Philippique. — Accroissement de l'influence de Démosthène à Athènes; expédition athénienne envoyée en Eubœa sur sa proposition; Oreus et Eretria sont délivrées, et l'Eubœa est détachée de Philippe. — Mission de Démosthène pour la Chersonèse et Byzantion; importants services qu'il rend en détachant les Byzantins de Philippe, et en les amenant à s'allier avec Athènes. — Philippe commence le siége de Perinthos; il s'avance à travers la Chersonèse; Athènes lui déclare la guerre. — Manifeste de Philippe déclarant la guerre aux Athéniens. — Plaintes de Philippe contre les Athéniens; sa politique à l'égard d'Athènes; sa leçon sur les avantages de la paix. — Guerre ouverte entre Philippe et les Athéniens; siége de Perinthos par Philippe; ses nombreux engins de siége; opérations sur une grande échelle; opiniâtreté de la défense; la ville est secourue par les Byzantins et par des mercenaires grecs des satrapes persans. — Philippe attaque Byzantion; danger que court la ville; elle est secourue par les flottes d'Athènes, de Chios, de Rhodes, etc.; succès de la flotte athénienne dans la Propontis sous Phokiôn; Philippe abandonne le siége et de Perinthos et de Byzantion. — Votes de remercîments adressés par Byzantion et par la Chersonèse à Athènes pour l'aide qu'elle avait prêtée; honneurs et compliments à Démosthène. — Philippe se retire de Byzantion, conclut la paix avec les habitants de cette ville, avec ceux de Chios et avec d'autres, et attaque les Scythes; il est défait par les Triballes, et blessé à son retour. — Importante réforme opérée par Démosthène dans l'administration de la marine athénienne. — Abus qui s'étaient glissés dans la triérarchie; répartition non équitable de la charge; exemption illégitime que les riches administrateurs avaient acquise pour eux-mêmes. — Misère individuelle et fâcheuses conséquences publiques occasionnées par ces inégalités. — Opposition que font les citoyens riches et Æschine à la réforme proposée par Démosthène; difficultés qu'il a à surmonter. — Sa nouvelle réforme répartit la charge de la triérarchie d'une manière équitable. — Son succès complet; elle amène une efficacité plus grande dans les armements navals. — Une nouvelle Guerre Sacrée commence en Grèce. — Kirrha et sa plaine près de Delphes consacrées à Apollon, dans la première Guerre Sacrée sous Solôn. — Nécessité d'un port à Kirrha, pour la commodité des visiteurs venant à Delphes; Kirrha grandit de nouveau, et finit par être occupée par les Lokriens d'Amphissa. — Relations entre les Lokriens d'Amphissa et de Delphes; ils s'étaient activement mêlés à la première Guerre Sacrée pour défendre Delphes contre les Phokiens. — Assemblée amphiktyonique à Delphes, — février 339 avant J.-C.; Æschine, un des députés d'Athènes. — Langage d'un orateur amphissien parmi les Amphiktyons contre Athènes; nouvelle dédicace dans le temple d'une ancienne offrande athénienne. — Discours d'Æschine dans l'assemblée amphiktyonique. — Vive émotion et tumulte excités par ce discours. — Résolution violente adoptée par les Amphiktyons. — Les Amphiktyons avec la population de Delphes s'avancent pour détruire Kirrha; intervention des Amphissiens pour sauver leur propriété; ils repoussent les Amphiktyons. — Nouvelle résolution prise par les Amphiktyons de tenir une assemblée spéciale future, et de prendre des mesures pour punir les Lokriens. — Injuste violence des Amphiktyons; tort public causé par Æschine. — Effet de la conduite d'Æschine à Athènes; opposition de Démosthène d'abord inutile. — Changement de sentiments à Athènes; les Athéniens se décident à ne prendre aucune part aux opérations amphiktyoniques contre Amphissa. — Assemblée spéciale des Amphiktyons aux Thermopylæ tenue sans Athènes; vote rendu à l'effet de lever une armée destinée à punir Amphissa; Kottyphos président. — Les Amphiktyons invoquent l'intervention de Philippe. — Motifs qui dictèrent le vote; la plupart des votants amphiktyoniques dépendaient de Philippe. — Philippe accepte le commandement; il s'avance vers le sud en franchissant les Thermopylæ. — Il entre en Phokis; il occupe soudainement Elateia, qu'il se met en devoir de fortifier de nouveau. — Il envoie une ambassade à Thèbes, annonçant son intention d'attaquer l'Attique, et demandant de l'aide ou un libre passage pour son armée. — Relations peu amicales existant entre Athènes et Thèbes; grand espoir qu'avait Philippe que Thèbes agirait de concert avec lui contre Athènes. — Grande alarme à Athènes quand arriva la nouvelle que Philippe était en train de fortifier Elateia. — Assemblée publique athénienne convoquée; anxiété générale; silence universel; personne ne veut parler à l'exception de Démosthène. — Il conseille d'envoyer immédiatement une ambassade à Thêbes, et de proposer une alliance aux conditions les plus larges. — L'avis de Démosthène est adopté; il est envoyé à Thêbes avec d'autres ambassadeurs. — État divisé de sentiment à Thêbes; influence du parti favorable à Philippe; effet produit par les ambassadeurs macédoniens. — Éloquence efficace et heureuse de Démosthène; il persuade les Thêbains de contracter alliance avec Athènes contre Philippe. — L'armée athénienne se rend à Thêbes sur invitation; coopération sincère des Thèbains et des Athéniens. — Résolutions vigoureuses prises à Athènes; continuation des nouveaux bassins suspendue; le fonds théorique est consacré à des desseins militaires. — Désappointement de Philippe; il reste en Phokis, et écrit à ses alliés péloponésiens de venir le rejoindre pour marcher contre Amphissa. — Guerre des Athéniens et des Thêbains contre Philippe en Phokis; ils remportent sur lui quelques avantages; honneurs que Démosthène reçoit à Athènes. — Les Athéniens et les Thêbains rétablissent les Phokiens et leurs villes. — Guerre contre Philippe en Phokis; grande influence de Démosthène; auxiliaires qu'il réussit à obtenir. — Efforts plus grands de Philippe en Phokis. — Succès de Philippe; il défait un corps considérable de troupes mercenaires; il prend Amphissa. — Aucun général éminent du côté des Grecs; Démosthène entretient l'ardeur des alliés, et les tient réunis. — Bataille de Chæroneia; complète victoire de Philippe (338, août). — Phalange macédonienne; ses longues piques; supérieure aux hoplites grecs dans une charge de front. — Excellente organisation de l'armée macédonienne par Philippe; différentes sortes de forces combinées. — Pertes à la bataille de Chæroneia. — Détresse et alarme à Athènes à la nouvelle de la défaite. — Résolutions prises à Athènes pour une défense énergique; respect et confiance montrés à Démosthène. — Effet produit par la défaite sur quelques-uns des insulaires de la mer Ægée; conduite des Rhodiens. — Conduite de Philippe après la victoire; rigueur à l'égard de Thêbes; douceur plus grande pour Athènes. — Conduite d'Æschine; Démade est envoyé comme ambassadeur vers Philippe. — Paix de Démade conclue entre Philippe et les Athéniens; ceux-ci sont obligés de le reconnaître comme chef du monde hellénique. — Remarques de Polybe sur la paix de Démade; moyens de résistance qu'Athènes possédait encore. — Votes d'honneur rendus à Athènes en faveur de Philippe. — Accusations portées contre Démosthène à Athènes; les Athéniens prennent son parti. — Expédition de Philippe dans le Péloponèse; il envahit la Laconie. — Congrès tenu à Corinthe; Philippe est désigné chef des Grecs contre la Perse. — Mortification pour les sentiments athéniens; position dégradée d'Athènes et de la Grèce; la Grèce n'avait alors aucun sentiment véritable à l'égard d'une guerre contre la Perse. — Préparatifs de Philippe pour envahir la Perse. — Philippe répudie Olympias et prend une nouvelle épouse, Kleopatra; ressentiment d'Olympias et d'Alexandre; dissensions à la cour. — Grande fête en Macédoine pour célébrer la naissance d'un fils de Philippe et de Kleopatra, et le mariage de sa fille avec Alexandre d'Epire. — Pausanias; outrage qui lui est fait; son ressentiment contre Philippe, encouragé par les partisans d'Olympias et d'Alexandre. — Assassinat de Philippe par Pausanias, qui est tué par les gardes. — Complices de Pausanias. — Alexandre le Grand est déclaré roi; première indication qu'il reçoit du Lynkestien Alexandre, l'un des conspirateurs; Attalos et la reine Kleopatra, avec son fils tout enfant, sont mis à mort. — Satisfaction manifestée par Olympias à la mort de Philippe. — Caractère de ce prince.

J'ai décrit dans mon dernier chapitre la fin de la Guerre Sacrée et le rétablissement de l'assemblée amphiktyonique par Philippe, en même temps que la honteuse paix de 346 avant J.-C., par laquelle Athènes, après une guerre, faiblement conduite et peu glorieuse dans ses résultats, fut trahie par la perfidie de ses ambassadeurs et amenée à abandonner le défilé des Thermopylæ, — nouveau sacrifice que sa position actuelle ne demandait pas et plus fatal à sa sécurité future qu'aucune des pertes antérieures. Ce défilé important, clef de la Grèce, était actuellement venu en la possession de Philippe, qui l'occupait ainsi que le territoire phokien, au moyen d'une garnison permanente composée de ses propres troupes (1). L'assemblée amphiktyonique avait servi d'instrument à son élévation. Les Thêbains et les Thessaliens étaient dévoués à ses intérêts : ils se réjouissaient de la ruine de leurs ennemis communs les Phokiens, sans réfléchir à la puissance plus formidable établie actuellement sur leurs frontières. Bien que Thêbes eût vu positivement son pouvoir augmenter en recouvrant Orchomenos et Korôneia, toutefois, comparativement parlant, la nouvelle position de Philippe la soumettait, aussi bien qu'Athènes et le reste de la Grèce, à une dégradation et à un empire étranger tels qu'elle n'en avait jamais auparavant subi de pareils (2).

Cette nouvelle position de Philippe, comme champion de l'assemblée amphiktyonique, en deçà de la ligne de défense grecque commune, fut profondément sentie par Démosthène. Peu de temps après la reddition des Thermopylæ, quand les ambassadeurs thessaliens et macédoniens étaient arrivés à Athènes pour annoncer la récente détermination prise par les Amphiktyons de conférer à Philippe la place dans cette assemblée d'où les Phokiens venaient d'être chassés, le concours d'Athènes à ce vote fut demandé; mais les Athéniens, mortifiés et exaspérés de la tournure récente

---

(1) Démosth. Philipp. III, p. 119.

(2) Démosth. De Pace, p. 62. Νυνὶ ὲ Θηβαίους πρὸς μὲν τὸ τὴν χώραν κεκομίσθαι, κάλλιστα πέπρακται, πρὸς δὲ τιμὴν καὶ δόξαν, αἴσχιστα, etc.

des événements, n'étaient guère disposés à acquiescer. Ici nous voyons Démosthène prendre le côté prudent et conseiller fortement d'accéder à la demande. Il insiste sur la nécessité de s'abstenir de toute mesure qui pourrait violer la paix existante, quelque déplorables que puissent en avoir été les conditions, et de ne donner aux Amphiktyons aucun prétexte pour voter une guerre combinée contre Athènes, dont la conduite serait confiée à Philippe (1). Ces recommandations, prudentes dans les circonstances, prouvent que Démosthène, bien que mécontent de la paix, était désireux de la conserver maintenant qu'elle était faite, et que, si plus tard il en vint à conseiller de nouveau la guerre, ce fut dû à de nouveaux empiétements et à une attitude plus menaçante de la part de Philippe.

Nous avons d'autres témoignages, outre le discours de Démosthène cité à l'instant, qui attestent l'effet de la nouvelle position de Philippe sur l'esprit grec. Peu de temps après la paix, et avant que la transformation des villes phokiennes en villages eût été complétement effectuée en détail, Isokrate publia sa lettre adressée à Philippe, — le Discours à Philippe. Le but de cette lettre est d'inviter ce prince à réconcilier les quatre grandes cités de la Grèce, — Sparte, Athènes, Thèbes et Argos ; à se mettre à la tête de leurs forces réunies, aussi bien que de la Grèce en général ; et à envahir l'Asie, dans le dessein de renverser l'empire persan, de délivrer les Grecs asiatiques, et de fournir de nouvelles demeures à ceux des Grecs qui errent çà et là sans avoir de domiciles fixes. Le point à remarquer ici, c'est qu'Isokrate met le monde grec sous la subordination et la tutelle de Philippe, en renonçant à toute idée de ce monde conçu comme un système se soutenant et se réglant lui-même. Il élève les exploits, la bonne fortune et la puissance de Philippe au-dessus de tous les parallèles historiques, — il le considère d'une manière non équivoque comme le chef de la Grèce, — et il l'exhorte seulement à faire un bon

(1) Démosth. De Pace, p. 60, 61.

usage de sa puissance, à l'instar de son ancêtre Hêraklês dans les temps anciens (1). Il lui recommande, par une conduite impartiale et conciliante à l'égard de tous, d'acquérir pour lui-même la même estime dévouée parmi les Grecs, que celle qui dominait actuellement parmi ses officiers macédoniens, — ou comme celle qui existait chez les Lacédæmoniens à l'égard des rois spartiates (2). Grand et triste, en effet, est le changement qui était survenu dans la vieillesse d'Isokrate, depuis qu'il publia le Discours panégyrique (380 av. J.-C., — trente-quatre années auparavant), où il invoque une expédition panhellénique combinée contre l'Asie, sous la direction commune de deux chefs helléniques sur terre et sur mer, — Sparte et Athènes, et où il dénonce avec indignation Sparte pour avoir, à la paix d'Antalkidas, introduit, en faveur de ses propres desseins, un rescrit persan destiné à imposer des lois au monde grec. L'abaissement de la dignité grecque, tout sérieux qu'il fût, compris dans la paix d'Antalkidas, était beaucoup moins honteux que celui que recommandait Isokrate à l'égard de Philippe, — lui-même, il est vrai, personnellement de parentage hellénique, mais Macédonien ou barbare (comme Démosthène (3) l'appelle) par son pouvoir et sa position. De même qu'Æschine, quand il fut envoyé par Athènes à Philippe en qualité d'ambassadeur, crut que son devoir principal consistait à essayer de le persuader par l'éloquence de rendre Amphipolis à Athènes et de renverser Thêbes, — de même Isokrate compte sur sa plume habile pour disposer le nouveau chef à bien employer sa puissance souveraine, — pour faire de lui le protecteur de la Grèce et le vainqueur de l'Asie. Si une flatterie abondante et élégante était capable d'opérer un pareil miracle, Isokrate pouvait espérer le succès. Mais il est pénible de remarquer la soumis-

(1) Isokrate, Or. V, ad Philipp. s. 128-135.

(2) Isokrate, Or. V, ad Philipp. s 91. Ὅταν οὕτω διαθῇς τοὺς Ἕλληνας, ὥσπερ ὁρᾷς Λακεδαιμονίους τε πρὸς τοὺς ἑαυτῶν βασιλέας ἔχοντας, τοὺς δ' ἑταίρους τοὺς σοὺς πρὸς σὲ διακειμένους. Ἔστι δ' οὐ χαλεπὸν τυχεῖν τούτων, ἢν ἐθελήσῃς κοινὸς ἅπασι γενέσθαι, etc.

(3) Démosth. Philipp. III, p. 118.

sion croissante, de la part d'estimables citoyens athéniens, tel qu'Isokrate, à un potentat étranger, et le déclin du sentiment de l'indépendance et de la dignité helléniques, sensible après la paix de 346 avant J.-C. par rapport à Philippe.

Par Isokrate aussi bien que par Démosthène, nous obtenons ainsi un témoignage de l'effet imposant et intimidant du nom de Philippe en Grèce après la paix de 346 avant J.-C. Ochus, le roi de Perse, était à cette époque embarrassé par une révolte non domptée parmi ses sujets; ce qu'Isokrate présente avec insistance comme un motif qui doit engager Philippe à l'attaquer. Non-seulement l'Égypte, mais encore la Phénicie et Kypros, étaient en révolte contre le roi de Perse. Une expédition (sinon deux) sur une échelle considérable, entreprise par lui dans le dessein de reconquérir l'Égypte, avait été honteusement repoussée, grâce au talent des généraux (Diophantos, Athénien, et Lamios, Spartiate), qui commandaient les mercenaires grecs au service du prince égyptien Nectanebos (1). Toutefois, vers le temps de la paix de 346 avant J.-C. en Grèce, Ochus paraît avoir renouvelé avec plus de succès son attaque sur Kypros, sur la Phénicie et sur l'Égypte. Pour reconquérir Kypros, il mit en réquisition les forces du prince karien Idrieus (frère et successeur de Mausôlos et d'Artemisia), à cette époque non-seulement le prince le plus puissant d'Asie Mineure, mais encore maître des îles grecques de Chios, de Kos et de Rhodes, probablement au moyen d'une oligarchie à l'intérieur de chacune d'elles, qui gouvernait dans son intérêt et avec l'aide de ses soldats (2). Idrieus envoya dans l'île de

---

(1) Isokrate, Or. V, Philipp. s. 118; Diodore, XV, 40, 44, 48. Diodore fait allusion à trois reprises différentes à cet échec d'Ochus en Égypte. Cf. Démosthène, De Rhod. Libertate, p. 193.

Trogue-Pompée mentionne trois différentes expéditions d'Ochus contre l'Égypte (Argument. ad Justin. lib. X).

(2) Isokrate, Or. V, Philipp. s. 102. Ἰδριέα γε τὸν εὐπορώτατον τῶν νῦν περὶ τὴν ἤπειρον, etc.

Démosth. De Pace, p. 63. Ἡμεῖς δὲ ἐῶμεν — καὶ τὸν Κᾶρα τὰς νήσους καταλαμβάνειν, Χίον καὶ Κῶν καὶ Ῥόδον, etc. Discours prononcé dans la dernière moitié de 346 avant J.-C. après la paix.

Cf. Démosth. De Rhod. Libert. p. 121, discours prononcé quatre années auparavant.

Kypros une armée de quarante trirèmes et de huit mille mercenaires, sous le commandement de l'Athénien Phokiôn et d'Evagoras, exilé appartenant à la dynastie qui régnait à Salamis dans l'île. Après un long siége de Salamis elle-même, que défendait contre le roi de Perse Protagoras, probablement un autre membre de la même dynastie, — et après des opérations étendues dans tout le reste de cette île riche, opérations qui fournirent aux soldats un abondant butin, au point d'attirer du continent de nombreux volontaires, — Kypros entière fut mise de nouveau sous la domination persane (1).

Les Phéniciens s'étaient révoltés contre Ochus en même temps que les Kypriotes, et de concert avec Nectanébos, prince d'Égypte, de qui ils reçurent un renfort de quatre mille Grecs mercenaires sous Mentôr le Rhodien. Des trois grandes cités phéniciennes, Sidon, Tyr et Arados, — chacune d'elles communauté politique séparée, mais administrant ses affaires en commun dans une ville commune Tripolis, composée de trois enceintes séparées et entourées de murs, à une distance de deux cents mètres l'une de l'autre, — Sidon était à la fois la plus ancienne, la plus riche, et celle qui souffrait le plus de l'oppression persane. Aussi la population sidonienne, avec son prince Tennês, se mit-elle à la tête de la révolte contre Ochus, en employant ses grandes richesses à soudoyer des soldats, en préparant des armes, et en accumulant tous les moyens de défense. A la première explosion les habitants chassèrent la garnison persane, saisirent et punirent quelques-uns des principaux officiers et détruisirent le palais et le parc contigus réservés pour le satrape ou pour le roi. Après avoir défait, en outre, les satrapes voisins de Kilikia et de Syria, ils fortifièrent les défenses de la cité par un triple fossé, par des murailles

(1) Diodore, XVI, 42-46. Dans l'inscription n° 87 du Corpus Inscript. de Boeckh, nous trouvons un décret rendu par les Athéniens, reconnaissant amitié et hospitalité avec le prince sidonien Stratôn, — de qui ils semblent avoir reçu un don de dix talents. L'indication de la date de ce décret n'est pas conservée; mais M. Boeckh croit qu'il se place entre les Olymp. 101 et 104.

exhaussées, et par une flotte de cent trirèmes et quinquérèmes. Irrité de ces actes, Ochus partit de Babylone avec une armée immense. Mais ses moyens de corruption le servirent mieux que ses armes. Le prince sidonien Tennês, de concert avec Mentôr, fit avec lui un marché particulier, lui livra d'abord cent des principaux citoyens, et mit ensuite l'armée persane en possession des murailles de la cité. Ochus, après avoir tué les cent citoyens qui lui avaient été livrés, plus cinq cents autres qui vinrent à lui avec des rameaux de suppliants, annonça son dessein de tirer une vengeance signalée des Sidoniens en général. Ceux-ci prirent la résolution désespérée, d'abord de brûler leur flotte, afin que personne ne pût s'échapper, — puis, de s'enfermer avec leurs familles, chaque homme dans sa maison, à laquelle il devait mettre le feu. Dans cet incendie déplorable, il périt, dit-on, quarante mille personnes; et les richesses détruites étaient telles, qu'on acheta fort cher le privilége de fouiller les ruines. Au lieu de récompenser le traître Tennês, Ochus acheva la tragédie en le mettant à mort (1).

Exalté par ce succès inespéré, Ochus marcha avec des forces immenses contre l'Egypte. Il avait dans son armée 10,000 Grecs : 6,000 exigés des cités grecques de l'Asie Mineure, 3,000 demandés à Argos, et 1,000 à Thêbes (2). Il avait adressé une requête semblable à Athènes et à Sparte; mais il avait reçu de l'une et de l'autre un refus courtois. Son armée, grecque et asiatique, la plus considérable que la Perse eût envoyée depuis beaucoup d'années, fut distribuée en trois divisions, commandées chacune par un général grec et par un général persan ; l'une des trois divisions fut confiée à Mentôr et à l'eunuque Bagôas, les deux plus habiles serviteurs du roi de Perse. Le prince égyptien Nectanebos, qui avait eu connaissance longtemps à l'avance de l'attaque qui le menaçait, avait également réuni des forces nombreuses; il n'avait pas moins de vingt mille mercenaires

(1) Diod. XVI, 42, 43, 45. « Occisis optimatibus Sidona cepit Ochus » (Trogue-Pompée, Argum. ad Just. lib. X).

(2) Diodore, XVI, 47; Isokrate, Or. XII, Panathen. s. 171.

grecs, avec un corps beaucoup plus considérable d'Égyptiens et de Libyens. Il avait aussi pris un soin spécial de mettre la branche orientale du Nil, avec la forteresse de Pelusion à son embouchure, dans un état complet de défense. Mais ces moyens abondants de résistance furent rendus inutiles, en partie par son inhabileté et son incapacité, en partie par le talent et par les artifices de Mentôr et de Bagôas. Nectanebos fut obligé de se retirer en Æthiopia : toute l'Égypte tomba avec peu de résistance entre les mains des Perses ; les villes fortifiées capitulèrent, — les temples furent pillés et les vainqueurs y trouvèrent un immense butin, — et même les archives sacrées des temples furent enlevées, pour être revendues ensuite aux prêtres qui durent payer une somme additionnelle d'argent. Le riche territoire de l'Égypte redevint une province persane, sous le satrape Pherendatês, et Ochus retourna à Babylone, avec une augmentation considérable et de domination et de renommée. Les Grecs mercenaires furent renvoyés chez eux, avec une ample moisson tant de solde que de butin (1). Ils constituaient en effet le principal élément de force des deux côtés; quelques Grecs mirent le roi de Perse en état de soumettre les révoltés (2), tandis que d'autres prêtèrent leur force aux révoltés contre lui.

En reconquérant ainsi la Phénicie et l'Égypte, Ochus se releva du mépris dans lequel il était tombé par l'insuccès de sa première expédition (3), et même il éleva l'empire persan

---

(1) Diodore, XVI, 47-51. Ley, Fata et Conditio Ægypti sub Rege Persarum, p. 25, 26.

(2) Isokrate, Or. IV, Philipp. s. 149. Καὶ τοὺς ἀφισταμένους τῆς ἀρχῆς τῆς βασιλέως συγκαταστρεφόμεθα, etc.

(3) Isokrate, Or. IV, Philipp. s. 117, 121, 160. Diodore place les expéditions heureuses d'Ochus contre la Phénicie et l'Égypte pendant les trois années entre 351 et 348 avant J.-C. (Diodore, XVI, 40-52). A mon sens, elles ne furent faites qu'après la conclusion de la paix entre Philippe et Athènes en mars 346 avant J.-C.; elles furent probablement terminées dans les deux étés de 346-345 avant J.-C. Le discours ou lettre d'Isokrate à Philippe paraît une meilleure preuve sur ce point de chronologie que l'assertion de Diodore. Le discours d'Isokrate fut publié peu de temps après la paix de mars 346 avant J.-C., et adressé à un prince parfaitement bien informé de tous les événements publics de son temps. Un des principaux arguments employés par Isokrate pour engager Philippe à attaquer l'empire persan,

en force et en crédit à un point presque aussi haut que celui qu'il avait jamais occupé auparavant (345-344 av. J.-C.). Le Rhodien Mentôr et le Persan Bagôas, qui tous deux s'étaient distingués dans l'expédition d'Égypte, furent, à partir de ce moment, rangés au nombre de ses officiers les plus utiles. Bagôas accompagna Ochus dans les provinces de l'intérieur et conserva toute sa confiance, tandis que Mentôr, qui avait reçu pour récompense une somme de cent talents et était chargé de butin égyptien, fut investi d'une satrapie sur le bord asiatique de la mer (1). Il y réunit un corps considérable de Grecs mercenaires, avec lequel il rendit des services signalés au roi de Perse. Bien que toute la côte fût censée appartenir à l'empire persan, cependant il y avait encore bien des villes et des positions fortes séparées, occupées par des chefs qui avaient leurs propres forces militaires, ne payant pas de tribut et n'obéissant pas à des ordres. Parmi ces chefs, un des plus remarquables était Hermeias, qui résidait dans la forteresse d'Atarneus (sur le continent en face de Lesbos), mais qui avait à sa solde beaucoup de troupes et tenait des garnisons dans maintes villes voisines. Bien que partiellement impuissant par une lésion accidentelle reçue dans l'enfance (2), Hermeias était un homme d'une énergie et d'une habileté singulières, et il avait conquis par lui-même sa domination. Mais ce qui a contribué surtout à sa célébrité, c'est qu'il était l'ami dévoué et l'admirateur d'Aristote, qui passa trois ans avec lui à Atarneus,

---

c'est la faiblesse d'Ochus qui résulte de ce que la Phénicie et l'Égypte sont encore en révolte et non réduites, — c'est en outre le mépris dans lequel Ochus était tombé pour avoir essayé de reconquérir l'Égypte et pour avoir été ignominieusement repoussé : — Ἀπῆλθεν ἐκεῖθεν (Ochus) οὐ μόνον ἡττηθεὶς ἀλλὰ καὶ καταγελασθεὶς, καὶ δόξας οὔτε βασιλεύειν οὔτε στρατηγεῖν ἄξιος εἶναι (s. 118)... Οὕτω σφόδρα μεμισημένος καὶ καταπεφρονημένος ὑφ' ἁπάντων ὡς οὐδεὶς πώποτε τῶν βασιλευσάντων (s. 160).

L'Égypte reconquise par Ochus, avec une armée immense et un nombre considérable de Grecs engagés des deux côtés, a dû être un des événements les plus frappants de l'époque. Il se peut que Diodore ait confondu la date de la *première* expédition, dans laquelle Ochus échoua, avec celle de la *seconde*, dans laquelle il réussit.

(1) Diodore, XVI, 50-52.

(2) Strabon, XIV, p. 610. Suidas, v. Aristotelis : — Θλιβίας ἐκ παιδός.

après la mort de Platon en 348-347 avant J.-C., — et qui a célébré ses mérites dans une belle ode. Par une perfidie et de fausses promesses, Mentôr attira Hermeias à une entrevue, se saisit de sa personne, et employa la bague qui lui servait de cachet pour envoyer des ordres contrefaits à l'aide desquels il devint maître d'Atarneus et de toutes les autres places occupées par Hermeias. Ainsi, par une perfidie couronnée de succès, Mentôr réduisit le plus fort des chefs indépendants sur la côte asiatique; puis par des conquêtes successives du même genre, il finit par placer toute la côte effectivement sous la domination persane (1).

La paix entre Philippe et les Athéniens dura sans renonciation formelle ni d'un côté ni de l'autre pendant plus de six ans, depuis mars 346 avant J.-C. jusqu'au delà du solstice d'été de 340 avant J.-C. Mais bien que les deux parties n'y renonçassent jamais formellement pendant cet intervalle, elles la violèrent insensiblement de plus en plus en pratique. Fournir une histoire consécutive des événements de ces quelques années, dépasse notre pouvoir. Nous n'avons pour nous guider qu'un petit nombre de discours de Démos-

(1) Diodore place la nomination de Mentôr à la satrapie de la côte asiatique et l'arrestation qu'il fit d'Hermeias dans l'Olymp. 107, 4 (349-348 av. J.-C.), immédiatement après l'invasion heureuse en Égypte.

Mais cette date ne peut être exacte, vu qu'Aristote visita Hermeias à Atarneus après la mort de Platon, et qu'il passa trois ans avec lui, — depuis l'archontat de Theophilos (348-347 av. J.-C. Olymp. 108, 1), année dans laquelle Platon mourut, — jusqu'à l'archontat d'Euboulos (345-344 av. J.-C. Olymp. 108, 4) (Vita Aristotelis ap. Dionys. Hal. Epist ad Ammæum, c. 5: Script. Biographici, p. 397, éd. Westermann); Diogène Laërce, V, 7.

C'est une autre raison à l'appui de la remarque faite dans une note précédente, à savoir que Diodore a placé la conquête de l'Égypte par Ochus trois ou quatre ans trop tôt, puisque la nomination de Mentôr à la satrapie de la côte asiatique vient naturellement et immédiatement après la part distinguée qu'il avait prise dans la conquête de l'Égypte.

L'arrestation d'Hermeias par Mentôr a dû probablement être effectuée vers 343 avant J.-C. Le séjour d'Aristote auprès d'Hermeias aura probablement occupé les trois années entre 347 et 344 avant J.-C.

Relativement à la chronologie de ces événements, M. Clinton suit Diodore : Boehnecke diffère de lui — avec raison, à mon sens (Forschungen, p. 460-734, note). Boehnecke semble croire que la personne mentionnée dans Démosthène, Philipp. IV (p. 139, 140), comme ayant été arrêtée et menée prisonnière au roi de Perse, accusée de comploter avec Philippe des

thène (1), qui, tout en donnant une idée vivante des sentiments de l'époque, touchent, en manière d'allusion et comme matière de raisonnement, un petit nombre de faits ; et qui cependant ne nous permettent guère de placer ces faits en une série historique. Une brève esquisse des tendances générales de cette période est tout ce que nous pouvons nous permettre.

Philippe fut le grand agresseur de l'époque. Les mouvements partout, en Grèce ou près de la Grèce, commencèrent par lui et par celles des personnes qui, dans les diverses cités, agirent à son instigation et comptèrent sur son appui. Nous entendons parler en tous lieux de son intervention directe, ou des effets de ses suggestions propres à exciter les esprits, à savoir dans le Péloponèse, à Ambrakia et à Leukas, en Eubœa et en Thrace. Les habitants de Megalopolis, de Messênê et d'Argos sollicitèrent sa présence dans le Péloponèse et sa coopération active contre Sparte. Philippe annonça le dessein d'y aller en personne, et en même temps il envoya des soldats et de l'argent, avec une injonction formelle à Sparte de renoncer à toute prétention sur Messênê (2). Il prit un pied en Elis (3), en fournissant des troupes à une faction oligarchique, et en la mettant à même de s'emparer du gouvernement, après une révolution violente. C'est à cette intervention en Elis que se rattacha probablement la prise par ce prince des trois colonies éleiennes, Pandosia, Bucheta et Elateia, sur la côte de l'Epirotique Kassopia, près du golfe d'Ambrakia. Il céda

---

mesures hostiles contre ce dernier, — est Hermeias. Ce n'est pas improbable en soi, mais l'autorité du commentateur Ulpien ne semble guère suffisante pour nous autoriser à affirmer positivement l'identité.

Il est remarquable que Diodore ne fasse pas mention de la paix de 346 avant J.-C. entre Philippe et les Athéniens.

(1) Démosthène : Discours prononcés en

Philippique II...... 344-343 av. J.-C.
De Halonneso, apocr. 343-342 av. J.-C.
De Falsâ Legatione.. 343-342 av. J.-C.

Æschine :

De Falsâ Legatione.. 343-342 av. J.-C.

Démosthène :

De Chersoneso...... 342-341 av. J.-C.
Philipp. III........ ib.
Philipp. IV.. ..... 341-340 av. J.-C.
Ad Philipp. Epistola. 340-339 av. J.-C.

(2) Démosth. De Pace, p. 61; Philipp. II, p. 69.

(3) Démosth. Fals. Leg. p. 424; Pausanias, IV, 28, 3.

ces trois villes à son beau-frère Alexandre, qu'il éleva au rang de prince des Molosses Epirotes (1), — en déposant le prince régnant Arrhybas. Il attaqua de plus les deux principales cités grecques de cette contrée, — Ambrakia et Leukas : mais ici il paraît qu'il échoua (2). Des détachements de ses troupes se montrèrent près de Megara et d'Eretria, ce qui fut un secours pour les personnes du parti de Philippe dans ces cités et une cause d'alarme sérieuse pour les Athéniens. Philippe établit sa domination plus fortement sur la Thessalia, en partageant le pays en quatre divisions, et en établissant une garnison à Pheræ, la cité la moins bien disposée pour lui (3). Nous lisons aussi qu'il ravagea et réduisit les tribus illyriennes, dardaniennes et pæoniennes sur sa frontière septentrionale et occidentale, en prenant un grand nombre de leurs villes et en rapportant beaucoup de butin, et qu'il défit le prince thrace Kersobleptès, à la grande satisfaction des cités grecques situées sur l'Hellespont ou près du détroit (4). On dit de plus qu'il fit une nouvelle distribution de la population de la Macédoine, en transportant des habitants d'une ville dans une autre suivant qu'il désirait favoriser ou décourager la résidence, — et qu'il causa par là de grandes misères et de grandes souffrances aux familles déplacées ainsi (5).

Telle était l'activité exubérante de Philippe, sentie par-

(1) Justin, VIII, 6. Diodore affirme qu'Alexandre ne devint prince qu'après la mort d'Arrhybas (XVI, 72).

(2) Pseudo-Démosth. De Halonneso, p. 84; Démosth. Fals. Leg. p. 424-435; Philipp. III, p. 117-120, Philipp. IV, p. 133.

Comme ces entreprises de Philippe contre Ambrakia et Leukas ne sont pas mentionnées dans la seconde Philippique, mais seulement dans des discours de date plus récente, nous pouvons présumer qu'elles ne s'effectuèrent qu'après l'Olymp. 109, 1, = 344-343 avant J.-C. Mais ce n'est pas une conclusion très-certaine.

(3) Démosth. Fals. Leg. p. 368, 424, 436; Philipp. III, 117, 118; IV, p. 133; De Coronâ, p. 324; Pseudo-Démosth. De Halonneso, p. 84.

Cf. Harpokration, v. Δεκαδαρχία.

(4) Diodore, XVI, 69, 71.

(5) Justin, VIII, 5, 6 : « Reversus in regnum, ut pecora pastores nunc in hybernos, nunc in æstivos saltus trajiciunt, — sic ille populos et urbes, ut illi vel replenda vel derelinquenda quæquæ loca videbantur, ad libidinem suam transfert. Miseranda ubique facies et similis excidio erat, » etc. Cf. Tite-Live, XL, 3, où sont décrits des actes semblables de Philippe, fils de Demetrios (182 av. J.-C.).

tout, depuis les côtes de la Propontis jusqu'à celles de la mer Ionienne et au golfe Corinthien. Chaque année voyait sa puissance grandir, tandis que les États du monde grec restaient passifs sans se coaliser, et sans reconnaître aucun d'eux comme chef. Les factions favorables à Philippe se levaient partout en armes ou conspiraient en vue de s'emparer des gouvernements pour leur compte sous les auspices de ce prince, tandis que ceux qui s'attachaient à un hellénisme libre et populaire étaient découragés et réduits à la défensive (1).

Il était de la politique de Philippe d'éviter ou d'ajourner toute violation de la paix avec Athènes, seule puissance sous laquelle une coalition grecque contre lui était praticable. Mais un politique tel que Démosthène prévoyait assez clairement l'absorption prochaine du monde grec, y compris Athènes, dans la domination de la Macédoine, à moins qu'on ne pût trouver quelque moyen de ranimer parmi ses membres un esprit de défense énergique et combinée. Dans l'année 344 avant J.-C., ou auparavant, nous voyons cet orateur se présenter de nouveau dans l'assemblée athénienne, persuader ses compatriotes d'envoyer une mission dans le Péloponèse, et aller lui-même parmi les ambassadeurs (2). Il adressa tant aux Messèniens qu'aux Argiens des remontrances très-fortes au sujet de leur dévouement à Philippe, en leur rappelant que, par la crainte et la haine excessives que leur inspirait Sparte, ils lui livraient leur propre liberté, aussi bien que celle de tous leurs frères helléniques (3). Bien qu'écouté avec approbation, il ne se flatte d'avoir opéré aucun changement pratique dans leurs idées (4). Mais il paraît que des ambassadeurs arrivèrent à Athènes (en 344-343 av. J.-C.) à qui on demandait une réponse, et c'est pour suggérer cette réponse que Démosthène prononce sa seconde

(1) V. un passage frappant dans la quatrième Philippique de Démosthène, p. 132.

(2) Démosthène, De Coronâ, p. 252.

(3) Démosth. Philipp. II, p. 71, 72. Démosthène lui-même rapporte à l'assemblée athénienne (en 344-343 av. J.-C.) ce qu'il avait dit aux Messèniens et aux Argiens.

(4) Démosth. Philipp. II, p. 72.

Philippique. Il dénonce de nouveau Philippe comme un agresseur étendant sa puissance de tous les côtés, violant la paix avec Athènes et préparant la ruine du monde grec (1). Sans conseiller une guerre immédiate, il invite les Athéniens à veiller et à être sur leurs gardes, et à organiser une alliance défensive parmi les Grecs en général.

Par malheur, l'activité d'Athènes ne se montra que dans des paroles et contrasta ainsi avec les actes de vigueur de Philippe. Mais c'étaient des paroles de Démosthène, dont les partisans de Philippe en Grèce sentirent la force, et qui occasionnèrent tant d'ennui à Philippe lui-même, qu'il envoya à Athènes plus d'une fois des ambassadeurs et des lettres de remontrance. Son député, Byzantin éloquent nommé Pythôn (2), parla à l'assemblée athénienne avec beaucoup de succès, se plaignant des calomnies des orateurs contre Philippe, — assurant avec force que Philippe était animé des meilleurs sentiments à l'égard d'Athènes et ne désirait que trouver l'occasion de lui rendre service, et offrant de revoir et d'amender les conditions de la dernière paix. Ces assurances générales d'amitié, données avec éloquence et avec force, produisirent un effet considérable sur l'assemblée athénienne, comme elles l'avaient fait dans la bouche d'Æschine pendant les discussions au sujet de la paix. On accueillit la motion de Pythôn, et on proposa trois amendements. 1. Au lieu des mots actuels de la paix : « Que chaque partie aurait ce qu'elle avait actuellement, » on proposa de substituer cette phrase : — « Que chaque partie

(1) Démosth. Philipp. II, p. 66-72. Quels étaient ces ambassadeurs, ou d'où venaient-ils, c'est ce que le discours n'indique pas. Libanius, dans son argument, dit qu'ils étaient venus conjointement de la part de Philippe, des Argiens et des Messêniens. Denys d'Halikarn. (ad Ammæum, p. 737) affirme qu'ils venaient du Péloponèse.

Je ne puis me décider à croire, sur l'autorité de Libanius, qu'il y eût des ambassadeurs de Philippe présents. La teneur du discours paraît contredire cette supposition.

(2) Pseudo-Démosthène, De Halonneso, p 81, 82. Winiewski (Comment. Historic. in Demosth. De Coronâ, p. 140) pense que l'ambassade de Pythôn à Athènes est l'ambassade même à laquelle la seconde Philippique de Démosthène fournit ou présente une réponse. Je suis d'accord avec Boeckh pour regarder cette supposition comme improbable.

aurait ce qui lui appartenait en propre » (1). 2. Que non-seulement les alliés d'Athènes et ceux de Philippe, mais encore tous les autres Grecs, seraient compris dans la paix ; que tous resteraient libres et autonomes ; que si l'un d'eux était attaqué, les parties au traité des deux côtés lui prêteraient sur-le-champ une assistance armée. 3. Qu'on demanderait à Philippe de restituer les villes, Doriskos, Serreion, etc., qu'il avait enlevées à Kersobleptês, depuis le jour où la paix avait été jurée à Athènes.

Le premier amendement paraît avoir été proposé par un citoyen nommé Hegesippos, politique énergique opposé à Philippe, qui soutenait les mêmes idées que Démosthène. Pythôn, ainsi que les autres ambassadeurs macédoniens, présents dans l'assemblée, ou accepta ces amendements, ou du moins ne protesta pas contre eux. Il partagea l'hospitalité publique de la cité comme en vertu d'une bonne intelligence mutuellement établie (2). Hegesippos avec d'autres Athéniens fut envoyé en Macédoine pour obtenir la ratification de Philippe, qui admit la justesse du second amendement, offrit un arbitrage relativement au troisième, mais refusa de ratifier le premier, — en désavouant et la proposition générale et l'acceptation subséquente de ses ambassadeurs à Athènes (3). De plus il se montra très-dur dans la réception qu'il fit à Hegesippos et à ses collègues, et il bannit de Macédoine le poëte athénien Xenokleidês, pour leur avoir donné l'hospitalité (4). En conséquence le traité original resta sans être changé.

---

(1) Pseudo-Démosth. De Halonneso, p. 81. Περὶ δὲ τῆς εἰρήνης, ἣν ἔδοσαν ἡμῖν οἱ πρέσβεις οἱ παρ' ἐκείνου πεμφθέντες ἐπανορθώσασθαι, ὅτι ἐπηνωρθωσάμεθα, ὃ παρὰ πᾶσιν ἀνθρώποις ὁμολογεῖται δίκαιον εἶναι, ἑκατέρους ἔχειν τὰ ἑαυτῶν, ἀμφισβητεῖ (Philippe) μὴ δεδωκέναι, μηδὲ τοὺς πρέσβεις ταῦτ' εἰρηκέναι πρὸς ὑμᾶς, etc.

Cf. Démosth. Fals. Leg. p. 398.

(2) Pseudo-Démosth. De Halonneso, p. 81. V. Ulpien, ad Demosth. Fals. Leg. p. 364.

(3) Pseudo-Démosth. De Halonneso, p. 81, 84, 85. Ἀμφισβητεῖ μὴ δεδωκέναι (Philippe prétend qu'il ne présenta jamais les conditions de la paix pour qu'on les amendât) μηδὲ τοὺς πρέσβεις ταῦτ' εἰρηκέναι πρὸς ὑμᾶς. ... Τοῦτο δὲ τὸ ἐπανόρθωμα (le second amendement) ὁμολογῶν ἐν τῇ ἐπιστολῇ, ὡς ἀκούετε, δίκαιόν τ' εἶναι καὶ δέχεσθαι, etc.

(4) Hegesippos fut fortement dé-

Hegesippos et ses collègues étaient allés en Macédoine, non simplement pour présenter à l'acceptation de Philippe les deux amendements que nous venons d'indiquer, mais encore pour lui demander la restitution de la petite île d'Halonnesos (près de Skiathos, qu'il avait prise depuis la paix (343 av. J.-C.) Philippe nia que l'île appartînt aux Athéniens, ou qu'ils eussent aucun droit à faire une pareille demande ; il affirmait qu'il l'avait prise non à eux, mais à un pirate nommé Sostratos, qui rendait dangereuse la navigation de la mer voisine, — et qu'actuellement elle lui appartenait. Si les Athéniens le contestaient, il offrit de soumettre la question à un arbitrage ; de *rendre* l'île à Athènes, si les arbitres prononçaient contre lui, — ou de la lui *donner*, même s'ils décidaient en sa faveur (1).

Comme nous savons que Philippe traitait Hegesippos et les autres ambassadeurs avec une dureté particulière, il est probable que la discussion diplomatique entre eux, au sujet d'Halonnesos aussi bien que sur d'autres questions, fut menée avec des sentiments de colère des deux côtés. Aussi une île, en elle-même petite et insignifiante, devint-elle le sujet d'une altercation prolongée pendant deux ou trois années. Quand Hegesippos et Démosthène soutenaient que Philippe avait lésé les Athéniens au sujet d'Halonnesos, et qu'elle ne pouvait être reçue de lui qu'en restitution d'une propriété athénienne légitime, et non comme un don *proprio*

---

noncé à Athènes par les orateurs favorables à Philippe (Démosth. Fals. Leg. p. 364). Quelques auteurs ont considéré son ambassade auprès de ce prince comme imposant une « explication évidemment sophistique d'un article de la paix », ce qui blessa Philippe à bon droit. Mais, à mon avis, ce n'était pas une explication du traité original, et il n'y avait aucun sophisme de la part d'Athènes. C'était une clause amendée, présentée par les Athéniens à la place de la clause originale. Jamais ils n'affirmèrent que la clause amendée signifiât la même chose que la clause avant l'amendement. Au contraire, ils impliquent que le sens n'est *pas* le même, — et c'est pour cette raison qu'ils soumettent la forme amendée des mots.

(1) Cf. Pseudo-Démosth. De Halonneso, p. 77, et la Lettre de Philippe, p. 162. Le premier dit : Ἔλεγε δὲ καὶ πρὸς ὑμᾶς τοιούτους λόγους, ὅτε πρὸς αὐτὸν ἐπρεσβεύσαμεν, ὡς λῃστὰς ἀφελόμενος ταύτην τὴν νῆσον κτήσαιτο, καὶ προσήκειν αὐτὴν ἑαυτοῦ εἶναι.

La Lettre de Philippe s'accorde avec lui quant aux faits principaux.

motu, — Æschine et autres traitaient la question en dérision, comme une controverse à propos de syllabes (1). « Philippe (disaient-ils) offre de nous donner Halonnesos. Prenons-la et ne revenons plus sur la question. Qu'est-il besoin de s'inquiéter s'il nous *la donne*, ou s'il nous *la rend*? » Les auteurs comiques firent diverses plaisanteries sur la même distinction verbale, comme si c'était une pure et niaise subtilité. Mais bien que des orateurs de parti et des gens d'esprit pussent trouver ici une saillie à faire ou un sarcasme à placer, il est certain qu'une diplomatie bien conduite, moderne aussi bien qu'ancienne, a toujours été attentive à signaler la distinction comme importante. La question ici n'a pas trait à une prise opérée pendant la guerre, mais pendant la paix. Aucun diplomate moderne n'acceptera la restitution de ce qui a été pris illégitimement, s'il est invité à la reconnaître comme une cession gratuite de l'auteur de la capture. L'argument de Philippe, — à savoir qu'il avait pris l'île, non pas à Athènes, mais au pirate Sostratos, — n'était pas une excuse valable, en admettant que l'île appartînt réellement à Athènes. Si Sostratos avait commis des dommages comme pirate, Philippe aurait dû demander réparation à Athènes, ce qu'évidemment il ne fit pas. Ce n'était que dans le cas où une réparation lui aurait été refusée, qu'il pouvait être autorisé à se faire justice par la force ; et même alors, on peut douter que la prise de l'île lui donnât aucun droit sur elle contre Athènes. Les Athéniens refusèrent sa proposition d'arbitrage, en partie parce qu'ils étaient convaincus de leur propre droit sur l'île, en partie parce qu'ils craignaient d'admettre Philippe à aucun droit reconnu d'intervention dans leur ascendant insulaire (2).

Halonnesos resta avec une garnison que Philippe y mit, et forma un des nombreux sujets de communication irritée par lettres et par envoyés, entre lui et Athènes, — jusqu'à

(1) Æschine adv. Ktesiph. p. 65, c. 30. Περὶ συλλαβῶν διαφερόμενος, etc.

(2) Pseudo-Démosth. De Halonneso, p. 78-80.

ce qu'enfin (vraisemblablement vers 341 av. J.-C.) les habitants de l'île voisine de Peparêthos la reprissent et enlevassent sa garnison. A l'occasion de cette conduite Philippe adressa plusieurs remontrances, tant aux Péparéthiens qu'aux Athéniens. N'obtenant pas réparation, il attaqua Peparêthos et tira des habitants une cruelle vengeance. Les Athéniens ordonnèrent alors à leur amiral d'exercer sur lui des représailles, de sorte que la guerre, bien que n'étant pas encore réellement déclarée, approchait de plus en plus du moment où elle recommencerait (1).

Mais ce ne fut pas seulement dans Halonnesos qu'Athènes se trouva assaillie par Philippe et par les factions favorables à ce prince. Même sa propre frontière du côté de la Bœôtia demanda à ce moment une surveillance constante, depuis que les Thêbains avaient été délivrés de leurs ennemis phokiens; de sorte qu'elle fut obligée de tenir des garnisons d'hoplites à Drymos et à Panakton (2). Dans Megara un parti insurgé sous Perilaos avait dressé des plans pour s'emparer de la cité avec l'aide d'un corps de troupes de Philippe, qui pouvait facilement être envoyé de l'armée macédonienne occupant en ce moment la Phokis, par mer, à Pegæ, le port mégarien sur le golfe de Krissa. Informé de cette conspiration, le gouvernement mégarien sollicita l'aide d'Athènes. Phokiôn, conduisant les hoplites athéniens à Megara avec la plus grande célérité, assura le salut de la cité, et en même temps il rétablit les Longs Murs jusqu'à Nisæa, de manière à la rendre toujours accessible aux Athéniens par mer (3). En Eubœa, les cités d'Oreus et d'Eretria

(1) Epist. Philipp. ap. Demosth. p. 162. Le discours du Pseudo-Démosthène De Halonneso est un discours adressé au peuple sur l'une de ces communications épistolaires de Philippe, apportée par quelques envoyés qui avaient aussi parlé au peuple *vivâ voce*. La lettre de Philippe faisait allusion en outre à plusieurs autres sujets, mais celui d'Halonnesos venait le premier.

(2) Démosth. Fals. Leg. p. 446. Je crois que ces mots indiquent, non pas quelque marche particulière vers ces places, mais une garde permanente tenue là depuis que la frontière septentrionale de l'Attique était exposée après la paix. Quant à la grande importance de Panakton, comme position frontière entre Athènes et Thêbes. V. Thucydide, V. 35, 36, 39.

(3) Démosth. Fals. Leg. p. 368, 435.

tombèrent entre les mains des chefs favorables à Philippe et devinrent hostiles à Athènes. A Oreus, la plupart des citoyens furent persuadés de seconder les vues du principal partisan de Philippe, Philistidês, qui les décida à faire taire les remontrances du chef opposant Euphræos, et à l'emprisonner, comme perturbateur de la paix publique. Alors Philistidês, qui guettait l'occasion, obtint l'introduction d'un corps de troupes macédoniennes, au moyen desquelles il s'assura le gouvernement de la cité comme instrument de Philippe, tandis qu'Euphræos, torturé par le chagrin et la crainte, se tua en prison. A Eretria, Kleitarchos et d'autres firent le même complot. Après avoir chassé leurs principaux adversaires et refusé d'admettre des envoyés athéniens, ils obtinrent mille hommes de troupes macédoniennes sous Hipponikos; ils se rendirent ainsi maîtres d'Eretria elle-même et détruisirent le port de mer fortifié appelé Porthmos, afin de rompre la facile communication avec Athènes. Oreus et Eretria sont représentées par Démosthène comme souffrant une déplorable oppression sous ces deux despotes, Philistidês et Kleitarchos (1). D'autre part, Chalkis, la capitale de l'Eubœa, paraît avoir encore été libre et s'être appuyée plutôt sur Athènes que sur Philippe, sous l'influence prédominante d'un des principaux citoyens nommé Kallias.

A cette époque, à ce qu'il semble, Philippe était personnellement occupé à des opérations en Thrace, où il passa au moins onze mois, sinon plus (2), laissant l'administration des affaires de l'Eubœa à ses commandants en Phokis et en Thessalia (342-341 av. J.-C.). Il était probablement en train de préparer alors ses plans pour s'emparer des passages

446, 448; Philipp. IV, p. 133; De Coronâ, p. 324; Plutarque, Phokiôn, c. 16.

(1) L'état de choses général, tel qu'il est présenté ici, à Oreus et à Eretria, existait au moment où Démosthène prononça ses deux discours, — la troisième Philippique et le discours sur la Chersonèse, à la fin du printemps et de l'été de 341 av. J.-C. — De Chersoneso, p. 98, 99, 104; Philipp. III, p. 112, 115, 125, 126. ..... Δουλεύουσί γε μαστιγούμενοι καὶ στρεβλούμενοι (le peuple d'Eretria sous Kleitarchos, p. 128).

(2) Démosth. De Chersoneso, p. 99.

importants qui conduisaient du Pont-Euxin dans la mer Ægée, — le Bosphore et l'Hellespont, — et des cités grecques sur la côte. De ces détroits dépendait le principal approvisionnement de blé importé pour Athènes et pour une grande partie du monde grec ; et de là l'importance considérable de la possession de la Chersonèse pour les Athéniens.

Relativement à cette péninsule, il s'éleva alors des disputes pleines de colère. Pour protéger ses colons qui y étaient établis, Athènes avait envoyé Diopeithês avec un corps de mercenaires, auxquels toutefois on ne fournissait pas de solde et qu'on laissait lever des contributions où ils pouvaient, tandis que Philippe avait pris Kardia sous sa protection et y avait mis garnison. — C'était une cité située dans la péninsule, près de son isthme, mais mal disposée pour Athènes, revendiquant l'indépendance et admise, lors de la paix de 346 avant J.-C., par Æschine et les ambassadeurs athéniens, comme alliée de Philippe, à prendre part à la prestation des serments (1). Conjointement avec les Kardiens, Philippe s'était approprié et avait distribué des terres que les colons athéniens affirmaient leur appartenir ; et quand ils se plaignirent, il insista pour qu'ils traitassent Kardia comme une cité indépendante, eu égard à un arbitrage (2). Ils refusèrent de le faire, bien que leur ambassadeur Æschine eût reconnu Kardia comme une alliée de Philippe indépendante lorsque la paix fut jurée.

C'était là un état de prétentions rivales d'où, à coup sûr, devaient résulter des hostilités. Les troupes macédoniennes ravagèrent la Chersonèse, tandis que Diopeithês, de son côté, fit des incursions hors de la péninsule, envahit des portions de la Thrace soumises à Philippe, qui écrivit à Athènes des lettres de remontrances (3). Tout en se plaignant ainsi à

---

(1) Démosthène cont. Aristokrat. p. 677 ; De Fals. Leg. p. 396 ; De Chersoneso, p. 104, 105.

(2) Pseudo-Démosth. De Halonneso, p. 87.

(3) Démosthène, De Chersoneso, p. 93 ; Pseudo-Démosth. De Halonneso, p. 87 ; Epistol. Philipp. ad Demosth. p. 161.

Athènes, Philippe poussait en même temps ses conquêtes contre les princes thraces Kersobleptês, Terês et Sitalkês (1), auxquels avait été conféré le don honorifique du droit de cité athénien.

Les plaintes de Philippe et les discours de ses partisans à Athènes firent naître un sentiment d'irritation contre Diopeithês dans cette ville, de sorte que le peuple sembla disposé à le rappeler et à le punir. C'est contre cette mesure que Démosthène proteste dans son discours sur la Chersonèse. Ce discours et sa troisième Philippique furent prononcés en 341-340 avant J.-C., vraisemblablement dans la dernière moitié de 341 avant J.-C. Dans les deux, il reprend ce ton énergique et implacable d'hostilité à l'égard de Philippe, ton qui avait caractérisé la première Philippique et les Olynthiennes. Il invite ses compatriotes non-seulement à soutenir Diopeithês, mais encore à renouveler avec vigueur la guerre contre Philippe de toute autre manière. Philippe (dit-il), tout en prétendant en paroles observer la paix, l'a depuis longtemps violée par ses actes et par des agressions dans des directions sans nombre. Si Athènes veut l'imiter en observant la paix de nom, qu'elle le fasse ; mais en tout cas, qu'elle l'imite aussi en poursuivant en réalité la guerre avec ardeur (2). On ne pouvait protéger la Chersonèse, ancienne possession d'Athènes, qu'en encourageant et en renforçant Diopeithês ; il était sûr également que Byzantion deviendrait ensuite l'objet d'attaque de Philippe ; et on devait sauver cette ville, comme essentielle aux intérêts d'Athènes, bien que jusqu'alors les Byzantins eussent été mal disposés pour elle. Mais même ces intérêts, quelque importants qu'ils fussent, ne devaient être considérés que comme des parties d'un tout plus important encore. Le monde hellénique tout entier courait un danger imminent (3) ; les prodigieuses forces militaires de Philippe l'excédaient ; il était mis en pièces par des factions locales qui comptaient sur son appui, et il s'enfonçait chaque jour dans

(1) Epistol. Philipp. *l. c.*

(2) Philipp. III, p. 112.

(3) Philipp. p. 118, 119.

une dégradation plus irrémédiable. Le nom hellénique n'avait d'espoir de salut que dans l'action énergique et bien dirigée d'Athènes. Elle devait se mettre en avant résolument et avec toute sa puissance; ses citoyens devaient servir personnellement, payer des taxes directes sans hésiter et abandonner, pour le moment, leur fonds des fêtes; quand ils se seraient montrés ainsi prêts à supporter les peines et les maux réels de la lutte, alors ils enverraient partout des députés invoquer l'aide des autres Grecs contre l'ennemi commun (1).

Telle est, dans son ton général, la harangue frappante connue comme la troisième Philippique (341-340 av. J.-C.). Il paraît qu'à ce moment les Athéniens étaient en train de s'entendre mieux avec Démosthène qu'ils ne l'avaient jamais fait auparavant. Ils remarquèrent, — ce que l'orateur avait signalé depuis longtemps, — que Philippe continuait à passer d'une acquisition à une autre, et qu'il devenait d'autant plus dangereux à mesure que les autres étaient tranquilles. Ils furent réellement alarmés au sujet de la sûreté des deux positions importantes de l'Hellespont et du Bosphore.

A partir de ce moment jusqu'à la bataille de Chæroneia, l'influence positive dont jouit Démosthène, en déterminant la conduite de ses compatriotes, devint très-considérable. Il avait déjà été employé plusieurs fois comme ambassadeur dans le Péloponèse (344-343 av. J.-C.), à Ambrakia, à Leukas, à Korkyra, chez les Illyriens et en Thessalia. Il proposa actuellement d'abord un envoi d'ambassadeurs en Eubœa, où probablement un plan d'opérations fut concerté avec Kallias et les Chalkidiens, — et subséquemment, l'envoi de forces militaires dans la même île, contre Oreus et Eretria (2). Cette expédition, commandée par Phokiôn, fut heureuse. Oreus et Eretria furent délivrées ; Kleitarchos et Philistidês, ainsi que les troupes macédoniennes, furent chassés de l'île, bien que tous deux essayassent en vain de

(1) Philippic. III, p. 129, 130.

(2) Démosth. De Coronâ, p. 252.

se rendre Athènes favorable (1). Kallias aussi, les Chalkidiens d'Eubœa et les Mégariens contribuèrent comme auxiliaires à ce succès (2). Sur sa proposition, appuyée par Démosthène, on renonça à la présence des députés des cités eubœennes au congrès à Athènes, ainsi qu'au tribut qu'elles payaient; et à la place on établit un congrès eubœen, siégeant à Chalkis, indépendant d'Athènes, toutefois allié avec elle (3). Dans ce congrès eubœen, Kallias fut le principal personnage, se mettant en avant à la fois comme partisan d'Athènes et comme ennemi de Philippe. Il poussa son attaque au delà des limites de l'Eubœa jusqu'au golfe de Pagasæ, d'où venaient probablement les troupes macédoniennes qui avaient formé la garnison d'Oreus sous Philistidês. Il y prit plusieurs des villes alliées avec Philippe ou qui avaient reçu de lui une garnison, ainsi que divers bâtiments macédoniens, dont il vendit les équipages comme esclaves. Pour ces succès, les Athéniens lui décrétèrent un vote public de remerciements (4). Il s'employa aussi (pendant l'automne et l'hiver de 341-340 av. J.-C.) à parcourir le Péloponèse pour organiser une confédération contre Philippe. Dans cette mission il pressa avec ardeur les cités d'envoyer des députés à un congrès à Athènes, le mois suivant d'Anthesterion (février) 340 avant J.-C. Mais bien qu'il fît à Athènes la flatteuse annonce d'un concours et d'un appui qui lui avait été promis, le congrès projeté n'aboutit à rien (5).

---

(1) Diodore, XVI, 74.

(2) Stephanus Byz. v. Ὠρεός.

(3) Æschine adv. Ktesiph. p. 67, 68. Æschine stigmatise fortement Démosthène pour avoir privé le congrès athénien de ces membres importants. Mais les membres eubœens n'avaient certainement produit aucun bien à Athènes par leur présence, réelle ou nominale, à son congrès, pendant les dernières années. La formation d'un congrès eubœen libre présentait probablement la meilleure chance d'assurer une harmonie réelle entre l'île et Athènes. Æschine entre ici dans de longs détails sur des allégations relatives aux intrigues corrompues entre Démosthène et Kallias à Athènes. Il est impossible de concilier un grand nombre de ces allégations avec ce que nous savons de la marche de l'histoire à l'époque. Nous devons nous rappeler qu'Æschine présente cette assertion onze ans après les événements.

(4) Epistol. Philipp. ap. Demosth. p. 159.

(5) Æschine adv. Ktesiph. *l. c.* Æschine spécifie ici le mois, mais non

Tandis que l'important succès en Eubœa délivrait Athènes d'inquiétude de ce côté, Démosthène était envoyé comme ambassadeur dans la Chersonèse et à Byzantion (printemps, 340 av. J.-C.). Il dut sans doute encourager Diopeithês, et il se peut qu'il lui ait mené quelques renforts. Mais ses services furent principalement utiles à Byzantion. Cette cité avait été longtemps mal disposée à l'égard d'Athènes, — par suite de souvenirs de la Guerre Sociale, et par jalousie à l'occasion des droits imposés sur les navires de blé qui passaient par le Bosphore ; de plus, elle avait été pendant quelque temps alliée avec Philippe, qui faisait actuellement tous ses efforts pour déterminer les Byzantins à se joindre à lui dans une guerre active contre Athènes. Démosthène fit un usage si efficace de son éloquence à Byzantion, qu'il déjoua ce dessein, triompha des sentiments hostiles des citoyens et les amena à voir combien il importait et à leurs intérêts et à leur salut de se coaliser avec Athènes pour résister à la prépondérance ultérieure de Philippe. Les Byzantins, avec leurs alliés et voisins les Périnthiens, contractèrent alliance avec Athènes. Démosthène s'enorgueillit, à bon droit, d'avoir remporté ce succès pour ses compatriotes en qualité d'homme d'État et de diplomate, malgré des probabilités contraires. Si Philippe eût pu obtenir la coopération active de Byzantion et de Perinthos, il serait devenu maître de l'approvisionnement de blé et probablement de l'Hellespont également, de sorte que la guerre dans ces régions aurait fini par être presque impraticable pour Athènes (1).

---

l'année. Il me paraît qu'Anthesterion, 340 avant J.-C. (Olymp. 109, 4), est la date la plus vraisemblable, bien que Boehnecke et autres la placent un an plus tôt.

(1) Démosthène, De Coronâ, p. 254, 304, 308. Βουλόμενος τῆς σιτοπομπίας κύριος γενέσθαι (Philippe), παρελθὼν ἐπὶ Θράκης Βυζαντίους συμμάχους ὄντας αὐτῷ τὸ μὲν πρῶτον ἠξίου συμπολεμεῖν τὸν πρὸς ὑμᾶς πόλεμον, etc.

Ἡ μὲν ἐμὴ πολίτεια... ἀντὶ δὲ τοῦ τόν Ἑλλήσποντον ἔχειν Φίλιππον, λαβόντα Βυζάντιον, συμπολεμεῖν τοὺς Βυζαντίους μεθ' ἡμῶν πρὸς αὐτὸν (ἐποίησεν)... Τίς ὁ κωλύσας τὸν Ἑλλήσποντον ἀλλοτριωθῆναι κατ' ἐκείνους τοὺς χρόνους (p. 255) ;

Cf. Æschine adv. Ktesiph. p. 90.

Que Démosthène prévit, plusieurs mois auparavant, les plans de Philippe sur Byzantion, c'est ce que prouvent les discours De Chersoneso, p. 93-106, et Philipp. III, p. 115.

Si cette révolution inopinée dans la politique de Byzantion fut éminemment avantageuse à Athènes, elle mortifia Philippe dans la même proportion ; ce prince la ressentit tellement que, peu de temps après, il commença le siége de Perinthos par terre et par mer (1), un peu avant le solstice d'été de 340 avant J.-C. Il fit remonter l'Hellespont à sa flotte qu'il amena dans la Propontis, et il la protégea, dans son passage, contre l'attaque des Athéniens de la Chersonèse (2), en faisant conduire son armée à travers la péninsule qu'elle ravagea. C'était une violation d'un territoire athénien, ce qui ajoutait une cause de guerre de plus au grand nombre de celles qui existaient déjà. En même temps il paraît qu'il lâcha alors ses croiseurs contre les bâtiments marchands athéniens, dont il prit et s'appropria une grande quantité. Ces captures, avec les incursions dans la Chersonèse, servirent de dernières provocations additionnelles, qui agirent sur les esprits des Athéniens et les amenèrent à une déclaration positive de guerre (3). Peu après le solstice d'été de 340 avant J.-C., au commencement de l'archontat de Theophrastos, ils décrétèrent formellement (4) qu'on enlèverait la colonne sur laquelle était consignée la paix de 346 avant J.-C., et qu'on recommencerait la guerre contre Philippe d'une manière ouverte et explicite. Il semble probable que cela se fit tandis que Démosthène était encore absent, pour sa mission à l'Hellespont et au Bosphore ; car il dit expressément qu'aucun des décrets qui amenèrent im-

(1) Diodore, XVI, 74.

(2) Epistola Philippi ap. Demosth. p. 163.

(3) Ce furent les deux dernières causes qui précédèrent immédiatement et déterminèrent la déclaration de guerre : c'est ce que nous pouvons voir par Démosthène De Coronâ, p. 249 : — Καὶ μὴν τὴν εἰρήνην γ' ἐκεῖνος ἔλυσε τὰ πλοῖα λαβών, οὐχ ἡ πόλις, etc.

Ἀλλ' ἐπειδὴ φανερῶς ἤδη τὰ πλοῖα ἐσεσύλητο, Χερρόνησος ἐπορθεῖτο, ἐπὶ τὴν Ἀττικὴν ἐπορεύετ' ἄνθρωπος, οὐκετ' ἐν ἀμφισβητησίμῳ τὰ πράγματα ἦν, ἀλλ' ἐνειστήκει πόλεμος, etc. (p. 274).

(4) Philochore, Frag. 135, éd. Didot; Denys d'Halik. ad Ammæum, p. 738-741; Diodore, XVI, 77. La citation que fait Denys en l'empruntant à Philochore n'est pas tout à fait exacte en un point. Il affirme que Démosthène proposa la résolution décisive de déclarer la guerre, tandis que Démosthène lui-même nous dit qu'aucune des motions faites dans cette conjoncture ne le fut par lui (De Coronâ, p. 250).

médiatement les hostilités ne fut proposé par lui, mais que tous le furent par les autres citoyens (1), assertion que nous pouvons raisonnablement croire puisqu'il devait être plutôt fier que honteux d'une pareille initiative.

Vers le même temps, à ce qu'il paraîtrait, Philippe de son côté adressa aux Athéniens un manifeste et une déclaration de guerre (340 av. J.-C.). Dans cette pièce il énumérait une foule de torts dont ils s'étaient rendus coupables à son égard et qui restaient encore sans réparation malgré des remontrances formelles, torts dont il annonce devoir tirer une juste vengeance par des hostilités ouvertes (2). Il faisait allusion à l'arrestation, sur le sol macédonien, de Nikias son héraut, porteur de dépêches; les Athéniens (alléguait-il) avaient détenu ce héraut comme prisonnier pendant dix

---

(1) Démosth. De Coronâ, p. 250. On verra que je ne mentionne ni les deux décrets des Athéniens, ni la lettre de Philippe, incorporés dans le discours De Coronâ, p. 249, 250, 251. J'ai déjà dit que tous ces documents que nous lisons comme attachés à ce discours sont tellement entachés soit d'erreur manifeste soit de causes de doute, que je ne puis les citer comme autorités dans cette Histoire, partout où ils sont seuls. En conséquence, je ne tiens compte ni du siége supposé de Selymbria, mentionné dans la prétendue lettre de Philippe, sans l'être nulle part ailleurs, — ni des vingt vaisseaux athéniens capturés par l'amiral macédonien Amyntas, et rendus ensuite par Philippe, sur la remontrance des Athéniens, mentionnés dans le prétendu décret athénien proposé par Euboulos. Ni Démosthène, ni Philochore, ni Diodore, ni Justin ne parlent du siége de Selymbria, bien que tous fassent allusion aux attaques sur Byzantion et Perinthos. Je ne crois pas que le siége de Selymbria ait jamais été fait. De plus, des vaisseaux athéniens capturés, mais rendus ensuite par Philippe aux Athéniens, sur leurs remontrances, ne peuvent guère avoir été la cause réelle de la lutte entre eux.

Les décrets et la lettre prétendus ne conviennent pas au passage de Démosthène auquel ils sont attachés.

(2) Epistola Philippi ad Demosth. p. 165. Cette lettre de Philippe aux Athéniens paraît ici insérée parmi les discours de Démosthène. Quelques critiques la rejettent comme apocryphe, mais je ne vois pas de raison suffisante à l'appui de cette opinion. Est-ce la composition de Philippe lui-même, ou de quelque Grec employé dans le cabinet de Philippe, c'est ce que nous n'avons pas le moyen de déterminer.

Le discours de Démosthène que l'on dit avoir été prononcé en réponse à cette lettre de Philippe (Orat. XI), est, à mon avis, indiqué à tort. Non-seulement il n'a pas de rapport particulier avec les points contenus dans la lettre, — mais il doit aussi être postérieur en date de deux ou de trois mois, puisqu'il mentionne le secours envoyé par les satrapes persans à Perinthos et la levée du siége de cette ville par Philippe (p. 153).

mois et avaient lu les dépêches publiquement dans leur assemblée. Il se plaignait qu'Athènes eût encouragé les habitants de Thasos à donner asile à des trirèmes de Byzantion et à des corsaires d'autres endroits, pour molester le commerce macédonien. Il insistait sur les actes agressifs de Diopeithês en Thrace, et de Kallias dans le golfe de Pagasæ. Il dénonçait la demande de secours contre lui faite aux Perses par Athènes, comme un abandon du patriotisme hellénique et des anciennes maximes athéniennes. Il faisait allusion à l'intervention déplacée d'Athènes dans la défense des princes thraces Terês et Kersobleptês contre lui, quand ces princes n'étaient ni l'un ni l'autre du nombre de ceux qui avaient juré la paix ; à la protection accordée par Athènes aux habitants de Peparêthos, qu'il avait punis pour des hostilités commises contre sa garnison d'Halonnesos ; au danger que sa flotte avait couru en remontant l'Hellespont, par suite des hostilités des colons athéniens de la Chersonèse, qui avaient coopéré avec ses ennemis les Byzantins, et l'avaient mis dans la nécessité de protéger ses vaisseaux en faisant marcher une armée de terre à travers la Chersonèse. Il justifiait sa propre conduite à l'occasion du secours donné à ses alliés les habitants de Kardia, se plaignant que les Athéniens eussent refusé de soumettre leurs différends avec cette cité à un arbitrage équitable. Il repoussait les prétentions athéniennes au sujet d'un droit sur Amphipolis, affirmant qu'il avait lui-même plus de droits sur cette ville, à tous égards. Il insistait particulièrement sur la conduite offensive des Athéniens, qui, lorsqu'il avait envoyé des ambassadeurs conjointement avec tous ses alliés, avaient refusé de « conclure une juste convention au nom de tous les Grecs en général. » — « Si vous aviez accédé à cette proposition (disait-il), vous auriez mis hors de danger tous ceux qui soupçonnaient réellement mes desseins, ou vous m'auriez présenté publiquement comme le plus indigne des hommes. Il était de l'intérêt de votre peuple d'y accéder, mais non de celui de vos orateurs. Pour eux, — comme l'affirment ceux qui connaissent le mieux votre gouvernement, — la paix est la guerre, et la guerre, la paix ; car ils font toujours de l'argent aux dépens de vos généraux, soit comme accusateurs soit comme défenseurs; de plus, en injuriant dans l'assemblée publique vos principaux citoyens à l'intérieur, et d'autres hommes éminents au dehors, ils acquièrent auprès de la multitude du crédit à cause de leurs dispositions populaires. Il me serait facile, par les présents les plus insignifiants, de mettre un terme à leurs invectives et de les faire chanter mes louanges. Mais je rougirais de paraître acheter d'*eux* votre bonne volonté (1). »

Il est peu important de vérifier ou d'apprécier les plaintes particulières présentées ici, eussions-nous même des moyens suffisants pour le faire. Dans les sentiments qui avaient régné pendant les deux dernières années entre les Athéniens et Philippe, nous ne pouvons douter que beaucoup d'actes détachés d'un caractère hostile n'aient été commis de leur côté aussi bien que du sien. L'allégation de Philippe, — qu'il leur avait proposé à plusieurs reprises un arrangement de leurs différends à l'amiable, — qu'elle soit vraie ou non, a peu d'importance. Il était grandement de son intérêt de maintenir Athènes en paix et tranquille, tandis qu'il établissait son ascendant partout ailleurs et qu'il augmentait sa puissance pour finir par l'employer d'une manière telle qu'elle serait hors d'état de lui résister. Les Athéniens avaient à la fin été amenés à comprendre que persévérer plus longtemps dans cette conduite leur assurerait seulement la somme de faveur que Polyphemos offrait à Odysseus, — c'est qu'ils seraient dévorés les derniers. Mais la leçon qu'il croit à propos de donner, tant à eux qu'à leurs orateurs populaires, n'est guère plus qu'une dérision insultante. Il est étrange de lire l'éloge de la paix, — comme si elle était incontestablement avantageuse au public athénien et comme si les recommandations de la guerre ne venaient que d'orateurs disposés à se vendre et à calomnier à leur profit, — il est étrange, dis-je, de lire cet éloge prononcé par le plus grand agresseur et le plus grand conquérant de son époque,

(1) Epistol. Philipp. ap. Demosth. p. 159, 164; Cf. Isokrate, Or. V (Philipp.) s. 82.

dont toute la vie se passa dans la guerre et dans l'organisation élaborée de grandes forces militaires, et adressé à un peuple dont la principale faiblesse était alors une aversion presque insurmontable pour les fatigues personnelles et les sacrifices pécuniaires d'une guerre efficace. Il se peut que ce passage du manifeste soit destiné à servir de texte à Æschine et aux autres partisans de Philippe dans l'assemblée athénienne.

La guerre était actuellement un fait avoué des deux côtés (automne 340 av. J.-C.). A l'instigation de Démosthène et d'autres, les Athéniens rendirent un décret à l'effet d'équiper une armée navale, qui fut envoyée sous Charês dans l'Hellespont et la Propontis.

Cependant Philippe amena au siége de Perinthos une armée de trente mille hommes, et une quantité d'engins et de projectiles telle qu'on n'en avait jamais vu auparavant (1). L'attaque qu'il dirigea sur cette place fut remarquable non-seulement par la grande bravoure et la grande persévérance qu'on déploya des deux côtés, mais encore par les proportions considérables des opérations militaires (2). Perinthos était forte et défendable, située comme elle l'était sur un promontoire se terminant en falaises escarpées au sud, du côté de la Propontis, inattaquable par mer, mais s'abaissant, bien que par une pente douce, du côté de la terre, à laquelle elle était unie par un isthme qui n'avait pas plus de deux cents mètres de largeur. En travers de cet isthme s'étendait le mur extérieur, derrière lequel on voyait les maisons

(1) Les grandes améliorations que Philippe avait apportées aux engins de siége, comme partie de son organisation militaire générale, sont attestées dans un curieux passage d'un auteur postérieur sur la mécanique. Athénée, De Machinis ap. Auctor. Mathem. Veter. p. 3, éd. Paris. — Ἐπίδοσιν δὲ ἔλαβεν ἡ μηχανοποιία ἅπασα κατὰ τὴν τοῦ Διονυσίου τοῦ Σικελιώτου τυραννίδα, κατά τε τὴν Φιλίππου τοῦ Ἀμύντου βασίλειαν, ὅτε ἐπολιόρκει Βυζαντίους Φίλιππος. Εὐημέρει δὲ τῇ τοιαύτῃ τέχνῃ Πολύειδος ὁ Θεσσαλὸς, οὗ οἱ μαθηταὶ συνεστρατεύοντο Ἀλεξάνδρῳ.

Relativement aux engins employés par Denys de Syracuse, V. Diodore, XIV, 42, 48, 50.

(2) Diodore XVI, 74-76; Plutarque, Vit. Alexandri, c. 70; et Laconic. Apophthegm. p. 215, ainsi que De Fortunâ Alexand. p. 339.

de la ville, hautes, fortement bâties et s'élevant les unes au-dessus des autres en terrasse, le long de la pente du promontoire. Philippe pressa la place par des assauts dirigés à plusieurs reprises sur le mur extérieur, en le battant en brèche avec des béliers, en le minant par la sape et en roulant des tours mobiles qui, dit-on, avaient trente-six mètres de hauteur (plus hautes même que les tours du mur périnthien), de manière à écarter les défenseurs par des traits et à tenter un assaut corps à corps au moyen de planchers. Les Périnthiens, se défendant avec une valeur énergique, le repoussèrent pendant longtemps du mur extérieur. A la fin, les engins de siége, avec les attaques réitérées des soldats macédoniens, qu'animaient les promesses de Philippe, renversèrent ce mur et refoulèrent les défenseurs dans la ville. Toutefois, il se trouva que la ville elle-même fournit à ses citoyens une nouvelle position défendable. La rangée inférieure des maisons, unies par de fortes barricades élevées en travers des rues, permit aux Périnthiens de tenir encore. Toutefois, malgré tous leurs efforts, la ville aurait partagé le sort d'Olynthos, si elle n'avait été appuyée par une aide étrangère efficace. Non-seulement leurs parents byzantins s'épuisèrent à fournir toute sorte de secours par mer, mais encore la flotte athénienne et les satrapes persans du côté asiatique de la Propontis prêtèrent leur concours. Un corps de mercenaires grecs sous Apollodôros, que le satrape phrygien Arsitês envoya d'Asie, par mer, avec une quantité abondante de munitions, mit Perinthos en état de défier les assiégeants (1).

Après un siége qui ne peut guère avoir duré moins de trois mois, Philippe vit tous ses efforts contre Perinthos déjoués (340 av. J.-C.). Alors il changea de plan : il retira une portion de ses forces et parut soudain devant Byzantion. Les murailles étaient fortes, mais insuffisamment garnies de monde et mal préparées, une grande partie des forces

(1) Démosth. ad. Philipp. Epistol. p. 153; Diodore, XVI, 75; Pausanias, I, 29, 7.

byzantines étant au service de Perinthos. Parmi plusieurs attaques vigoureuses, Philippe s'arrangea pour tenter pendant une nuit sombre et orageuse une surprise qui fut bien près de réussir. Les Byzantins se défendirent bravement et même défirent sa flotte; mais ils furent sauvés aussi surtout par un secours étranger. Les Athéniens, — agissant actuellement sous les inspirations de Démosthène, qui les exhorta à ensevelir dans un généreux oubli tous leurs motifs passés d'offense contre Byzantion, — envoyèrent une flotte plus puissante encore à son secours, sous la conduite vigoureuse de Phokiôn (1), à la place du lâche et rapace Charês. En outre, le danger de Byzantion provoqua des efforts énergiques de la part des principaux insulaires de la mer Ægée, — des gens de Chios, de Rhodes, de Kos, etc., pour lesquels il était extrêmement important que Philippe ne devînt pas maître du grand passage qui servait à l'importation du blé dans les mers grecques. La grande flotte combinée réunie ainsi fut tout à fait suffisante pour protéger Byzantion (2). Forcé d'abandonner le siége de cette cité aussi bien que de Perinthos, Philippe fut déjoué en outre dans une attaque dirigée sur la Chersonèse. Non-seulement Phokiôn défendit contre lui la sécurité entière de la Propontis et de ses détroits contigus, mais encore il remporta divers avantages sur lui, tant sur terre que sur mer (3).

Ces opérations occupèrent probablement les six derniers

---

(1) Plutarque, Phokiôn, c. 14; Plutarque, Vit. X Orat. p. 848-851. Démosthène contribua à cette flotte de Phokiôn en équipant une trirème, tandis que l'orateur Hypéride partit avec la flotte en qualité de triérarque. V. Boeckh, Urkunden ueber das Attische Seewesen, p. 441, 442, 498. C'est de cette source que l'obscure chronologie de la période qui nous occupe actuellement tire quelque lumière, vu qu'il devient certain que l'expédition de Charês commença pendant l'archontat de Nichomachidês, c'est à-dire dans l'année qui *précéda* le solstice d'été de 340 avant J.-C., tandis que l'expédition de Phokiôn et de Kephisophôn commença l'année suivante, — *après* le solstice d'été de 340 avant J.-C.

V. quelques anecdotes relativement à ce siége de Byzantion par Philippe, recueillies dans des auteurs postérieurs (Denys de Byzance, Hesychius de Milet et autres) par les soins de Boehnecke. — Forschungen, p. 479 *seq.*

(2) Diodore, XVI, 77; Plutarque, Démosth. c, 17.

(3) Plutarque, Phokiôn, c. 14.

mois de 340 avant J.-C. Elles constituèrent les succès les plus importants remportés par Athènes et le revers le plus sérieux éprouvé par Philippe depuis le commencement de la guerre entre eux. Arrivant comme elles le faisaient immédiatement après la délivrance de l'Eubœa dans l'année précédente, elles améliorèrent considérablement la position d'Athènes contre Philippe. Non-seulement Phokiôn et sa flotte épargnèrent aux citoyens de Byzantion tous les maux qu'aurait entraînés la prise de la ville par les soldats macédoniens, mais encore ils arrêtèrent la course et protégèrent les navires de commerce d'une manière si efficace que le blé devint abondant et à bon marché à Athènes et dans toute la Grèce (1), comme il ne l'était pas d'ordinaire, et Démosthène, comme diplomate et comme homme d'État, eut l'honneur d'avoir fait de l'Eubœa une voisine amie qui couvrait Athènes, au lieu d'être un asile pour les croiseurs de Philippe allant à la maraude, — aussi bien que d'avoir amené Byzantion de l'alliance macédonienne dans celle d'Athènes, et d'avoir empêché ainsi l'Hellespont et le commerce du blé de passer entre les mains de Philippe (2). Les votes les plus chaleureux de remerciements, avec des couronnes en signe de reconnaissance, furent décrétés pour Athènes par les assemblées publiques de Byzantion, de Perinthos et des diverses villes de la Chersonèse (3), tandis que l'assemblée publique athénienne décréta aussi et proclama publiquement un vote semblable de remerciements et d'admiration pour Démosthène. Le décret, proposé par Aristonikos, fut si unanimement populaire au moment que ni

(1) Démosth. De Coronâ, p. 255; Plutarque, De Glor. Ath. p. 350.

(2) Démosth. De Coronâ, p. 305, 306, 307 : Cf. p. 253. Μετὰ ταῦτα δὲ τοὺς ἀποστόλους πάντας ἀπέστειλα, καθ' οὓς Χεῤῥόνησος ἐσώθη, καὶ Βυζάντιον καὶ πάντες οἱ σύμμαχοι, etc.

(3) Démosthène, De Coronâ, p. 255, 257. Que ces votes de remerciements aient été rendus, c'est ce que prouvent les mots du discours même. Il se trouve dans ce discours des documents, qui prétendent être le décret des Byzantins et des Périnthiens, et celui des cités de la Chersonèse. Je n'ose pas les citer comme authentiques en considérant, parmi les autres documents annexés à ce discours, combien il y en a qui sont sans aucun doute apocryphes.

Æschine ni aucun des autres ennemis de Démosthène ne jugèrent prudent d'attaquer l'auteur (1).

Dans les récentes opérations militaires, sur une échelle si considérable, contre Byzantion et Perinthos, Philippe s'était trouvé en conflit non-seulement avec Athènes, mais encore avec les gens de Chios, de Rhodes et autres, vaste et extraordinaire réunion de Grecs confédérés (339 av. J.-C.). Afin de briser cette confédération, il jugea convenable de proposer la paix et d'abandonner ses desseins contre Byzantion et Perinthos, — point sur lequel reposait surtout l'alarme des confédérés. En retirant ses forces de la Propontis, il put conclure la paix avec les Byzantins et avec la plupart des Grecs maritimes qui s'étaient réunis pour les secourir. La coalition contre lui fut ainsi dissoute, bien que sa guerre navale contre Athènes (2) et ses alliés plus intimes continuât encore. Tandis qu'il multipliait croiseurs et corsaires pour combler par des prises les lourdes dépenses des derniers siéges, il entreprit avec son armée de terre une expédition, pendant le printemps de 339 avant J.-C., contre le roi scythe Atheas; il envahit avec succès le pays de ce

---

(1) Démosth. p. 253. Aristonikos est mentionné encore, p. 302. On trouve, p. 253, un document qui prétend être le vote des Athéniens à l'effet de remercier et de couronner Démosthène, proposé par Aristonikos. Le nom de l'archonte athénien est inexact, comme dans tous les autres documents que renferme ce discours, où paraît le nom d'un archonte athénien.

(2) Diodore (XVI, 77) mentionne cette paix, en disant que Philippe leva les siéges de Byzantion et de Perinthos, et fit la paix πρὸς Ἀθηναίους καὶ τοὺς ἄλλους Ἕλληνας τοὺς ἐναντιουμένους.

Wesseling (ad loc.) et Weiske (De Hyperbolê, II, p. 41) doutent tous deux de la réalité de cette paix. Ni Boehnecke ni Winiewski ne la reconnaissent. M. Clinton l'admet dans une note à son Appendice 16, p. 292, bien qu'il ne l'insère pas dans sa colonne d'événements dans les tables.

Je suis parfaitement d'accord avec ces auteurs pour différer de Diodore, en ce qui regarde *Athènes*. La supposition que cette paix fut conclue entre Philippe et Athènes à cette époque est distinctement contredite par le langage de Démosthène (De Coronâ, p. 275, 276), indirectement aussi par Æschine. Tant par Démosthène que par Philochore il paraît suffisamment clair, à mon avis, que la guerre entre Philippe et les Athéniens continua sans interruption depuis l'été de 340 avant J.-C. jusqu'à la bataille de Chæroneia, en août 338.

Mais je ne vois pas de raison pour ne pas croire Diodore, en tant qu'il affirme que Philippe fit la paix avec les autres Grecs — de Byzantion, de Perinthos, de Chios, de Rhodes, etc.

prince, situé entre le mont Hæmus et le Danube, et emmena comme butin une grande quantité de jeunes esclaves des deux sexes, aussi bien que de bétail. Toutefois, à son retour, quand il franchit le mont Hæmus, il fut attaqué soudainement par la tribu thrace des Triballes et essuya une défaite; il perdit tous les captifs qui l'accompagnaient et fut lui-même grièvement blessé à la cuisse (1). Cette expédition et ses suites occupèrent Philippe pendant le printemps et l'été de 339 avant J.-C.

Cependant, la guerre navale d'Athènes contre Philippe fut continuée d'une manière plus efficace, et sa marine mieux organisée qu'elle ne l'avait jamais été auparavant. Ce fut dû surtout à une réforme importante proposée et obtenue par Démosthène, immédiatement après la déclaration de guerre contre Philippe, dans l'été de 340 avant J.-C. Jouissant comme il le faisait, après une longue expérience publique, de la confiance plus grande de ses concitoyens, et étant nommé surveillant de la flotte (2), il employa son influence non-seulement à obtenir une intervention énergique tant en Eubœa qu'à Byzantion, mais encore à corriger des abus profondément enracinés qui paralysaient la puissance du département de la marine à Athènes.

La loi de Periandros (adoptée en 357 av. J.-C.) avait réparti la charge de la triérarchie entre les douze cents plus riches citoyens sur le rôle foncier imposable, arrangé en vingt fractions appelées symmories, de soixante personnes chacune. Parmi ces hommes, les trois cents plus riches, étant distingués comme chefs des symmories, étaient investis du pouvoir de diriger et d'imposer tout ce qui concernait leurs actions et leurs devoirs collectifs. Dans l'origine, la dépense d'une triérarchie, — somme d'environ 40, 50 ou 60 mines pour chaque trirème, défrayant plus ou moins des frais, — avait été supportée par un seul homme riche

(1) Justin, IX, 2, 3. Æschine fait allusion à cette expédition contre les Scythes pendant le printemps de l'archonte Theophrastos, ou 339 av. J.-C. (Æschine, contra Ktesiphontem, p. 71).

(2) Æschine cont. Ktesiph. p. 85, c. 80. Ἐπιστάτης τοῦ ναυτικοῦ.

quand son tour venait, et plus tard par deux hommes riches conjointement. Le but de cette loi avait été de transférer cette dépense à une société plus ou moins nombreuse, consistant en cinq, six ou même quinze ou seize membres de la même symmorie. Le nombre de ces associés variait suivant le nombre des trirèmes dont l'État demandait l'équipement en une année. Si l'on ne demandait que quelques trirèmes, seize personnes pouvaient être désignées pour défrayer collectivement la dépense triérarchique de chacune; si, d'autre part, on avait besoin de beaucoup de trirèmes, un moins grand nombre d'associés, peut-être pas plus de cinq ou de six, pouvaient être assignés à chacune, — vu que le nombre total des citoyens, dont c'était le tour d'être imposés dans cette année particulière, était fixé. L'imposition établie sur chaque associé était naturellement plus lourde, à proportion que le nombre des associés assignés à une trirème était plus petit. Chaque membre de l'association, fût-elle de cinq, de six ou de seize, contribuait à la dépense en proportion égale (1). Ainsi, les membres plus riches de l'association ne payaient pas une somme plus grande que les plus pauvres, et quelquefois même ils esquivaient tout payement personnel en faisant un marché avec quelqu'un qui devait remplir les devoirs du poste, à condition d'une somme totale ne dépassant pas celle qu'ils avaient recueillie auprès de ces membres plus pauvres.

---

(1) Démosthène, De Coronâ, p. 260-262. Ἦν γὰρ αὐτοῖς (τοῖς ἡγεμόσι τῶν συμμοριῶν) ἐκ μὲν τῶν προτέρων νόμων συνεκκαιδέκα λειτουργεῖν — αὐτοῖς μὲν μικρὰ καὶ οὐδὲν ἀναλίσκουσιν, τοὺς δ' ἀπόρους τῶν πολιτῶν ἐπιτρίβουσιν... Ἐκ δὲ τοῦ ἐμοῦ νόμου τὸ γιγνόμενον κατὰ τὴν οὐσίαν ἕκαστον τιθέναι· καὶ δυοῖν ἐφάνη τριήραρχος ὁ τῆς μιᾶς ἕκτος καὶ δέκατος πρότερον συντελής· οὐδὲ γὰρ τριηράρχους ἔτι ὠνόμαζον ἑαυτούς, ἀλλὰ συντελεῖς.

La triérarchie et les symmories triérarchiques, à Athènes, sont des sujets imparfaitement connus; on trouvera les meilleurs exposés relativement à elles dans le traité « Public Economy of Athens » de Boeckh (l. IV, ch. 11-13), et dans son autre ouvrage, Urkunden ueber das Attische Seewesen (ch. XI, XII, XIII); de plus dans Parreidt, De Symmoriis, part. II, p. 22, *seq.*

Le fragment d'Hypéride (cité par Harpokration, v. Συμμορία), qui fait allusion à la réforme triérarchique de Démosthène, bien que d'une manière brève et obscure, est une confirmation intéressante du discours de Coronâ.

Suivant Démosthène, les membres plus pauvres de ces symmories triérarchiques étaient parfois poussés presque à la ruine par les sommes demandées, de sorte qu'ils se plaignaient amèrement, et même se plaçaient dans l'attitude caractéristique de suppliants à Munychia ou dans quelque autre endroit de la cité. Quand ils n'avaient pas fourni à temps ce qu'ils devaient à l'État, ils étaient exposés à être emprisonnés par les officiers chargés de surveiller les apprêts de l'armement. Outre ces maux privés, il résultait un grand dommage public de ce que l'argent n'arrivait pas immédiatement, l'armement voyant ainsi son départ différé et étant forcé de quitter Peiræeus soit en mauvais état, soit incomplet. Telle fut la cause, en grande partie, de l'insuccès d'Athènes dans ses entreprises maritimes contre Philippe avant la paix de 346 avant J.-C. (1).

Les mêmes influences qui, dans l'origine, avaient amené

---

(1) Il y a un point, dans le premier discours de Démosthène De Symmoriis, qui explique l'abus qu'il réforma à ce moment. Cet abus consistait, pour une partie principale, dans ce fait que les plus riches citoyens d'une association triérarchique ne payaient pas une somme plus grande (quelquefois même moindre) que les plus pauvres. Or il est remarquable que cette répartition non équitable de charge ait pu se présenter dans les Symmories telles qu'elles sont proposées par Démosthène, et qu'il n'y ait rien qui l'empêche. Ses symmories, comprenant chacune soixante personnes ou $\frac{1}{20}$ du total actif des douze cents citoyens désignés, doivent se diviser en cinq fractions de douze personnes chacune, ou $\frac{1}{100}$ des douze cents. Chaque groupe de douze doit comprendre les plus riches avec les plus pauvres membres des soixante (ἀντανaπληροῦντας πρὸς τὸν εὐπορώτατον ἀεὶ τοὺς ἀπορωτάτους, p. 182), de sorte que chaque groupe contenait des individus très-inégaux en fortune, bien que les richesses collectives d'un groupe fussent presque égales à celles d'un autre. Ces douze personnes devaient défrayer collectivement la dépense de la triérarchie pour un, deux ou trois vaisseaux, suivant le nombre de bâtiments dont l'État pouvait avoir besoin (p. 183). Mais Démosthène n'indique nulle part dans quelles proportions ils devaient se partager la dépense, si les plus riches citoyens parmi les douze devaient payer seulement une somme égale à celle que payaient les plus pauvres, ou une somme plus grande en proportion de leur fortune. Il n'y a rien dans son projet pour empêcher les membres plus riches d'exiger que tous payassent également. C'est le même abus qu'il dénonça plus tard (en 340 avant J.-C.), comme réalisé actuellement — et corrigé par une nouvelle loi. Le discours de Démosthène De Symmoriis, omettant, comme il le fait, toute détermination positive quant aux proportions de payement, nous sert à comprendre comment se développa cet abus.

l'introduction de ces abus, se trouvèrent opposées à l'orateur dans sa tentative d'amendement. Le corps des Trois Cents, les hommes les plus riches de l'État, — composé du chef ou individu le plus riche de chaque symmorie, avec ceux qui étaient les seconds et les troisièmes dans l'ordre de fortune, — firent tous leurs efforts pour rejeter la proposition et offrirent des présents considérables à Démosthène (si nous pouvons ajouter foi à son assertion) pour l'engager à la laisser tomber. Il fut accusé en outre, en vertu de la Graphê Paranomôn, comme auteur d'un décret inconstitutionnel ou illégal. Il ne fallut pas peu de fermeté et d'esprit public, combinés avec une éloquence généralement approuvée et un nom établi, pour permettre à Démosthène de lutter contre ces puissants ennemis.

D'après sa nouvelle loi, la charge de la triérarchie dut être imposée à tous les membres des symmories, c'est-à-dire à tous ceux qui s'élevaient au-dessus d'un certain minimum de propriété, en proportion de leur propriété taxée; mais il semble, si nous le reconnaissons justement, qu'elle haussa un peu le minimum, de sorte que le nombre collectif des personnes imposables fut diminué (1). Chaque citoyen taxé à dix talents fut imposé seulement pour la charge de triérarchie appartenant à une seule trirème; s'il l'était à vingt talents, pour la triérarchie de deux; à trente talents, pour la triérarchie de trois; s'il l'était au-dessus de trente talents, pour celle de trois trirèmes et d'un bateau de service, — ce qui était regardé comme le maximum payable par un seul individu. Les citoyens taxés à moins de dix talents furent groupés ensemble jusqu'à concurrence de dix talents pour tout le groupe, qui devait supporter collectivement la triérarchie concernant une seule trirème, les contributions fournies par chaque personne dans le groupe étant proportionnelles à la somme pour laquelle

(1) Æschine (adv. Ktesiph. p. 85) accuse Démosthène d'avoir « enlevé à la cité les triérarques de soixante-cinq bâtiments légers ». Cela implique, j'imagine, que la nouvelle loi diminua le nombre total des personnes à qui une triérarchie pouvait être imposée.

elle était taxée. Si cette nouvelle proposition soulageait les citoyens plus pauvres, elle augmentait considérablement les impositions des riches. Un homme taxé à vingt talents, qui auparavant n'avait été imposable que pour le seizième de la dépense d'une triérarchie, avec des associés beaucoup plus pauvres que lui, mais également imposés, — devenait actuellement imposable de la dépense entière de deux triérarchies. Toutes les personnes soumises à cette charge furent imposées, dans une juste proportion avec la somme pour laquelle elles se trouvaient taxées dans le rôle. Quand l'accusation portée contre Démosthène en vint à être jugée devant le dikasterion, il fut acquitté par plus des quatre cinquièmes des dikastes, de sorte que l'accusateur fut forcé de payer l'amende établie. Et les dispositions du public furent si animées à ce moment, en faveur de mesures vigoureuses pour poursuivre la guerre qui venait d'être déclarée, que les citoyens le secondèrent sincèrement et adoptèrent les traits principaux de sa réforme triérarchique. Toutefois, la résistance opposée par les riches, bien qu'insuffisante pour rejeter la mesure, le contraignit à la modifier plus d'une fois, pendant le cours de la discussion (1), en partie par suite de l'opposition d'Æschine, qu'il accuse d'avoir été payé par les riches dans ce dessein (2). Il est fort à regretter

(1) Dinarque adv. Demosth. p. 95, s. 43. Εἰσί τινες ἐν τῷ δικαστηρίῳ τῶν ἐν τοῖς τριακοσίοις γεγενημένων, ὅθ' οὗτος (Démosthène) ἐτίθει τὸν περὶ τῶν τριηράρχων νόμον. Οὐ φράσετε τοῖς πλήσιον ὅτι τρία τάλαντα λαβὼν μετέγραφε καὶ μετεσκεύαζε τὸν νόμον καθ' ἑκάστην ἐκκλησίαν, καὶ τὰ μὲν ἐπώλει ὧν εἰλήφει τὴν τιμὴν, τὰ δ' ἀποδόμενος οὐκ ἐβεβαίου;

Sans accepter cette assertion d'un orateur hostile, en tant qu'elle va jusqu'à accuser Démosthène d'avoir reçu des présents, — nous pouvons l'accepter sans danger en tant qu'elle affirme qu'il fit plusieurs changements et modifications à la loi avant qu'elle fût définitivement rendue; fait qui n'est nullement surprenant, si l'on considère la forte opposition qu'elle provoqua.

Quelques-uns des dikastes, auxquels fut adressé le discours écrit par Dinarque, avaient fait partie des Trois Cents (c'est-à-dire des plus riches citoyens de l'État) quand Démosthène proposa sa réforme triérarchique. Cela prouve, entre diverses autres preuves que l'on pourrait produire, que les dikastes athéniens n'appartenaient pas toujours à la classe de citoyens la plus pauvre, comme nous amèneraient à le croire les plaisanteries d'Aristophane.

(2) Démosth. De Coronâ, p. 329. Boeckh (Attisch. Seewesen, p. 183, et Public. Econ. Ath. IV, 14) pense que ce passage — διτάλαντον δ' εἶχες ἔρα-

que les discours des deux orateurs, — surtout ceux de Démosthène, qui ont dû être nombreux, — n'aient pas été conservés.

C'est ainsi que les symmories triérarchiques furent distribuées de nouveau et imposées à chaque homme en proportion de sa fortune, et par conséquent plus largement aux Trois Cents, plus riches (1). Combien de temps cette loi dura-t-elle sans changement, c'est ce que nous ignorons. Mais il se trouva qu'elle fonctionna admirablement bien; et Démosthène se vante, que pendant la guerre entière (c'est-à-dire depuis le renouvellement de la guerre, vers août, 340 av. J.-C., jusqu'à la bataille de Chæroneia, en août, 338 av. J.-C.), toutes les triérarchies nommées en vertu de cette loi furent prêtes à temps, sans plaintes ni souffrances, tandis que les vaisseaux, bien équipés et exempts des causes antérieures de retard, se trouvèrent préparés et en état de servir efficacement dans toutes les exigences. Pas un ne fut laissé en arrière ni perdu à la mer pendant ces deux années (2).

Probablement le premier fruit de la réforme de Démosthène dans l'administration navale athénienne fut la flotte équipée sous Phokiôn, qui agit d'une manière si heureuse à Byzantion et près de cette ville (339 av. J.-C.). Les opérations d'Athènes sur mer, bien qu'elles ne soient pas con-

---

νον δωρεὰν παρὰ τῶν ἡγεμόνων τῶν συμμοριῶν, ἐφ' οἷς ἐλυμήνω τὸν τριηραρχικὸν νόμον, — doit faire allusion à un outrage fait à la loi par Æschine dans des temps postérieurs, après qu'elle était devenue loi. Mais il m'est impossible de voir de motif pour restreindre ainsi son sens. Les hommes riches durent assurément offrir les plus grands présents et faire le plus d'opposition contre la *première acceptation* de la loi, vu qu'ils avaient alors le plus de chance pour réussir, et Æschine, gagné ou non, dut le plus naturellement aussi bien que le plus efficacement s'opposer à une nouveauté introduite par son rival, sans attendre de la voir devenir réellement une partie des lois de l'État.

(1) V. la citation d'Hypéride dans Harpokration, v. Συμμορία. Les symmories sont mentionnées dans l'Inscription XIV de l'ouvrage de Boeckh « Urkunden ueber das Attische Seewesen » (p. 465), inscription qui porte la date de 325 av. J.-C. Beaucoup de ces inscriptions nomment des citoyens individuellement, trois, cinq ou six, comme triérarques communs du même bâtiment.

(2) Démosth. De Coronâ, p. 262.

nues en détail, paraissent avoir été mieux conduites et plus heureuses dans leur effet général qu'elles ne l'avaient été depuis la Guerre Sociale.

Mais il s'éleva alors dans l'intérieur de la Grèce une sérieuse et triste dispute qui la força à se défendre par terre. Cette nouvelle cause de trouble ne fut rien moins qu'une autre Guerre Sacrée, déclarée par l'assemblée amphiktyonique aux Lokriens d'Amphissa. Allumée surtout par l'Athénien Æschine, elle fit plus que de dédommager Philippe de son échec à Byzantion et de sa défaite par les Triballes; elle amena, comme la précédente Guerre Sacrée, un agrandissement pour lui seul et la ruine pour la liberté grecque.

J'ai déjà raconté ailleurs (1) la première Guerre Sacrée constatée dans l'histoire grecque (590-580 av. J.-C.), environ deux siècles avant la naissance d'Æschine et de Démosthène. Cette guerre avait été entreprise par les Grecs amphiktyoniques pour punir le florissant port de mer de Kirrha, situé près de l'embouchure du fleuve Pleistos, sur la côte de la fertile plaine qui s'étendait de la pente méridionale de Delphes à la mer, et elle avait abouti à la destruction de ce port. Kirrha était, dans l'origine, le port de Delphes et de l'ancienne ville phokienne de Krissa, à laquelle Delphes fut jadis annexée comme sanctuaire (2). Mais, dans la suite des temps, Kirrha grandit aux dépens de l'une et de l'autre, à cause des profits accumulés qu'elle retirait des innombrables visiteurs par mer qui y débarquaient comme au point le plus rapproché du temple. Les Kirrhæens prospères, inspirant de la jalousie à Delphes et à Krissa, furent accusés d'extorsions dans les droits qu'ils levaient sur les visiteurs, aussi bien que d'autres actes coupables ou blessants. Une guerre amphiktyonique, dans laquelle l'Athénien Solôn joua un rôle saillant, leur étant déclarée, Kirrha fut prise et détruite. Sa fertile plaine fut consacrée au dieu de

---

(1) V. tome V, ch. 10 de cette Histoire.

(2) Pour la topographie du pays qui entourait Delphes, voir l'ouvrage instructif de Ulrichs, Reisen und Forschungen in Griechenland (Bremen, 1840), chap. I et II au sujet de Kirrha et de Krissa.

Delphes, sous un serment prononcé par tous les membres amphiktyoniques, avec des engagements solennels et de formidables imprécations contre les perturbateurs. L'espace entier entre le temple et la mer devint alors, comme l'avait demandé l'oracle, une propriété sacrée du dieu, c'est-à-dire non susceptible d'être labourée, plantée ou occupée d'aucune manière permanente par l'homme, et consacrée seulement à un herbage naturel avec des animaux qui y paissaient.

Mais, bien que les Delphiens eussent obtenu ainsi l'extirpation de leurs voisins incommodes à Kirrha, il était indispensable qu'au même endroit ou auprès il existât une ville et un port pour la commodité des hôtes qui venaient à Delphes de tous les côtés, d'autant plus que ces personnes, qui se composaient non-seulement de visiteurs, mais encore de commerçants avec des marchandises à vendre, arrivaient actuellement en plus grand nombre que jamais, à cause des plus grands attraits que les riches dépouilles de Kirrha elle-même avaient ajoutés à la fête Pythienne. Comment satisfit-on d'abord à ce besoin, tandis que le souvenir du serment était récent encore, c'est ce qu'on ne nous apprend pas. Mais, dans la suite du temps, Kirrha finit par être occupée et fortifiée de nouveau par les voisins occidentaux de Delphes, — les Lokriens d'Amphissa, sur les frontières desquels elle se trouvait, et auxquels elle servait probablement de port non moins qu'à Delphes. Ces nouveaux occupants reçurent les hôtes qui venaient au temple, s'enrichirent par les profits qui en résultaient, et prirent, pour la mettre en culture, une certaine portion de la plaine qui entourait la ville (1).

A quelle époque remontait l'occupation par les Lokriens, c'est ce qu'il nous est impossible de dire. Toutefois, nous reconnaissons, — non-seulement d'après Démosthène, mais

(1) Æschine adv. Ktesiph. p. 69; cf. Tite-Live, XLII, 5; Pausanias, X, 37, 4. Selon Pausanias, la distance de Delphes à Kirrha était de soixante stades, ou environ sept milles anglais (= 11 kilom. 1/4); suivant Strabon, elle était de quatre-vingts stades.

même d'après Æschine, — que de leur temps c'était une occupation ancienne et établie, — et non pas une intrusion ni une nouveauté récente. La ville était fortifiée, l'espace immédiatement adjacent étant labouré et réclamé par les Lokriens comme leur propriété (1). C'était, dans le fait, un abandon du serment juré par Solôn avec ses contemporains amphiktyoniques, à l'effet de consacrer Kirrha et ses terres au dieu de Delphes. Mais si ce serment avait été littéralement tenu, le dieu lui-même et les Delphiens, chez lesquels il habitait, y auraient perdu les premiers, parce que le manque d'un port commode aurait été un sérieux découragement, sinon une barrière positive opposée à l'arrivée des visiteurs, dont la plupart venaient par mer. Conséquemment, le rétablissement de la ville et du port de Kirrha, sans doute sur une échelle modeste, avec un espace de terre adjacent à labourer, fut du moins toléré, sinon encouragé. Dans le fait, une grande partie de la plaine resta encore sans être ni labourée ni plantée, comme propriété d'Apollon, les limites n'étant peut-être pas tracées avec soin.

Si les Lokriens avaient été ainsi utiles au temple de Delphes en occupant Kirrha, ils lui avaient encore été plus précieux comme les premiers auxiliaires et protecteurs contre les Phokiens, leurs ennemis d'ancienne date (2). Un des premiers objets de Philomelos le Phokien, après qu'il eut défait les forces armées lokriennes, fut de fortifier l'enceinte sacrée de Delphes sur son côté occidental contre leurs attaques (3), et nous ne pouvons douter que leur position dans le voisinage immédiat de Delphes n'ait dû être une source de souffrances positives aussi bien que de dangers, pendant les années où les chefs phokiens, avec leurs nombreuses bandes mercenaires, occupèrent en vainqueurs le temple, et probablement le port de Kirrha également. Le changement subséquent de fortune, dans lequel les Pho-

(1) Æschine, *loc. cit.* Démosthène, De Coronâ, p. 277. Τὴν χώραν ἣν οἱ μὲν Ἀμφισσεῖς σφῶν αὐτῶν γεωργεῖν ἔφασαν, οὗτος δὲ (Æschine) τῆς ἱερᾶς χώρας ᾐτιᾶτο εἶναι, etc.

(2) Diodore, XVI, 24; Thucyd. III, 101.

(3) Diodore, XVI, 25.

kiens furent écrasés par Philippe et l'assemblée amphiktyonique fut réorganisée, avec ce prince pour chef, — a dû trouver les Lokriens amphissiens au nombre des alliés et des partisans les plus ardents. Reprenant possession de Kirrha, il se peut qu'ils aient été enhardis, à ce moment de réaction triomphante, à étendre leur occupation autour des murs, à une distance plus grande qu'ils ne l'avaient fait auparavant. En outre, ils étaient animés de sentiments dévoués à l'égard de Thèbes et étaient hostiles à Athènes, parce qu'elle soutenait leurs ennemis les Phokiens, dont elle était l'alliée.

Les choses étaient dans cet état quand la réunion de printemps de l'assemblée amphiktyonique (février ou mars, 339 av. J.-C.) fut tenue à Delphes. Diognetos fut nommé par les Athéniens pour y assister comme hieromnêmôn ou principal député, avec trois pylagoræ ou vice-députés, Æschine, Meidias et Thrasyklês (1). Nous devons difficilement croire Démosthène, quand il dit que le nom d'Æschine fut présenté sans que personne le sût à l'avance, et que bien qu'il passât, cependant il n'y eut pas plus de deux ou trois mains qui se levèrent en sa faveur (2). Peu de temps après qu'ils furent arrivés à Delphes, Diognetos fut pris d'une fièvre, de sorte que la tâche de parler dans l'assemblée amphiktyonique fut confiée à Æschine.

Il y avait dans le temple de Delphes quelques boucliers d'or ou dorés, consacrés comme offrande prélevée sur le butin fait à la bataille de Platée, un siècle et demi auparavant, — avec une inscription à cet effet : — « Offrande consacrée par les Athéniens et prélevée sur les dépouilles des Perses et des Thèbains, engagés ensemble dans une bataille contre les Grecs. » Il paraît que ces boucliers avaient été récemment placés de nouveau (ayant été peut-être dépouillés de leur dorure par les dévastateurs phokiens) dans une nouvelle cellule ou chapelle, sans toutes les formes habituelles de prière ou cérémonies (3), que l'on pouvait

(1) Æschine adv. Ktesiph. p. 69.

(2) Démosth. De Coronâ, p. 277.

(3) Ce doit avoir été une ἀποκατάστασις τῶν ἀναθημάτων (cf. Plutarque,

peut-être supposer inutiles, vu que l'offrande n'était pas alors consacrée pour la première fois. L'inscription, peu remarquée et peut-être effacée par le laps de temps sur les boucliers primitifs, dut alors ressortir d'une manière brillante et apparente sur la nouvelle dorure, faisant revivre des souvenirs historiques extrêmement blessants pour les Thêbains (1) et pour les Lokriens amphissiens comme amis de Thèbes. Ces derniers firent non-seulement des remontrances dans l'assemblée amphiktyonique, mais ils se préparaient même (si nous en devons croire Æschine) à accuser Athènes d'impiété et à invoquer contre elle une amende de cinquante talents pour omission des solennités religieuses (2). Mais Démosthène le nie (3) en disant que les Lokriens ne pouvaient porter une accusation pareille contre Athènes sans envoyer une sommation formelle — qu'ils n'avaient jamais envoyée. Démosthène devait sans doute avoir raison quant à la forme régulière, probablement aussi quant au fait réel, bien qu'Æschine l'accuse d'avoir reçu des présents (4) pour défendre les iniquités des Lokriens. Que les Lokriens soient allés jusqu'à invoquer une peine ou non, — en tout cas ils parlèrent en termes de plainte contre le procédé. Cette plainte n'était pas sans fondement réel, puisqu'il valait mieux pour la sûreté commune de la liberté hellénique contre l'agresseur macédonien, que la trahison de Thêbes à la bataille de Platée restât comme fait ancien et passé, plutôt que d'être publiée de nouveau dans une édition nouvelle. Mais ce ne fut pas la raison adop-

---

Demetrius, c. 13) demandant à être précédée par des cérémonies solennelles, parfois ordonnée spécialement par l'oracle.

(1) Avec quelle peine les Thêbains de l'époque de Démosthène ressentaient le souvenir de l'alliance de leurs ancêtres avec les Perses à Platée, c'est ce que nous pouvons lire dans Démosthène, De Symmoriis, p. 187.

Il paraît que les Thêbains aussi avaient élevé une nouvelle chapelle à Delphes (après 346 avant J.-C.) au moyen des dépouilles acquises sur les Phokiens vaincus : — Ὁ ἀπὸ Φωκέων ναὸς, ὃν ἱδρύσαντο Θηβαῖοι (Diodore, XVII, 10).

(2) Æschine adv. Ktesiph. p. 70. Toutefois les mots de son discours présentent l'affaire d'une manière qui n'est ni claire ni complète; ce à quoi j'ai essayé de suppléer dans le texte, aussi bien qu'il m'a été possible.

(3) Démosthène, De Coronâ, p. 277.

(4) Æschine, adv. Ktesiph. p. 69.

tée par les plaignants, et ils ne pouvaient pas attaquer le droit qu'avait Athènes de rebrunir ses anciennes offrandes. Conséquemment, ils attaquèrent l'acte sur allégation d'impiété, comme n'ayant pas été précédé des solennités religieuses convenables; par là, ils eurent l'occasion d'invectiver contre Athènes, comme alliée des Phokiens dans leur récent sacrilége, et comme ennemie de Thêbes, le ferme champion du dieu.

« Les Amphiktyons étant réunis (je donne ici la substance du récit, mais non les termes exacts d'Æschine), une personne amie vint nous apprendre que les Amphissiens portaient leur accusation contre Athènes. Mes collègues malades me demandèrent de me présenter immédiatement dans l'assemblée et de me charger de sa défense. Je me hâtai de les satisfaire, et je venais de commencer à parler, quand un Amphissien — d'une grossièreté et d'une brutalité extrêmes, — peut-être même sous l'influence de quelque mouvement divin qui l'égarait, — m'interrompit et s'écria : « Ne l'écoutez pas, hommes de la Hellas ! Ne souffrez pas que le nom du peuple athénien soit prononcé parmi vous, à cette époque sainte ! Chassez-les du terrain sacré comme des hommes sous le coup d'une malédiction. » En outre, il nous dénonça pour notre alliance avec les Phokiens, et lança mille autres invectives outrageantes contre la cité.

« Pour moi (continue Æschine), tout cela était intolérable à entendre : je ne peux pas même maintenant y songer avec calme, — et au moment, je sentis un mouvement de colère tel que je n'en avais jamais eu auparavant de ma vie. La pensée me traversa l'esprit de répondre aux Amphissiens par leur invasion impie du territoire kirrhæen. Cette plaine, située immédiatement au-dessous de l'enceinte sacrée dans laquelle nous étions assemblés, était visible en entier. « Vous voyez, Amphiktyons (dis-je), cette plaine cultivée par les Amphissiens, avec des bâtiments qui y sont élevés pour des fermes et des ateliers de poterie. Vous avez devant les yeux le port, consacré par le serment de vos ancêtres, occupé et fortifié aujourd'hui. Vous savez par vous-mêmes, sans avoir besoin de témoins qui vous le disent, que ces Amphissiens ont levé des droits au moyen du port sacré et qu'ils en tirent profit! » Je fis lire ensuite publiquement l'ancien oracle, le serment et les imprécations (prononcés après la première Guerre Sacrée, dans laquelle Kirrha fut détruite). Puis, continuant, je dis : — « Me voici, prêt à défendre le dieu et la propriété sacrée, conformément au serment de nos ancêtres, de la main, du pied, de la voix et de tous les moyens que je possède. Je suis prêt à acquitter les obligations de ma cité à l'égard des dieux; prenez immédiatement conseil pour ce qui vous concerne. Vous êtes ici sur le point d'offrir aux dieux des sacrifices et des prières pour leurs bienfaits, publiquement et individuellement. Regardez donc bien : — Où trouverez-vous une voix, une âme, des yeux ou du courage pour prononcer de pareilles supplications, si vous permettez à ces Amphissiens maudits de rester impunis, quand ils sont venus sous le coup des imprécations du serment inscrit sur la tablette d'airain? Rappelez-vous que le serment annonce distinctement les souffrances qui attendent tout impie transgresseur, et même qu'il menace ceux qui tolèrent leur conduite, en déclarant que — ceux qui ne s'avancent pas pour venger Apollon, Artemis, Latone et Athênê Pronæa, ne peuvent sacrifier sans souillure, et que leur sacrifice ne peut être accueilli favorablement. »

Telle est la description (1) pittoresque et frappante, faite par Æschine lui-même, quelques années plus tard, à l'assemblée athénienne, du discours qu'il adressa à la réunion amphiktyonique dans le printemps de 339 avant J.-C., sur l'emplacement élevé des Pylæa de Delphes, avec Kirrha et sa plaine se développant devant ses yeux, et avec l'ancien serment et toutes ses terribles imprécations consignées sur la tablette d'airain près de lui, et que chacun pouvait lire. Son discours, accueilli avec de bruyants applaudissements, souleva une passion violente dans le cœur des Amphiktyons,

(1) Æschine, adv. Ktesiph. p. 70.

aussi bien que des auditeurs réunis à l'entour. L'auditoire, à Delphes, ne ressemblait pas à celui d'Athènes. Les citoyens athéniens étaient accoutumés à une éloquence parfaite, et habitués à peser des arguments contraires ; bien que susceptibles de vives émotions d'esprit, — admiration ou répugnance, suivant le cas, — ils exprimaient ces sentiments par le vote final, puis s'en retournaient chez eux s'occuper de leurs affaires particulières. Mais pour les hommes relativement grossiers, à Delphes, le discours d'un orateur athénien de premier ordre était une rareté. Quand Æschine, avec une grande force de rhétorique, fit revivre inopinément dans leurs imaginations l'ancienne et terrible histoire de la malédiction de Kirrha (1), — à laquelle s'ajoutait toute la force d'une association d'idées visible et locale, — ils furent agités jusqu'au délire, tandis que dans des esprits tels que les leurs, l'émotion excitée ne dut pas se dissiper par un simple vote, mais eut besoin de se traduire en un acte instantané.

L'intensité et l'action impérieuse et invincible de cette émotion sont prouvées par les faits monstrueux qui suivirent. L'accusation primitive d'impiété portée contre Athènes, présentée par l'orateur amphissien grossièrement et sans efficacité, et qui, à dire vrai, ne se prêtait nullement à une exagération de rhétorique, — fut alors complétement oubliée dans l'impiété plus odieuse dont Æschine avait accusé les Amphissiens eux-mêmes. Quant à la nécessité de les punir, il n'y eut qu'une voix. Les orateurs amphissiens paraissent avoir fui, — puisque même leurs personnes n'auraient guère été en sûreté au milieu d'une pareille agitation. Et si le jour n'avait pas été déjà fort avancé, la multitude se serait immédiatement précipitée du théâtre du débat vers Kirrha (2). A cause de l'heure avancée, on prit

(1) Démosth. De Coronâ, p. 277. Ὡς δὲ τὸ τῆς πόλεως ἀξίωμα λαβὼν (Æschine) ἀφίκετο εἰς τοὺς Ἀμφικτύονας, πάντα τἄλλ' ἀφεὶς καὶ παριδὼν ἐπέραινεν ἐφ' οἷς ἐμισθώθη, καὶ λόγους εὐπροσώπους καὶ μύθους, ὅθεν ἡ Κιῤῥαία χώρα καθιερώθη, συνθεὶς καὶ διεξελθὼν, ἀνθρώπους ἀπείρους λόγων καὶ τὸ μέλλον οὐ προορωμένους, τοὺς Ἀμφικτύονας, πείθει ψηφίσασθαι, etc.

(2) Æschin. adv. Ktesiph. p. 70. Κραυγὴ πολλὴ καὶ θόρυβος ἦν τῶν

une résolution que le héraut proclama formellement, — à savoir, que le matin, à l'aurore, toute la population delphienne de seize ans et au-dessus, hommes libres aussi bien qu'esclaves, se réunirait à la place des sacrifices, pourvue de bêches et de pioches; que l'assemblée des députés amphiktyoniques l'y rejoindrait, pour concourir à la défense du dieu et de la propriété sacrée; que, s'il y avait quelque cité dont les députés ne parussent pas, elle serait exclue du temple et déclarée impie et maudite (1).

Conséquemment, à l'aurore, la réunion s'effectua. La multitude delphienne vint avec ses instruments de démolition; — les Amphiktyons avec Æschine se mirent à la tête, et tous s'avancèrent, en descendant la colline, vers le port de Kirrha. Ceux qui y résidaient, probablement étonnés et terrifiés de l'invasion si furieuse de toute une population, avec laquelle, peu d'heures auparavant, ils avaient été dans des termes d'amitié, abandonnèrent la place sans résistance, et coururent en informer leurs concitoyens à Amphissa. Les Amphiktyons avec leur suite entrèrent alors dans Kirrha, démolirent tous les établissements du port, et même mirent le feu aux maisons de la ville. C'est ce qu'Æschine nous dit lui-même, et nous pouvons être sûrs (bien qu'il ne nous le dise pas) que la multitude ainsi lancée ne se contenta pas simplement de démolir, mais qu'elle pilla et enleva tout ce qu'elle put saisir. Cependant, bientôt les Amphissiens, dont la ville était sur le terrain élevé à sept ou à huit milles environ (c'est-à-dire à 7 kilom. 1/4 ou à 8 kilom. 3/4), à l'ouest de Delphes, informés de la destruction de leurs biens et voyant leurs maisons en flammes, arrivèrent en toute hâte au secours avec leurs forces complétement armées. Les Amphiktyons et la population delphienne furent obligés d'évacuer Kirrha à leur tour et de se sauver à Delphes le plus vite qu'ils purent. Ils coururent personnellement les plus grands dangers. Suivant Démos-

---

Ἀμφικτυόνων, καὶ λόγος ἦν οὐκέτι περὶ τῶν ἀσπίδων ἃς ἡμεῖς ἀνέθεμεν, ἀλλ' ἤδη περὶ τῆς τῶν Ἀμφισσέων τιμωρίας. Ἤδη δὲ πόῤῥω τῆς ἡμέρας οὔσης, προελθὼν ὁ κήρυξ, etc.

(1) Æschine adv. Ktesiph. p. 71.

thène, quelques-uns furent réellement arrêtés, mais ils doivent avoir été relâchés presque immédiatement (1). Personne ne fut mis à mort, circonstance qui fut probablement due au respect porté par les Amphissiens, même dans ces conjonctures irritantes, à la fonction amphiktyonique.

Le matin qui suivit ce danger auquel ils avaient échappé de si près, le président, Thessalien de Pharsalos, nommé Kottyphos, convoqua une ekklesia amphiktyonique complète, c'est-à-dire non-seulement les Amphiktyons, à proprement parler, ou les députés et les co-députés envoyés par les diverses cités, — mais encore, avec eux, la multitude mêlée, présente dans le dessein de sacrifier et de consulter l'oracle. Bruyantes et indignées furent les dénonciations prononcées dans cette réunion contre les Amphissiens, tandis qu'Athènes fut louée pour s'être mise en avant en défendant les droits d'Apollon. Il fut résolu finalement que les Amphissiens seraient punis comme ayant péché contre le dieu et le domaine sacré, aussi bien que contre les Amphiktyons personnellement ; que les députés retourneraient

---

(1) Démosth. De Coronâ, p. 277. Suivant le second décret des Amphiktyons cité dans ce discours (p. 278), quelques-uns des Amphiktyons furent blessés. Mais je suis d'accord avec Droysen, Franke et autres, qui contestent l'authenticité de ces décrets; et l'assertion qui avance que quelques-uns des Amphiktyons furent blessés, est une des raisons pour la contester, car s'il en eût été ainsi, Æschine n'aurait pu guère manquer de mentionner ce fait, puisqu'il aurait convenu exactement au dessein et au but de son discours.

Æschine est de beaucoup le meilleur témoin pour ce que firent les Amphiktyons dans cette assemblée de printemps. Il fut non-seulement présent, mais encore le principal personnage intéressé; s'il fait un faux rapport, ce doit être à dessein. Mais si les faits tels que les présente Æschine se rapprochent réellement de la vérité, il n'est guère possible que les deux décrets cités dans Démosthène puissent avoir été les décrets réels rendus par les Amphiktyons. La substance de ce qui fut résolu, tel que la donne Æschine, pp. 70, 71, est essentiellement différente du premier décret cité dans le discours de Démosthène, p. 278. Il n'y a aucune mention, dans ce dernier, de ces circonstances vivantes et saillantes, — la convocation de tous les Delphiens, hommes libres et esclaves au-dessus de seize ans, avec des bêches et des pioches, — l'exclusion du temple et la malédiction menaçant toute cité qui ne se présenterait pas pour prendre part à l'acte de vengeance.

Le compilateur de ces décrets paraît avoir eu seulement Démosthène sous les yeux et n'avoir pas connu Æschine. Quant aux actes violents des Amphiktyons, provoqués et décrits par Æschine, Démosthène n'en dit rien.

dans leur patrie pour consulter chacun sa cité respective, et qu'aussitôt qu'on pourrait obtenir quelque résolution positive pour des mesures exécutoires, chacun viendrait à une assemblée spéciale, fixée aux Thermopylæ pour un jour futur, vraisemblablement assez peu éloigné, mais certainement antérieur à l'époque régulière de la convocation automnale.

C'est ainsi que fut allumée, par une étincelle, la flamme d'une seconde guerre amphiktyonique (339 av. J.-C), six ou sept ans environ après la fin de la première, en 346 avant J.-C. Ce qui vient d'être raconté, nous le tenons d'Æschine, qui fut lui-même le témoin aussi bien que l'incendiaire. Nous jugeons ici, non pas d'après des accusations portées par son rival Démosthène, mais d'après ses propres dépositions, et d'après des faits qu'il détaille non-seulement sans regret, mais avec un vif sentiment d'orgueil. Il est impossible de les lire sans ressentir le profond malheur qui était tombé sur le monde grec, puisque l'unanimité ou la dissidence de ses parties constitutives était actuellement déterminée, non par des congrès politiques à Athènes ou à Sparte, mais par des débats dans la convocation religieuse à Delphes et aux Thermopylæ. Ici, nous voyons le sentiment politique des Lokriens amphissiens, — leur sympathie pour Thèbes et leur aversion pour Athènes, — dicter des plaintes et des invectives contre les Athéniens sur l'allégation d'impiété. Il était habituellement facile de trouver matière à une pareille allégation contre qui que ce fût, si l'on était aux aguets dans ce dessein, tandis que se défendre était difficile, et que l'accusateur avait à sa disposition le moyen d'allumer l'antipathie religieuse. En conséquence, Æschine ne songe pas à se défendre, mais il se place immédiatement sur le terrain avantageux de l'accusateur, et il renvoie aux Amphissiens la même accusation d'impiété sur des allégations totalement différentes. Par une éloquence supérieure, aussi bien que par l'appel à un ancien fait historique d'un caractère particulièrement terrifiant, il exaspère les Amphiktyons et les pousse à un point d'ardeur religieuse, dans la pensée de venger le dieu, tel qu'il leur fait dédaigner à la fois les suggestions soit de la justice sociale, soit de la prudence politique. Démosthène, — faisant honneur aux Amphiktyons d'une sorte d'équité dans leur manière de procéder, familière aux idées et à la pratique athéniennes, — affirmait qu'aucune accusation contre Athènes n'aurait pu être portée devant eux par les Lokriens, parce qu'aucune accusation ne serait accueillie sans un avis préalable donné à Athènes. Mais Æschine, en accusant ces Lokriens, — sur un point qu'il n'avait pas fait notifier et qu'il lui vint d'abord à l'esprit de mentionner au moment où il fit son discours (1), — trouva ces Amphiktyons si inflammables dans leurs antipathies religieuses, qu'ils appelèrent sur-le-champ et conduisirent la foule delphienne armée de pioches pour l'œuvre de démolition. Évoquer, d'un passé fort reculé et à demi oublié, le souvenir de cette farouche querelle religieuse, dans le dessein de chasser des propriétaires, des amis et des défenseurs établis du temple, d'un lieu qu'ils occupaient et où ils rendaient des services essentiels aux nombreux visiteurs de Delphes ; — exécuter ce dessein avec une violence brutale, en portant les victimes au plus haut degré d'exaspération, en mettant en danger la vie des députés amphiktyoniques et en suscitant une autre Guerre Sacrée grosse de résultats calamiteux, — c'était une somme de torts telle, que l'ennemi le plus acharné de la Grèce aurait pu difficilement en faire plus. Les premières imputations d'irréligion, lancées par l'orateur lokrien contre Athènes, peuvent avoir été futiles et mauvaises, mais la réponse d'Æschine fut bien plus mauvaise encore, en ce qu'elle répandait aussi bien qu'elle rendait plus amer le poison des pieuses discordes, et qu'elle plongeait l'assemblée amphiktyonique dans une lutte dont il n'était possible de sortir qu'au moyen de l'épée de Philippe.

Il a paru nécessaire de faire quelques commentaires sur cet acte, en partie parce que c'est la seule chose distincte que nous connaissions, par un témoin actuel, relativement

(1) Æschine adv. Ktesiph. p. 70. Ἐπῆλθε δ' οὖν μοι ἐπὶ τὴν γνώμην μνησθῆναι τῆς τῶν Ἀμφισσέων περὶ τὴν γῆν τὴν ἱερὰν ἀσεβείας, etc.

au conseil amphiktyonique, — en partie à cause de ses ruineuses conséquences qui se montreront bientôt. A vrai dire, ces conséquences ne se manifestèrent pas d'abord, et quand Æschine revint à Athènes, il fit son récit à la satisfaction du peuple. Nous pouvons présumer qu'il raconta les faits, à ce moment, de la même manière qu'il les présenta plus tard, dans le discours conservé aujourd'hui. Les Athéniens, indignés de l'accusation portée par les Lokriens contre Athènes étaient disposés à partager ce mouvement de pieux enthousiasme qu'Æschine avait excité au sujet de Kirrha, conformément à l'ancien serment prononcé par leurs ancêtres (1). L'esprit public s'était si fortement attaché au point de vue religieux de cette question, que l'opposition de Démosthène fut à peine écoutée. Il fit voir immédiatement les conséquences de ce qui s'était passé en disant : — « Æschine, tu attires la guerre en Attique, — une guerre amphiktyonique. » Mais ses prédictions furent décriées comme étant des illusions ou de pures manifestations de sentiment de parti contre un rival (2). Æschine le dénonça ouvertement comme l'agent payé des impies Lokriens (3), accusation suffisamment réfutée par la conduite de ces Lokriens euxmêmes qu'Æschine représente comme insultant Athènes gratuitement.

Mais bien que le sentiment général à Athènes, immédiatement après le retour d'Æschine, fût favorable à la conduite qu'il avait tenue à Delphes, il n'en fut pas longtemps ainsi. Et ce changement n'est pas difficile à comprendre. La première mention de l'antique serment et la dévastation primitive de Kirrha, sanctionnée par le nom et l'autorité de Solôn, durent naturellement entraîner l'esprit athénien dans un puissant courant de sentiment pieux contre ceux qui occupaient ce lieu maudit. Mais de nouveaux renseignements

---

(1) Æschine adv. Ktesiph. p. 71. Καὶ τὰς πράξεις ἡμῶν ἀποδεξαμένου τοῦ δήμου, καὶ τῆς πόλεως πάσης προαιρουμένης εὐσεβεῖν, etc. Οὐκ ἐᾷ (Démosthène) μεμνῆσθαι τῶν ὅρκων, οὓς οἱ πρόγονοι ὤμοσαν, οὐδὲ τῆς ἀρᾶς οὐδὲ τῆς τοῦ θεοῦ μαντείας.

(2) Démosth. De Coronâ, p. 275.

(3) Æschine adv. Ktesiph. p. 69-71.

durent contribuer à prouver que les Lokriens étaient plutôt victimes que coupables; que l'occupation de Kirrha comme port était un avantage pour tous les Grecs, et surtout pour le temple lui-même; en dernier lieu, que les imputations qui, disait-on, avaient été lancées par les Lokriens sur Athènes ou ne l'avaient jamais été (c'est ainsi que nous voyons Démosthène l'affirmer), ou n'étaient rien de plus qu'une explosion non autorisée de mauvaise humeur de la part de quelque individu grossier. Bien qu'Æschine eût obtenu d'abord un vote d'approbation pour sa conduite, cependant, quand il en vint à proposer qu'Athènes prît part à la réunion amphiktyonique spéciale convoquée à l'effet de punir les Amphissiens, — l'opposition de Démosthène se trouva plus efficace. Le sénat et l'assemblée publique prirent une résolution qui défendait péremptoirement toute intervention de la part d'Athènes dans cette réunion spéciale. « Le hieromnêmôn et les pylagoræ d'Athènes (ainsi l'ordonnait le décret) ne s'associeront ni en paroles, ni en actes, ni en résolutions, avec les personnes rassemblées à cette réunion spéciale. Ils visiteront Delphes et les Thermopylæ aux époques régulières fixées par nos ancêtres. » Ce décret important marque le changement d'opinion à Athènes. Æschine, à la vérité, nous dit qu'il ne fut obtenu que par une manœuvre artificieuse de la part de Démosthène, étant proposé à la hâte dans une assemblée peu nombreuse à la fin de l'affaire, quand la plupart des citoyens (Æschine entre autres) étaient partis. Mais il n'y a rien à l'appui de ces insinuations. De plus, si Æschine eût eu encore pour lui le sentiment public, il aurait pu facilement déjouer les ruses de son rival (1).

La réunion spéciale des Amphiktyons aux Thermopylæ se tint donc à quelque moment entre les deux périodes régulières du printemps et de l'automne. Il ne s'y trouva de députés ni d'Athènes, ni de Thêbes, — fait que nous apprenons par Æschine, et remarquable en ce qu'il prouve une tendance naissante vers un concours tel, qu'il n'en avait jamais existé

(1) Æschine adv. Ktesiph. p. 71.

auparavant entre ces deux importantes cités. Les autres députés se réunirent, décidés à lever une armée commune dans le dessein de punir les Amphissiens, et ils choisirent pour général le président Kottyphos. Suivant Æschine, cette armée fut rassemblée, marcha contre les Lokriens et les soumit, mais leur accorda des conditions indulgentes ; elle exigea d'eux une amende pour le dieu de Delphes, payable à intervalles déterminés ; — elle condamna au bannissement quelques-uns des chefs lokriens pour avoir conseillé d'empiéter sur le domaine sacré, — et elle en rappela d'autres qui s'y étaient opposés. Mais les Lokriens (dit-il), après le départ de l'armée, violèrent leur parole, ne payèrent rien et firent rentrer tous les chefs coupables. Démosthène, au contraire, affirme que Kottyphos envoya des contingents des divers États amphiktyoniques ; mais quelques-uns ne vinrent pas du tout, tandis que ceux qui vinrent furent tièdes et peu efficaces ; de sorte que le plan échoua complétement (1). Le récit de Démosthène est le plus probable des deux ; car nous savons, par Æschine lui-même, que ni Athènes ni Thêbes ne prirent part à l'opération, tandis que Sparte avait été exclue du conseil amphiktyonique en 346 avant J.-C. Il ne restait donc que les États secondaires et plus petits. De ceux-ci, les Péloponésiens, même y eussent-ils été disposés, ne pouvaient facilement venir, puisqu'ils ne pouvaient s'avancer par terre à travers la Bœôtia, ni arriver facilement par mer tant que les Amphissiens étaient maîtres du port de Kirrha ; et il n'était pas vraisemblable que les Thessaliens et leurs voisins portassent un assez grand intérêt à l'entreprise pour la faire réussir sans les autres. De plus, le parti qui n'attendait qu'un prétexte pour demander l'intervention de Philippe dut préférer plutôt ne rien faire, afin de montrer combien il était impossible d'agir sans lui. Aussi pouvons-nous supposer avec raison que ce qu'Æschine représente comme des conditions indulgentes accordées aux Lokriens et violées ensuite par eux, n'était tout au plus

(1) Démosthène, De Coronâ, p. 277; Æschine adv. Ktesiph. p. 72.

qu'un accommodement temporaire, conclu parce que Kottyphos ne pouvait rien faire, — et probablement ne désirait rien faire, — sans l'intervention de Philippe.

La Pylæa suivante, ou réunion automnale des Amphiktyons aux Thermopylæ, arriva à ce moment (septembre, 339 av. J.-C.) ; cependant les Lokriens n'étaient pas encore soumis. Kottyphos et son parti firent alors la proposition formelle d'invoquer l'aide de Philippe. « Si vous ne consentez pas (dirent-ils aux Amphiktyons) (1), vous devez vous avancer personnellement en force, souscrire d'amples fonds, et condamner à l'amende tous les délinquants. Voyez ce que vous préférez. » Les Amphiktyons se déterminèrent à invoquer l'intervention de Philippe ; ils le nommèrent commandant des forces combinées et champion du dieu, dans la nouvelle Guerre Sacrée, comme il l'avait été dans la précédente.

A la réunion automnale (2), où fut adoptée cette fatale

---

(1) Démosth. De Coronâ, p. 277, 278.

(2) La chronologie des événements racontés ici a été conçue différemment par différents auteurs. Selon ma manière de voir, la première motion faite par Æschine contre les Lokriens amphissiens le fut dans la réunion du printemps des Amphiktyons à Delphes, en 339 avant J.-C. (l'année de l'archonte Theophrastos à Athènes) ; puis, il fut tenu une assemblée spéciale ou extraordinaire des Amphiktyons, et il y eut une manifestation guerrière contre les Lokriens; ensuite vint la réunion automnale régulière aux Thermopylæ (339 avant J.-C., — septembre, — l'année de l'archonte Lysimachidês à Athènes), où l'on rendit un vote à l'effet de demander l'intervention militaire de Philippe.

Cette chronologie ne s'accorde pas, il est vrai, avec les deux prétendus décrets des Amphiktyons et avec le document justificatif : — Ἄρχων Μνησιθείδης, Ἀνθεστηριῶνος ἕκτῃ ἐπὶ δέκα, — incorporés dans le discours De Coronâ, p. 279. Mais j'ai déjà dit que je crois ces documents apocryphes.

L'archonte Mnesitheidês (comme tous les autres archontes nommés dans les documents lus dans le discours De Coronâ) est un nom inexact, et il ne peut avoir été cité d'après aucun document authentique. Ensuite, le premier décret des Amphiktyons n'est pas en harmonie avec l'assertion d'Æschine, lui-même le grand moteur de ce que firent réellement les Amphiktyons. En dernier lieu, le second décret donne clairement à entendre que la personne qui composa les deux décrets croyait que la nomination de Philippe avait été faite dans la même assemblée amphiktyonique comme le premier mouvement contre les Lokriens. Les mêmes mots, ἐπὶ ἱερέως Κλειναγόρου, ἐαρινῆς πυλαίας, — mis en tête des deux décrets, doivent être compris comme indiquant la même assemblée. La supposition de M. Clinton, à savoir que le premier décret fut

mesure d'appeler Philippe, des députés d'Athènes étaient sans doute présents (Æschine entre autres), suivant l'usage habituel ; car le décret de Démosthène avait prescrit qu'on suivît la coutume ordinaire, bien qu'il eût interdit la présence de députés à l'assemblée spéciale ou extraordinaire. Æschine (1) ne resta pas en arrière pour appuyer la demande qu'on fit à Philippe, et, dans le fait, il ne pouvait prendre aucune autre marche s'il voulait être conséquent avec ce qu'il avait fait à la précédente réunion du printemps. Lui-même se plaint seulement qu'Athènes se laissât détourner, par les suggestions corrompues de Démosthène, de se mettre à la tête de la croisade contre Amphissa, quand les dieux eux-mêmes l'avaient désignée pour ce pieux devoir (2). Quelle part Thêbes prit-elle à la nomination de Philippe, ou ses députés assistèrent-ils à la réunion amphiktyonique automnale, c'est ce que nous ignorons. Mais il faut se rappeler que l'un des douze doubles suffrages amphiktyoniques appartenait aux Macédoniens eux-mêmes, tandis que beaucoup des autres membres étaient devenus dépendants de la Macédoine, — les Thessaliens, les Achæens Phthiotes, les Perrhæbiens, les Dolopes, les Magnêtes, etc. (3).

---

rendu à l'assemblée du printemps de 339 avant J.-C. — et le second à l'assemblée du printemps de 338 avant J.-C., — Kleinagoras étant éponyme dans les deux années, — ne me paraît nullement probable. Le but spécial et l'importance d'un éponyme disparaîtraient, si la même personne servait en cette qualité pendant deux années successives. Boeckh adopte la conjecture de Reiske, qui change ἐαρινῆς πυλαίας dans le second décret en ὀπωρινῆς πυλαίας. Cela mettrait le second décret en meilleur accord avec la chronologie; mais il n'y a rien dans l'état du texte qui justifie un pareil changement. Boehnecke (Forsch. p. 498-508) adopte une supposition encore plus improbable. Il suppose qu'Æschine fut choisi pylagoras au commencement de l'année attique 340-339 avant J.-C., et qu'il assista d'abord à Delphes à l'assemblée *automnale* des Amphiktyons de 340 avant J.-C.; qu'il y excita la violente tempête qu'il décrit lui-même dans son discours; et que plus tard, à l'assemblée du printemps subséquente, vinrent les deux décrets que nous lisons actuellement dans le De Coronâ. Mais le premier de ces deux décrets n'a jamais pu être rendu *après* le procédé outrageant décrit par Æschine. J'ajouterai que, dans la forme du décret, le président Kottyphos est appelé Arkadien, tandis qu'Æschine le désigne comme *Pharsalien*.

(1) Démosthène, De Coronâ, p. 278.

(2) Æschine adv. Ktesiph. p. 72... Τῶν μὲν θεῶν τὴν ἡγεμονίαν τῆς εὐσεβείας ἡμῖν παραδεδωκότων, τῆς δὲ Δημοσθένους δωροδοχίας ἐμποδὼν γεγενημένης.

(3) V. Isokrate, orat. V (Philipp.). s. 22, 23.

Probablement Kottyphos et Æschine n'eurent pas beaucoup de peine à obtenir un vote investissant Philippe du commandement. Même ceux qui n'étaient pas favorables purent craindre l'accusation d'impiété s'ils s'y opposaient.

Pendant le printemps et l'été de cette année, 339 avant J.-C. (l'intervalle entre les deux réunions amphiktyoniques), Philippe avait été occupé à son expédition contre les Scythes et avait eu, à son retour, à combattre les Triballes, engagement où il reçut la blessure grave déjà mentionnée. Il était complétement guéri quand fut rendu le vote amphiktyonique qui lui conférait le commandement. Il accepta volontiers une mission que ses partisans, et probablement ses présents, avaient surtout contribué à lui procurer. Il rassembla immédiatement ses forces et s'avança au sud en traversant la Thessalia et les Thermopylæ, proclamant son dessein de venger le dieu de Delphes sur les Lokriens impies d'Amphissa. Les députés et les contingents amphiktyoniques, en plus ou moins grand nombre, accompagnaient sa marche. Quand il franchit les Thermopylæ, il prit Nikæa (une des villes les plus essentielles à la sécurité du défilé) sur les Thêbains, dans les mains desquels elle était restée depuis qu'il avait conquis la Phokis en 346 avant J.-C., bien qu'avec une garnison macédonienne qui participait à l'occupation (1). N'étant pas encore assuré du concours des Thêbains dans ses projets ultérieurs, il jugea plus prudent de livrer cette ville importante aux Thessaliens, qui étaient complétement dans sa dépendance.

A partir des Thermopylæ, qu'il se rendît à Delphes et à Amphissa, ou en Bœôtia, il devait traverser la Phokis. Ce malheureux territoire se trouvait encore dans l'état sans défense auquel il avait été condamné par la sentence amphiktyonique de 346 avant J.-C., sans une seule ville fortifiée, occupé seulement par de petits villages dispersés et par une population rare aussi bien que pauvre. En arrivant à

(1) Æschine adv. Ktesiph. p. 73. Ἐπειδὴ Φίλιππος αὐτῶν ἀφελόμενος Νίκαιαν Θετταλοῖς παρέδωκε, etc. Cf. Démosth. ad Philipp. Epistol. p. 153. Ὑποπτεύεται δὲ ὑπὸ Θηβαίων Νίκαιαν μὲν φρουρᾷ κατέχων, etc.

Elateia, jadis la principale ville phokienne, mais démantelée actuellement, Philippe fit arrêter son armée et se mit à rétablir sur-le-champ les murailles, en la transformant en place forte pour une occupation militaire permanente. En même temps il occupa Kytinion (1), la principale ville du petit territoire de la Doris, dans la partie supérieure de la vallée du fleuve Kephissos, située dans la route peu longue de la montagne qui menait des Thermopylæ à Amphissa.

La prise d'Elateia par Philippe, combinée avec ses opérations pour la rétablir comme poste militaire permanent, fut un événement de la plus grande importance, qui excita la surprise et l'inquiétude dans une partie considérable du monde grec (339 av. J.-C., oct.-nov.). Jusque-là, il s'était annoncé comme général agissant en vertu d'un vote de nomination rendu par les Amphiktyons et comme s'avançant simplement pour venger le dieu de Delphes contre les Lokriens sacriléges. Toutefois, si tel eût été son dessein réel, il n'aurait pas eu occasion de s'arrêter à Elateia, encore bien moins de la fortifier de nouveau et d'y mettre garnison. En conséquence, il devenait évident alors qu'il songeait à quelque chose de différent, ou au moins à quelque chose d'ultérieur. Dans le fait, il n'affecta plus lui-même de cacher ses desseins réels. Envoyant des ambassadeurs à Thêbes, il annonça qu'il était venu pour attaquer les Athéniens, et il lui demanda instamment sa coopération, comme étant son alliée, contre des ennemis odieux à elle aussi bien qu'à lui-même. Mais si les Thêbains, malgré une excellente occasion pour écraser une ancienne ennemie, se décidaient encore à rester à l'écart, il réclamait d'eux du moins un libre passage par la Bœôtia, afin qu'il pût envahir l'Attique avec ses propres forces (2).

---

(1) Philochore, ap. Dionys. Hal. ad Ammæum, p. 742.

(2) Démosthène, De Coronâ, p. 293-299. Justin, IX, 3 : « Diu dissimulatum bellum Atheniensibus infert. » Cette expression est exacte dans ce sens, que Philippe, qui avait jusque-là prétendu marcher contre Amphissa, révéla que son dessein réel était contre Athènes, au moment où il s'empara d'Elateia. Autrement, il avait été en guerre ouverte contre Athènes, toujours depuis les siéges de Byzantion et de Perinthos de l'année précédente.

Les relations entre Athènes et Thêbes, à ce moment, n'étaient nullement amicales (octobre, 339 av. J.-C.). Il n'y avait pas eu, il est vrai, entre elles, de conflit armé réel depuis la fin de la Guerre Sacrée en 346 avant J.-C. Cependant l'antique sentiment de jalousie et d'inimitié, datant des temps anciens et aggravé pendant cette guerre, durait encore entier. Diminuer cette aversion réciproque et amener une coopération avec Thêbes, tel avait toujours été le but de quelques politiques athéniens, — Euboulos, — Aristophôn, — et Démosthène lui-même, qu'Æschine essaye de décréditer comme ayant été gagné et corrompu par les Thêbains (1). Néanmoins, malgré diverses visites et ambassades à Thêbes, où il existait encore une minorité favorable à Athènes, rien n'avait jamais été accompli (2). L'inimitié durait encore et avait été même artificiellement aggravée (si nous devons en croire Démosthène) (3) par Æschine et par les partisans de Philippe dans les deux cités, pendant les six mois qui s'étaient écoulés depuis que la querelle amphissienne avait éclaté.

Le mauvais vouloir qui existait entre Athènes et Thêbes, au moment où Philippe prit possession d'Elateia, était tellement reconnu, qu'il y avait tout lieu de regarder comme impossible une confédération des deux États contre lui (4). Afin d'appuyer la requête qu'il avait faite à Thêbes, déjà son alliée, de continuer à agir comme telle dans cette conjoncture critique, il y envoya des députés non-seulement macédoniens, mais encore thessaliens, dolopes, achæens phthiotes, ætoliens et ænianes, — alliés amphiktyoniques qui l'accompagnaient actuellement dans sa marche (5).

---

(1) Æschine, Fals. Leg. p. 46, 47.

(2) Æschine, adv. Ktesiph. p. 73; Démosth. De Coronâ, p. 281.

(3) Démosthène, De Coronâ, p. 276, 281, 284. Ἀλλ' ἐκεῖσε ἐπάνειμι, ὅτι τὸν ἐν Ἀμφίσσῃ πόλεμον τούτου (Æschine) μὲν ποιήσαντος, συμπεραναμένων δὲ τῶν ἄλλων τῶν συνέργων αὐτοῦ τὴν πρὸς Θηβαίους ἐχθρὰν, συνέβη τὸν Φίλιππον ἐλθεῖν ἐφ' ἡμᾶς, οὗπερ ἕνεκα τὰς πόλεις οὗτοι συνέκρουον, etc. Οὕτω μέχρι πόῤῥω προήγαγον οὗτοι τὴν ἐχθράν.

(4) Démosthène, De Coronâ : — Ἧκεν ἔχων (Philippe) τὴν δύναμιν καὶ τὴν Ἐλάτειαν κατέλαβεν, ὡς οὐδ' ἂν εἴ τι γένοιτο ἔτι συμπνευσάντων ἂν ἡμῶν καὶ τῶν Θηβαίων.

(5) Philochore ap. Dionys. Hal. ad Ammæum, p. 742.

Si telles étaient les espérances, et les espérances raisonnables, de Philippe, nous pouvons facilement comprendre combien fut grande l'alarme parmi les Athéniens dès qu'ils apprirent l'occupation d'Elateia (339 av. J.-C.). Si les Thêbains consentaient, Philippe, en trois journées, serait sur la frontière de l'Attique, et d'après le sentiment dont l'existence était tacitement admise aussi bien que sentie, les Athéniens ne pouvaient s'attendre qu'à une chose, c'est que le libre passage et un renfort thêbain, en outre, seraient facilement accordés. Dix ans auparavant, Démosthène luimême (dans sa première Olynthienne) avait assuré que les Thêbains se joindraient volontiers à Philippe dans une attaque dirigée sur l'Attique (1). Si tel était l'éloignement alors, il était toujours allé en augmentant plutôt qu'en diminuant depuis cette époque. Comme la marche de Philippe avait été jusque-là non-seulement rapide, mais encore qu'on l'avait cru dirigée sur Delphes et Amphissa, les Athéniens n'avaient pas fait de préparatifs pour défendre leur frontière. Ni leurs familles ni leurs biens mobiliers n'avaient été rentrés dans des murailles. Néanmoins ils avaient à ce moment à attendre, dans un peu plus de quarante-huit heures, une armée d'invasion aussi formidable et aussi dévastatrice qu'aucune de celles qu'ils avaient eu à subir pendant la guerre du Péloponèse, sous un commandant beaucoup plus habile qu'Archidamos ou qu'Agis (2).

Bien que l'histoire générale de cette importante période ne puisse être qu'ébauchée, nous sommes assez heureux pour obtenir de Démosthène un récit frappant et assez détaillé de ce qui se passa à Athènes immédiatement après la nouvelle de la prise d'Elateia par Philippe. Ce fut le soir que le messager arriva, précisément dans le temps où les prytanes (ou sénateurs de la tribu chargée de la présidence)

---

(1) Démosth. Olynth. I, p. 16. Ἂν δ' ἐκεῖνα Φίλιππος λάβῃ, τίς αὐτὸν κωλύσει δεῦρο βαδίζειν; Θηβαῖοι; οἵ, εἰ μὴ λίαν πικρὸν εἰπεῖν, καὶ συνεισβαλοῦσιν ἑτοίμως.

(2) Démosthène, De Coronâ, p. 301. Ἡ γὰρ ἐμὴ πολίτεια, ἧς οὗτος (Æschine) κατηγορεῖ, ἀντὶ μὲν τοῦ Θηβαίους μετὰ Φιλίππου συνεμβαλεῖν εἰς τὴν χώραν, ὃ πάντες ᾤοντο, μεθ' ἡμῶν παραταξαμένους ἐκεῖνον κωλύειν ἐποίησεν, etc.

étaient à souper dans leur résidence officielle. Interrompant aussitôt leur repas, quelques-uns coururent appeler les généraux auxquels il appartenait de convoquer l'assemblée publique avec le trompette qui en donnait avis; de sorte que le sénat et l'assemblée furent convoqués pour le lendemain matin à l'aurore. D'autres s'empressèrent de débarrasser la place du marché, qui était pleine de baraques et d'échoppes pour des commerçants qui vendaient des marchandises. Ils mirent même le feu à ces baraques dans leur précipitation pour faire la place nette. L'émotion et la terreur dans toute la cité furent telles, que l'assemblée publique se trouva remplie à la première aube, même avant que le sénat pût accomplir ses formalités et se présenter pour les cérémonies de l'ouverture. Enfin il rejoignit l'assemblée, et les prytanes s'avancèrent pour annoncer la nouvelle, en produisant le messager avec la déposition qu'il devait faire en public. Le héraut prononça ensuite les paroles habituelles : « Qui désire parler? » Personne ne se présenta. Il répéta les paroles à plusieurs reprises; cependant personne ne se leva encore.

A la fin, après un long silence, Démosthène se leva pour parler. Il s'adressa à cette conviction alarmante qui obsédait tous les esprits, bien qu'elle n'eût pas encore été exprimée, — à savoir que les Thêbains sympathisaient de cœur avec Philippe. « Ne vous laissez pas (dit-il) aller à croire rien de pareil. S'il en avait été ainsi, Philippe se serait déjà avancé sur votre frontière sans s'arrêter à Elateia. Il a dans Thêbes un grand nombre de partisans qu'il s'est procurés par la fraude et la corruption; mais il n'a pas toute la cité. Il y a encore un parti thêbain considérable qui lui est opposé et vous est favorable. C'est dans le dessein d'enhardir ses propres partisans à Thêbes, de terrifier ses adversaires et d'arracher ainsi à la cité une déclaration positive en sa faveur, qu'il fait étalage de sa force à Elateia. Et en cela il réussira, si vous, Athéniens, ne vous appliquez avec vigueur et prudence à le contrecarrer. Si, agissant d'après votre vieille aversion pour Thêbes, vous restez maintenant à l'écart, les partisans de Philippe dans la cité deviendront tout-puissants ; de sorte que toutes les forces de Thêbes marcheront avec lui contre l'Attique. Dans l'intérêt de votre propre sécurité, vous devez chasser ces vieux sentiments, quelque bien fondés qu'ils soient, — et vous avancer pour protéger Thêbes, comme étant dans un danger plus grand que vous-mêmes. Faites marcher toutes vos forces militaires jusqu'à la frontière, et enhardissez ainsi vos partisans de Thêbes à parler ouvertement contre leurs adversaires, amis de Philippe, qui comptent sur l'armée qu'ils savent à Elateia. Ensuite, envoyez dix ambassadeurs à Thêbes, en leur donnant de pleins pouvoirs, conjointement avec vos généraux, pour convoquer vos forces militaires toutes les fois qu'ils le croiront à propos. Que vos ambassadeurs ne demandent aux Thêbains ni concessions ni conditions ; qu'ils leur offrent simplement l'armée complète d'Athènes pour les assister dans leur détresse présente. Si l'offre est acceptée, vous vous serez assuré un allié inestimable pour votre propre sûreté, tout en agissant avec une générosité digne d'Athènes ; si elle est refusée, les Thêbains auront à se blâmer seuls, et vous serez au moins inattaquables sous le rapport de l'honneur aussi bien que de la politique (1). »

La recommandation de Démosthène, à la fois sage et généreuse, fut consignée dans un décret et adoptée par les Athéniens sans opposition (2). Ni Æschine ni personne autre

---

(1) Démosthène, De Coronâ, p. 286, 287 ; Diodore, XVI, 84. J'ai donné la substance, en abrégé, de ce que Démosthène indique lui-même avoir dit.

(2) Ce décret, ou un document prétendant l'être, est donné *verbatim* dans Démosthène, De Coronâ, p. 289, 290. Il a pour date le 16 du mois Skirrophorion (juin), sous l'archontat de Nausiklês. Cet archonte est un archonte mis à faux ou faux éponyme ; et le document, pour ne rien dire de sa verbosité, implique qu'Athènes était alors sur le point d'abandonner les relations pacifiques avec Philippe, et de commencer la guerre contre lui, — ce qui est contraire au fait réel.

On trouve aussi insérés, quelques pages auparavant, dans le même discours (p. 282), quatre autres documents, qui prétendent se rapporter au temps précédant immédiatement la prise d'Elateia par Philippe. 1. Un décret des Athéniens, daté du mois Elaphebolion de l'archonte *Heropythos*. 2. Un autre décret, du mois Munychion du même *archonte*. 3. Une réponse adressée par Philippe aux Athéniens. 4. Une réponse adressée par Philippe aux Thêbains.

Ici encore, l'archonte appelé *Heropythos* est un archonte mis à faux et inconnu. Une erreur de date aussi manifeste suffirait seule pour m'empêcher

ne dit un mot contre elle. Démosthène lui-même, nommé chef des dix ambassadeurs, se mit en route sur-le-champ

---

de me fier au document comme authentique. Droysen a raison, selon moi, de rejeter tous ces cinq documents comme apocryphes. La réponse de Philippe aux Athéniens est adaptée aux deux décrets des Athéniens, et elle ne peut être authentique s'ils sont apocryphes.

Ces décrets aussi, comme ceux qui sont datés de Skirrophorion, ne s'accordent pas avec les véritables relations entre Athènes et Philippe. Ils impliquent qu'elle était en paix avec ce prince et qu'elle entreprit pour la première fois des hostilités contre lui après qu'il eut occupé Elateia, tandis qu'il y avait eu guerre ouverte entre eux pendant plus d'une année, toujours depuis l'été de 340 avant J.-C., et les opérations maritimes contre lui dans la Propontis. Que la guerre continuât sans interruption pendant toute cette période, — que Philippe ne pût s'approcher d'Athènes pour frapper un coup sur elle et terminer la guerre, si ce n'est en amenant les Thêbains et les Thessaliens à coopérer avec lui, — et que, pour atteindre ce dernier but, il fît allumer la guerre amphissienne par l'influence corrompue d'Æschine, — c'est ce que dit expressément Démosthène, De Coronâ, p. 275, 276. Aussi m'est-il impossible de croire à l'authenticité soit des quatre documents cités ici, soit de ce décret très-long supposé des Athéniens, à l'occasion de la formation de leur alliance avec Thêbes, daté du 16 du mois Skirrophorion, et cité De Coronâ, p. 289. J'ajouterai que les deux décrets que nous lisons p. 282, déclarent eux-mêmes avoir été rendus dans les mois Elaphebolion et Munychion, et qu'ils portent le nom de l'archonte *Heropythos*, tandis que le décret cité p. 289 est daté du 16 de Skirrophorion et porte le nom d'un archonte différent, *Nausiklês*. Or, si les décrets étaient authentiques, les événements qui sont décrits dans l'un et dans l'autre devraient être arrivés sous le même archonte, à un intervalle d'environ six semaines entre le dernier jour de Munychion et le 16e de Skirrophorion. Il est impossible de supposer un intervalle d'un an et six semaines entre les deux.

Il me semble, quand je lis attentivement les paroles de Démosthène lui-même, que le *falsarius*, ou personne qui composa ces quatre premiers documents, n'a pas convenablement conçu ce qu'était ce que Démosthène fit lire par le greffier public. Le fait que Démosthène établit ici, c'est de montrer qu'il a agi avec habileté et qu'il a bien mérité de sa patrie, en amenant les Thêbains à s'allier avec Athènes immédiatement après la prise d'Elateia par Philippe. Dans ce dessein, il insiste sur le mauvais état de sentiment entre Athènes et Thêbes avant cet événement, état produit par les instigations secrètes de Philippe au moyen de partisans gagnés dans les deux villes. Or c'est pour expliquer ce sentiment hostile *entre Athènes et Thêbes* qu'il fait lire au greffier certains *décrets* et certaines *réponses* — ἐν οἷς δ' ἦτε ἤδη τὰ πρὸς ἀλλήλους, τουτωνὶ τῶν ψηφισμάτων ἀκούσαντες καὶ τῶν ἀποκρίσεων εἴσεσθε. Καί μοι λέγε ταῦτα λαβών... (p. 282). Les documents dont on annonce ici la lecture ne se rapportent pas aux relations entre *Athènes et Philippe* (qui étaient des relations de guerre active, n'ayant pas besoin d'explication), — mais aux relations entre *Athènes et Thêbes*. Il y avait eu évidemment des échanges d'escarmouche et de sentiment peu gracieux entre les deux cités, manifestés dans des décrets publics ou dans des réponses publiques à des plaintes ou à

pour Thêbes, tandis que les forces militaires de l'Attique furent en même temps dirigées vers la frontière.

A Thêbes ils trouvèrent les députés de Philippe et de ses alliés ainsi que les Thêbains favorables à ce prince en plein triomphe, tandis que les amis d'Athènes étaient tellement découragés, que les premières lettres que Démosthène envoya dans sa patrie à son arrivée à Thêbes furent d'un sombre caractère (1). Suivant la coutume grecque, les deux ambassades opposées furent entendues tour à tour par l'assemblée thêbaine. Amyntas et Klearchos étaient les ambassadeurs macédoniens, avec l'éloquent Byzantin Pythôn, comme principal organe, et les Thessaliens Daochos et Thrasylaos (2). Ayant les premiers la parole, comme alliés éta-

---

des remontrances. Au lieu de cela, les deux décrets athéniens, que nous lisons actuellement comme se suivant, sont adressés non aux Thêbains, mais à Philippe; le premier ne mentionne pas Thêbes du tout, le second mentionne Thêbes seulement pour dire, comme motif de plainte contre Philippe, qu'il essayait de mettre les deux cités en opposition, et cela encore, parmi d'autres motifs de plaintes beaucoup plus graves et lui imputant des desseins plus hostiles. Alors suivent deux réponses, — qui ne sont pas des réponses entre Athènes et Thêbes, comme elles devraient l'être, — mais des réponses de Philippe, la première aux Athéniens, la seconde aux Thêbains. Ni les décrets, ni les réponses, tels qu'ils sont, ne servent à expliquer le point auquel tend Démosthène, — à savoir le mauvais sentiment et les provocations mutuelles qui avaient été échangés peu auparavant entre Athènes et Thêbes. Ni les uns ni les autres ne justifient les mots de l'orateur immédiatement après que les documents ont été lus : — Οὕτω διαθεὶς ὁ Φίλιππος τὰς πόλεις πρὸς ἀλλήλας διὰ τούτων (par Eschine et ses adhérents), καὶ τούτοις ἐπαρθεὶς τοῖς ψηφίσμασι καὶ ταῖς ἀποκρίσεσιν, ἧκεν ἔχων τὴν δύναμιν καὶ τὴν Ἐλάτειαν κατέλαβεν, ὡς οὐδ' ἂν εἴ τι γένοιτο ἔτι συμπνευσάντων ἂν ἡμῶν καὶ τῶν Θηβαίων.

Démosthène représente Philippe comme agissant sur Thêbes et sur Athènes au moyen de l'influence de citoyens gagnés dans chacune; l'auteur de ces documents s'imagine que Philippe agit par ses dépêches.

Le décret du 16 Skirrophorion ordonne, non-seulement qu'il y aura alliance avec Thêbes, mais encore que le droit de *mariages réciproques* entre les deux cités sera établi. Or, au moment où le décret fut rendu, les Thêbains avaient été et étaient encore en mauvais termes avec Athènes, de sorte que l'on ne savait s'ils accueilleraient ou s'ils rejetteraient la proposition; bien plus, les chances étaient même qu'ils la rejetteraient et se joindraient à Philippe. Nous ne pouvons guère regarder comme possible que, dans un pareil état de probabilités, les Athéniens soient allés jusqu'à se déclarer pour l'établissement de *mariages réciproques* entre les deux cités.

(1) Démosthène, De Coronâ, p. 298.

(2) Plutarque, Démosthène, c. 18. Daochos et Thrasylaos sont nommés par Démosthène comme partisans

blis de Thêbes, ces orateurs trouvèrent aisément un sujet; ce fut de dénoncer Athènes, en appuyant leur cas par les faits généraux de l'histoire antérieure depuis la bataille de Leuktra. L'orateur macédonien opposa l'hostilité perpétuelle d'Athènes à l'aide précieuse prêtée à Thêbes par Philippe quand il la délivra des Phokiens et confirma son ascendant sur la Bœôtia. « Si (dit l'orateur), avant de vous assister contre les Phokiens, Philippe eût stipulé que vous lui accorderiez en retour un libre passage pour marcher contre l'Attique, vous auriez consenti volontiers. Le refuserez-vous maintenant qu'il vous a rendu ce service sans stipulation? Ou laissez-nous traverser votre pays pour nous rendre en Attique, ou joignez-vous à notre marche; par là vous vous enrichirez en dévastant ce pays, au lieu de voir la Bœôtia appauvrie en devenant le théâtre de la guerre (1). »

Tous ces arguments étaient si complétement en harmonie avec les sentiments antérieurs des Thêbains qu'ils doivent avoir produit une vive impression. Comment Démosthène y répondit-il, c'est ce qu'il ne nous est pas donné de savoir. Ce dut être une rude tâche pour son talent de parole; car le sentiment préexistant était tout contraire, et il n'avait rien sur quoi il pût agir, si ce n'est la crainte, de la part de Thêbes, d'un contact trop rapproché avec les armes macédoniennes, — combinée avec sa reconnaissance pour l'offre faite par Athènes spontanément et sans condition. Et même quant aux craintes, les Thêbains n'avaient d'autre alternative que de choisir entre admettre l'armée athénienne ou celle de Philippe, choix dans lequel toute présomption était en faveur de la seconde, comme alliée actuelle et récente bienfaitrice, — et contraire à la première comme rivale et ennemie de tout temps. Tel était le résultat attendu par les espérances de Philippe aussi bien que par les craintes d'Athènes. Toutefois, bien qu'ayant ainsi toutes les chances contre lui, Démosthène en vint à ses fins dans l'assemblée

---

thessaliens de Philippe (Démosthène, De Coronâ, p. 324).

(1) Démosth. De Coronâ, p. 298, 299; Aristote, Rhétorique, II, 23; Denys d'Halikarn. ad Ammæum, p. 744; Diodore, XVI, 85.

thêbaine, en la déterminant à accepter l'alliance offerte par Athènes et à braver l'hostilité de Philippe. Il se vante, à bon droit, de ce triomphe diplomatique et oratoire (1), grâce auquel non-seulement il obtint un puissant allié contre Philippe, mais, avantage plus important encore, il sauva Athènes du malheur d'être dévastée par une armée macédonienne et thêbaine combinée. C'est avec raison que l'historien contemporain Théopompe exalte l'incomparable éloquence avec laquelle Démosthène alluma dans le cœur des Thêbains la flamme généreuse d'un patriotisme panhellénique. Mais ce ne fut pas simplement par son éloquence supérieure (2), — bien que ce fût sans doute une condition essentielle, — qu'il obtint son triomphe à Thêbes. Ce triomphe, il le dut plus encore à l'offre sage et généreuse qu'il apportait avec lui, et qu'il avait lui-même déterminé les Athéniens à faire, — à savoir celle d'une alliance pure et simple sans aucun égard pour les jalousies et les animosités du passé, et à des conditions même favorables pour Thêbes, comme étant plus exposée qu'Athènes dans la guerre contre Philippe (3).

La réponse rapportée par Démosthène était consolante (339 av. J.-C.). L'alliance importante, par laquelle Athènes et Thêbes étaient unies dans une guerre défensive contre Philippe, avait été menée à bonne fin. L'armée athénienne,

(1) Démosth. De Coronâ, p. 304-307. Εἰ μὲν οὖν μὴ μετέγνωσαν εὐθέως, ὡς ταῦτ' εἶδον, οἱ Θηβαῖοι, καὶ μεθ' ὑμῶν ἐγένοντο, etc.

(2) Théopompe, Frag. 239, éd. Didot; Plutarque, Démosth. c. 18.

(3) Nous pouvons ici croire d'autant mieux la manière dont Démosthène vante son rôle d'homme d'État et son éloquence, que nous possédons les commentaires d'Æschine, et que par conséquent nous connaissons ce qu'un critique hostile peut dire de pire. Æschine (adv. Ktesiph. p. 73, 74) dit que les Thêbains furent amenés à se joindre à Athènes, non par l'éloquence de Démosthène, mais par la crainte qu'ils eurent en voyant Philippe approcher si près d'eux, et par le mécontentement que leur causa la prise de Nikæa, qui leur fut enlevée. Démosthène dit en fait la même chose. Sans doute le plus habile orateur doit être fourni de quelques points appropriés sur lesquels il puisse insister dans son plaidoyer. Mais les orateurs de l'autre côté durent trouver dans l'histoire du passé une collection bien plus abondante de faits, capables d'être mis en œuvre comme causes d'antipathie contre Athènes et de faveur pour Philippe; et c'est contre ce cas supérieur que Démosthène eut à lutter.

déjà rassemblée en Attique, fut invitée à se rendre en Bœôtia, et elle se mit en marche pour Thêbes sans délai. Tandis qu'une partie de cette armée rejoignait les forces thêbaines à la frontière septentrionale de la Bœôtia pour résister à l'approche de Philippe, le reste fut laissé dans ses quartiers à Thêbes. Et Démosthène vante non-seulement la bonté avec laquelle les soldats athéniens furent reçus dans des maisons particulières, mais encore leur conduite régulière et ordonnée au milieu des familles et des propriétés des Thêbains, pas une plainte n'étant portée contre eux (1). La jalousie et l'antipathie entre les deux cités semblèrent effacées dans une coopération sincère contre l'ennemi commun. Athènes se chargea des deux tiers de la dépense des opérations combinées sur terre et sur mer. Le commandement fut partagé également entre les alliés et le centre des opérations établi à Thêbes (2).

Sous ce rapport aussi bien que sous d'autres, le dangereux voisinage de Philippe, en donnant à Démosthène un plus grand ascendant, imprima aux conseils d'Athènes une vigueur depuis longtemps inconnue (automne, 339 av. J.-C.). L'orateur détermina ses compatriotes à suspendre les dépenses que nécessitaient l'amélioration de leurs bassins et la construction d'un nouvel arsenal, afin qu'on pût consacrer plus d'argent aux opérations militaires. Il obtint encore un autre résultat auquel il avait longtemps visé par des moyens indirects, mais toujours en vain : l'application du fonds thêôrique à des desseins militaires (3). L'impression du danger était si prépondérante à Athènes que Démosthène put alors faire cette proposition directement et avec succès. Naturellement il a dû proposer d'abord de suspendre la loi existante, en vertu de laquelle celui même qui faisait la motion était passible d'une peine.

Pour Philippe cependant la nouvelle alliance fut un cruel désappointement et un sérieux obstacle. Il avait compté sur

(1) Démosthène, De Coronâ, p. 299, 300.

(2) Æschine, adv. Ktesiph. p. 74.

(3) Philochore, Fragm. 135, éd. Didot; Dionys. Halik. ad Ammæum, p. 742.

l'adhésion continue de Thêbes, à laquelle il croyait avoir droit en retour de bienfaits accordés, et sans doute ses partisans dans cette cité lui avaient assuré qu'ils pouvaient lui promettre la coopération des Thêbains contre Athènes, aussitôt qu'il paraîtrait sur la frontière avec une armée terrifiante ; aussi fut-il déconcerté à la jonction soudaine de ces deux cités puissantes, jonction à laquelle ne s'attendaient ni amis ni ennemis. Dorénavant nous le verrons haïr Thêbes, comme coupable d'abandon et d'ingratitude, plus qu'Athènes, son ennemie manifeste (1). Mais n'ayant pas réussi à amener les Thêbains à le suivre dans sa marche contre Athènes, il crut utile de revenir à son premier rôle de vengeur du dieu de Delphes contre Amphissa, — et d'écrire à ses alliés du Péloponèse de venir le rejoindre dans ce dessein spécial. Ses lettres furent pressantes, souvent répétées, et elles impliquaient beaucoup d'embarras, suivant Démosthène (2). Autant que nous en pouvons juger, elles ne semblent pas avoir produit beaucoup d'effet, et il n'était pas non plus facile pour les Péloponésiens de rejoindre Philippe, — soit par terre, alors que la Bœôtia était hostile, — soit par mer, alors que les Amphissiens occupaient Kirrha et que les Athéniens avaient une marine supérieure.

La guerre se continua alors, en Phokis et sur les frontières

---

(1) Æschine adv. Ktesiph. p. 73. Æschine fait remarquer le fait, — mais il pervertit les conséquences qu'on en peut tirer.

(2) Démosthène, De Coronâ, p. 279. Δὸς δή μοι τὴν ἐπιστολὴν, ἣν, ὡς οὐχ ὑπήκουον οἱ Θηβαῖοι, πέμπει πρὸς τοὺς ἐν Πελοποννήσῳ συμμάχους ὁ Φίλιππος, ἵν' εἴδητε καὶ ἐκ ταύτης σαφῶς ὅτι τὴν μὲν ἀληθῆ πρόφασιν τῶν πραγμάτων, τὸ ταῦτ' ἐπὶ τὴν Ἑλλάδα καὶ τοὺς Θηβαίους καὶ ὑμᾶς πράττειν, ἀπεκρύπτετο, κοινὰ δὲ καὶ τοῖς Ἀμφικτύοσι δόξαντα ποιεῖν προσεποιεῖτο, etc.

Ensuite vient une lettre, qui prétend être écrite par Philippe aux Péloponésiens. Je suis d'accord avec Droysen pour douter de son authenticité. Je n'appuie aucune assertion sur son témoignage. Le mois macédonien Loos ne paraît pas coïncider avec le mois attique Boedromion; et il n'est pas non plus probable que Philippe, en écrivant à des Péloponésiens, voulût faire allusion à des mois attiques. Démosthène fait encore allusion à diverses lettres subséquentes écrites par Philippe aux Péloponésiens, et qui impliquent beaucoup d'embarras : — Ἀλλὰ μὴν οἵας τότ' ἠφίει φωνὰς ὁ Φίλιππος καὶ ἐν οἵαις ἦν ταραχαῖς ἐπὶ τούτοις, ἐκ τῶν ἐπιστολῶν ἐκείνου μαθήσεσθε ὡς εἰς Πελοπόννησον ἔπεμπεν (p. 301, 302). Démosthène fait lire ces lettres publiquement, mais aucune ne paraît *verbatim*.

de la Bœôtia, pendant l'automne et l'hiver de 339-338 avant J.-C. Non-seulement les Athéniens et les Thêbains tinrent bon contre Philippe, mais encore ils remportèrent sur lui quelques avantages, surtout dans deux engagements, — appelés la bataille sur le fleuve et la bataille d'hiver, — que Démosthène trouve occasion de vanter, et qui provoquèrent des manifestations de réjouissance et des sacrifices quand ils furent annoncés à Athènes (1). Quant à Démosthène lui-même, comme étant surtout celui qui avait conseillé l'alliance thêbaine, une couronne d'or fut proposée en sa faveur par Demomelês et Hyperidês, et décrétée par le peuple; et bien qu'un citoyen, nommé Diondas, accusât l'auteur de la proposition pour décret illégal, cependant il n'obtint pas même la cinquième partie des suffrages du dikasterion, et par conséquent il devint passible d'une amende de mille drachmes (2). Démosthène fut couronné avec proclamation publique à la fête Dionysiaque de mars, 338 avant J.-C. (3).

Mais la mesure la plus mémorable prise par les Athéniens et les Thêbains, dans cette guerre commune contre Philippe, ce fut de rétablir les Phokiens comme section du nom hellénique indépendante et se défendant elle-même. De la part des Thêbains, jusqu'alors les ennemis les plus acharnés des Phokiens, cette conduite prouvait l'adoption d'une politique améliorée et généreuse, digne de la cause panhellénique, dans laquelle ils étaient actuellement entrés. En 346 avant J.-C., les Phokiens avaient été vaincus et ruinés par les armes de Philippe, en vertu d'une condamnation prononcée par les Amphiktyons. Leurs cités avaient toutes été démantelées, et leur population répartie dans des villages, appauvrie ou chassée en exil. Ces exilés, dont beaucoup étaient à Athènes, revinrent alors, et la

(1) Démosth. De Coronâ, p. 300.

(2) Démosth. De Coronâ, p. 302; Plutarque, Vit. X Orator. p. 848.

(3) Que Démosthène ait été couronné à la fête Dionysiaque (mars 338 avant J.-C.), c'est ce que soutient Boehnecke (Forschungen, p. 534, 535), sur des raisons qui semblent suffisantes, contrairement à l'opinion de Boeckh et de Winiewski (Comment. ad Demosth. De Coronâ, p. 250), qui pensent qu'il ne fut couronné qu'à la fête Panathénaïque, dans le mois de juillet suivant.

population phokienne fut aidée par les Athéniens et les Thêbains à occuper de nouveau ses villes et à les protéger (1). Dans le fait, quelques-unes de ces villes étaient si petites, telles que Parapotamii (2) et autres, qu'on jugea inutile de les rétablir. Leur population fut transportée dans d'autres villes, comme moyen d'augmenter leur force. Ambrysos, dans la partie sud-ouest de la Phokis, fut fortifiée de nouveau par les Athéniens et les Thêbains avec des précautions et une solidité particulières. Elle fut entourée d'une double enceinte de murs en pierres noires du pays, chaque mur ayant quatre mètres et demi de hauteur et un mètre quatre-vingts centimètres environ d'épaisseur, avec un intervalle égal à ce dernier nombre entre les deux (3). Le voyageur Pausanias vit ces murs cinq siècles après, et il les range parmi les constructions défensives les plus solides de l'antiquité (4). Ambrysos était importante pour les Athéniens et les Thêbains comme position militaire propre à la défense de la Bœôtia, d'autant plus qu'elle était située sur cette route méridionale raboteuse près de la mer, que le roi lacédæmonien Kleombrotos (5) avait forcée quand il se rendit de Phokis à la position de Leuktra, en esquivant Epaminondas et le gros de l'armée thêbaine, qui étaient postés, pour lui résister, sur la route plus fréquentée par Korôneia. De plus, en occupant les parties sud-ouest de la Phokis, sur le golfe Corinthien, ils empêchaient qu'il n'arrivât par mer à Philippe des renforts du Péloponèse.

La guerre en Phokis, poursuivie vraisemblablement dans de plus grandes proportions et avec beaucoup d'activité (339-338 av. J.-C.), entre Philippe et ses alliés d'un côté, et les Athéniens et les Thêbains avec leurs alliés de l'autre, — aboutit à la fatale bataille de Chæroneia, livrée en août, 338 avant J.-C.; elle avait continué environ dix mois, de-

(1) Pausanias, X, 3, 2.
(2) Pausanias, X, 33, 4.
(3) Pausanias, X, 36, 2.
(4) Pausanias, IV, 31, 5. Il place les fortifications d'Ambrysos dans une classe avec celles de Byzantion et de Rhodes.
(5) Pausanias, IX, 13, 2; Diodore, XV, 53; Xénoph. Hellen. VI, 4, 3.

puis le moment où Philippe, après avoir été nommé général à l'assemblée amphiktyonique (vers l'équinoxe d'automne), s'avança vers le sud et occupa Elateia (1). Mais quant aux événements intermédiaires, nous sommes, par malheur, sans informations distinctes. Nous ne recueillons que quelques allusions et quelques renseignements indirects qui ne

(1) La chronologie de cette période a causé beaucoup d'embarras et a été différemment arrangée par différents auteurs. Mais on verra que toutes les difficultés et toutes les controverses qui la concernent résultent de ce qu'on s'appuie sur les décrets apocryphes incorporés dans le De Coronâ de Démosthène, comme s'ils étaient autant d'histoires véritables. M. Clinton, dans ses Fasti Hellenici, les cite comme s'ils faisaient partie de Démosthène lui-même. Quand une fois nous écartons ces documents, les assertions générales tant de Démosthène que d'Æschine, bien qu'elles ne soient ni précises ni particularisées, paraîtront parfaitement claires et logiques relativement à la chronologie de cette période.

Que la bataille de Chæroneia ait été livrée le 7 du mois attique Metageitnion (août) 338 avant J.-C. (le second mois de l'archonte Charondas à Athènes), — c'est ce qu'affirme Plutarque (Camille, c. 19) et ce qui est généralement admis.

M. Clinton et la plupart des auteurs ont placé le moment où Philippe occupa Elateia pour la première fois au mois précédent de Skirrophorion, cinquante jours ou environ avant. Mais cela repose exclusivement sur le témoignage du prétendu décret, au sujet d'une alliance entre Athènes et Thêbes, qui paraît dans Démosthène, De Coronâ, p. 289. Même ceux qui défendent l'authenticité de ce décret ne peuvent guère se fier à la vérité de la date du mois, où le nom de l'archonte Nausiklês est de l'aveu général mis à faux. Quant à moi, ni ce document, ni les autres décrets athéniens appelés ainsi qui prétendent dater de Munychion et d'Elaphebolion (p. 282), ne font foi en aucune sorte à mes yeux.

Suivant les assertions générales tant de Démosthène que d'Æschine, la nomination de Philippe comme général amphiktyonique fut faite dans la convocation automnale des Amphiktyons aux Thermopylæ. Peu après cette nomination, Philippe fit avancer son armée en Grèce avec le dessein avoué d'agir en vertu de cette nomination. Dans cette marche, il se dirigea sur Elateia et commença à la fortifier, probablement vers le mois d'octobre 339 avant J.-C. Les Athéniens, les Thêbains et autres Grecs firent la guerre à Philippe en Phokis pendant environ dix mois, jusqu'à la bataille de Chæroneia. Que la durée de cette guerre ait dû être aussi longue que dix mois, c'est ce que nous pouvons voir par les faits mentionnés dans ma dernière page, — le rétablissement des Phokiens et de leurs villes, et surtout la fortification élaborée d'Ambrysos. Boehnecke (Forschungen, p. 533) signale avec raison (bien que je ne m'accorde pas avec lui pour sa manière générale d'arranger les événements de la guerre) que ce rétablissement des villes phokiennes implique un intervalle considérable entre l'occupation d'Elateia et la bataille de Chæroneia. Nous avons aussi deux batailles remportées sur Philippe, dont l'une est une μάχη χειμερινή, qui cadre parfaitement avec cet arrangement.

nous permettent pas de comprendre ce qui se passa. Nous ne pouvons reconnaître ni les auxiliaires engagés, ni le nombre total en campagne, d'un côté ni de l'autre. Démosthène se vante d'avoir procuré à Athènes, comme alliés, les Eubœens, les Achæens, les Corinthiens, les Thêbains, les Mégariens, les Leukadiens et les Korkyræens, — formant, avec les soldats athéniens, pas moins de 15,000 fantassins et de 2,000 cavaliers (1), et des contributions pécuniaires, en outre, montant à une somme assez considérable, pour la solde de troupes mercenaires. Toutes ces troupes combattirent-elles en Phokis ou à Chæroneia, c'est ce que nous ne pouvons déterminer; nous vérifions les Achæens et les Corinthiens (2). Autant que nous pouvons nous fier à Démosthène, l'automne et l'hiver de 339-338 avant J.-C. furent une période d'avantages remportés sur Philippe par les Athéniens et les Thêbains, et de réjouissances dans leurs deux cités, non sans beaucoup d'embarras pour Philippe, attestés par les pressantes demandes de secours adressées à ses alliés péloponésiens, demandes auxquelles ils ne satisfirent pas. Démosthène fut le ministre de la guerre de l'époque; — il exerçait une plus grande influence que les généraux, — délibérait à Thêbes, de concert avec les bœôtarques, — conseillait et dirigeait l'assemblée publique thêbaine aussi bien que l'assemblée athénienne, — et probablement allait en mission dans d'autres cités également, afin de hâter les efforts militaires (3). La couronne qui lui fut accordée à la fête Dionysiaque (mars 338 av. J.C.), in-

(1) Démosthène, De Coronâ, p. 306; Plutarque, Démosthène, c. 17. Dans le décret du peuple athénien (Plutarque, Vit. X Orator. p. 850) rendu après la mort de Démosthène, et accordant divers honneurs et une statue à sa mémoire, — il est dit que par ses persuasions il décida non-seulement les alliés énumérés dans le texte, mais encore les Lokriens et les Messêniens, et qu'il obtint des alliés une contribution totale qui dépassait cinq cents talents. Cependant les Messêniens ne combattirent certainement pas à Chæroneia, et il n'est pas non plus exact de dire que Démosthène amena les Lokriens amphissiens à devenir alliés d'Athènes.

(2) Strabon, IX, p. 414; Pausanias, VII, 6, 3.

(3) Plutarque, Démosthène, c. 18. Æschine (adv. Ktesiph. p. 74) présente sous un jour odieux ces mêmes faits, — le grand ascendant personnel de Démosthène à cette époque.

dique le plus haut point de sa gloire et l'apogée de ses espérances, alors qu'il semblait qu'il y eût une chance raisonnable de résister avec succès à l'invasion macédonienne.

Philippe avait compté sur l'aide positive de Thêbes; dans le cas le plus défavorable, sur sa neutralité entre lui et Athènes (338 av. J.-C.). Qu'elle voulût se joindre sincèrement à Athènes, c'est ce que ni lui ni personne autre n'imaginait, et un résultat si improbable n'aurait pu être amené si le jeu d'Athènes n'eût été joué avec une décision et un jugement extraordinaires par Démosthène. Conséquemment, lorsque le prince macédonien trouva devant lui la jonction inattendue des forces thêbaines et athéniennes, il n'est pas étonnant qu'il ait été d'abord repoussé. Ces désavantages, il est vrai, ne l'engagèrent guère à envoyer d'instantes propositions de paix (1), mais elles l'avertirent qu'il devait amener de nouvelles forces, et renouveler son invasion le printemps et l'été suivants avec des moyens proportionnés à la résistance connue. Il semble probable que l'armée macédonienne dans la plénitude de sa force, amenée actuellement à une grande supériorité d'organisation après les améliorations continues de ses vingt années de règne, — dut être conduite en Phokis pendant l'été de 338 avant J.-C., pour abattre la plus formidable coalition d'ennemis que Philippe eût jamais rencontrée. Son jeune fils, Alexandre, âgé alors de dix-huit ans, vint avec elle.

C'est une des accusations portées par Æschine contre Démosthène, qu'en levant des troupes mercenaires il prit indûment l'argent public pour payer des hommes qui ne parurent jamais, et, de plus, qu'il mit à la disposition des Amphissiens un corps considérable de 10,000 mercenaires, les enlevant ainsi au gros de l'armée athénienne et bœôtienne, ce qui permit à Philippe de tailler en pièces les mercenaires séparément, tandis que l'armée entière, si elle

---

(1) Plutarque, Démosth. c. 18. Ὥστε εὐθὺς ἐπικηρυκεύεσθαι δεόμενον εἰρήνης, etc.

Il est possible que Philippe ait essayé de désunir les ennemis réunis contre lui, par des propositions séparées adressées à quelques-uns d'entre eux.

eût été tenue réunie, n'aurait jamais été défaite. Æschine affirme qu'il s'opposa lui-même énergiquement à cette séparation de forces, dont les conséquences furent désastreuses et décourageantes pour toute la cause (1). Il paraîtrait que Philippe attaqua et prit Amphissa. On nous dit qu'il trompa les Athéniens et les Thêbains par une fausse dépêche destinée à être interceptée; il les amena ainsi à renoncer à garder la route qui conduisait à cette ville (2). Le domaine sacré fut rétabli, et les Amphissiens, ou du moins ceux d'entre eux qui avaient pris une part marquée contre Delphes, furent bannis (3).

Ce fut le sept du mois Metageitnion (le second mois de l'année attique, correspondant à peu près à celui d'août) que l'armée grecque alliée rencontra Philippe près de Chæroneia, la dernière ville bœôtienne sur les frontières de la Phokis (338 av. J.-C.). Il semble avoir été actuellement assez fort pour essayer de pénétrer de vive force en Bœôtia, et il attira, dit-on, les alliés d'une forte position dans la plaine, en ravageant les campagnes voisines (4). Diodore porte le nombre de ses troupes à 30,000 fantassins et à 2,000 chevaux; sans doute il avait avec lui des Thessaliens et d'autres alliés de la Grèce septentrionale, mais pas un seul allié du Péloponèse. Quant aux Grecs coalisés qu'il avait devant lui, leur total est inconnu (5). Nous ne pouvons faire aucune comparaison quant aux nombres, bien que la supériorité de l'armée macédonienne en organisation soit incontestable. Les contingents grecs les plus considérables étaient ceux d'Athènes, sous Lysiklês et Charês, — et de Thèbes, commandés par Theagenês; il y avait, en outre, des Phokiens, des Achæens et des Corinthiens, —

---

(1) Æschine adv. Ktesiph. p. 74. Dinarque mentionne un Thêbain nommé Proxenos, qu'il appelle un traître, comme ayant commandé ces troupes mercenaires à Amphissa (Dinarque, adv. Demosth. p. 99).

(2) Polyen, IV, 2, 8.

(3) Nous trouvons ce fait dans l'édit rendu par Polysperchon quelques années après (Diodore, XVIII, 56).

(4) Polyen, IV, 2, 14.

(5) Diodore affirme que l'armée de Philippe était supérieure en nombre; Justin affirme le contraire (Diodore, XVI, 85; Justin, IX, 3).

probablement aussi des Eubœens et des Mégariens. Les Lacédæmoniens, les Messêniens, les Arkadiens, les Eléiens et les Argiens ne prirent point part à la guerre (1). Ils avaient sans doute été sollicités tous des deux côtés, par Démosthène aussi bien que par les partisans de Philippe. Mais la jalousie et la crainte qu'inspirait Sparte amenèrent les quatre derniers États à regarder plutôt Philippe comme un protecteur contre elle, — bien que dans cette occasion ils ne prissent aucune part positive.

Le commandement de l'armée fut partagé entre les Athéniens et les Thêbains, et ses mouvements furent déterminés par la décision commune de leurs hommes d'État et de leurs généraux. Quant aux hommes d'État, la présence de Démosthène du moins leur assurait un conseil sage et patriotique puissamment présenté; quant aux généraux, pas un des trois n'était à la hauteur d'une circonstance aussi grave et aussi terrible. La mauvaise fortune de la Grèce voulut qu'à ce moment où se jouait sa liberté, et où tout reposait sur l'issue de la campagne, elle n'eût à sa disposition ni un Epaminondas ni un Iphikratês. Phokiôn était absent, en qualité de chef de la flotte athénienne dans l'Hellespont ou dans la mer Ægée (2). Des présages, dit-on, se présentèrent, — des oracles, des prophéties circulèrent, — faits pour décourager les Grecs; mais Démosthène, animé par la vue d'une armée si nombreuse pleine de cœur et coalisée pour défendre l'indépendance grecque, traita toutes ces histoires avec la même indifférence (3) qu'Epaminondas avait montrée avant la bataille de Leuktra, et il accusa la prêtresse de Delphes de *philippiser*. Bien plus, il avait tant de confiance dans le résultat (suivant l'assertion d'Æschine), que quand Philippe, inquiet lui-même, se préparait à proposer des conditions de paix, et que les bœôtarques inclinaient à les accepter, — Démosthène seul résista, dénonçant comme traître quiconque communiquerait la proposition

(1) Pausanias, IV, 2, 82; V, 4, 5; VIII, 6, 1.

(2) Plutarque, Phokiôn, c. 16.

(3) Plutarque, Démosth. c. 19, 20; Æschin. adv. Ktesiph. p. 72.

de paix (1), et disant avec orgueil que, si les Thêbains avaient peur, ses compatriotes les Athéniens ne désiraient rien de plus qu'un libre passage à travers la Bœôtia pour attaquer Philippe seuls. C'est ce qu'avance Æschine comme accusation ; toutefois, il fournit lui-même la justification de son rival, en donnant à entendre que les bœôtarques étaient tellement disposés pour la paix, qu'ils proposèrent, même avant que les négociations eussent commencé, de renvoyer les soldats athéniens en Attique, afin qu'on pût ouvrir des délibérations au sujet de la paix. Nous ne pouvons guère être surpris que Démosthène « fût hors de lui » (2) (telle est l'expression d'Æschine), en entendant une proposition si pleine d'imprudence. Philippe en serait venu à ses fins, même sans une bataille, si, en présentant le leurre d'une négociation en vue de la paix, il eût pu déterminer l'armée alliée à se disperser. Avoir réuni toutes les forces d'Athènes et de Thêbes, avec d'autres États subordonnés, dans les mêmes rangs et pour le même but, c'était une bonne fortune rare qui vraisemblablement ne se reproduirait pas si une fois on la laissait échapper. Et si Démosthène, par une remontrance chaleureuse ou même passionnée, prévint cette dispersion prématurée, il rendit l'important service d'assurer à la liberté grecque une épreuve complète de force dans des circonstances qui n'étaient pas sans donner d'espérances, et, à prendre les choses au pis, une catastrophe digne et honorable.

Dans le champ de bataille près de Chæroneia, Philippe commanda en personne un corps choisi de troupes à l'aile opposée aux Athéniens, tandis que son jeune fils Alexandre, aidé par des officiers expérimentés, commandait contre les Thêbains à l'autre aile. Relativement à la marche de la

(1) Æschin. adv. Ktesiph. p. 74, 75.

(2) Æschin. adv. Ktesiph. p. 75. Ὡς δ' οὐ προσεῖχον αὐτῷ (Δημοσθένει) οἱ ἄρχοντες οἱ ἐν ταῖς Θήβαις, ἀλλὰ καὶ τοὺς στρατιώτας τοὺς ὑμετέρους πάλιν ἀνέστρεψαν ἐξεληλυθότας, ἵνα βουλεύσαισθε περὶ τῆς εἰρήνης, ἐνταῦθα παντάπασιν ἔκφρων ἐγένετο, etc.

C'est vraisemblablement à cette disposition de la part de Philippe à ouvrir des négociations que Plutarque fait allusion comme ayant été (Plutarque, Phokiôn, c. 16) favorablement reçue par Phokiôn.

bataille, il nous est à peine donné de savoir quelque chose. Elle fut, dit-on, disputée avec tant d'opiniâtreté, que pendant quelque temps le résultat fut douteux. Le Bataillon Sacré de Thêbes, qui chargea dans une partie de la phalange thêbaine, épuisa toute sa force et toute son énergie dans une tentative inutile pour renverser la phalange plus forte et les piques multipliées qui lui étaient opposées. Le jeune Alexandre (1) déploya en cette occasion, pour la première fois, sa grande énergie et son grand talent militaires. Après une lutte longue et meurtrière, le Bataillon Sacré thêbain fut tout entier accablé et périt dans ses rangs (2), tandis que la phalange thêbaine fut rompue et mise en déroute. Philippe, de son côté, était encore engagé dans un conflit indécis avec les Athéniens, dont le premier choc fut, dit-on, si impétueux, qu'ils mirent en fuite quelques-unes des troupes de son armée, au point que le général athénien s'écria triomphant : « Poursuivons-les jusqu'en Macédoine (3). » On dit encore que Philippe, de son côté, simula une retraite dans le dessein de les amener à le poursuivre et de rompre leur ordre. Nous lisons un autre renseignement, qui est probablement plus vrai, — c'est que les hoplites athéniens, bien que remplis d'énergie au premier choc, ne purent endurer la fatigue et une lutte prolongée comme les vétérans exercés des rangs opposés (4). Les ayant fermement repoussés pendant un temps considérable, Philippe devint jaloux en voyant le succès de son fils, et redoubla d'efforts; enfin, il les rompit et les dispersa.

---

(1) Diodore, XVI, 85. Alexandre lui-même, après ses vastes conquêtes en Asie et peu de temps avant sa mort, fait une courte allusion à sa présence à Chæroneia, dans un discours adressé à son armée (Arrien, VII, 9, 5).

(2) Plutarque, Pélopidas, c. 18.

(3) Polyen, IV, 2, 2. Il mentionne Stratoklês comme le général athénien qui poussa cette exclamation. Nous savons par Æschine (adv. Ktesiph. p. 74) que Stratoklês était général des troupes athéniennes à Thêbes ou près de cette ville peu après que l'alliance avec les Thêbains fut contractée. Mais il semble que Charês et Lysiklês commandaient à Chæroneia. Il est donc possible que l'anecdote racontée par Polyen puisse se rapporter à l'une des premières batailles livrées avant celle de Chæroneia.

(4) Polyen, IV, 2, 7.

Toute l'armée grecque fut ainsi mise en fuite avec des pertes cruelles (1).

La phalange macédonienne, telle que Philippe l'arma et l'organisa, avait seize hommes de profondeur; elle était moins profonde que celle des Thêbains, soit à Dêlion, soit à Leuktra. Les premiers rangs étaient composés de vieux soldats d'une grande force et d'une éducation complète, soldats qui cependant n'étaient probablement pas supérieurs au Bataillon Sacré qui formait le rang de devant chez les Thêbains. Mais sa grande supériorité consistait dans la longueur de la pique ou sarissa macédonienne —dans le nombre de ces armes qui faisaient saillie en avant des premiers soldats — et dans la longue habitude des hommes à manier cette rangée impénétrable de piques d'une manière efficace. La victoire de Philippe à Chæroneia attesta ce que valait la phalange perfectionnée.

Mais la victoire ne fut pas gagnée par la phalange seule. L'organisation militaire de Philippe comprenait un agrégat de maintes sortes de troupes outre la phalange ; les gardes du corps, cavalerie aussi bien qu'infanterie ; — les hypaspistæ ou hoplites légers, — la cavalerie légère, les archers, les frondeurs, etc. Quand nous lisons les opérations militaires d'Alexandre, trois ans plus tard, dans la première année même de son règne, avant qu'il eût pu faire aucune addition par lui-même aux forces qu'il avait héritées de Philippe, et quand nous voyons avec quelle efficacité toutes ces diverses sortes de troupes sont employées en campagne (2), nous pouvons être sûrs que Philippe les eut près de lui et en fit usage à la bataille de Chæroneia.

Il périt mille citoyens athéniens dans cette désastreuse bataille; de plus, il en tomba deux mille entre les mains de Philippe comme prisonniers (3). Les pertes des Thêbains,

---

(1) Diodore, XVI, 85, 86.

(2) Arrien, Exp. Alex. 1, 2, 3, 10.

(3) C'est ce qu'affirment les orateurs contemporains — Démade (Frag. p. 179), Lykurgue (ap. Diodor. XVI, 85; adv. Leokratem, p. 236, c. 36), et Démosthène (De Coronâ, p. 314). Ce dernier ne spécifie pas le nombre des prisonniers, bien qu'il porte à mille celui des hommes tués. Cf. Pausanias, VII, 10, 2.

dit-on, furent également terribles, aussi bien que celles des Achæens (1). Mais nous n'en connaissons pas le nombre, et nous n'avons non plus aucun renseignement sur les pertes macédoniennes. Démosthène, présent lui-même dans les rangs des hoplites, prit part à la fuite de ses compatriotes défaits. Il est accusé par ses ennemis politiques de s'être conduit avec une lâcheté extrême et honteuse; mais nous voyons clairement par le respect et la confiance que continua à lui témoigner la masse générale de ses compatriotes, qu'ils ne peuvent avoir ajouté foi à cette imputation. Les deux généraux athéniens, Charês et Lysiklês, purent s'échapper tous deux du champ de bataille. Ce dernier fut accusé plus tard publiquement à Athènes par l'orateur Lykurgue, — citoyen extrêmement respecté pour son intégrité et son soin dans le maniement des finances, et sévère dans ses accusations contre les délinquants politiques. Lysiklês fut condamné à mort par le dikasterion (2). Qu'y avait-il pour distinguer sa conduite de celle de son collègue Charês, — qui certainement ne fut pas condamné et dont on ne dit même pas qu'il fut accusé, — nous l'ignorons. La mémoire du général thêbain Theagenês (3) également, bien qu'il tombât dans la bataille, fut en butte à des accusations de trahison.

Inexprimable fut la douleur à Athènes à la nouvelle de ce désastre, alors qu'une multitude, encore inconnue, de citoyens restaient sur le champ de bataille ou prisonniers, et qu'un ennemi victorieux se trouvait à trois ou à quatre journées de marche de la cité. Toute la population, même les vieillards, les femmes et les enfants, se répandit dans les rues avec toute la violence du chagrin et de la terreur; tous échangeaient des effusions de peine et de sympathie, et questionnaient chaque fugitif, à mesure qu'il arrivait, sur le sort de leurs parents dans la bataille (4). La fleur des ci-

(1) Pausanias, VII, 6, 3.

(2) Diodore, XVI, 88.

(3) Plutarque, Alexand. c. 12; Dinarque adv. Demosth. p. 99. Cf. l'Oraison funèbre faussement attribuée à Démosthène, p. 1395.

(4) Lykurg. adv. Leokrat. p. 164, 166, c. 11; Dinarque cont. Demosth. p. 99.

toyens en âge de servir avait été engagée, et avant que l'étendue des pertes eût été connue d'une manière certaine, on craignait qu'il ne restât que les plus âgés pour défendre la cité. A la fin, la perte définitive fut connue, — cruelle et terrible, il est vrai, — sans toutefois être un naufrage total, comme celui de l'armée de Nikias en Sicile.

Il en fut en ce moment comme dans cette occasion critique : au milieu de la détresse et de l'alarme extrêmes, il n'était pas dans le caractère athénien de désespérer. La masse des citoyens se hâta spontanément de former une assemblée publique (1), où l'on prit les résolutions les plus énergiques pour la défense. On rendit des décrets qui enjoignaient à tous les habitants de l'Attique de faire rentrer leurs familles et leurs biens de la campagne ouverte dans les diverses forteresses, qui ordonnaient au corps des sénateurs, exempts en règle générale du service militaire, de se rendre en armes au Peiræeus, et de mettre le port en état de soutenir un siége ; qui mettaient chaque homme sans exception à la disposition des généraux comme soldat pour la défense, et imposaient les peines de la trahison à quiconque aurait fui (2) ; qui affranchissaient tous les esclaves susceptibles d'être armés, accordaient le droit de cité aux metœki dans les mêmes circonstances, et rétablissaient dans la jouissance complète des priviléges de citoyens ceux qui en avaient été privés par une sentence judiciaire (3). Ce décret mentionné en dernier lieu fut proposé par Hypéride ; mais plusieurs autres le furent par Démosthène qui, nonobstant le dernier malheur des armes athéniennes, fut écouté avec une confiance et un respect non affaiblis. Les mesures générales nécessaires pour fortifier les murs, ouvrir des tranchées,

(1) Lykurgue adv. Leokrat. p. 146. Γεγενημένης γὰρ τῆς ἐν Χαιρωνείᾳ μάχης, καὶ συνδραμόντων ἁπάντων ὑμῶν εἰς ἐκκλησίαν, ἐψηφίσατο ὁ δῆμος, παῖδας μὲν καὶ γυναῖκας ἐκ τῶν ἀγρῶν εἰς τὰ τείχη κατακομίζειν, etc.

(2) Lykurg. adv. Leokrat. p. 177, c. 13.

(3) Lykurg. adv. Leokrat. p. 170, c. 11. Ἥνιχ' ὁρᾷν ἦν τὸν δῆμον ψηφισάμενον τοὺς μὲν δούλους ἐλευθέρους, τοὺς δὲ ξένους Ἀθηναίους, τοὺς δὲ ἀτίμους ἐντίμους. L'orateur fait lire publiquement à l'audience par le greffier ce décret, proposé par Hypéride.

Cf. Pseudo-Plutarque, Vit. X Orat. p. 849, et Démosth. cont. Aristog. p. 803.

distribuer des postes militaires et construire des ouvrages en terre, furent décrétées sur sa proposition, et il semble avoir été nommé membre d'un Comité spécial chargé de la surveillance des fortifications (1). Non-seulement lui, mais encore la plupart des citoyens distingués et des orateurs habituels de l'assemblée, se présentèrent avec des contributions privées considérables pour faire face aux pressants besoins du moment (2). Chaque homme de la cité prêta son aide pour compléter les points défectueux de la fortification. On se procura des matériaux en abattant des arbres près de la cité, et même en prenant des pierres aux sépulcres adjacents (3), comme on l'avait fait après la guerre des Perses quand les murs furent construits sous la direction de Themistoklês (4). On dépouilla les temples des armes qui y étaient suspendues, en vue d'équiper des citoyens non armés (5). Grâce à ces efforts empressés et unanimes, les défenses de la cité et de Peiræeus ne tardèrent pas à être considérablement améliorées. Sur mer, Athènes n'avait rien à craindre. Ses puissantes forces navales étaient intactes, et sa supériorité sur Philippe de ce côté était incontestable. On envoya des députés à Trœzen, à Epidauros, à Andros, à Keos, et dans d'autres endroits, pour demander du secours et recueillir de l'argent. Démosthène servit dans l'une ou dans l'autre de ces ambassades, après avoir pourvu aux exigences immédiates de la défense (6).

Quel fut le résultat immédiat de ces demandes faites à d'autres cités, nous l'ignorons. Mais l'effet produit sur quel-

(1) Démosth. De Coronâ, p. 309; Dinarque adv. Demosth. p. 100.

(2) Démosth. De Coronâ, p. 329; Dinarque adv. Demosth. p. 100; Plutarque, Vit. X Orator. p. 851.

(3) Lykurgue adv. Leokrat. p. 172, c. 11; Æschine adv. Ktesiph. p. 87.

(4) Thucyd. I, 93.

(5) Lykurg. adv. Leokrat, *l. c.*

(6) Lykurgue (adv. Leokrat. p. 171, c. 11) mentionne ces ambassades; Dinarque (adv. Demosth. p. 100) affirme que Démosthène s'arrangea pour fuir la ville en se faisant nommer ambassadeur : — Αὐτὸς ἑαυτὸν πρεσβευτὴν κατασκευάσας, ἵν' ἐκ τῆς πόλεως ἀποδραίη, etc. Cf. Æschine adv. Ktesiph. p. 76.

Les deux orateurs hostiles traitent cette absence temporaire de Démosthène lors de l'ambassade envoyée pour obtenir des secours, comme si c'était un lâche abandon de son poste. C'est une explication tout à fait injuste.

ques-unes de ces îles de la mer Ægée à la nouvelle de l'abaissement d'Athènes est remarquable. Un citoyen athénien, nommé Leokratês, au lieu de rester à Athènes pour se joindre à la défense, n'écouta qu'une honteuse timidité (1), et il s'enfuit sur-le-champ de Peiræeus avec sa famille et ce qu'il possédait. Il se rendit en toute hâte à Rhodes, où il répandit la fausse nouvelle qu'Athènes était déjà prise et le Peiræeus assiégé. Dès qu'ils entendirent cette nouvelle, la croyant vraie, les Rhodiens avec leurs trirèmes se mirent en course pour saisir les bâtiments marchands sur mer (2). Par là nous apprenons indirectement que la puissance navale athénienne constituait la protection permanente de ces bâtiments de commerce, au point que quand cette protection était suspendue, des corsaires armés commençaient à en faire leur proie en partant de diverses îles de la mer Ægée.

Telles furent les précautions prises à Athènes après cette fatale journée. Mais Athènes était à une distance de trois ou de quatre jours de marche du champ de bataille de Chæroneia, tandis que Thêbes, étant beaucoup plus rapprochée, supporta la première attaque de Philippe. Quant à la conduite de ce prince après sa victoire, nous avons des assertions contradictoires. Suivant un récit, il s'abandonna sur le champ de bataille à la joie la plus insultante et la plus immodérée, en se moquant particulièrement de l'éloquence et des motions de Démosthène, disposition dont il fut ramené par le courageux reproche de Démade, alors son prisonnier comme l'un des hoplites athéniens (3). D'abord il refusa

(1) Leokratês ne fut pas le seul Athénien qui s'enfuit ou qui essaya de s'enfuir. Un autre fut arrêté pendant sa tentative de fuite (suivant Æschine) et condamné à mort par le conseil de l'Aréopage (Æschine adv. Ktesiph. p. 89). Un membre de l'Aréopage lui-même, nommé Autolykos (le même probablement qui est mentionné avec un respect particulier par Æschine cont. Timarch. p. 12), fit partir sa famille pour la mettre en sûreté; il fut plus tard accusé à ce sujet par Lykurgue, et condamné par le dikasterion (Harpokration, v. Αὐτόλυκος).

(2) Lykurg. adv. Leokrat. p. 149. Οὕτω δὲ σφόδρα ταῦτ' ἐπίστευσαν οἱ Ῥόδιοι, ὥστε τριήρεις πληρώσαντες τὰ πλοῖα κατῆγον, etc.

(3) Diodore, XVI, 87. L'histoire relative à Démade est racontée un peu différemment dans Sextus Empiricus adv. Grammaticos, p. 281.

même d'accorder la permission d'enterrer les morts quand le hérault vint de Lebadeia faire la demande habituelle (1). Suivant un autre récit, la conduite de Philippe à l'égard des Athéniens vaincus fut pleine de douceur et de ménagements (2). Quoi qu'il en puisse avoir été quant à ses premières manifestations, il est certain que ses mesures posi tives furent dures à l'égard de Thêbes et douces à l'égard d'Athènes. Il vendit les captifs thêbains comme esclaves ; il exigea, dit-on, un prix pour la liberté qu'il accorda d'ensevelir les morts thêbains, — liberté qui, suivant la coutume grecque, n'était jamais refusée, et certainement jamais vendue, par le vainqueur. Nous ne savons pas si Thêbes résista encore ou si elle soutint un siége. Mais bientôt la cité tomba au pouvoir de Philippe. Il mit à mort plusieurs des principaux citoyens, en bannit d'autres, et confisqua les biens des uns et des autres. Un conseil de Trois Cents, — composé de Thêbains favorables à Philippe, — qui pour la plupart venaient d'être rappelés d'exil, — fut investi du gouvernemen de la cité, avec droit de vie et de mort sur tout le monde (3). L'état de Thêbes ressembla beaucoup à ce qu'il avait été lorsque le Spartiate Phœbidas, de concert avec le parti thêbain dirigé par Leontiadês, surprit la Kadmeia. Une garnison macédonienne fut mise alors dans la citadelle, comme une garnison spartiate y avait été placée. Appuyés par cette garnison, les Thêbains favorables à Philippe furent maîtres absolus de la cité, avec tout pouvoir de satisfaire leurs antipathies politiques, ce qui ne leur répugnait pas du tout. En même temps, Philippe remit les cités bœôtiennes inférieures, — Orchomenos et Platée, probablement aussi Thespiæ et Korôneia, — dans la condition de communautés libres au lieu d'être soumises à Thêbes (4).

A Athènes aussi, les orateurs du parti de Philippe élevè-

(1) Plutarque, Vit. X Orator. p. 849.

(2) Justin, IX, 4; Polybe, V, 10; Théopompe, Fragm. 262. V. la note de Wichers ad Theopompi Fragm. p. 259.

(3) Justin, IX, 4. Dinarque cont. Demosth. s. 20, p. 92.

(4) Pausanias, IV, 27, 5; IX, 1, 3.

rent la voix hautement et avec confiance pour dénoncer Démosthène et sa politique. On suscita alors contre lui de nouveaux orateurs (1) qui ne se seraient guère présentés auparavant. Toutefois les accusations échouèrent complétement; le peuple lui continua sa confiance, sans négliger aucune des mesures de défense qu'il suggérait. Æschine, qui auparavant avait désavoué toute relation avec Philippe, changea de ton à ce moment, et se vanta des liens d'amitié et d'hospitalité qui existaient entre ce prince et lui (2). Il offrit ses services pour aller comme ambassadeur dans le camp macédonien, où il paraît avoir été envoyé, sans doute avec d'autres, peut-être avec Xenokratês et Phokiôn (3). De ce nombre se trouvait Démade aussi, qui venait d'être relâché de sa captivité. Soit sur les conseils persuasifs de Démade, soit par suite d'un changement dans ses propres dispositions, Philippe inclinait actuellement à traiter avec Athènes à des conditions favorables. Les corps des Athéniens tués furent brûlés par les vainqueurs, et leurs cendres recueillies pour être portées à Athènes, bien que la demande formelle du héraut, dans le même sens, eût été refusée antérieurement (4). Æschine (suivant l'assertion de Démosthène) prit part comme hôte rempli de sympathie au banquet et aux fêtes par lesquels Philippe célébra son triomphe sur la liberté grecque (5). Enfin Démade, avec les autres ambassadeurs, revint à Athènes, rapportant la décision de Philippe qui consentait à

---

(1) Démosth. De Coronâ, p. 310. Οὐ δι' ἑαυτῶν τό γε πρῶτον, ἀλλὰ δι' ὧν μάλισθ' ὑπελάμβανον ἀγνοήσεσθαι, etc. C'est ainsi que les ennemis d'Alkibiadês suscitaient contre lui dans l'assemblée des orateurs d'une candeur et d'une impartialité affectées, — ἄλλους ῥήτορας ἐνιέντες, etc. Thucyd. VI, 29.

(2) Démosth. De Coronâ, p 319, 320.

(3) Démosth. De Coronâ, p. 319. Ὅς εὐθέως μετὰ τὴν μάχην πρεσβευτὴς ἐπορεύου πρὸς Φίλιππον, etc. Cf. Plutarque, Phokiôn, c. 16. Diogène Laërce, IV, 5, dans sa vie du philosophe Xenokratês.

(4) Démade, Fragm. Orat. p. 179. Χιλίων ταφῇ Ἀθηναίων μαρτυρεῖ μοι, κηδευθεῖσα ταῖς τῶν ἐναντίων χερσὶν, ἃς ἀντὶ πολεμίων φιλίας ἐποίησα τοῖς ἀποθανοῦσιν. Ἐνταῦθα ἐπιστὰς τοῖς πράγμασιν ἔγραψα τὴν εἰρήνην · ὁμολογῶ. Ἔγραψα καὶ Φιλίππῳ τιμάς · οὐκ ἀρνοῦμαι · δισχιλίους γὰρ αἰχμαλώτους ἄνευ λύτρων καὶ χίλια πολιτῶν σώματα χωρὶς κήρυκος, καὶ τὸν Ὠρωπὸν ἄνευ πρεσβείας λαβὼν ὑμῖν, ταῦτ' ἔγραψα. V. aussi Suidas v. Δημάδης.

(5) Démosth. De Coronâ, p. 321.

conclure la paix, à rendre les nombreux prisonniers qu'il avait en son pouvoir, et aussi à transférer Orôpos des Thêbains à Athènes.

Démade proposa la conclusion de la paix à l'assemblée athénienne, qui la décréta sans hésiter. Échapper à une invasion et à un siége par l'armée macédonienne était sans doute un soulagement inexprimable, tandis que le recouvrement de deux mille prisonniers sans rançon était une acquisition de grande importance, non-seulement pour la cité collectivement, mais pour les sympathies de nombreux parents. En dernier lieu, regagner Orôpos, — possession dont ils avaient joui jadis, et pour laquelle ils s'étaient longtemps disputés avec les Thêbains, — était une autre cause de satisfaction. Ces conditions furent sans doute agréables à Athènes. Mais il y avait une chose à laquelle il fallut se soumettre d'autre part, et que les contemporains de Periklês auraient regardée comme intolérable, même au prix d'une invasion détournée ou de captifs recouvrés. Il fut demandé aux Athéniens de reconnaître l'élévation de Philippe au rang de maître du monde grec, et d'appuyer la même reconnaissance par tous les autres Grecs, dans un congrès qui serait bientôt convoqué. Ils durent renoncer à toute prétention à l'hégémonie, non-seulement pour eux-mêmes, mais pour tout autre État grec ; reconnaître non pas Sparte ni Thêbes, mais le roi de Macédoine comme chef panhellénique ; acquiescer à la transition par laquelle la Grèce, d'agrégat politique libre et maître de ses déterminations qu'elle était, devenait une dépendance provinciale des rois de Pella et d'Ægæ. Il n'est pas facile d'imaginer un coup plus terrible porté à ce sentiment traditionnel d'orgueil et de patriotisme, hérité de leurs ancêtres qui, après avoir repoussé et vaincu les Perses, avaient d'abord organisé les Grecs maritimes en une confédération correspondant aux Grecs non maritimes alliés de Sparte et y suppléant, et qui tenaient ainsi à distance la domination étrangère et jetaient le monde grec dans un système fondé sur des sympathies nationales et sur un libre gouvernement. Ce sentiment traditionnel, bien qu'il ne gouvernât plus le caractère des Athéniens ni qu'il ne leur inspirât plus de motifs d'agir, exerçait encore un puissant empire sur leur imagination et leur mémoire, où il avait été constamment entretenu par l'éloquence de Démosthène et d'autres. La paix de Démade, reconnaissant Philippe comme chef de la Grèce, fut une renonciation à tout ce glorieux passé historique, et l'acceptation d'une position nouvelle et dégradée, pour Athènes aussi bien que pour la Grèce en général.

Polybe loue la générosité que montra Philippe en accordant des conditions aussi favorables, et même il affirme, non pas très-exactement, qu'il s'assura par là la reconnaissance et l'attachement fermes des Athéniens (1). Mais Philippe n'aurait rien gagné à tuer ses prisonniers, sans mentionner qu'il aurait provoqué chez les Athéniens une ardeur implacable de vengeance. En vendant ses prisonniers comme esclaves, il aurait gagné quelque chose, mais par l'usage qu'il en fit réellement il gagna davantage. La reconnaissance de sa suprématie hellénique par Athènes fut la démarche capitale pour la poursuite de ses projets. Elle le garantit contre des dissentiments parmi les autres États grecs, de l'adhésion desquels on ne s'était pas encore assuré et qui auraient bien pu résister à une proposition aussi nouvelle et aussi antihellénique, si Athènes leur en avait donné l'exemple. De plus, si Philippe n'avait pas acheté la reconnaissance d'Athènes de cette manière, il aurait pu échouer en essayant de l'arracher de force. Car, bien que, comme maître de la campagne, il pût dévaster l'Attique impunément, et même établir une forteresse permanente comme Dekeleia, — cependant la flotte d'Athènes était aussi forte que jamais, et sa prépondérance sur mer irrésistible. Dans ces circonstances, Athènes et Peiræeus auraient pu être défendus contre lui, comme Byzantion et Perinthos l'avaient été, deux années auparavant; la flotte athénienne aurait pu provoquer une explosion de sympathie hellénique, capable d'embarrasser à bien des égards ses opérations ultérieures. Thèbes, située

(1) Polybe, V, 10; XVII, 14; Diodore, Fragm. lib. XXXII.

dans l'intérieur des terres, haïe par les autres cités bœôtiennes, — était abattue par la bataille de Chæroneia, et restait sans aucun moyen de se défendre avec succès. Mais le même coup n'était pas absolument mortel pour Athènes, unie à sa population sur toute la surface de l'Attique, et supérieure sur mer. Nous pouvons donc voir que, — avec de pareilles difficultés devant lui s'il poussait les Athéniens au désespoir, — Philippe agit sagement en faisant servir sa victoire et ses prisonniers à obtenir d'elle la reconnaissance de sa suprématie. Son jeu politique fut bien joué à ce moment comme toujours; mais quant à l'éloge que lui accorde Polybe pour sa générosité, il y a peu de droits.

Outre la reconnaissance de Philippe comme chef de la Grèce, les Athéniens, sur la proposition de Démade, rendirent en sa faveur divers votes d'honneur et de compliment, dont nous ignorons la nature précise (1). L'éloignement immédiat du danger, avec la restitution de deux mille citoyens captifs, suffisait pour rendre la paix populaire au premier moment; de plus, les Athéniens, comme s'ils se sentaient manquer de résolution et de force, entraient actuellement dans cette carrière de flatterie à l'égard de puissants rois que, comme nous le verrons ci-après, ils poussèrent jusqu'à une honteuse extravagance. Ce fut probablement pendant que ce sentiment régnait, ce qui ne dura pas longtemps, que le jeune Alexandre de Macédoine, accompagné par Antipater, rendit visite à Athènes (2).

Cependant le respect dont Démosthène jouissait parmi ses compatriotes n'était nullement diminué. Bien que ses adversaires politiques jugeassent le moment favorable pour porter contre lui de nombreuses accusations, aucune d'elles ne réussit. Et quand arriva le temps de choisir un orateur public pour prononcer le discours funèbre aux obsèques célébrées en l'honneur des guerriers tués à Chæroneia, — il

(1) Démade, Fragm. p. 179. Ἔγραφα καὶ Φιλίππῳ τιμὰς, οὐκ ἀρνοῦμαι, etc. Cf. Arrien, Exp. Alex. 1, 2, 3. — Καὶ πλείονα ἔτι τῶν Φιλίππῳ δοθέντων Ἀλεξάνδρῳ ἐς τιμὴν ξυγχωρῆσαι, etc., et Clément d'Alex. Admonit. ad Gentes, p. 86 B. Τὸν Μακεδόνα Φίλιππον ἐν Κυνοσάργει νομοθετοῦντες προσκυνεῖν, etc.

(2) Justin, IX, 4.

fut chargé de ce devoir solennel, non-seulement de préférence à Æschine, qui fut porté comme compétiteur, mais encore à Démade, l'auteur récent de la paix (1). De plus, il fut honoré de vives marques d'estime et de sympathie par les parents survivants de ces vaillants citoyens. En outre, il paraît que Démosthène fut maintenu dans un poste financier important comme l'un des administrateurs communs du fonds théôrique, et comme membre d'un comité chargé de l'achat du blé; peu après, il fut aussi nommé surveillant des murailles et des défenses de la cité. L'orateur Hypéride, le collaborateur politique de Démosthène, fut accusé par Aristogeitôn, en vertu de la graphê paranomôn, pour son décret illégal et inconstitutionnel (proposé sous l'empire immédiat de la terreur causée par la défaite subie à Chæroneia), à l'effet d'accorder l'affranchissement aux esclaves, le droit de cité aux metœki et la restitution de ce même droit à ceux qui en avaient été privés par une sentence judiciaire. La paix en survenant avait éloigné toute nécessité d'agir d'après ce décret; néanmoins une accusation fut intentée à son auteur. Hypéride, ne pouvant en contester l'illégalité, se plaça pour sa défense sur ce terrain vrai et manifeste : — « Les armes macédoniennes, dit-il, m'obscurcissaient la vue. Ce n'est pas moi qui ai proposé le décret; c'est la bataille de Chæroneia (2). » La défense en substance fut admise par le dikasterion, tandis que la hardiesse du tour oratoire fut remarquée par des critiques de rhétorique.

Après avoir ainsi réduit Thêbes et y avoir mis une garnison, — rétabli en Bœôtia les cités antithêbaines, — forcé Athènes à la soumission et à une alliance dépendante, — et établi une garnison à Ambrakia, tout en se rendant maître en même temps de l'Akarnania et en bannissant les principaux Akarnaniens qui lui étaient contraires, — Philippe se mit immédiatement en devoir de porter ses armes dans le Péloponèse (338-337 av. J.-C.). Il ne trouva nulle part de

---

(1) Démosth. De Coronâ, p. 310-320.

(2) Plutarque, Vit. X Orator. p. 849.

résistance sérieuse, si ce n'est dans le territoire de Sparte. Les Corinthiens, les Argiens, les Messêniens, les Eléiens et un grand nombre d'Arkadiens se soumirent tous à sa domination; quelques-uns même recherchèrent son alliance, par crainte de Sparte et par antipathie contre elle. Philippe envahit la Laconie avec une armée trop puissante pour que les Spartiates pussent résister en rase campagne. Il ravagea le pays et prit quelques postes détachés, mais il ne s'empara point de Sparte, et nous ne savons pas si même il l'attaqua. Les Spartiates ne purent résister; cependant ils ne voulurent ni se soumettre ni demander la paix. Il paraît que Philippe réduisit leur territoire et resserra leurs frontières des trois côtés, vers Argos, Messênê et Megalopolis (1). Nous n'avons aucun exposé précis des détails de ses opérations; mais il est clair qu'il ne fit que ce qui lui sembla bon, et que les gouvernements de toutes les cités péloponésiennes tombèrent dans les mains de ses partisans. Sparte fut la seule cité qui lui tint tête; quoiqu'elle fût dans un état de faiblesse et d'humiliation, elle maintint sa liberté et sa dignité d'autrefois avec une résolution plus inébranlable qu'Athènes.

Philippe s'occupa ensuite de convoquer un congrès des cités grecques à Corinthe (337 av. J.-C.). Là, il déclara qu'il était décidé à entreprendre une expédition contre le roi de Perse, dans le dessein et de délivrer les Grecs asiatiques et de venger l'invasion de la Grèce par Xerxês. Le vote général du congrès le nomma chef des Grecs réunis dans ce dessein, et décréta la levée d'une armée grecque qui devait se joindre à lui et être formée de contingents fournis par les diverses cités. Le total de l'armée promise est donné seulement par Justin, qui le porte à 200,000 fantassins et à 15,000 chevaux, armée que certainement la Grèce n'aurait pu fournir, et nous pouvons difficilement

(1) Polybe, IX, 28, 33; XVII, 14. Tacite, Annal. IV, 43; Strabon, VIII, p. 361; Pausanias, II, 20, 1; VIII, 7, 4; VIII, 27, 8. Par Diodore, XVII, 3, nous savons combien cette adhésion à Philippe fut obtenue sous la pression de la nécessité.

croire qu'elle ait été même promise (1). Les Spartiates ne parurent pas au congrès, continuant de refuser toute reconnaissance de la suprématie de Philippe. Les Athéniens y assistèrent et concoururent au vote, ce qui, dans le fait, était la première démarche qui devait faire porter ses fruits à la paix faite par Démade. On leur demanda de fournir une flotte bien équipée pour servir sous Philippe, et on leur enleva en même temps leur dignité de chefs d'une confédération maritime, les îles étant inscrites comme dépendances maritimes de Philippe, au lieu de continuer d'envoyer des députés à une assemblée se réunissant à Athènes (2). Il paraît que Samos fut encore reconnue comme leur appartenant (3), ou du moins la portion de l'île qui était occupée par les nombreux klêruchi athéniens ou colons à l'étranger, établis pour la première fois dans l'île, après la conquête par Timotheos, en 365 avant J.-C., et renforcés plus tard. Pendant plusieurs années encore, les forces navales dans les bassins d'Athènes continuèrent d'être considérables et puissantes, mais son ascendant maritime disparaît dorénavant.

Les Athéniens, profondément mortifiés par une pareille humiliation, furent avertis par Phokiôn que c'était un résultat nécessaire de la paix qu'ils avaient acceptée sur la proposition de Démade, et qu'il était actuellement trop tard pour murmurer (4). Nous ne pouvons nous étonner de leurs sentiments. En même temps que les autres cités libres de la Grèce, ils étaient inscrits comme dépendants du roi de Macédoine et comme contribuant à sa puissance, révolution plus blessante pour eux que pour les autres, puisqu'ils passaient sur-le-champ, non pas seulement de la simple autonomie,

(1) Justin, IX, 5.

(2) Plutarque, Phokiôn, c. 16; Pausanias, I, 25, 3. Τὸ γάρ ἀτύχημα τὸ ἐν Χαιρωνείᾳ ἅπασι τοῖς Ἕλλησιν ἦρξε κακοῦ, καὶ οὐχ ἥκιστα δούλους ἐποίησε τοὺς ὑπεριδόντας, καὶ ὅσοι μετὰ Μακεδόνων ἐτάχθησαν. Τὰς μὲν δὴ πολλὰς Φίλιππος τῶν πόλεων εἷλεν. Ἀθηναίοις δὲ λόγῳ συνθέμενος, ἔργῳ σφᾶς μάλιστα ἐκάκωσε, νήσους τε ἀφελόμενος καὶ τῆς εἰς τὰ ναυτικὰ παύσας ἀρχῆς.

(3) Diodore, XVIII, 56. Σάμον δὲ δίδομεν Ἀθηναίοις, ἐπειδὴ καὶ Φίλιππος ἔδωκεν ὁ πατήρ. Cf. Plutarque, Alex. c. 28.

(4) Plutarque, Phokiôn, c. 16.

mais d'un état de dignité supérieure à une dépendance commune. Athènes n'avait qu'à sanctionner le projet dicté par Philippe et à lui fournir sa quote-part pour l'exécution. De plus, ce projet, — l'invasion de la Perse, — avait cessé d'être un objet d'aspiration véritable dans le monde grec. Le Grand Roi, n'inspirant plus de terreur à la Grèce collectivement, pouvait maintenant être regardé comme propre à prêter protection contre l'oppression macédonienne. Affranchir les Grecs asiatiques de la domination persane devait être en soi une entreprise agréable au sentiment grec, bien que tous les désirs pareils aient dû graduellement s'évanouir depuis la paix d'Antalkidas. Mais un affranchissement accompli par Philippe devait seulement faire passer les Grecs asiatiques de la domination persane sous la sienne. Le congrès de Corinthe eut pour tout résultat d'atteler les Grecs à son char, pour une entreprise lointaine lucrative à ses soldats et appropriée à son insatiable ambition.

Ce fut en 337 avant J.-C. que cette expédition en Perse fut concertée et résolue. On fit pendant cette année des préparatifs d'une grandeur suffisante pour épuiser les finances de Philippe (1), qui fut en même temps engagé dans des opérations militaires et eut à livrer un rude combat au roi illyrien Pleurias (2). Dans le printemps de 336 avant J.-C., une partie de l'armée macédonienne, sous Parmenion et Attalos, fut envoyée en Asie pour commencer les opérations militaires, Philippe ayant l'intention de suivre bientôt en personne (3).

Cependant, tel n'était pas le sort qui lui était réservé. Peu de temps auparavant, il avait pris la résolution de répudier son épouse Olympias, qu'il accusait d'infidélité; elle avait fini, dit-on, par lui inspirer de l'aversion, à cause des mouvements furieux et sauvages de son caractère. Il avait successivement épousé plusieurs femmes, dont la dernière fut Kleopatra, nièce du Macédonien Attalos. Ce fut à

(1) Arrien, VII, 9, 5.
(2) Diodore, XVI, 93.
(3) Justin, IX, 5; Diodore, XVI, 91.

sa prière, dit-on, qu'il répudia Olympias, qui se retira chez son frère, Alexandre d'Epire (1). Cette mesure provoqua de violentes dissensions parmi les partisans des deux reines, et même entre Philippe et son fils Alexandre, qui exprima un vif ressentiment de la répudiation de sa mère. Au milieu de l'ivresse du banquet de noces, Attalos proposa un toast et exprima le vœu qu'il naquît bientôt un fils légitime de Philippe et de Kleopatra, pour succéder au trône macédonien. Alors Alexandre s'écria en colère : — *Me* déclares-tu donc bâtard ? » — et en même temps il lui lança une coupe. Irrité de ce procédé, Philippe se leva, tira son épée et s'élança furieux sur son fils ; mais l'émotion et l'ivresse le firent tomber par terre. Cet accident sauva seul la vie à Alexandre, qui répliqua : « Voilà l'homme qui se prépare à passer d'Europe en Asie, et qui ne peut aller sûrement d'une couche à l'autre (2). » Après cette violente querelle, le père et le fils se séparèrent. Alexandre conduisit sa mère en Epire, et ensuite il alla lui-même chez le roi illyrien. Quelques mois après, à la prière du Corinthien Demaratos, Philippe le fit revenir et se réconcilia avec lui ; mais il s'éleva bientôt une autre cause de mécontentement, parce qu'Alexandre avait ouvert une négociation pour un mariage avec la fille du satrape de Karia. Rejetant une pareille alliance comme indigne, Philippe blâma fortement son fils, et bannit de Macédoine plusieurs courtisans qu'il soupçonnait comme étant intimes avec Alexandre (3), tandis que les amis d'Attalos jouirent d'une grande faveur.

Telles étaient les animosités qui divisaient la cour et la famille de Philippe (336 av. J.-C.). Sa nouvelle épouse Kleopatra venait de lui donner un fils (4). Son expédition

(1) Athénée, XIII, p. 557; Justin, IX, 7.

(2) Plutarque, Alexand. c. 9; Justin, IX, 7; Diodore, XVI, 91-93.

(3) Plutarque, Alexandre, c. 10; Arrien, III, 6, 5.

(4) Pausanias (VIII, 7, 5) mentionne un fils né de Philippe et de Kleopatra; Diodore (XVII, 2) signale également un fils. Justin dans un endroit (IX, 7) mentionne une fille, et dans un autre endroit (XI, 2) un fils nommé Karanos. Satyrus (ap. Athenæ. XIII, p. 557) dit qu'il eut de Kleopatra une fille nommée Eurôpê.

Il paraît que le fils naquit seule

contre la Perse, résolue et préparée l'année précédente, avait été réellement commencée, Parmeniôn et Attalos ayant été envoyés en Asie avec la première division, pour être bientôt suivis par lui-même avec le reste de l'armée. Mais Philippe prévit que pendant son absence un danger pouvait naître du côté de la furieuse Olympias, amèrement aigrie par les événements récents et excitant son frère Alexandre, roi d'Epire, auprès duquel elle résidait actuellement. Philippe, il est vrai, tenait une garnison macédonienne dans Ambrakia (1), la principale cité grecque sur la frontière de l'Epire, et il avait aussi beaucoup contribué à établir Alexandre comme prince. Mais, à ce moment, il jugea essentiel de se le concilier encore davantage par un lien spécial d'alliance, en lui donnant en mariage Kleopatra, la fille qu'il avait eue d'Olympias (2). Pour ce mariage, qui se fit à Ægæ en Macédoine, dans le mois d'août, 336 avant J.-C., Philippe donna les fêtes les plus magnifiques et les plus dispendieuses, par lesquelles il célébrait en même temps la naissance du fils que lui avait récemment donné Kleopatra (3). Des banquets, de splendides présents, des luttes de gymnastique et de musique, des représentations tragiques (4) dans lesquelles Neoptolemos, l'acteur, joua un des rôles de la tragédie de Kinyras, etc., avec toutes les sortes d'attrait connues à l'époque, — furent accumulés, afin de concilier les partis opposés en Macédoine, et de rendre l'effet imposant sur les esprits des Grecs qui, de

---

ment peu de temps avant la dernière fête et l'assassinat de Philippe. Mais j'incline à croire que le mariage avec Kleopatra peut bien s'être fait deux ans ou plus avant cet événement, et qu'une fille a pu naître avant le fils. Certainement Justin distingue les deux, quand il dit que la fille fut tuée par l'ordre d'Olympias et le fils par celui d'Alexandre (IX, 7 ; XI, 2).

Arrien (III, 6, 5) semble vouloir dire *Kleopatra* l'épouse de Philippe, — bien qu'il parle d'Eurydikê.

(1) Diodore, XVII, 3.

(2) Cette Kleopatra, fille de Philippe, sœur d'Alexandre le Grand, et portant le même nom que la dernière femme de Philippe, — était ainsi nièce d'Alexandre d'Epire, son mari. Des alliances à ce degré de parenté n'étaient alors ni déshonorantes, ni rares.

(3) Diodore, XVII, 2.

(4) Josèphe, Antiq. XIX, I, 13 ; Suétone, Caligula, c. 57. V. l'Appendice de M. Clinton (4) sur les rois de Macédoine, Fast. Hellen. p. 230, note.

toutes les cités, envoyèrent des députés pour adresser des félicitations. Les statues des douze grands dieux, admirablement exécutées, furent portées en procession solennelle dans le théâtre ; immédiatement après elles, la statue de Philippe lui-même, comme treizième dieu (1).

Toutefois, au milieu de cette multitude en fête, il ne manquait pas de partisans mécontents d'Olympias et d'Alexandre, que la jeune reine avec son enfant nouveau-né menaçait d'une formidable rivalité. Il y avait encore un mécontent plus dangereux, — Pausanias, un des gardes du corps du roi, noble jeune homme né dans le district appelé Orestis et faisant partie de la Macédoine supérieure, qui, pour des causes d'offense particulières à lui-même, nourrissait une haine mortelle contre Philippe. La provocation qu'il avait reçue est telle que nous ne pouvons convenablement la transcrire, et, dans le fait, nous ne pouvons la reconnaître d'une manière exacte, au milieu d'assertions différentes. C'était Attalos, l'oncle de la nouvelle reine Kleopatra, qui avait été l'auteur de cette provocation, en faisant à Pausanias un outrage du caractère le plus brutal et le plus révoltant. Même pour un acte si monstrueux, aucune justice régulière ne pouvait être obtenue en Macédoine contre un homme puissant. Pausanias se plaignit à Philippe en personne. Suivant un récit, Philippe écarta la plainte par des faux-fuyants, et même il la tourna en ridicule ; suivant un autre récit, il exprima le déplaisir que lui causait cet acte, et essaya de consoler Pausanias par des présents pécuniaires. Mais il n'accorda ni redressement ni satisfaction au sentiment d'un homme outragé (2). Aussi Pausanias se décida-t-il à se venger par lui-même. Au lieu de le faire sur Attalos, — qui, dans le fait, ne se trouvait pas à sa portée, vu qu'il était à la tête des troupes macédoniennes en Asie, — sa colère tomba sur Philippe lui-même, qui avait refusé la demande en réparation. Il paraît que cette tour-

(1) Diodore, XVI, 92.

(2) Aristote, Polit. V, 8, 10. Ἡ Φιλίππου (ἐπίθεσις) ὑπὸ Παυσανίου, διὰ τὸ ἐᾶσαι ὑβρισθῆναι αὐτὸν ὑπὸ τῶν περὶ Ἄτταλον, etc. Justin, IX, 6 ; Diodore, XVI, 93.

nure de sentiment, qui détournait du criminel réel le désir de vengeance, ne fut pas tout à fait spontanée de la part de Pausanias, mais qu'elle fut due en partie aux instigations de divers conspirateurs de parti qui désiraient faire périr Philippe. Les ennemis d'Attalos et de la reine Kleopatra (qui elle-même, dit-on, avait insulté Pausanias) (1), — étant naturellement aussi partisans d'Olympias et d'Alexandre, étaient tout disposés à se servir de Pausanias, furieux jusqu'au délire, comme d'un instrument, et à diriger son exaspération contre le roi. Il avait versé ses plaintes dans le sein tant d'Olympias que d'Alexandre ; la première, dit-on, l'excita fortement contre son ancien mari, — et même le second lui répéta un vers d'Euripide, dans lequel la farouche Medea, abandonnée par son époux Jasôn qui avait épousé la fille du roi de Corinthe, Kreôn, fait vœu de comprendre dans sa vengeance le roi lui-même, avec son mari et sa nouvelle épouse (2). Que la vindicative Olympias ait positivement poussé Pausanias à assassiner Philippe, cela est extrêmement probable. Quant à Alexandre, bien qu'il ait été accusé également, il n'y a pas de témoignage suffisant pour garantir une semblable assertion ; mais que quelques-uns parmi ses partisans, — hommes empressés à consulter ses sentiments et à lui assurer la succession, — donnassent leurs encouragements, c'est ce qui paraît assez bien établi. Un sophiste grec, nommé Hermokratês, contribua, dit-on aussi, à l'acte, bien que sans intention vraisemblablement, par sa conversation, et le roi de Perse (rapport improbable) par son or (3).

Ignorant le complot, Philippe était sur le point d'entrer dans le théâtre, déjà rempli de spectateurs (336 av. J.-C.). Comme il approchait de la porte, revêtu d'une robe blanche, il se sentit si fier de l'idée de sa propre dignité, et si confiant dans la sympathie et l'admiration de la foule qui l'environnait, qu'il s'avança sans armes et sans défense, ordonnant à ses gardes de se tenir en arrière. A ce moment,

(1) Plutarque, Alexand. c. 10.
(2) Plutarque, Alexand. c. 10.
(3) Arrien, Exp. Alex. II, 14, 10.

Pausanias, qui était auprès, avec une épée gauloise cachée sous son vêtement, se précipita sur lui, lui plongea l'arme dans le corps et le tua. Après avoir accompli son projet, l'assassin se sauva immédiatement, et essaya d'arriver aux portes, où préalablement il avait fait placer des chevaux. Fort et agile, il aurait pu réussir à s'échapper, — comme la plupart des assassins de Jasôn de Pheræ (1) dans des circonstances tout à fait semblables, — si son pied ne s'était embarrassé dans des ceps de vigne. Les gardes et les amis de Philippe furent d'abord paralysés par l'étonnement et la consternation. Cependant, à la fin, quelques-uns s'empressèrent d'assister le roi mourant, tandis que d'autres s'élançaient à la poursuite de Pausanias. Leonnatos et Perdikkas l'atteignirent et le tuèrent immédiatement (2).

De quelle manière, ou dans quelle mesure, les complices de Pausanias l'aidèrent-ils, c'est ce qu'il ne nous est pas donné de savoir. Il est possible qu'ils se soient postés habilement, de manière à faire obstacle à la poursuite et à favoriser ses chances de fuite, qui devaient paraître extrêmement faibles, après un acte d'une audace si extrême. Nous ne connaissons par leur nom que trois de ceux que l'on regardait comme complices, — trois frères du district Lynkestien de la Macédoine supérieure, — Alexandre, Heromenês et Arrhibæos, fils d'Aeropos (3); mais il semble qu'il y en avait encore d'autres. Le Lynkestien Alexandre, dont le beau-père Antipater était un des officiers les plus distingués au service de Philippe dont il avait la confiance, — appartenait à une bonne famille de Macédoine, qui peut-être même descendait de l'ancienne famille des princes de la Lynkestis (4). Ce fut lui qui, aussitôt que Pausanias eut assassiné Philippe, se hâta de saluer roi Alexandre, l'aida à mettre son armure, et s'avança comme l'un de ses gardes pour prendre possession du palais royal (5).

---

(1) Xénoph. Hellen. VI, 4, 32.

(2) Diodore, XVI, 94; Justin, IX, 7; Plutarque, Alex. c. 10.

(3) Arrien, Exp. Alex. I, 25, 1.

(4) Justin, XII, 14; Quinte-Curce, VII, 1, 5, avec la note de Mützel.

(5) Arrien, I, 25, 2; Justin, XI, 2. « Soli Alexandro Lyncestarum fratri

Cette « prima vox (1) » ne fut pas simplement pour Alexandre un augure ou un présage de l'empire à venir; elle lui fut essentiellement utile comme cause ou condition déterminante réelle. La succession au trône macédonien était souvent troublée par des querelles ou par l'effusion de sang parmi les membres de la famille royale; et dans les dernières circonstances du règne de Philippe un pareil trouble était particulièrement probable. Ce roi avait été en mauvais termes avec Alexandre, et en plus mauvais encore avec Olympias. Tandis qu'il bannissait des personnes attachées à Alexandre, il avait prêté l'oreille à Attalos, ainsi qu'aux partisans de la nouvelle reine Kleopatra. Si ces derniers avaient pris les devants avant l'assassinat, ils auraient organisé une opposition contre Alexandre en faveur du prince enfant, opposition qui aurait pu avoir quelques chances de succès, vu qu'ils avaient été en faveur auprès du roi décédé, et que, par conséquent, ils étaient en possession de maints postes importants. Mais l'acte de Pausanias les prit à l'improviste, et les paralysa pour le moment; et, avant qu'ils pussent se remettre ou se concerter, un des complices de l'assassin courut pour mettre Alexandre en mouvement sans délai. Un mouvement initiatif décisif de sa part et de celle de ses amis, dans cette conjoncture critique, détermina les esprits hésitants et prévint une opposition. Nous n'avons pas à nous étonner qu'Alexandre, une fois roi, témoignât une reconnaissance et une estime extraordinaires à son homonyme lynkestien; car non-seulement il l'exempta de la peine de mort infligée aux autres complices, mais encore il l'éleva à de grands honneurs et à des commandements militaires importants. Ni Alexandre et Olympias d'un côté, ni Attalos et Kleopatra de l'autre,

---

pepercit, servans in eo auspicium dignitatis suæ; nam regem eum primus salutaverat. »

(1) Tacite, Histor. II, 80. « Dum quæritur tempus locusque, quidque in re tali difficillimum est, *prima vox*; dum animo spes, timor, ratio, casus observantur, egressum cubiculo Vespasianum, pauci milites solito adsistentes ordine, *imperatorem* salutavere. Tum cæteri accurrere, *Cæsarem*, et *Augustum*, et omnia principatus vocabula cumulare; mens a metu ad fortunam transierat. »

n'étaient personnellement en sûreté qu'en acquérant la succession. Ce fut l'un des premiers actes d'Alexandre d'envoyer un officier spécial en Asie, chargé de ramener en Macédoine Attalos prisonnier, ou de le mettre à mort; c'est le dernier de ces deux ordres qui fut exécuté, vraisemblablemen grâce à la coopération de Parmeniôn (qui commandait conjointement avec Attalos) et de son fils Philôtas (1). L'infortunée Kleopatra et son enfant furent mis à mort peu de temps après (2). On fit aussi périr d'autres personnes dont je parlerai avec plus de détails en racontant le règne d'Alexandre.

Nous aurions désiré apprendre de quelque personne réellement présente l'effet immédiat produit sur la grande foule mêlée dans le théâtre à la première nouvelle du meurtre soudain de Philippe. Parmi les Grecs qui étaient là, il y en eut sans doute beaucoup qui l'accueillirent avec une satisfaction silencieuse, comme semblant leur rouvrir la porte de la liberté. Une seule personne osa manifester de la satisfaction, et cette seule personne fut Olympias (3).

Ainsi périt le destructeur de la liberté et de l'indépendance du monde hellénique à l'âge de quarante-six ou de quarante-sept ans, après un règne de vingt-trois ans (4). Nos informations à son sujet sont particulièrement défectueuses. Nous ne savons avec exactitude ou par une auto-

---

(1) Quinte-Curce, VII, 1, 3; Diodore, XVII, 2, 5. Cf. Justin, XI, 5.

(2) Justin, IX, 7; XI, 2. Pausanias, VII, 7, 5; Plutarque, Alex. c. 10.

Suivant Pausanias, Kleopatra et son fils tout enfant périrent d'une mort horrible par ordre d'Olympias, qui les fit rôtir ou cuire dans un vaisseau d'airain entouré de feu. Selon Justin, Olympias tua d'abord la fille de Kleopatra sur le sein de sa mère, et ensuite fit pendre Kleopatra elle-même, tandis qu'Alexandre mit à mort Karanos, fils tout enfant de Kleopatra. Plutarque ne dit rien à ce sujet; mais il affirme que le cruel traitement de Kleopatra lui fut infligé par ordre d'Olympias pendant l'absence d'Alexandre, qui en conçut beaucoup de déplaisir. Le fait principal, que Kleopatra et son tout jeune enfant périrent d'une mort violente, ne semble pas donner lieu à un doute raisonnable, bien que nous ne puissions vérifier les détails.

(3) Après les funérailles solennelles de Philippe, Olympias fit descendre de croix et brûler le corps de Pausanias (il avait été crucifié), et elle lui assura un monument sépulcral et une cérémonie annuelle de commémoration. Justin, IX, 7.

(4) Justin (IX, 3) dit que Philippe avait quarante-sept ans; Pausanias (VIII, 7, 4) parle de lui comme s'il en avait quarante-six. V. les Fasti Hellen. de M. Clinton, Append. 4, p. 227.

rité historique contemporaine ni ses moyens, ni ses plans, ni les difficultés qu'il eut à surmonter. Mais les grands résultats de son règne et les principales lignes de son caractère ressortent d'une manière incontestable. A son avénement, le royaume macédonien était un territoire étroit autour de Pella, exclu partiellement par des cités grecques indépendantes et puissantes, même de la côte de la mer voisine. A sa mort, l'ascendant macédonien était établi depuis les rivages de la Propontis jusqu'à ceux de la mer Ionienne, et aux golfes Ambrakien, Messênien et Saronique. Dans ces limites, toutes les cités reconnaissaient la suprématie de Philippe, excepté Sparte seule, et des montagnards, tels que les Ætoliens et autres, défendus par une contrée raboteuse, leur séjour. La bonne fortune avait veillé sur les pas de ce prince, avec quelques rares interruptions (1); mais c'était une bonne fortune couronnant les efforts d'un rare talent, politique et militaire. En effet, l'ambition sans repos, l'activité et la patience personnelles et infatigables, et la valeur aventureuse de Philippe étaient telles que, dans un roi, elles seules suffiraient presque à garantir le succès, même avec des capacités fort inférieures aux siennes. Qu'au nombre des causes des conquêtes du roi de Macédoine fût la corruption, employée abondamment pour fomenter la discorde et acheter des partisans parmi des voisins et des ennemis, — qu'avec des manières agréables et séduisantes, il combinât l'insouciance quant à de fausses promesses, la perfidie et l'extorsion même à l'égard d'alliés, et un parjure peu scrupuleux quand il convenait à son dessein, — c'est ce que nous trouvons affirmé, et il n'y a pas de raison pour n'y pas croire (2). Ces forces dissolvantes aplanissaient la voie

---

(1) Théopompe, Fragm. 265, ap. Athenæ. III, p. 277. Καὶ εὐτυχῆσαι πάντα Φίλιππον. Cf. Démosth. Olynth. II, p. 24.

(2) Théopompe, Fragm. 249; Théopompe, ap. Polybium, VIII, 11. Ἀδικώτατον δὲ καὶ κακοπραγμονέστατον περὶ τὰς τῶν φίλων καὶ συμμάχων κατασκευὰς, πλείστας δὲ πόλεις ἐξηνδραποδισμένον καὶ πεπραξικοπηκότα μετὰ δόλου καὶ βίας, etc.

Justin, IX, 8. Pausanias, VII, 7, 3; VII, 10, 14; VIII, 7, 4. Diodore, XVI, 54.

Le langage de Pausanias au sujet de Philippe, après qu'il a rendu justice à ses grandes conquêtes et à ses brillants exploits, est très-fort : — Ὅς γε

pour une armée puissante et admirable, organisée, et habituellement commandée par lui-même. L'organisation de cette armée adopta et agrandit les meilleurs procédés de guerre scientifique employés par Epaminondas et par Iphikratês (1). Commencée aussi bien que complétée par Philippe, et léguée comme un engin tout prêt pour les conquêtes d'Alexandre, elle constitue une époque dans l'histoire militaire. Mais plus nous exaltons le génie de Philippe comme conquérant, — formé pour des empiétements et des agrandissements heureux aux dépens de tous ses voisins, — et moins nous pouvons trouver place pour cette douceur et cette modération que quelques auteurs découvrent dans son caractère. Si dans quelques occasions de sa vie, ces attributs peuvent véritablement se reconnaître, nous avons à y opposer la destruction des trente-deux cités de la Chalkidikê, et la translation en masse de familles misérables qu'il arracha contre leur gré à leurs habitations pour les transporter dans d'autres.

Outre son habileté comme général et politique, Philippe n'était pas d'une médiocre force dans les arts grecs de la rhétorique et des lettres. Le témoignage d'Æschine, quant à son puissant talent de parole, bien qu'il demande quelque réserve, n'est pas à rejeter. Isokrate lui parle comme à un ami des lettres et de la philosophie, réputation que le choix qu'il fit d'Aristote, comme précepteur de son fils Alexandre, contribue à appuyer. Toutefois, dans Philippe, comme dans les deux Denys de Syracuse et dans d'autres despotes, ces goûts ne se trouvèrent incompatibles ni avec les crimes de l'ambition, ni avec les excès d'un désir désordonné. L'historien contemporain Théopompe, chaud admirateur du génie de Philippe, stigmatise non-seulement la

---

καὶ ὅρκους θεῶν κατεπάτησεν ἀεὶ, καὶ σπονδὰς ἐπὶ πάντι ἐψεύσατο, πίστιν τε ἠτίμασε μάλιστα ἀνθρώπων, etc. D'après Pausanias, Philippe, par une pareille conduite, attira la colère divine tant sur lui-même que sur sa race, qui s'éteignit avec la génération suivante.

(1) On trouve dans la troisième Philippique de Démosthène (p. 123-124) un passage frappant, trop long pour être cité, qui atteste le grand et merveilleux pas fait par Philippe dans l'art de faire une guerre efficace et dans les moyens à employer.

perfidie de sa conduite publique, mais encore l'ivrognerie, le jeu et les excès de tout genre auxquels il s'abandonnait, — encourageant les mêmes vices dans son entourage. Ses gardes du corps macédoniens et grecs, au nombre de huit cents, étaient une troupe dans laquelle aucun homme convenable ne pouvait vivre ; si elle se distinguait par sa bràvoure et ses aptitudes militaires, elle était rassasiée de pillage et souillée de perfidie impudente, de rapacité sanguinaire et de luxure immodérée, qui convenaient seulement à des Centaures et à des Læstrygons (1). Le nombre des maîtresses et des épouses de Philippe se rapprocha presque de la coutume orientale (2), et les dissensions introduites ainsi dans sa cour par les enfants qu'il eut de différentes mères furent grosses de conséquences funestes.

En appréciant le génie de Philippe, nous avons à apprécier aussi les personnes auxquelles il se trouva opposé. Sa bonne fortune ne fut nulle part plus remarquable que dans ce fait qu'il tomba dans ces jours de désunion et d'absence d'énergie en Grèce (que signale la dernière phrase des Hellenica de Xénophon), alors qu'il n'y avait ni cité dominante prête à veiller, ni général supérieur pour prendre le commandement, ni soldats-citoyens disposés et prêts à endurer les misères d'un service constant. Philippe n'eut pas à com-

---

(1) Théopompe, Fragm. 249. Ἁπλῶς δ' εἰπεῖν... ἡγοῦμαι τοιαῦτα θήρια γεγονέναι, καὶ τοιοῦτον τρόπον τοὺς φίλους καὶ τοὺς ἑταίρους Φιλίππου προσαγορευθέντας, οἵους οὔτε τοὺς Κενταύρους τοὺς τὸ Πήλιον κατασχόντας, οὔτε τοὺς Λαιστρυγόνας τοὺς Λεοντῖνον πέδιον οἰκήσαντας, οὔτ' ἄλλους οὐδ' ὁποίους. Cf. Athénée, IV, p. 166, 167 ; VI, p. 260, 261. Démosth. Olynth. II, p. 23.

Polybe (VIII, 11) blâme Théopompe pour se contredire, en attribuant à Philippe une conduite sans principes et des habitudes intempérantes, et en vantant toutefois son talent et son énergie comme roi. Mais je ne vois pas de contradiction entre les deux assertions. Philippe ne souffrit jamais que l'amour du plaisir entravât ses plans militaires et politiques, ni chez lui, ni chez ses officiers; sa passion dominante triomphait de tous les appétits; mais quand cette passion ne demandait pas d'effort, l'intempérance était le délassement habituel. Polybe ne produit pas de faits suffisants, ni ne cite d'autorité contemporaine pour réfuter Théopompe.

Il est à remarquer que les assertions de Théopompe, relativement à la conduite publique et privée de Philippe, sont aussi déshonorantes que tout ce qu'on trouve dans Démosthène.

(2) Satyrus ap. Athenæ. XIII, p. 557, Ὁ δὲ Φίλιππος ἀεὶ κατὰ πόλεμον ἐγάμει, etc.

battre d'adversaires tels qu'Epaminondas, ou Agésilas, ou Iphikratês. Combien sa carrière eût pu être différente, si Epaminondas eût survécu à la bataille de Mantineia, gagnée seulement deux années avant l'avénement de Philippe! Pour résister à Philippe, il fallait un homme comme lui-même, capable non-seulement de conseiller et de projeter, mais de commander en personne, de stimuler le zèle de soldats-citoyens, et de donner l'exemple de braver les dangers et la fatigue. Malheureusement pour la Grèce, il ne se présenta pas de chef pareil. Pour le conseil et la parole, Démosthène suffit à la circonstance. Deux fois avant la bataille de Chæroneia, — à Byzantion et à Thêbes, — il déjoua d'une manière signalée les combinaisons de Philippe. Mais il n'était pas fait pour prendre la tête dans l'action, et il n'y avait personne auprès de lui qui pût combler cette lacune. En campagne, Philippe ne rencontra que cette « inaction publique, » à Athènes et ailleurs en Grèce, dont Æschine même se plaint (1); et c'est à ce déclin de l'énergie grecque, non moins qu'à ses propres attributs remarquables, que fut dû le succès sans exemple de son règne. Nous verrons, pendant le règne de son fils Alexandre, le même génie et la même vigueur déployés dans des proportions plus grandes encore, et obtenant des résultats plus étonnants; tandis que la politique grecque, jadis si active, après un faible effort, s'affaisse encore plus, jusqu'à ce que la Grèce tombe dans la nullité d'une province sujette.

---

(1) Æschine, cont. Timarchum, p. 26. Εἶτα τί θαυμάζομεν τὴν κοινὴν ἀπραξίαν, τοιούτων ῥητόρων ἐπὶ τὰς τοῦ δήμου γνώμας ἐπιγραφομένων;

Æschine préfère attribuer cette inaction publique, — que bien des gens admettaient et déploraient, quoique bien peu, excepté Démosthène, persévérassent à la combattre, — à ce fait qu'il était permis à des hommes d'une existence privée scandaleuse (comme Timarchos) de proposer des décrets dans l'assemblée publique. Cf. Æschine, Fals. Leg. p. 37.

FIN DU DIX-SEPTIÈME VOLUME

TABLE DES MATIÈRES

DU DIX-SEPTIÈME VOLUME

DEUXIÈME PARTIE

GRÈCE HISTORIQUE

CHAPITRE I

GRÈCE CENTRALE : DEPUIS L'AVÉNEMENT DE PHILIPPE DE MACÉDOINE JUSQU'A LA NAISSANCE D'ALEXANDRE, 359 AVANT J.-C.

CHAPITRE II

DEPUIS LE COMMENCEMENT DE LA GUERRE SACRÉE JUSQU'A CELUI DE LA GUERRE OLYNTHIENNE

CHAPITRE III

GUERRE EUBŒENNE ET GUERRE OLYNTHIENNE

CHAPITRE IV

DEPUIS LA PRISE D'OLYNTHOS JUSQU'A LA FIN DE LA GUERRE SACRÉE TERMINÉE PAR PHILIPPE

CHAPITRE V

DEPUIS LA PAIX DE 346 AVANT J.-C. JUSQU'A LA BATAILLE DE CHÆRONEIA ET A LA MORT DE PHILIPPE

FIN DE LA TABLE DU DIX-SEPTIÈME VOLUME

PARIS. — IMPRIMERIE L. POUPART-DAVYL, RUE DU BAC, 30.

ERRATA

Page 4,	ligne 34,	*lire*	de ce que les	*au lieu de*	que les.
— 161,	» 16,	»	les	»	le.
— 173,	» 20,	»	fête des	»	fête.